6S 精益推行图解手册

（超值白金版）

滕宝红　主编

人 民 邮 电 出 版 社

北　京

图书在版编目（CIP）数据

6S精益推行图解手册：超值白金版／滕宝红主编
. —2版. —北京：人民邮电出版社，2014.3
ISBN 978-7-115-34698-8

Ⅰ. ①6… Ⅱ. ①滕… Ⅲ. ①企业管理 Ⅳ. ①F270

中国版本图书馆 CIP 数据核字（2014）第 026548 号

内 容 提 要

　　企业推行 6S 的目的只有一个，那就是改善现场管理质量、提升企业形象，最终实现生产高效率、产品高收益。本书从实际操作出发，用大量高清晰的实景图片演示并讲解了以下内容：6S 体系的推进与维持、6S 的开展方法、6S 的实施和事务部门的 6S 推行，同时，书中还提供了大量的表格和管理制度实战范本，方便读者结合企业实际情况参照使用。

　　本书适合工厂各级管理人员以及企业培训师阅读、使用。

◆ 主　　编　滕宝红
　　责任编辑　刘盈
　　执行编辑　刘珺
　　责任印制　杨林杰

◆ 人民邮电出版社出版发行　　北京市丰台区成寿寺路 11 号
　　邮编 100164　　电子邮件 315@ ptpress. com. cn
　　网址 http://www. ptpress. com. cn
　　北京七彩京通数码快印有限公司印刷

◆ 开本：787×1092　1/16
　　印张：26.5　　　　　　　　　　2014 年 3 月第 2 版
　　字数：280 千字　　　　　　　　2025 年 7 月北京第 50 次印刷

定　价：65.00 元（附光盘）
读者服务热线：（010）81055656　印装质量热线：（010）81055316
反盗版热线：（010）81055315

前　言

　　许多企业都曾经轰轰烈烈地推行过6S活动，但最后大都因为推行工作太琐碎而以失败告终。其实，每个人所做的工作，都是由一个一个的小环节构成的，所谓"不积跬步，无以至千里；不积小流，无以成江海"也正是这个道理。6S推行活动正是从工作中最简单的整理、整顿、清洁入手，一步步地深入，最终落实到提升员工的教养与品格，进而使员工的工作效率大大提高。

　　有的企业拥有很先进的设备，但先进的设备并不能与"高效率、低成本"画等号。如果不进行有效的现场管理，工作场所一片混乱，即使拥有世界上最先进的生产工艺和设备，企业的生产效率也依然无法提高。而通过推行6S（包括整理、整顿、清扫、清洁、安全、素养六个方面）活动，可以有效地解决这个问题，并能使企业的生产环境得到极大的改善，帮助企业走上成功之路。

　　《6S精益推行手册（实战图解精华版）》一书自2011年推出以来，获得许多读者的厚爱，有许多读者来电来函与编者探讨6S活动在企业中的推行工作，与编者交流他们在实际操作中的成功、失败及一些操作的细节，并提供了大量实际操作图片、管理制度和管理标准。鉴于读者朋友的这份热心，也期望能够为企业、为管理层人员推行6S活动提供更好的实际性帮助，编者决定修订本书，并且更名为《6S精益推行图解手册（超值白金版）》。

　　《6S精益推行图解手册（超值白金版）》仍然秉承原书的精华，从细微之处出发，图文并茂，用浅显易懂的语言加上真实生动的图片，深入浅出地对6S的管理方法和操作技巧进行细致的讲解。在原书的基础上，对读者所提出的一些问题进行了修改，同时增加了大量在企业里已经颇有成效的实战范本和高清晰的实景图片，能够更好地对6S活动的推行起到指引的作用。企业的管理人员可以借鉴这些范本和图片，结合本企业的实际状况，略加修改就可以运用到6S活动的推行中，从而减少摸索的过程，提高推行的效率。

　　本书的文字和图片获得了戴明企业管理策划有限公司、时代华商企业管理咨询有限公司等培训机构、咨询机构及相关工厂的支持与配合，李家林和涂高发老师更是为本书提供了大量的图片和内部培训资料，同时，参与本书编写和为本书提供资料的还有江艳玲、杨吉华、姚根兴、李亮、段青民、柳景章、杨冬琼、赵仁涛、谭双可、唐琼、邹凤、马丽平、段利荣、林红艺、贺才为、林友进、刘军、刘海江、周波、周亮、赵建学、匡仲潇、滕宝红，全书最后由滕宝红统稿、审核完成。在此，作者再一次对上述机构和人员所付出的努力表示衷心感谢。

本书图片由深圳市中经智库文化传播有限公司提供并负责解释。

目　录

第一章　推进6S的认识

6S管理是企业各项现场管理的基础活动，它有助于消除企业在生产过程中可能面临的各类不良现象，进而提升经营效率和效益。企业想要成功地推行6S，必须要保证所有人员，即从最高领导层到基层员工都要对6S有正确的认识。

第二章　6S体系的推进与维持

6S管理体系不是表表决心、喊喊口号就能够推进的，而是要有步骤、有计划地开展推进活动。在成功推进并使企业的面貌、员工的士气大有变化后，必须使之标准化，并辅以定期或不定期的内部审核，否则只是昙花一现，很难维持下去。

第三章 6S开展的方法

6S活动不是漫无目的、"东一榔头西一棒子"的推行，而是有法可循的。目前，许多企业已经在推行的过程中总结出了许多实用、高效的方法，如定置管理、油漆作战、看板管理、颜色管理、红牌作战、识别管理、定点摄影等。

第七节　定点摄影..................................198

第四章　6S的实施

　　有了明确的6S活动推广计划，掌握了实用的6S推行方法，接下来要做的就是一步一步地在工作现场按整理、整顿、清扫、清洁、安全、素养的步骤实施6S活动。在实施的过程中，一定要保证全员参与，保证有错必纠，直到做法完全正确。

第一节　1S——整理的实施..................................205

第二节　2S——整顿的实施..................................211

第三节　3S——清扫的实施..................................227

第五章　事务部门的6S活动推行

　　有的管理者认为，6S活动的推行只是生产现场的事，这是完全错误的想法。要使6S活动在企业中获得彻底地执行，必须促进6S活动在事务部门的推行，彻底地消除事务部门的各种浪费现象，提升办事效率，并为生产现场起示范作用。

光盘目录

第一部分　6S精益推行标准

第二部分　6S精益推行管理制度

第三部分　6S精益推行管理表格

第一章
推进6S的认识

6S管理是企业各项现场管理的基础活动，它有助于消除企业在生产过程中可能面临的各类不良现象，进而提升经营效率和效益。企业想要成功地推行6S，必须要保证所有人员，即从最高领导层到基层员工都要对6S有正确的认识。

1 6S的起源与含义

2 为什么要实施6S

3 6S推行失败的原因与成功的关键

第一节　6S的起源与含义

一、6S的起源

6S是整理（Seiri）、整顿（Seiton）、清扫（Seiso）、清洁（Seiketsu）、素养（Shitsuke）、安全（Safety）这六个词的缩写。在这六个词中，前五个日文单词的第一个字母都是"S"，再加上"安全"的英文首字母也是"S"，所以简称为6S，具体内容如表1-1所示。

表1-1　6S的定义

中文	日文	英文	一般解释	精简要义
整理	Seiri		清除	分开处理、进行组合
整顿	Seiton		整理	定量定位、进行处理
清扫	Seiso		清理	清理扫除、干净卫生
清洁	Seiketsu		标准化	擦洗擦拭、标准规范
素养	Shitsuke		修养	提升素质、自强自律
安全		Safety	保持安全	安全预防、珍惜生命

5S活动最早在日本开始实施，日本企业将5S活动作为管理工作的基础，在此基础上推行各种品质管理手法。第二次世界大战后，日本产品的品质得以迅速地提升，奠定了其经济强国的地位，而在丰田公司的倡导推行下，5S对于塑造企业形象、降低成本、准时交货、安全生产、作业标准化、工作场所改善、现场改善等方面发挥了巨大的作用，逐渐被各国的管理界所认同。

随着企业进一步发展的需要，有的企业在原来5S（整理、整顿、清扫、清洁、素养）的基础上又增加了"安全"这一要素，从而形成了现在的"6S"管理。

二、6S活动的内容

（一）整理

整理就是把要与不要的人、事、物分开，再将不需要的人、事、物加以处理，这是开始改善生产现场的第一步。其要点如下所示。

（1）对生产现场的现物摆放和停滞的各种物品进行分类，区分什么物品是现场需要的、什么物品是现场不需要的。

（2）对于现场不需要的物品，如用剩的材料、多余的半成品、切下的料头、切屑、垃圾、废品、多余的工具、报废的设备、员工的个人生活用品等，要坚决清理出生产现场。这项工作的重点在于坚决把现场不需要的物品清理掉。

（3）对车间里各个工位、设备的前后、通道左右、厂房上下、工具箱内外以及车间的各个死角，都要彻底地搜寻和清理，以达到"现场无不用之物"的目的。坚决做好这一步是树立良好工作作风的开始。

（二）整顿

通过前一步的整理后，接下来要进行整顿，也就是要对生产现场需要留下的物品进行科学合理的布置和摆放，以便用最快的速度取得所需物品，在最有效的规章、制度和最简捷的流程下完成作业。

（三）清扫

生产现场在生产过程中会产生灰尘、油污、铁屑、垃圾等，从而使现场变脏。不整洁的现场会使设备精度降低、故障多发，影响产品质量，使安全事故防不胜防；不整洁的现场更会影响员工的工作情绪，使人不愿久留。因此，必须通过清扫活动来清除那些脏物，创建一个干净、舒畅的工作环境。

（四）清洁

整理、整顿、清扫之后要认真维护，使现场保持最佳状态。清洁是对前三项活动的坚持与深入，从而消除发生安全事故的隐患，创造一个良好的工作环境，使员工能够愉快地工作。

（五）素养

要努力提高员工的素质、修养，使之养成严格遵守规章制度的习惯和作风，这是6S活动的核心。员工素质没有提高，各项活动就不能顺利开展，即使开展了也坚持不了。所以，企业开展6S活动，要始终着眼于提高员工的素质。

（六）安全

清除隐患、排除险情，预防事故的发生，从而保障员工的人身安全，保证生产能够连续、安全、正常地进行，同时减少因安全事故所造成的经济损失。

三、6S的适用范围

6S活动适用于各企事业单位的办公室、车间、仓库、宿舍和公共场所以及纸质文档、电子文档、网络等的管理。

6S活动的主要对象可以为：人员、机器、材料、方法、环境；公共事务、供水、供电、道路交通；社会道德、人员思想意识。

四、6个"S"之间的关系

6个"S"彼此之间相互关联，其中，"整理"、"整顿"、"清扫"是进行日常6S活动的具体内容；"清洁"则是对"整理"、"整顿"、"清扫"工作的规范化和制度化管理；"素养"要求员工培养自律精神，形成坚持推行6S活动的良好习惯；"安全"则强调员工在5S活动的基础上实现安全化作业。6个"S"之间的关系如图1-1所示。

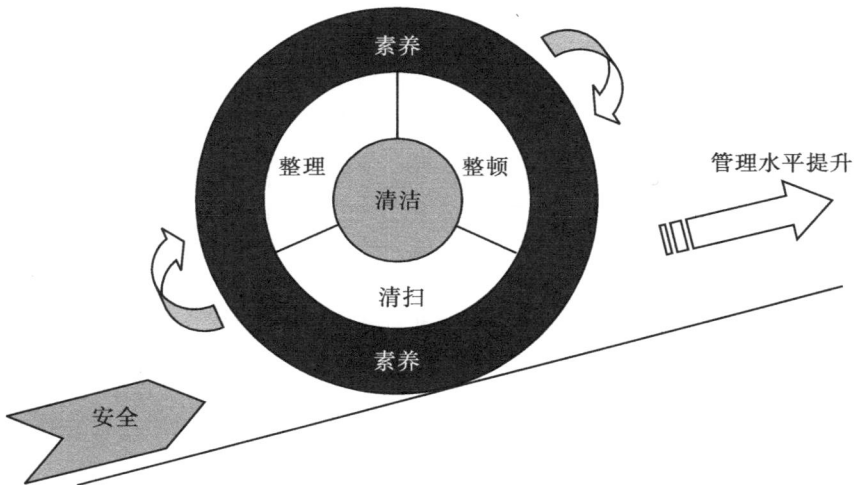

图1-1　6个"S"之间的关系

第二节　为什么要实施6S

一、生产现场的常见症状

某些企业的生产现场存在很多问题，如果管理者仔细去检查一下，就会发现许多常见的"症状"，具体如表1-2所示。

表1-2　生产现场的常见症状

观察要素	呈现的现象	观察要素	呈现的现象
人员	· 员工士气不振 · 精神面貌不佳 · 人员走动频繁 · 面无表情	环境	· 通道被堵塞 · 垃圾杂物随处可见 · 积水、积油、积尘 · 噪声超标 · 尘雾满天飞扬
设备	· 设备布局散乱 · 线路散乱、破损 · 机身上有污垢、积油、积尘 · 设备漏油、漏水、漏气 · 工模夹具摆放混乱、无标志 · 闲置设备到处放置 · 故障频繁发生	方法	· 作业流程不畅 · 工艺不合理 · 违规、违章操作不断 · 无标作业、无标检验
物料	· 物品堆积如山 · 在制品随意乱放 · 合格品、不良品混放 · 物品标志不清 · 停工待料时常发生 · 数量不准确	信息	· 计划频繁调整 · 数据不准确 · 信息传递不及时 · 数据不记录

为了更直观地对生产现场进行观察，企业的现场管理者可以将这些"症状"用照相机拍下来。

灭火器被堵塞

无定位标识，线散放在地上且延伸到另一机台处，人员行走存在安全隐患

二、实施6S的好处

企业推行6S活动，可以得到很多意想不到的益处，具体如图1-2所示。

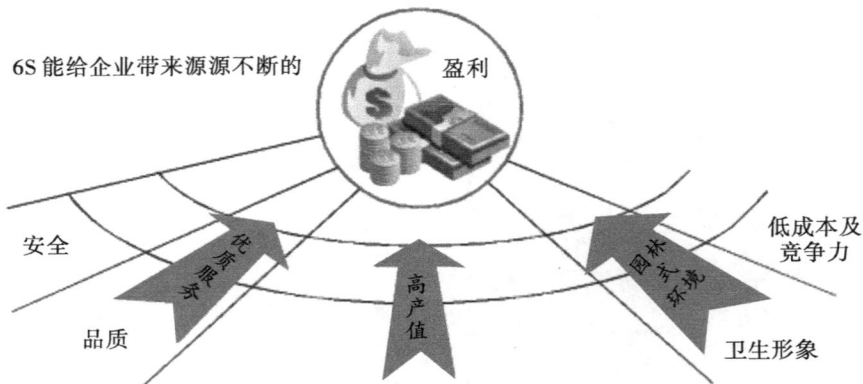

图1-2　实施6S的好处

企业实施6S的好处具体体现在如表1-3所示的几个方面。

表1-3　企业实施6S的好处

序号	益处	具体说明
1	提升公司形象	（1）容易吸引客户，使客户对公司产生信心 （2）能吸引更多的优秀人才加入公司
2	营造团队精神	（1）共同的目标能拉近员工间的距离，建立团队感情 （2）可以帮助员工产生上进的思想 （3）看到良好的效果，员工对自己的工作有一定的成就感 （4）使员工养成良好的习惯，形成独特的企业文化
3	减少浪费	（1）经常地、习惯性地整理、整顿，不需要设专职整理人员，减少人力 （2）对物品进行规划分区，减少场所浪费 （3）对物品分类摆放、标识清楚，节省寻找时间 （4）减少人力、减少占用场所、节约时间就是降低成本
4	保障品质	员工养成了认真工作的习惯，做任何事情都一丝不苟、不马虎，产品的品质自然有保障
5	改善情绪	（1）清洁、整齐、优美的环境能给员工带来美好的心情，使员工工作起来更认真 （2）上级、同级、下级之间谈吐有礼、举止文明、互相尊重，营造一种"大家庭"的工作氛围
6	提高效率	（1）工作环境优美、工作氛围融洽，工作自然得心应手 （2）物品摆放整齐，不用花时间寻找，工作效率自然提高

下面我们再来看看开展6S活动以后的现场照片。

模具摆放整齐，电脑打印的编号清楚、一目了然

通道标识正确，通道干净整洁

旧设备摆放区
负责人：×××
2013.9—2013.12

区域标识明确

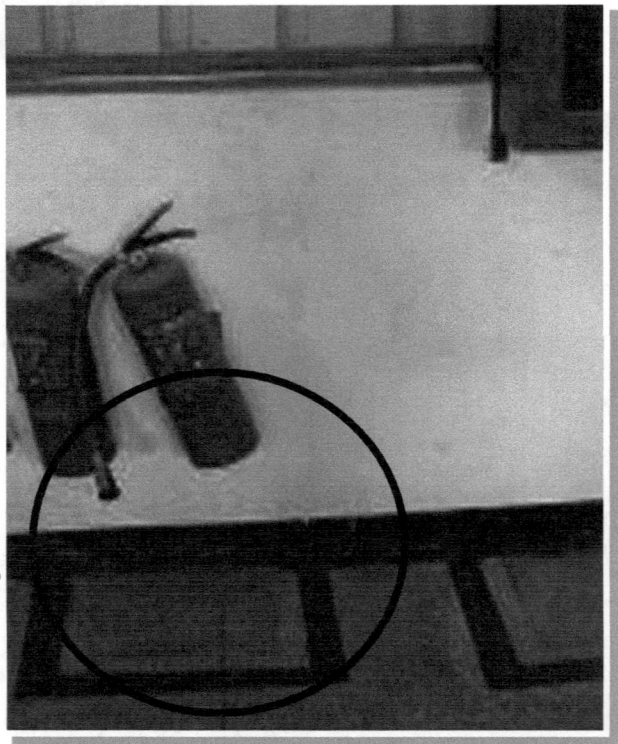

消防设备区域规划良好，
未堵塞

第三节 6S推行失败的原因与成功的关键

一、6S推行失败的原因

（一）高层领导不重视

企业高层领导不重视是导致6S推行失败的主要原因。企业中高层领导如果对6S管理认识不深，认为6S就是大扫除或者安排几个专员做就可以做好，就会舍不得投入。比如，平时检查敷衍了事，客户要来企业或者企业现场6S做得不好，领导就安排做一次大扫除或让相关部门组织一下；没有这样的要求了，领导就不管了，这样自然做不好6S管理。

（二）认识不到位

这主要指的是企业员工，甚至是部分领导对6S管理的实施意义认识不到位。下面列出一些比较具有代表性的观点。

（1）我们公司已做过6S了。

（2）6S就是把现场打扫干净。

（3）6S只是工厂现场的事情，与办公室无关。

（4）6S可以"包治百病"。

（5）6S活动看不到经济效益。

（6）工作太忙，没有时间做6S。

（7）我们是搞技术的，做6S是浪费时间。

（8）我们这个行业不可能做好6S。

（9）6S活动太形式化了，看不到什么实质效果。

（10）我们的员工素质差，搞不好6S。

（11）我们公司业绩良好，为什么要做6S。

（12）我们企业这么小，搞6S没什么用。

（13）6S活动推进就是6S检查。

（14）开展6S活动主要靠员工自发地行动。

（三）行动表面化

现场管理不外乎是对人、机、料、法、环的管理。现场每天都在变化，异常每天都在发生，企业做好6S，能够让现场井然有序，把异常发生率降到最低，使员工心情舒畅地工作。然而，在某些企业里，虽然领导强力推行，但是有些员工执行6S仅停留在表面上，有些员工甚至不清楚6S的内容，深入了解其含义的更是寥寥无几。

（四）缺乏恒心

6S的推进是一项长期性的活动，要使推行工作持久、有效，企业必须加强推行过程中的控制力和执行力，这样才能确保整理、整顿、清扫、清洁、安全、素养六项内容实施到位。有些企业一开始可能有执行6S的热情，但是随着时间的推移，慢慢地冷淡了，没有形成习惯，最后，6S的推行以逐渐消失而告终。企业如果没有一套合理、科学的6S考核评价体系，是很难将6S活动维持和开展下去的。因此，为保持和巩固6S管理的成果，企业必须坚持不懈地抓紧、抓实、抓好6S的推行工作。

（五）缺乏持久推行的动力

有的企业仅靠一味地考核、施加压力来推行6S管理，这样做肯定得不到长期有效的成果。企业应该在考核的基础上建立一定的激励机制，让员工在享受6S管理带来的工作便捷的同时，还能享受到做好6S管理所带来的身心愉悦，而不是每天都只想着如何应对检查与考核。

二、6S推行成功的关键

（一）管理者强有力的支持

管理者强有力的支持对6S的推行非常重要，这种支持绝不能只停留在口头上，而是要尽量做到以下几点。

（1）出席推行委员会会议，与推行人员一起参加6S活动的评比。

（2）在公司的调度会议、工作会议上不断地强调6S管理的重要性，对好的部门给予奖励，对差的部门进行批评与督促。

（3）调动内部各种力量为6S活动的推行服务，如内部刊物、宣传栏等。

这样一来，各种阻力将大幅减少，对6S活动的推行非常有益。

（二）管理者要经常巡查现场

在一个企业或一个部门中，当导入一项新的活动或制度时，高层管理者关注的程度是这项活动能否坚持下来的决定性因素，6S也不例外。高层管理者必须在言行上持续地关注6S活动。具体来说，表达关注的重要方法之一就是经常进行现场巡查。在进行现场巡查时，管理者要注意以下几点。

1. 把握大局

通常有组织的巡查活动是根据6S检查清单上的要求事项进行的。一般来说，管理者在进行现场巡查的时候，不要受检查表的局限，可以不拘泥于形式，从企业的大局出发提出6S要求，督促现场部门进行改善。若太过局限于检查表的检查项目，反而有可能失去对6S活动大局的有效把握。

2．及时对6S活动提供支持和指导

管理者在巡查时，不能只停留在指出问题的层面上，而应该针对有关安全、公害、废弃物以及废旧设备处理等问题提供必要的指导和帮助；在具体执行6S整改的过程中，管理者更应该提供必要的资源支持（人力、财力、物力）。

3．注意与员工的现场沟通

为了培养员工的6S意识，管理者在巡查过程中应适时地与员工进行沟通。例如，在现场巡查时，管理者可以与相关员工进行短时间的谈话，时常向6S推行成员打招呼，表扬那些在6S活动中做出成绩的小组和人员，关注其改善成果，以不同形式表示对他们的支持。这样做不仅能够激发员工开展下一步活动的激情和动力，还能够促进其他后进员工和后进部门的仿效和跟进。

（三）全员参与

开展6S活动重要的不是理论而是实践，实践越多，效果越好，参加6S实践的人员越多，就越容易达到6S的目的。因此，6S活动最有效的开展方法就是促进全员参与。同时，6S活动的开展还能为企业的改善革新打下良好的现场管理基础，提高员工参与改善革新活动的自主性和积极性。

1．促进全员参与

在没有很好地开展6S活动的企业中，很多人可能会片面地认为6S活动只是6S委员会或者管理人员的事情。因此，企业要做到全员参与6S活动，就必须做好以下两个方面的工作。

（1）明确每个人的6S职责

表1-4所示为各级人员的6S职责要求。

表1-4　各级人员的6S职责

序号	岗位	6S责任
1	董事长 总经理	（1）确认6S活动是企业管理的基础 （2）参加与6S活动有关的教育训练与观摩 （3）以身作则，展示企业推动6S的决心 （4）担任企业6S推动组织的领导者 （5）担任6S活动各项会议的主席 （6）仲裁有关6S活动检讨问题点

序号	岗位	6S责任
1	董事长 总经理	（7）掌握6S活动的各项进度与实施成效 （8）定期实施6S活动的上级诊断或评价工作 （9）亲自主持各项奖惩活动，并向全体员工发表讲话
2	管理人员	（1）配合企业相关政策，全力支持与推行6S （2）参加外界有关6S的教育训练，吸收6S技巧 （3）研读6S活动的相关书籍，广泛收集资料 （4）开展部门内6S指导并参与企业6S宣传活动 （5）规划部门内工作区域整理、定位工作 （6）根据6S进度表，全面做好整理、定位、画线标示 （7）协助下属克服6S障碍与困难点 （8）熟读企业"6S活动竞赛实施方法"并向下属解释 （9）参与6S评分工作 （10）6S评分缺点改善和指导 （11）督促下属进行定期的清扫点检 （12）上班后进行点名与服装仪容检查，上班过程中进行安全巡查
3	基层员工	（1）对自己的工作环境须不断地整理、整顿，物品、材料和资料不可乱放 （2）不用的物品要立即处理，不可占用作业空间 （3）通道必须经常维持清洁和畅通 （4）物品、工具和文件等要放置于规定场所 （5）灭火器、配电盘、开关箱、电动机、冷气机等周围要时刻保持清洁 （6）物品、设备要仔细、正确、安全地摆放，将较大、较重的物品堆在下层 （7）保管的工具、设备及所负责的责任区要整理 （8）将纸屑、布屑、材料屑等集中于规定场所 （9）不断清扫，保持清洁 （10）注意上级的指示并加以配合

（2）全员参与，实施改善

6S活动的重点是现场的整理阶段，企业应要求全体员工一起整理和清除废物，创造舒适的工作环境。在整顿阶段，应当使区域布局、物品定位趋于合理，方便物品的取用和归还，节省寻找的时间并消除寻找过程中的焦虑情绪。在清扫阶段，全体员工要进行彻底的清扫，力求现场整洁明亮，创造无垃圾、无污染、清洁的工作环境。

在这个过程中，6S活动的参与者不仅能够创造舒适、漂亮的现场环境，他们的意识也会发生改变，并能体会到现场改变后的成就感。

2．激活全体员工的参与热情

要促进全体员工参与6S活动，管理者就需要开展各种各样、丰富多彩的活动，来激发员工的参与热情。

（1）运用各种宣传工具

例如，发行6S活动刊物或在现有刊物上开辟6S专栏；制作6S宣传板报；张贴或悬挂6S标语、口号等。

（2）开展多种形式的活动

例如，召开6S活动动员会和报告会；开展6S宣传画、标语、口号等的征集和表彰活动；开展6S竞赛和检查评比活动；管理者应深入到班组的班前会、班后会，宣传6S的相关内容，以强化效果。

第二章
6S体系的推进与维持

2

6S管理体系不是表表决心、喊喊口号就能够推进的，而是要有步骤、有计划地开展推进活动。在成功推进并使企业的面貌、员工的士气大有变化后，必须使之标准化，并辅以定期或不定期的内部审核，否则只是昙花一现，很难维持下去。

1 6S的推进步骤

2 6S标准化

3 6S定期内部审核

第一节 6S的推进步骤

一、6S自我评估和诊断标准

6S自我评估是指针对现场的常见问题，企业自行组织现状调查分析，判断问题和隐患所在，确定6S活动的重点和阶段性主题。

（一）自我评估与诊断标准

6S自我评估与诊断标准如表2-1所示。

表2-1 6S自我评估与诊断标准

序号	评估项目	评估与诊断标准
1	公共设施环境卫生	（1）浴室、卫生间、锅炉房、垃圾箱等公共设施完好 （2）环境卫生有专人负责，随时清理，无卫生死角 （3）厂区绿化统一规划，花草树木布局合理、养护良好
2	厂区道路车辆	（1）道路平整、干净、整洁，交通标志和画线标准、规范、醒目 （2）机动车、非机动车位置固定、标志清楚
3	宣传标志	（1）张贴、悬挂表现企业文化的宣传标语 （2）宣传形式多样化、内容丰富
4	办公室物品和文件资料	（1）办公室物品摆放整齐、有序，各类导线集束，实施色标管理 （2）办公设备完好、整洁 （3）文件资料分类定置存放，标志清楚，便于检索 （4）桌面及抽屉内物品保持正常办公的最低限量
5	办公区通道、门窗、墙壁、地面	（1）门厅和通道平整、干净 （2）门窗、墙壁、天花板、照明设备完好且整洁 （3）室内明亮、空气新鲜、温度适宜
6	作业现场通道和室内区域线	（1）通道平整、通畅、干净、无占用 （2）地面画线清楚、功能分区明确，标志可移动物摆放位置，颜色、规格统一

（续表）

序号	评估项目	评估与诊断标准
7	作业区地面、门窗、墙壁	（1）地面平整、干净 （2）作业现场空气清新、明亮 （3）标语、图片、图板的悬挂和张贴符合要求 （4）各种不同使用功能的管线布置合理、标志规范
8	作业现场设备、工装、工具、工位器具和物料	（1）定置管理，设备（含检测、试验设备）、仪器、工装、工具、工位器具和物料分类合理、摆放有序 （2）作业现场不存放无用或长久不用的物品 （3）消除跑、冒、滴、漏，设备无黄袍，杜绝污染
9	作业现场产品	（1）防止零部件磕碰划伤的措施良好、有效 （2）产品状态标志清楚、明确，严格区分合格品与不合格品 （3）产品放置区域合理、标志清楚
10	作业现场文件	（1）文件是适用、有效的版本 （2）各种记录完整、清楚 （3）文件摆放位置适当、保持良好
11	库房	（1）定置管理，摆放整齐 （2）位置图悬挂标准、通道畅通 （3）账、卡、物相符，标志清楚 （4）安全防护措施到位
12	安全生产	（1）建立了安全管理组织网络，配备专职管理人员 （2）建立安全生产责任制，层层落实 （3）制定安全生产作业规程，人人自觉遵守 （4）有计划地开展安全生产教育与培训
13	行为规范与仪容	（1）员工自觉执行公司的相关规定，严格遵守作业纪律 （2）工作坚持高标准，追求"零缺陷" （3）制定并遵守礼仪守则 （4）衣着整洁 （5）工作时间按规定统一穿戴工作服、工作帽 （6）工厂区内上班时间，员工能自觉做到不吸烟

（二）诊断检查表

企业进行6S评估与诊断时，可参照表2-2、表2-3所示的诊断检查项目及评分标准。

表2-2 生产现场6S诊断检查表

序号	项目	检查项目	配分	得分	改善计划
1	整理	1. 有无定期实施去除不要物	2		
		2. 有无不急、不用的治工具、设备	2		
		3. 有无剩料等不用物	2		
		4. 有无不必要隔间,能使现场视野良好	2		
		5. 有无将作业场所明确区域划分、编号化	2		
		小计	10		
2	整顿	1. 是否明确规定储藏以及储藏所	3		
		2. 是否明确规定物品放置、料架	3		
		3. 工具是否易于取用、集中	3		
		4. 是否有使用颜色管理	3		
		5. 工具、材料等是否按规定储放	3		
		6. 是否规定呆制品储放处所与管理	3		
		7. 宣传白板、公布栏内容应适时更换,应标明责任部门及责任人姓名	3		
		8. 各种柜、架的放置处是否有明确标志	3		
		小计	24		
3	清扫	1. 作业场所是否杂乱	2		
		2. 作业台及现场办公台上是否杂乱	2		
		3. 产品、设备、地面是否脏污,灰尘	2		
		4. 区域划分线是否明确	2		
		5. 作业结束、下班时是否清扫	2		
		6. 墙角、底板、设备下是否列为重点清扫区域	2		
		小计	12		
4	清洁	1. 前3S是否规定化	2		
		2. 机械设备类是否定期点检	2		
		3. 是否穿着规定的服装或劳保用品	2		
		4. 是否放置私人物品	2		
		5. 有无规定吸烟场所并遵守	2		
		小计	10		

（续表）

序号	项目	检查项目	配分	得分	改善计划
5	素养	1. 是否保持基本的卫生和基本礼仪	3		
		2. 是否明示使用保护具并使用	3		
		3. 是否遵守作业标准书	3		
		4. 是否制定应对异常情况的规定	3		
		5. 是否积极参加晨操、班前会	3		
		6. 是否遵守有关开始、停止的规定	3		
		7. 员工是否按规定穿工作鞋、工作服并佩戴工作证	3		
		8. 是否每天保持下班前5分钟进行6S	3		
		小计	24		
3	安全	1. 对危险品是否有明显的标志	2		
		2. 各安全出口的前面是否有物品堆积	2		
		3. 灭火器是否放置在指定位置并处于可使用状态	2		
		4. 消火栓的前面或下面是否有物品放置	2		
		5. 空调、电梯等大型设施设备的开关及使用是否指定专人负责或制定相关规定	2		
		6. 电源、线路、开关、插座是否有异常现象出现	2		
		7. 是否存在违章操作	2		
		8. 对易倾倒物品是否采取防倒措施	2		
		9. 是否有健全的安全机构及规章制度	2		
		10. 是否定期进行应急预案的演习	2		
		小计	20		
		合计	100		
评语：			检查人：		

表2-3　办公室6S诊断检查表

序号	项目	检查项目	配分	得分	改善计划
1	整理	1. 是否有定期去除不要物的红牌	3		
		2. 有无归档的规定	3		

（续表）

序号	项目	检查项目	配分	得分	改善计划
1	整理	3．桌、橱柜等抽屉内物品是否为必要的最低限	3		
		4．是否有不必要隔间，使现场视野良好	2		
		5．是否将桌、橱柜、通道等明确区域划分	2		
		小计	13		
2	整顿	1．是否按照归档的要求进行文件类归档	2		
		2．文件等各类物品是否实施定置化和标志化（颜色、斜线、标签）	2		
		3．是否规定用品的放置位置并进行补充管理，如最高或最低存量管制	2		
		4．必要的文件等物品是否易于取用，放置方法是否正确（立即取出和放回）	2		
		5．是否规定橱柜、书架的管理责任者	2		
		小计	10		
3	清扫	1．地面、桌上是否杂乱	3		
		2．垃圾箱是否积得太满	3		
		3．配线是否杂乱	3		
		4．给水间是否有标明管理责任人的标示	3		
		5．给水间是否干净明亮	3		
		6．是否有清扫分工制度，窗、墙板、天花板、办公桌、通道或办公场所地面或作业台是否干净亮丽，办公设施是否干净无灰尘	3		
		小计	18		
4	清洁	1．办公OA设备是否按规定定期清洁	3		
		2．抽屉里是否杂乱	3		
		3．私人物品是否放于指定位置	3		
		4．下班时桌上是否整洁	3		
		5．是否穿着规定服装	3		
		6．排气和换气的情况如何，空气中是否有灰尘或污染味道	3		
		7．光线是否足够，亮度是否合适	3		
		小计	21		

（续表）

序号	项目	检查项目	配分	得分	改善计划
5	素养	1. 是否使用周业务进度管理	2		
		2. 本部门重点目标、目标管理等是否进行目视化	2		
		3. 公告栏公告文件是否过期	2		
		4. 接到当事者不在的电话是否做备忘记录	2		
		5. 是否有合适方式告知出差地点与回来时间等	2		
		6. 是否有文件传阅规定	2		
		7. 是否积极参加晨操	2		
		8. 是否每在下班时执行5分钟6S活动	2		
		9. 工作人员是否仪容端正、精神饱满、工作认真	2		
		小计	18		
6	安全	1. 危险品是否有明显的标志	2		
		2. 各安全出口的前面是否有物品堆积	2		
		3. 灭火器是否放置在指定位置并处于可使用状态	2		
		4. 消火栓的前面或下面是否有物品放置	2		
		5. 空调、电梯等大型设施设备的开关及使用是否指定专人负责或制定相关规定	2		
		6. 电源、线路、开关、插座是否有异常现象出现	2		
		7. 是否存在违章操作	2		
		8. 对易倾倒物品是否采取防倒措施	2		
		9. 是否有健全的安全机构及规章制度	2		
		10. 是否定期进行应急预案的演习	2		
		小计	20		
		合计	100		
评语：			检查人：		

（三）现场诊断的结果分析

在对现场进行诊断后，企业要将诊断结果以书面形式呈现，在分析的过程中找出存在的问题和难点，最好同时附上所拍照片，最后还要提出相应的建议。

二、建立推行组织

企业可成立6S推行委员会,委员会设主任委员、副主任委员、干事、执行秘书各一名,设委员及代理委员若干名。各成员必须明确其具体的工作职责及责任区域。以下提供一份某公司6S推行委员会的架构图,供读者参考。

【实战范本2-01】××公司6S推行委员会架构图

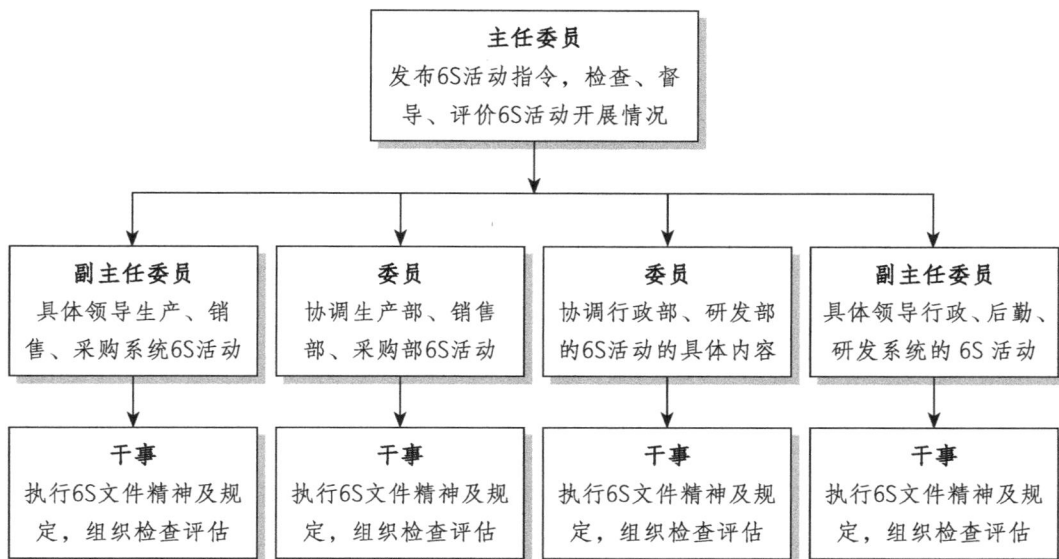

....

```
                              主任委员
                    发布6S活动指令,检查、督
                    导、评价6S活动开展情况

    ┌───────────────┬───────────────┼───────────────┬───────────────┐

   副主任委员         委员            委员           副主任委员
  具体领导生产、销    协调生产部、销售  协调行政部、研发部  具体领导行政、后勤、
  售、采购系统6S活动  部、采购部6S活动  的6S活动的具体内容  研发系统的6S活动

     干事            干事            干事             干事
  执行6S文件精神及规  执行6S文件精神及规  执行6S文件精神及规  执行6S文件精神及规
  定,组织检查评估    定,组织检查评估    定,组织检查评估    定,组织检查评估
```

××公司6S推行委员会架构图

三、制订6S推行计划

所谓计划,就是预先决定5W1H——做什么(What)、为什么做(Why)、在什么地方做(Where)、什么时候做(When)、由谁做(Who)、怎么做(How)。计划是在各式各样的预测基础上制订的,虽然并不是所有的事情都会按照计划发展,但如果不制订计划,所有的事情都可能会杂乱无章。以下提供两份6S推行计划范本,供读者参考。

【实战范本2-02】××公司6S管理体系持续推行计划表

××公司6S管理体系持续推行计划表

步骤	项目	推行计划											
		1周	2周	3周	4周	5周	6周	7周	8周	9周	10周	11周	后续
1.6S管理推行准备	1.1 确定6S管理推行负责人和小组，并制订相关的6S实施文件	■											
	1.2 各副主任负责提交各小组的责任区域图，以及所有有待其他部门或者上级部门解决的6S问题清单		■										
	1.3 全厂新员工培训及培训测试；6S宣传		■										
2.6S管理推行	2.1 各部门开始实施，在实施过程中整理并提交问题清单			■									
	2.2 各部门确定清扫责任区，具体落实到每个人并实施清扫			■									
	2.3 各部门实施整顿（目视管理）			■									
	2.4 各部门实施清洁				■								
	2.5 全厂6S管理实施评比					■							
3.6S管理的维持	3.1 每月由6S管理委员会主任抽取部分车间或部门进行评比，前两名给予一定的奖励						■	■	■	■	■	■	■
	3.2 由行政部将6S培训内容纳入新员工培训项目，每个月对新进员工进行一次培训						■	■	■	■	■	■	■

【实战范本2-03】××公司6S推行进度计划（甘特图）

某企业的6S推行进度计划（甘特图）

编制：　　　　　批准：

序号	阶段	工作内容	1月	2月	3月	4月	5月	6月	7月	8月	9月	10月	11月	12月
1	组织策划	6S现状诊断	■											
		组建6S委员会、6S小组，明确岗位职责	■											
		6S骨干培训		■										
		制订6S推行计划		■										
		6S宣传工作展开		■	■	■	■	■	■	■	■	■	■	■
2	体系设计	全员6S培训		■										
		6S骨干外训		■										
		确定6S方针、目标			■									
		编写6S手册			■									
3	6S体系建立	制作整理、整顿、清扫、清洁、素养的程序文件及表格			■									
		示范部门或车间整理、整顿开始				■								
		制定6S评分标准和6S竞赛办法				■								
		6S知识竞赛(晚会)，6S实施动员大会					■							
4	6S运行	整理					■							
		整顿					■							
		清扫						■						
		6S审核						■	■	■	■	■	■	■
		清洁						■						
		管理层6S评审						■						

四、实施6S教育培训

作为6S推行组织，推行委员会的首要任务是将全体成员培养和教育好，领导全员齐心协力、共同推进6S活动。其次，作为消除浪费和推行持续改善活动的组织，要想把活动维持在一个较为理想的水平上，教育培训也是一个关键的因素。

（一）制订培训计划

1. 可依据实际情况编制年度、月度或临时培训计划。
2. 根据管理人员、作业员、新员工等的不同情况，为其"量身定做"培训内容。
3. 教材、教具齐备。
4. 选择合适的学习环境。

以下提供一份某公司的6S培训计划，供读者参考。

【实战范本2-04】××公司6S培训计划
....

××公司6S培训计划

为了满足公司的发展需要，建立坚实的现场管理基础，创造一个整洁的工作环境，消除一切安全隐患，生产出达到客户要求的合格产品，特制订此培训计划。

一、培训目的

1. 加强全体人员对6S的认识和了解。掌握生产现场6S管控的标准及要点。
2. 确保推行人员掌握推行的步骤、方法、要领，做到有效地推行。

二、培训安排

培训内容、培训目标、培训对象、培训时间的安排如下表所示。

培训安排

序号	培训内容	目标值	对象	讲师	时间
1	6S的起源和实施的意义 6S定义 6S方针和目标 生产现场6S的标准及要点	80%以上员工考核合格	全体员工		___月___日至 ___月___日
2	推行步骤 宣传教育方式	推行小组全部成员掌握内容并能正确实施	推行小组		___月___日至 ___月___日

（续表）

序号	培训内容	目标值	对象	讲师	时间
2	6S推行要点 检查要点 考核与内审方法 各人的职责	推行小组全部成员掌握内容并能正确实施	推行小组		____月____日至____月____日

三、培训方式

讲授、案例、多媒体课件相结合

四、培训地点及场地安排

公司二楼大会议室

五、考核方式

1．考核内容：以讲授课程内容为主。

2．考核方式：课后以问卷形式考核。

（二）开展教育培训

1．培训骨干人员

6S是全体员工共同参与的活动。为了使6S活动能够彻底、持续地开展，需要由推行组织通过制定活动方案以及各种标准和规定对6S活动进行指导，并组织一些评比、竞赛将6S活动推向高潮，激发员工的参与热情。

在6S活动开展之初，并不是所有人都能正确理解6S，这就要求有一批骨干人员能够起到模范带头作用，协助活动的推行。所谓骨干人员，主要是指那些对6S的基本知识和推行要领有较好认识的员工，企业需要有意识地培养一批这样的骨干人员。

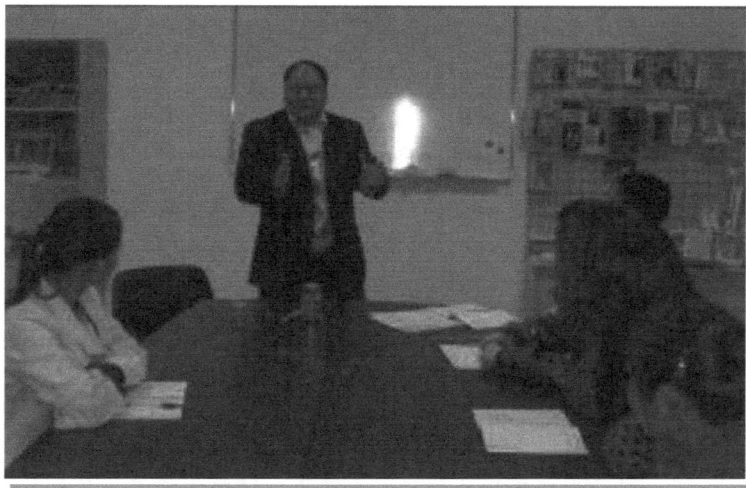

2．培训一般员工

对一般员工实施6S培训的主要目的是让他们正确认识6S。一般来说，培训的内容主要包括以下几个方面。

（1）6S的内涵。

（2）推行6S活动的意义。

（3）企业对推行6S活动的态度。

（4）6S活动的目标和计划。

（5）有关的评比和奖励措施等。

（三）考核检查

（1）有培训就有考核，这样可以提高员工对6S活动的重视程度。

（2）奖优罚劣。向优秀员工颁发证书，通报表扬；不及格者需进行补考，直至及格为止。以下提供两份6S管理培训的测试题，供读者参考。

【实战范本2-05】6S管理培训测试题（一）

6S管理培训测试题（一）

姓名：＿＿＿＿＿＿　　性别：＿＿＿＿＿＿　　得分：＿＿＿＿＿＿

一、填空题（共15分，每题3分）

1．6S指的是：＿＿＿＿、＿＿＿＿、＿＿＿＿、＿＿＿＿、＿＿＿＿、＿＿＿＿。

2．区分工作场所内的物品为"要的"和"不要的"是属于6S中的＿＿＿＿范围。

3．物品乱摆放属于6S内容中的＿＿＿＿范围。

4．整顿是要排除＿＿＿＿浪费。

5．整顿的三要素是指：＿＿＿＿、＿＿＿＿、＿＿＿＿。

二、是非判断（错的画"×"，对的画"√"，共10分，每题2分）

1．6S管理是革除人的"马虎之症"的良药，主要以提升人的品质为最终目的。
（　　）

2．6S管理只是一个短期的活动，不需长期坚持。（　　）

3．清洁不仅要求对企业的物和机做到清洁，也要求企业的人在形体上和精神上均做到"清洁"。（　　）

4．6S管理只是为了保障生产安全。（　　）

5．对于生产现场的物料，只要大家清楚在哪里，不做标示也没有关系。（　　）

（续）

三、多项选择题（共20分，每题2分，请选择合适的答案）

1. 以下属于"素养"范畴的不良习惯有（　　）

A. 上班迟到　　　　　　　　　　　B. 不按作业规程操作

C. 上班时间上洗手间　　　　　　　D. 随地丢垃圾

2. 公司什么地方需要整理、整顿？（　　）

A. 生产现场　　　　　　　　　　　B. 办公室

C. 公司的每个地方　　　　　　　　D. 仓库

3. 整理主要是排除什么浪费？（　　）

A. 时间　　　　　B. 工具　　　　　C. 空间　　　　　D. 装物

4. 整顿中的"3定"是指（　　）

A. 定点、定方法、定标示　　　　　B. 定点、定容、定量

C. 定容、定方法、定量　　　　　　D. 定点、定人、定方法

5. 整理时，要根据物品的什么来决定取舍？（　　）

A. 原购买价值　　B. 现使用价值　　C. 是否占空间　　D. 是否能卖好价钱

6. 6S活动推行中，下面哪个最重要？（　　）

A. 人人有素养　　B. 地、物干净　　C. 工厂有制度　　D. 生产效率高

7. 清扫在6S管理中的位置是什么？（　　）

A. 有空再清扫就行了　　　　　　　B. 清扫是工作中的一部分

C. 地、物干净　　　　　　　　　　D. 生产效率高

8. 6S和产品品质的关系是什么？（　　）

A. 工作方便　　　B. 改善品质　　　C. 增加产量　　　D. 没有多大关系

9. 6S与公司及员工有哪些关系？（　　）

A. 提高公司形象　　B. 增加工作时间　　C. 增加工作负担　　D. 安全有保障

10. 属于"目视管理"范畴的方法有：（　　）

A. 划分区域　　　B. 显示牌　　　　C. 颜色区分　　　D. 定位置表示

四、思考题（30分）

1. 谈谈你对6S的理解。（10分）

2. 如果在你所在的部门推行6S，可能遇到的困难是什么？怎么办？（10分）

3. 谈谈"提升自我，从小事做起"在素养中的重要性。（10分）

五、案例分析（25分）

案例分析要求：

1. 在以下的每一幅图当中，请按6S审核标准，判别出不符合要求的项目和内容，

（续）

并给出纠正措施;

   2．要求按组别完成，并在纸上写出答案;

   3．每组选出一名代表上台讲解。

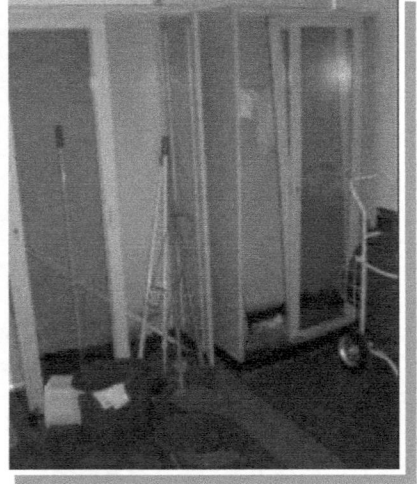

【实战范本2-06】6S管理培训测试题（二）

6S管理培训测试题（二）

考生姓名：_____ 考生成绩：_____

导师签名：_____ 考试日期：_____

1．以下哪一项是"整理"的例子（5分）：

A．所有东西都有标示，30秒内就可以找到

B．储藏的透明度和防止出错方法

C．抛掉不需要东西或回仓、工作计划表

D．个人清洁责任的划分及认同和环境明亮照人

E．履行个人职责（包括优良环境、问责和守时）

2．以下哪一个是"素养"的例子（5分）：

A．所有东西都有标示，30秒内就可以找到

B．储藏的透明度和防止出错方法

C．抛掉不需要东西或回仓、工作计划表

D．个人清洁责任的划分及认同、环境明亮照人

E．履行个人职责（包括优良环境、问责和守时）

3．在分层管理的标准中，使用程度为"中"用量，其使用的物品频率一般定义为多少（5分）：

A．一年都没有使用过的物品

B．7~12个月内使用过的物品

C．1~6个月内使用过的物品

D．每日至每月都要使用的物品

E．每小时都要使用的物品

4．以下哪些是"清洁"的推行方法（5分）：

A．目视管理

B．定置管理

C．储存的透明度

D．视觉监察法

E．分层管理

5．6S有助于公司哪方面的效用（5分）：

A．安全

（续）

B．品质

C．效率

D．形象

E．以上全部都是

6．请列出推行整顿的四个步骤（6分）：

第一个步骤：_____

第二个步骤：_____

第三个步骤：_____

第四个步骤：_____

7．推行6S的效能是什么？（7分）

8．如何实施6S？（10分）

9．为什么要实施6S？（10分）

10．请分别列出至少两个实施整理、整顿、清扫、清洁、素养、安全的方法和执行思路。（12分）

11．请列出以下照片中不符合6S规定的要点，并说明原因及改善方法。（30分）

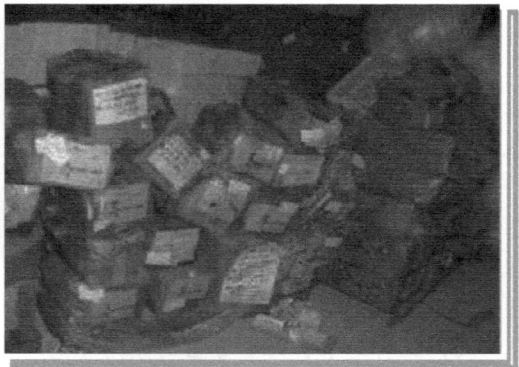

（四）总结经验

1. 培训过程中，应及时完善教材，优化教学方式。

2. 及时做好总结，为下一次培训做好准备。

实施6S教育培训，除按照上述四个步骤进行外，还可配合标语、新闻、报刊、竞赛等宣传攻势，必要时还可聘请专业的培训顾问来企业授课。

五、活动前宣传造势

（一）活动口号征集和6S标语制作

企业可自制或外购一些6S宣传画、标语等张贴在工作现场，这样做不仅能活跃工作气氛，还能让员工对6S概念耳濡目染，起到潜移默化的作用。除此之外，企业还可以通过在内部开展有奖征集口号活动，促进员工对6S活动的参与。

以下为企业开展6S活动时常用的一些标语、宣传语，供读者参考。

6S活动标语集锦

1. 管理要精细，管理要精确，管理要精益。

2. 无不安全的设备，无不安全的操作，无不安全的现场。

3. 现场就是6S活动的战场。

4. 目视管理是6S活动的基础。

5. 物流控制是6S活动的主线。

6. 责任交接是6S活动的关键。

7. 管理是修己安人的历程：起点是修己，做好自律工作；重点是安人，强调人性化管理。

8. 修正你的思想，因为它会改变你的行为。

9. 注意你的行为，因为它会改变你的习惯。

10. 养成你的习惯，因为它会改变你的性格。

11. 培养你的性格，因为它会改变你的命运。

12. 把握你的命运，因为它会改变你的人生。

13. 一切从我做起。

14. 只有目标而没有行动，那是在做梦；只有行动而没有目标，那是在浪费时间；只有目标加上行动，才能够改变世界。

15. 人之初，性本懒，要他做，制度管。

（续）

16. 人之初，性本勤，激励他，土成金。

17. 人之初，性本善，你和我，一起干。

18. 制度是培养优秀员工的基石，标准是造就伟大企业的砖瓦，6S是落实制度和标准的工具。

19. 以人为本，关爱生命。

20. 思一思研究改善措施，试一试坚持不懈努力。

21. 整理、整顿天天做，清扫、清洁时时行。

22. 整理、整顿做得好，清洁、打扫没烦恼。

23. 积极投入齐参加，自然远离脏乱差。

24. 创造舒适的工作环境，不断提高工作效率。

25. 讲科学，讲求人性化，这就是整顿的方向。

26. 生命只有一次，安全伴君一生。

27. 为了生活好，安全活到老。

28. 生产再忙，安全不忘，人命关天，安全在先。

29. 多看一眼，安全保险多防一步，少出事故。

30. 安全来自长期警惕，事故源于瞬间麻痹。

31. 争取一个客户不容易，失去一个客户很容易。

32. 成功者找方法，失败者找借口。

33. 会而善议，议而当决，决而必行。

34. 鄙视一切乱丢东西的不文明行为。

（二）利用内部刊物

企业通常都有内部刊物，可以利用它对6S活动进行宣传。例如，刊物可经常发表领导强调6S的讲话内容，介绍6S知识，介绍6S活动的进展情况和优秀成果以及6S活动的实施规范，推荐好的实践经验等。内部刊物的影响较大，如果利用得当，会对6S活动能起到很好的推动作用。

（三）制作宣传板报

企业还可以通过制作6S板报来宣传6S知识。例如，展示6S成果，发表6S征文，提示存在的问题等。板报的内容可以丰富多彩，因为它是一种很有效的宣传工具。

1. 制作板报的目的

板报是提高员工认识、增进员工对活动理解的有效工具。制作板报的主要目的是为了营造浓厚的6S活动氛围，使活动更容易获得企业全体员工的理解和支持。

2．板报的制作方法

板报是展示管理文件的现场，各部门应该设置专门的6S板报。在板报的制作过程中，应注意以下几点。

（1）板报应设在员工或客户的必经场所，如通道、休息室附近，同时，周围要有较为宽敞的空间供人停留。

（2）板报制作要美观大方。

（3）板报可以形式多样。

（4）应定期对板报的内容进行更新和维护，如果板报内容长时间不变、外观破旧，也就失去了它应有的宣传作用。

（四）制作《6S推行手册》

为了使全体员工更好地了解和执行6S活动，企业最好能制作《6S推行手册》，做到员工人手一册，通过研讲学习，使员工确切掌握6S的定义、目的、推行要领、实施办法、评价办法等。6S推行手册的范本请见附录1。

六、建立6S活动样板区

（一）开展样板区6S活动的程序

开展样板区6S活动首要的任务是快速地展现6S成果，带给员工必胜的信心。因此，企业在设计示范区6S活动时，应该考虑活动步骤的简化，以达到快速见效的目的。

管理者可以把样板区6S活动的主要程序归纳为如图2-1所示的几个步骤。

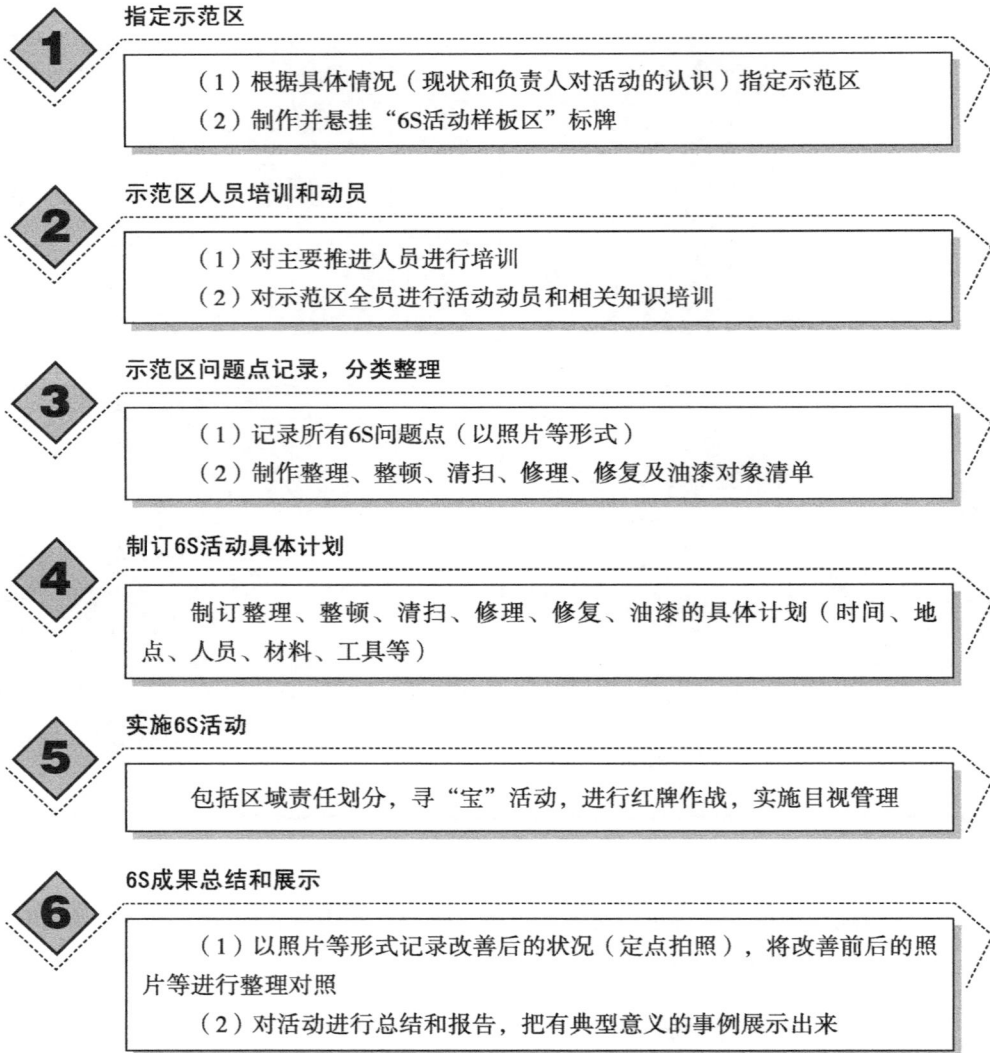

1 指定示范区
（1）根据具体情况（现状和负责人对活动的认识）指定示范区
（2）制作并悬挂"6S活动样板区"标牌

2 示范区人员培训和动员
（1）对主要推进人员进行培训
（2）对示范区全员进行活动动员和相关知识培训

3 示范区问题点记录，分类整理
（1）记录所有6S问题点（以照片等形式）
（2）制作整理、整顿、清扫、修理、修复及油漆对象清单

4 制订6S活动具体计划
制订整理、整顿、清扫、修理、修复、油漆的具体计划（时间、地点、人员、材料、工具等）

5 实施6S活动
包括区域责任划分，寻"宝"活动，进行红牌作战，实施目视管理

6 6S成果总结和展示
（1）以照片等形式记录改善后的状况（定点拍照），将改善前后的照片等进行整理对照
（2）对活动进行总结和报告，把有典型意义的事例展示出来

图2-1　样板区6S活动的主要程序

企业一旦决定开展样板区的6S活动，就要全力以赴，争取在短期内取得成效，否则整个活动计划都将受到影响。

（二）样板区的选择

选择样板区就是要在企业内部找到一个"突破口"，并为全体员工创造一个可以借鉴的样板。为了达到这样的目的，在选择6S活动样板区的时候应注意以下事项。

1. 选择硬件条件差、改善难度大的车间或部门作为样板区

如果选择一个硬件条件好的车间或部门，短期的6S活动很难形成令人信服的成果，也很难具有视觉冲击力。相反，如果选择一个硬件条件差、改善难度大的车间或部门，通过短期集中的6S活动，可以使生产现场，特别是一些长期脏、乱、差的地方得到彻底的改观，这会对员工产生巨大的视觉冲击，使样板区真正发挥"样板"的作用。

2. 选择具有代表性的车间或部门作为样板区

企业在选择6S活动样板区时，还应考虑所选择的样板区是否有一定的代表性，现场中存在的问题是否具有普遍性。只有选择这样的车间或部门，改善的效果才有说服力，才能被大多数人认同和接受，不然很难达到预期的效果，也不能给其他部门提供示范和参考。

3. 所选样板区的责任人改善意识要强

企业要想使样板区的6S活动在短期内见效，就要选择改善意识比较强的负责人，否则，再好的愿望都有可能落空。

（三）样板区的活动重点

6S活动样板区的活动重点如表2-4所示。

表2-4　6S活动样板区的活动重点

序号	活动名称	活动内容	备注
1	在短期内进行突击整理	采取长期的、分阶段整理的方法是不明智的，必须在短时间内对整个车间进行一次大盘点，为无用品的处理做准备	
2	下狠心对无用品进行处理	"做好整理工作的关键是下定废弃的决心"，即对那些无用品进行处理的决心	将无用品扔掉，将待定的物品分类转移到另外的场所
3	快速地整顿	以工作或操作的便利性、使用的频度、安全性、美观性等为标准，决定物品的放置场所和放置方法；对所有已归位的物品要采用统一的标志	由于时间的关系，可先采用特定的标识方法，然后再研究统一的标识方法

（续表）

序号	活动名称	活动内容	备注
4	彻底地清扫	在短期内，发动样板区内全体员工进行彻底地清扫，对难点采取特殊的整理措施	

（四）样板区6S活动效果确认及总结报告

要使样板区的6S活动成果能够成为全企业6S活动的方向标，企业应该力求做好以下几个方面的工作。

1．活动成果的报告和展示

首先要对样板区的6S活动成果进行系统的总结，总结的内容通常包括活动计划的执行情况、员工的培训效果、活动的过程、员工参与活动的情况、活动成果和改善事例等。有条件的话，可以将这些内容制成板报集中展示出来，让全体员工了解示范区的6S活动。

除此之外，还可以通过说明会、报告会和内部刊物等多种形式进行广泛的宣传。

2．组织样板区参观活动

为了让企业内更多的人了解样板区的改善成果，组织样板区参观活动是一个很有效的方法，这同时也是企业领导表明对样板区活动成果认同、对6S活动支持的好机会。要使参观活动有成效，需做好以下几个方面的准备工作。

（1）准备好参观的地点和需要进行重点介绍的事项，在现场对改善事例进行展示。

（2）指定对改善事例解说的员工（通常是改善者本人），并按要求做好解说准备。

（3）参观人员分组时，注意在每一个小组内安排企业高层领导参与。

3．高层领导的肯定和关注

开展样板区活动的目的是要通过局部的改善带动活动的全面开展，起到"以点带面"的作用。为了使样板区的改善成果有号召力，企业高层领导对改善成果的认同是很关键的。企业领导应该对成果表示关注和肯定，积极参与样板区的参观活动，在各种场合表达对改善成果的赞许。

七、全面推进6S活动

当样板区6S活动推行成功后，管理者就应该依照样板区的工作标准和工作经验，在整个企业的各车间、各部门中大面积地横向推进6S活动。

第二节 6S标准化

6S推进到一定的程度后，就要进入标准化阶段。

所谓标准化，就是将目前认为是完成某项目任务的最好方法作为标准，让所有做这项工作的人员都执行这个标准并不断地完善它，这个过程就叫做标准化。要使6S工作标准化，企业须做好以下事项。

（1）制定6S活动标准。

（2）确定不符合6S项目的基本分类准则。

（3）制定6S审核评分制度。

（4）制作每人每天5分钟自我检查表。

（5）制作一份适用的内部审核检查表。

（6）制定提案奖励制度。

（7）制作《6S管理手册》。

（8）编制员工行为准则。

（9）定期召开总结会，总结阶段性工作及方案执行情况。

（10）定期收集调查问卷，调整方向等。

一、制定6S活动标准

制定标准的第一步是选定要进行标准化的任务，第二步是制定标准。标准可以用文字的形式来体现，对于某些具体的要求，也可以用图片的形式来体现。

（一）不同区域的6S活动标准

以下分别从生产区域、办公区域、仓库、员工宿舍四个方面提供了某公司6S活动标准的范本，供读者参考。

【实战范本2-07】××公司生产区域6S活动标准

××公司生产区域6S活动标准

6S	活动标准
整理	1．工作区域物品摆放应有整体感 2．物料按使用频率分类存放 3．不经常（3天及3天以上使用1次）使用的物品不应摆在工作台上 4．设备、工作台、清洁用具、垃圾桶、工具柜应按水平直角放置在指定的场所 5．良品、不良品、半成品、成品要规划区域摆放与操作并标识清楚（良品区用黄色，不良品区用红色） 6．周转车要扶手朝外整齐摆放 7．呆滞物品要定期清除 8．工作台上的工具、模具、设备、仪器等无用物品须清除 9．生产线上不应放置多余物品，不应掉落物料、零料 10．地面上不能直接放置成品（半成品）、零件 11．私人物品应放置在指定区域内 12．茶杯应放在茶杯架上 13．电源线不应杂乱无章地散放在地上，应扎好并规范放置 14．脚踏开关电线应从机器尾端引出，开关应定位管理 15．按货期先后分"当天货期、隔天货期、隔两天以上货期"三个区域摆放产品 16．没有投入使用的工具、工装、刃具等应放在物品架上 17．测量仪器的放置处应无其他物品 18．绕线机放置处除设备纤维管、剪刀外，不应放置其他物品 19．包带机放置处除设备、剪刀、润滑油外，不应放置其他物品
整顿	1．各区域要做区域标志画线（线宽：主通道12厘米，其他8厘米） 2．各种筐、架的放置处有明确标识（标识为黄白色，统一外印） 3．所有物品、产品要有标识，做到一目了然 4．各区域要制定定位管理总图并注明责任人 5．不良品放置场地应用红色予以区分 6．消防器材前应用红色斑马线予以标识、区分 7．卫生间应配以图象标识 8．物品摆放应整齐，且须与定位图吻合 9．标志牌、作业指导书应统一纸张大小及粘贴高度，并水平直角粘贴 10．宣传白板、公布栏内容应适时更新 11．下班后，椅子应归到工作台下并与台面水平直角放置 12．清洁用具用完后应放入指定场所 13．不允许放置物品的地方（通道除外）要有标志 14．产品、零件不得直接放置在地面上 15．固定资产应有资产标志、编号，并使用台账对其进行管理

6S	活动标准
整顿	16．物品应按使用频率放置，使用频率越高的放置越近 17．工装、夹具应按类别成套放置 18．成品摆放高度为：普通包装方式1.3米，安全包装方式1.5米 19．橡胶筐纸板应按规定区域摆放，定时处理 20．设备、机器、仪表、仪器要求定期保养维护，标识清楚，且有记录 21．图纸、作业指导书、标语、标志应保持最新的有效版本 22．易燃、易爆等危险品要存放在专用地点并配有标识，旁边需设有灭火器
清扫	1．地面应保持无碎屑、废包装带、废聚脂膜等其他杂物 2．地面应每天打扫并在"6S"日进行大扫除 3．墙壁应保持干净，不应存在胡乱贴纸、刻画等现象 4．机器设备、工具、电脑、风扇、灯管、排气扇、办公桌、周转车等应经常擦拭，保持清洁 5．浸洪、环氧地面应定期清理 6．饭厅、物料库屋顶应定期清理 7．花草要定期修剪、施肥
清洁	1．垃圾筐内垃圾应保持在垃圾筐容量的3/4以下 2．有价值废料应每天回收 3．工作台、文件夹、工具柜、货架、门窗应保持无损坏、无油污 4．地面应定时清扫，保持无油渍 5．清洁用具保持干净 6．卫生间应定时刷洗 7．共用餐具应定时消毒
安全	1．不应乱搭线路 2．特殊岗位人员持证上岗 3．电源开关及线路应保持无破损 4．灭火器应在使用有效期内，方便易取
素养	1．坚持召开班前会，学习礼貌用语并做好记录 2．每天坚持做6S工作，进行内部"6S"不定期诊断 3．注意仪容仪表，穿着制服、佩戴工牌上班 4．遵守厂纪厂规，不做与工作无关的事 5．按时上下班，不早退、不迟到、不旷工 6．吸烟到规定场所，不在作业区吸烟 7．打卡、吃饭自觉排队，不插队 8．不随地吐痰，不随便乱抛垃圾，看见垃圾应立即捡起并放入垃圾筐 9．上班时间不闲聊、不呆坐、不吃东西，离开工作岗位时佩戴离岗证 10．保持良好的个人卫生 11．按作业指导书操作，避免出现差错

【实战范本2-08】××公司办公区域6S活动标准

××公司办公区域6S活动标准

6S	活动标准
整理	1. 办公物品放置要按平行、直角放置，不得出现凌乱现象 2. 除每日必需品外，其他物品不应放在办公桌上 3. 办公桌下除垃圾桶外，不得存放其他任何物品 4. 垃圾桶（公用）及清洁用具须按规划区域摆放 5. 每张办公桌上都配有一套相同的办公文具，不能共用 6. 茶杯、烟灰缸不应放置于办公桌上 7. 办公桌桌面应保持干净，抽屉里面不应杂乱无章 8. 过时文件要及时处理 9. 文件、资料要分类，平行、直角摆放于文件柜或办公桌上
整顿	1. 设置物品摆放定置管理图，并标注物品责任人 2. 文件、资料等应使用标志，定置管理 3. 确保需要的文件、资料能在10秒钟之内找到 4. 茶杯应放在指定的茶杯架上 5. 办公桌抽屉内应按办公用品资料、文件样品、生活用品等归类、区分摆放各种物品，且做好标识 6. 垃圾桶、清洁用品应放在指定场所 7. 人员离开办公桌时，应将座椅推至桌下，并使其紧挨办公桌平行放置 8. 电源插头应保持干净且用不干胶打印做标志 9. 电话、台历应划定位线 10. 电脑、电话线应束起，不得杂乱 11. 标语、挂图等应保持有效版本 12. 文件夹应按大小统一归类挂置，且需做目录 13. 过时跟踪卡、图纸等应指定摆放区域，定位放置 14. 文件柜应用标志标明柜内物品及负责人
清扫	1. 地面保持无灰尘、碎屑、纸屑等杂物 2. 墙角、地板、电脑、空调、墙壁、天花板、排气扇、办公用品等要定期维护，保持干净 3. 办公桌桌面、抽屉、文件柜应保持整齐 4. 垃圾桶内的垃圾不应超过垃圾桶容量的3/4 5. 白板应定期进行清洁，保持干净
清洁	1. 文具及办公用品应保持清洁并无破损，文件无掉页、标志清楚且封面清洁 2. 工作鞋、工作服应整齐干净

（续表）

6S	活动标准
清洁	3．地面、墙壁等无脏印、无灰尘 4．清洁用具、垃圾桶应保持干净 5．整理、整顿、清扫应规范化、习惯化，管理人员负责督导下属，下属能做到自发工作
安全	1．无乱搭线路 2．电源开关及线路无破损 3．空调使用有专人负责
素养	1．坚持召开班前会，学习礼貌用语并做好记录 2．每天坚持做6S工作，定期进行内部6S不良状况诊断 3．注意仪容仪表，按规定穿着制服、佩戴工牌上班 4．遵守厂纪厂规，不做与工作无关的事 5．按时上下班，不早退、不迟到、不旷工 6．吸烟到规定场所，不在办公室内吸烟 7．保持良好的个人卫生 8．人员仪容端正、精神饱满，认真工作 9．下班后须关闭所有用电设备、器件

【实战范本2-09】××公司仓库6S活动标准

××公司仓库6S活动标准

6S	活动标准
整理	1．呆滞物料应按规定日期申报处理 2．报废物品、有价值废料应定期处理 3．漆包线、卷线应按规格、型号、产地、购进时间分类储存 4．内协引线、标签等物品应存放在便于查找的位置 5．纸箱、泡沫箱等材料应摆放整齐，剩余的纸隔板应定期处理 6．客供物料应有专门区域存放 7．通道应畅通并整洁 8．文件和各种单据应分类按序摆放 9．垃圾桶、清洁用具应按规划区域摆放 10．待检物料、呆滞物料、报废品、废料应分区域摆放 11．退货产品与合格产品应分区域摆放 12．退货产品与退货附件应定期处理

（续表）

6S	活动标准
整顿	1. 设计物品摆放定置管理图，并标明责任人 2. 产品、物料分类摆放并有标识，且物、账应一致 3. 物品应设置最高库存量与最低库存量 4. 主料、辅料、杂料、包装材料、危险物品应分开定位放置 5. 账、卡、物应一致，卡应悬挂在物品放置处 6. 环氧树脂、氧气、氮气、油类等易燃、易爆的危险品应放在特定场所 7. 对于一时无法存放于库房的物料，应设置"暂放"标示牌 8. 物料的存放点应符合定置图要求 9. 产品物料直列放置不应超过1.5米（纸箱、泡沫板除外） 10. 常用物料应便于领用和存放 11. 物料应按《物料分类储存管理规定》储存 12. 进出仓库记录应按规定要求操作
清扫	1. 材料不应脏污、附有灰尘 2. 墙壁、天花板应保持干净，地面应保持无灰尘、无纸屑、无水渍 3. 电脑、电话机、电风扇、灯管、物料等表面应无灰尘
清洁	1. 通道应划清界线并保持清洁 2. 物品摆放应整齐有条理、不脏乱 3. 抽屉内不杂乱，下班时，办公桌上应保持整洁
安全	1. 无乱搭线路 2. 特殊岗位人员持证上岗 3. 电源开关及线路无受损情况 4. 灭火器在使用有效期内，方便易取 5. 消防通道够宽，无堵塞 6. 安全防火工作落实到位
素养	1. 坚持召开班前会，学习礼貌用语并做好记录 2. 每天坚持做6S工作，定期进行内部6S情况诊断 3. 注意仪容仪表，按规定穿着制服、佩戴工牌上班 4. 遵守厂纪厂规，不做与工作无关的事 5. 按时上下班，不早退、不迟到、不旷工 6. 吸烟到规定场所，不在作业区吸烟 7. 打卡、吃饭自觉排队，不插队 8. 不随地吐痰，不随便乱抛垃圾，看见垃圾立即拾起并放入垃圾箱 9. 上班时间不闲聊、不呆坐、不吃东西，离开工作岗位应佩戴离岗证 10. 保持良好的个人卫生 11. 按作业指导书操作，避免出现差错

【实战范本2-10】××公司员工宿舍6S活动标准

××公司员工宿舍6S活动标准

6S	活动标准
整理	1．不要的物品应及时清除 2．人员出现变动后，床位标志应及时更新 3．衣服应晾晒在指定地点 4．待清洗物品的摆放应适宜 5．不应随意乱贴图片
整顿	1．行李包、箱应定点放置，摆放整齐 2．储存箱标志清晰，定点放置 3．床位放置应整齐、标志齐全 4．床上用品应定点放置，摆放应整齐 5．蚊帐张挂应符合要求，床铺应整齐 6．工作台、凳应定点放置 7．鞋、水桶、脸盆、水壶应定点放置 8．洗漱用品应定点放置 9．通道应保持畅通 10．水、电设施应完好 11．消防用品应符合使用要求 12．应急照明应保持正常运行 13．门、窗、床铺应完好
清扫	1．不用的物品应被清走 2．地面不应有瓜子壳、果皮及纸屑 3．地面应每天清扫 4．安全设施应清扫
清洁	1．墙面应干净，无脚印等 2．电源开关、电风扇、灯管应保持清洁 3．电话、热水器、煤气罐应保持干净 4．行李包、储存箱应干净 5．床上用品应清洁、无异味 6．楼梯、通道、楼梯扶手应干净 7．水杯、饭盒、水壶应干净 8．洗手间、洗脸台应常清扫
安全	1．危险品应明确标识 2．安全标志应齐备 3．消防设施应定点放置并处于可用状态

（续表）

6S	活动标准
安全	4．通道应保持畅通 5．不应乱搭线路 6．床位应结实 7．不得破坏电源线路及开关 8．煤气未用时应关闭
素养	1．注重仪容仪表 2．不应在禁烟区吸烟 3．不随地吐痰 4．按时上下班 5．遵守厂纪厂规，按时就寝

（二）用图片形式展示6S活动标准

6S活动标准最好能以图片的形式展示出来，并张贴在工作场所，具体如下所示。

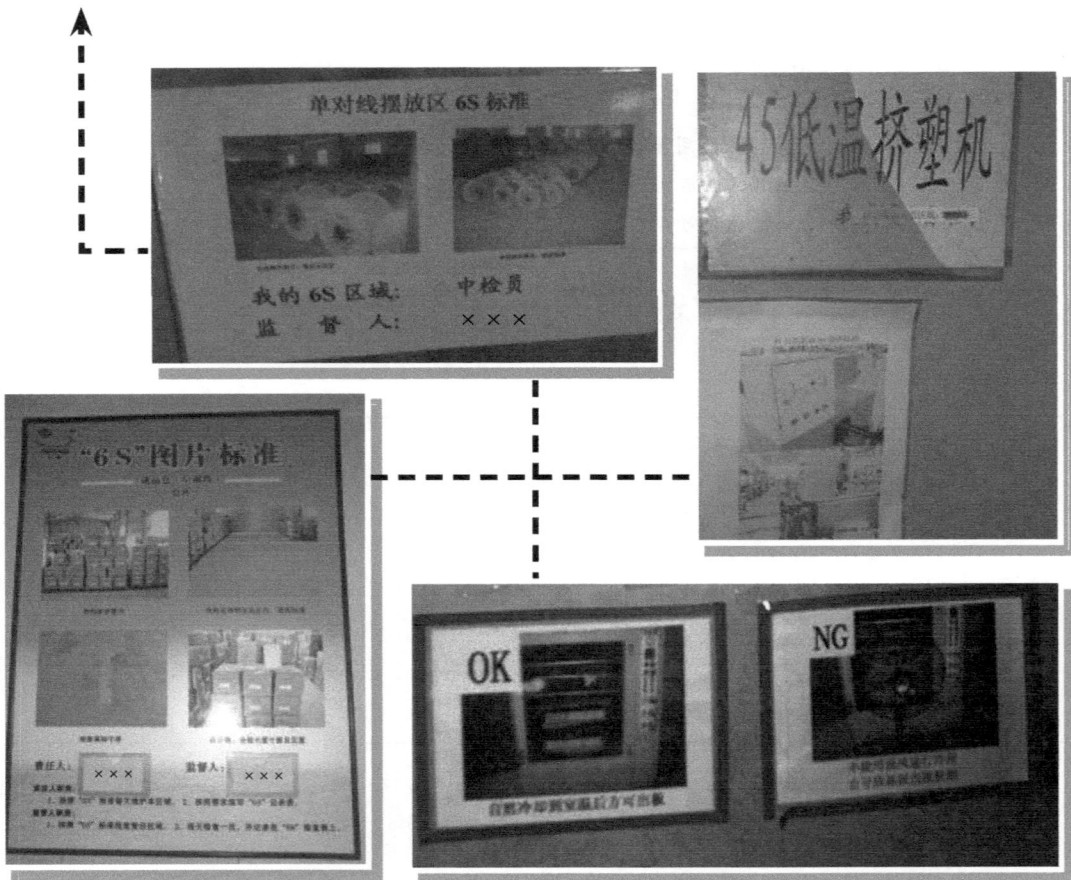

（三）图文并茂展示6S活动标准

除单纯用图片展示外，也可以将6S推进活动的标准以图文的形式固定下来，使各部门都能将其作为参考标准。以下为某公司的6S活动执行标准，供读者参考。

【实战范本2-11】××公司6S活动执行标准

....

××公司6S活动执行标准

以下为本公司制定的6S活动执行标准及执行标准示范照片，照片可因环境变化或标准的修改而作出更新。

1．整理

编号	典型活动	执行标准/照片
1.1	抛弃不需要的东西或将其运回仓库（如一年内没有用过的物品）	（1）处理过期的文件、食物、药物、破损无用物品、机械/仪器设备、空化工容器等 （2）处理回仓余料、区域内不常用的物品或坏料
1.2	3R：环保回收、循环再用及节能降耗（如减少纸、水、电的用量）	（1）垃圾分类存放（化工类、塑料类、纸类等） （2）设立环保纸箱 （3）申领文具实行以旧换新 （4）制订节能降耗计划

（续表）

编号	典型活动	执行标准/照片
1.3	根据使用程度对物品进行存放	所需要的物品均应定位分类存放，如工具类、仪/机器类、文件类、文具类、物料、零配件等，并将其按经常用、短期用、较长时间用的类别分开摆放
1.4	工作区域私人物品量减至最低并集中存放	尽量减少工作区域内的私人物品，并且应集中、统一、整齐地存放（如杯子、衣服、雨伞、鞋等）
1.5	处理脏乱、泄漏和损坏情况，并消除其根源	（1）维修时应挂出"正在维修中"的牌子，并要保存相关记录 （2）待维修的地方应挂出"待维修"的牌子并显示维修完成日期 （3）及时处理区域内脏乱、泄漏和损坏的情况
1.6	工作使用的物品应合理分配和使用	（1）每位员工应有一套适用的文具 （2）每位修理工应有一套适用的工具 （3）实施一换一制度
1.7	一小时会议	（1）每天早会控制在10分钟以内 （2）会议守则（准备议程、准时开会、关掉手机、发言精简、准时结束）

（续表）

编号	典型活动	执行标准/照片
1.8	物料或文件集中存放（包括电子档案）	文件、记录、文具、工具、物料、食物等均须分类、集中存放

2. 整顿

编号	典型活动	执行标准/照片
2.1	所有物品都有清楚的标识和存放位置	所有的机械、仪器、物料、成品均有名称及完整的标识，标识上标明放置地点
2.2	划分的每个区域均有负责人标识	每个分区都有负责人标识，每位员工都有负责的区域

（续表）

编号	典型活动	执行标准/照片
2.3	文件、物料、工具等使用合适的容器存放，并整齐放置	存放的文件、记录、工具、物料、成品、文具等应采用适宜的容器存放
2.4	文件和物品的存盘有具体的标准和控制总表（包括物品的最高、最低数量）	（1）文件、资料应制定存盘标准（按时间先后、型号、文件编号等）及控制总表 （2）物料、半成品应制定储存标准及控制总表
2.5	先进先出原则的应用	（1）物料、产品的进出应按先进先出原则进行 （2）应有有效期标识

（续表）

编号	典型活动	执行标准/照片
2.6	区域划分线和指引牌	各种区域应用不同颜色划分，并标示出区域属性及责任人
2.7	整洁、明确、易懂的通告板和通告（有大标题和分区，及时清除过期通告）	通告板上应有分类标题（如行政通告、内部通告、各部门通告等）、负责人，及时定期清除过期通告
2.8	在30秒内可取出和放回文件及物品	文件、材料等集中存放并用彩色斜线分类标记，而且能够在30秒内取用或存放

3．清扫

编号	典型活动	执行标准/照片
3.1	个人清扫责任的划分及执行（包括高层人员）	每人清理自己的工作范围及负责区域

（续表）

编号	典型活动	执行标准/照片
3.2	使清扫和检查更容易（如铺地砖离地150mm）	（1）所有通道和公共区域均应保持清洁、顺畅 （2）所有电线或拖板离地面一尺装置 （3）尽量使用机械化清洁作业，如吸尘/吸水机、洗地机等
3.3	清扫那些很少注意到的隐蔽地方（如风槽顶）	注意清扫隐蔽的地方，如风扇叶、柜顶/底/内/侧、角落、机器下面、风槽顶、灯管顶部等
3.4	地面和整体环境保持光洁、明亮	各区域负责人应确保本区域内无垃圾、污渍、杂物等

4．清洁

编号	典型活动	执行标准/照片
4.1	保持透明度（如使用能够一眼看透的玻璃门/盖）	（1）各部门应尽量使用透明盖/门的柜子存放物品/文件/工具 （2）如是木质或铁质的盖/门，应在门外标示清楚并配置相应的照片，明确责任人
4.2	现场采用直线及直角式的布置，保持通道通畅（增加空间和减少碰撞）	（1）办公桌、工作台的布置以直线直角为主 （2）物料存放以直线直角为主，标识朝外
4.3	现场工作指引和"已检查合格"的标识	（1）生产/作业现场应有有效的工作指引 （2）仪器及设备，如烙铁（温度）、电批（力度）等均应符合现场指引要求 （3）物料/成品的状态有明确标识

（续表）

编号	典型活动	执行标准/照片
4.4	电掣功能、控制范围标志及电线的整理（包括离地）	（1）各类电线、电话线等应分类扎好，不得交叉、凌乱 （2）对各个开关的控制范围要明确标示
4.5	节省能源方法	（1）下班时应将空调、电灯、计算机、风扇等电器的电源关闭 （2）规定空调合适温度，例如，空调统一设定在24℃，当气温低于24℃时，空调无法启动 （3）张贴相应的标语
4.6	通道、管道等的方向标识及颜色区分	（1）通道方向要有标识 （2）管道以颜色管理、分区 （3）电掣有荧光开关标记

（续表）

编号	典型活动	执行标准/照片
4.7	颜色和视觉管理（纸、文件匣、名牌、柜子等）	（1）文件用不同颜色作为分类标记 （2）危险标记、消防设施/通道等安全标记统一使用红色
4.8	在平面图和现场图上加入6S和工作责任标志	各部门将6S划分的责任区域形成平面图，并张挂于部门内的明显位置
4.9	防止噪声、震动和危险情况并消除其隐患	（1）定期检查及保养仪器和设备，如有超标应及时改善 （2）定期检查安全设施，发现安全隐患
4.10	清晰的部门/办公室的标志、铭牌和工作证	（1）各部门、各办公室、各职位均应有清晰的铭牌 （2）每个人均应按规定佩戴工作证

（续表）

编号	典型活动	执行标准/照片
4.11	防止出错的方法	（1）挂工具的墙或木板用线条显示形象，并标示清楚 （2）固定摆放物品的位置均须以图标/照片显示

5. 素养

编号	典型活动	执行标准/照片
5.1	履行自己的职责	（1）遵守厂纪厂规、员工守则 （2）履行个人工作职责
5.2	每天下班前五分钟执行6S活动（自己定执行内容表）	每人每天下班时均需按"个人6S检查表"（个人自定5~10条内容）进行5分钟6S活动
5.3	组织架构和服务宗旨放在入口明显位置	（1）每个部门均有最新组织架构图 （2）每个部门均有公司管理方针和部门目标

6．安全

编号	典型活动	执行标准/照片
6.1	处理紧急情况的培训（如火警、化学品泄漏、急救等）	（1）急救药箱内有药物，且配置符合规定 （2）每个部门均定期（每半年）举行急救、逃生、救火等知识培训 （3）定期举行消防、防台风、防水灾、防化学品泄漏的演习，并以图文并茂的形式设专栏进行宣传 （4）逃生门处均应配置开启的工具和钥匙 （5）定期检查消防设备
6.2	穿戴安全衣/帽/手套/鞋/吊带/眼罩/耳塞等防护用品	（1）取用及储存化学药品应遵守相关文件规定 （2）喷油、浸锡、打磨应戴适用的手套、口罩和眼镜 （3）使用的静电带、烙铁、电批等均应经检测合格并符合指引要求
6.3	"紧急出口"标志和火灾逃生指示图	（1）每出口处均有"安全出口"标识 （2）每个区域均应将"逃生图"张挂于出口/入口明显位置，并指示"你在此"

（续表）

编号	典型活动	执行标准/照片
6.4	"危险"牌、警告灯、响号、灭火器及其他安全设施	（1）消防设施处应用红色标示 （2）危险品处应有相应警示标语 （3）消防/安全设施处及其通道不能存放任何物品 （4）消防/安全设施定期检查，并有安全使用指引

二、制作每人每天的6S活动表

企业应要求员工在每天工作结束之后，利用5分钟对自己的工作进行整理、整顿、清扫。这项活动不论是生产现场还是办公室都要推进，为此要有针对性地制定每天的6S活动表。

（一）生产现场——5分钟／10分钟6S活动内容

生产现场——5分钟／10分钟6S活动内容及自检如表2-5所示。

表2-5　生产现场——5分钟／10分钟6S活动内容及自检表

区分	活动内容	自检
5分钟6S活动	（1）检查着装情况和清洁度	
	（2）检查是否有物品掉在地上，将掉在地上的物品都捡起来，如零件、产品、废料及其他	
	（3）用抹布擦干净仪表、设备、机器的关键部位	
	（4）擦干净溅落或渗漏的水、油或其他脏污	
	（5）重新放置那些放错位置的物品	
	（6）将标示牌、标签等擦干净，保持字迹清晰	
	（7）确保所有工具都放在应该放置的地方	
	（8）处理所有非必需品	

区分	活动内容	自检
10分钟 6S活动	（1）实施上述"5分钟6S活动"的所有内容	
	（2）用抹布擦干净仪表、设备、机器上除关键部位外的其他部位	
	（3）固定可能脱落的标签	
	（4）清洁地面	
	（5）扔掉废料箱内的废料	
	（6）对个人工具柜进行整理或对文件资料、记录进行整理	

（二）办公室——5分钟／10分钟6S活动内容

办公室——5分钟／10分钟6S活动内容及自检如表2-6所示。

表2-6　办公室——5分钟／10分钟6S活动内容及自检表

区分	活动内容	自检
5分钟 6S活动	（1）检查着装情况和服装清洁度	
	（2）检查是否有物品掉在地上，将掉在地上的物品都捡起来，如回型针、文件及其他	
	（3）整理并彻底清洁桌面	
	（4）检查存放文件的位置，将文件放回应该放置的位置	
	（5）扔掉不需要的物品，包括抽屉内的私人物品	
	（6）检查档案柜、书架及其他家具等，将放置不恰当的物品改正过来	
10分钟 6S活动	（1）实施上述"5分钟6S活动"的所有内容	
	（2）用抹布擦干净计算机、传真机及其他办公设备	
	（3）固定可能脱落的标签	
	（4）清洁地面	
	（5）扔掉垃圾篓内的垃圾	
	（6）检查电源开关、门窗、空调等是否均已关闭	

三、制定6S审核评分标准

为确保6S内部审核有标准可依，并确保审核的公平性，企业须事先制定评分标准，而且这一标准要让全体员工了解，以便在评审时做到心服口服。

对工厂而言，6S的内部审核评分标准分为两种：一种是用于工作现场的评分标准，适用于车间、仓库等一线部门；另一种是科室评分标准，适用于办公室等非生产一线的工作场所。评分标准中的内容一般按整理、整顿、清扫、清洁、素养、安全六个方面制定，也可以根据布置情况进行设计。以下提供某公司办公区的6S评分标准和作业区的6S评分标准，供读者参考。

【实战范本2-12】××公司办公区6S评分标准

××公司办公区6S评分标准

项目	序号	标准内容	扣分
1.1 地面	1.1.1	通道畅通	1.5
	1.1.2	地上无垃圾、无杂物、保持清洁	1.5
	1.1.3	暂放物有"暂放标志牌"	1.5
	1.1.4	物品存放于指定区域内	1.5
	1.1.5	地面无积水	1.5
	1.1.6	地面的安全隐患处（突出物、地坑等）应有防范或警示措施	1.5
1.2 垃圾桶	1.2.1	定位摆放，标志明确	1.5
	1.2.2	本身保持干净，垃圾不超出容器	1.5
1.3 盆栽（包括台上摆放的）	1.3.1	盆栽需定位（无需定位线）	1.5
	1.3.2	盆栽周围干净、美观	1.5
	1.3.3	盆栽叶子保持干净，无枯死	1.5
	1.3.4	盆栽容器本身干净	1.5
2.1 办公桌、椅	2.1.1	办公桌定位摆放，隔断整齐	1.5
	2.1.2	抽屉应分类标志，标志与物品相符	1.5
	2.1.3	台面保持干净，无灰尘杂物，无规定外的物品	1.5
	2.1.4	台面物品按定位摆放（除正在使用外），不拥挤、凌乱	1.5
	2.1.5	人员下班或离开工作岗位10分钟以上，台面物品、办公椅归位	1.5
	2.1.6	办公抽屉不杂乱，公私物品分类定置	1.5

（续表）

项目	序号	标准内容	扣分
2.1 办公桌、椅	2.1.7	与正进行的工作无关的物品应及时归位	1.5
	2.1.8	玻璃下压放的资料尽量少并整齐，不压日历、电话表	1.5
2.2 茶水间、饮水区	2.2.1	地面无积水	1.5
	2.2.2	整洁、卫生	1.5
	2.2.3	饮水器保持正常状态	1.5
	2.2.4	水杯、水瓶定位放置，标志明确、清晰	1.5
2.3 其他办公设施	2.3.1	饮水机、空调、电脑、复印机、传真机、碎纸机等保持正常状态，如有异常应作出明显标志	1.5
	2.3.2	保持干净	1.5
	2.3.3	明确责任人	1.5
	2.3.4	暖气片及管道上不得放杂物	1.5
3.1 门、窗	3.1.1	门扇、窗户玻璃保持明亮干净	1.5
	3.1.2	窗帘保持干净	1.5
	3.1.3	窗台上无杂物	1.5
	3.1.4	门窗、窗帘无破坏	1.5
	3.1.5	门牌标志清晰、准确	1.5
	3.1.6	门窗玻璃无乱张贴现象	1.5
3.2 墙	3.2.1	保持干净，无脏污	1.5
	3.2.2	不悬挂非必需品	1.5
	3.2.3	电器开关处于安全状态，标志明确	1.5
	3.2.4	墙身贴挂应保持整齐，表单、通知定位在公告栏内	1.5
	3.2.5	墙体破损处及时修理	1.5
	3.2.6	没有蜘蛛网	1.5
3.3 天花板	3.3.1	破损处及时修复，没有脱落	1.5
	3.3.2	无非必需品吊挂	1.5
3.4 公告栏、看板	3.4.1	主要部门应有看板（如"人员去向板"、"管理看板"等）	1.5
	3.4.2	作好版面设置，标题明确，有责任人	1.5
	3.4.3	无过期张贴物	1.5

（续表）

项目	序号	标准内容	扣分
3.4 公告栏、看板	3.4.4	管理板及时填写员工去向，并及时更新	1.5
	3.4.5	笔刷齐备，处于可使用状态	1.5
	3.4.6	内容充实，及时更新	1.5
4.1 文件资料、文件盒	4.1.1	定位分类放置	1.5
	4.1.2	按规定标志清楚，明确责任人	1.5
	4.1.3	夹（盒）内文件定期清理、归档	1.5
	4.1.4	文件夹（盒）保持干净	1.5
	4.1.5	文件归入相应文件夹（盒）	1.5
	4.1.6	组长以上管理人员应建立"6S专用文件夹"，保存主要的6S活动资料文件	1.5
4.2 文件柜（架）	4.2.1	文件柜分类标志清楚，明确责任人	1.5
	4.2.2	文件柜保持干净，柜顶无积尘、杂物	1.5
	4.2.3	文件柜里放置整齐	1.5
	4.2.4	文件柜内物品、资料应分区定位，标志清楚	1.5
5.1 服装、鞋袜	5.1.1	不穿时存放于私人物品区	1.5
	5.1.2	服装、鞋袜、洗漱用品放入指定区域	1.5
5.2 私物	5.2.1	一律摆放于私人物品区	1.5
6.1 着装标准	6.1.1	按规定着装	1.5
	6.1.2	工作服、帽，干净无破损	1.5
6.2 规章制度	6.2.1	不呆坐，不打瞌睡	1.5
	6.2.2	没有聚集闲谈或大声喧哗	1.5
	6.2.3	不吃零食	1.5
	6.2.4	不做与工作无关的事项（看报、小说等）	1.5
	6.2.5	没有擅自串岗、离岗	1.5
	6.2.6	配合公司6S活动，尊重检查指导人员，态度积极主动	1.5
	6.2.7	班组长以上管理人员应建立"6S专用文件夹"，保存主要的6S活动资料文件	1.5
	6.2.8	工作区域的6S责任人划分清楚，无不明责任的区域	1.5

项目	序号	标准内容	扣分
6.2 规章制度	6.2.9	"6S区域清扫责任表"和"点检表"要按时、准确填写，不超前、不落后，保证与实际情况相符	1.5
	6.2.10	应学习《6S员工考核制度》，并切实执行，保存必要记录	1.5
	6.2.11	有"6S宣传栏（或园地）"，有专人负责，定期更换，并保存记录	1.5
	6.2.12	经常对员工（含新员工）进行6S知识的宣传教育，并有记录	1.5
	6.2.13	建立经常性的晨会制度，车间级每天至少一次，班组每天班前进行一次	1.5
	6.2.14	按《礼貌推行办法》教育员工，要求员工待人有礼节，不说脏话，做文明礼貌人	1.5
	6.2.15	教育员工严格遵守《职业规范》	1.5
	6.2.16	要求所有员工对6S活动的口号、6S意义、基本知识有正确认识，能够表述清楚	1.5
7.1 能源	7.1.1	厉行节约，无长流水、长明灯等浪费情况	1.5
8.1 休息室、休息区、会客室、会议室	8.1.1	各种用品保持干净，定位标志	1.5
	8.1.2	各种用品及时归位，凳子及时归位	1.5
	8.1.3	饮用品应保证安全卫生	1.5
	8.1.4	烟灰缸及时清理，烟头不乱扔	1.5
	8.1.5	地面保持干净	1.5
8.2 洗手间	8.2.1	保持干净，无大异味，无乱涂画	1.5
	8.2.2	各种物品应摆放整齐，无杂物	1.5
8.3 清洁用具	8.3.1	清洁用具定位摆放，标志明确	1.5
	8.3.2	本身干净，容器内垃圾及时清理	1.5
9.1 加减分	9.1.1	若一问题重复出现，重复扣分	2
	9.1.2	发现未实施整理、整顿、清扫的"6S实施死角"一处	10
	9.1.3	有突出成绩的事项（如创意奖项），视情况加分	+2

××公司的作业区6S评分标准

项目	序号	标准内容	扣分
1.1 地面上	1.1.1	物品定位摆放、有标志	1.5
	1.1.2	无污染（积水、油污、油漆等）	1.5
	1.1.3	无不要物、杂物和卫生死角	1.5
	1.1.4	地面区域划分合理，区域线、标志清晰无脱落	1.5
	1.1.5	应保证物品存放于定位区域内，无压线	1.5
	1.1.6	安全警示区划分清晰，有明显警示标志，悬挂符合规定	1.5
	1.1.7	地面的安全隐患处（突出物、地坑等）应有防范或警示措施	1.5
1.2 设备、仪器、仪表、阀门	1.2.1	开关、控制面板标志清晰，控制对象明确	1.5
	1.2.2	设备仪器保持干净，摆放整齐，无多余物	1.5
	1.2.3	设备仪器明确责任人员，坚持日常点检，有真实的记录，并确保记录清晰、正确	1.5
	1.2.4	应保证处于正常使用状态，非正常状态应有明显标志	1.5
	1.2.5	危险部位有警示和防护措施	1.5
	1.2.6	设备阀门标志明确	1.5
	1.2.7	仪表表盘干净清晰，有正确的正常范围标志	1.5
1.3 材料、物料	1.3.1	放置区域合理划分，使用容器合理，标志明确	1.5
	1.3.2	各种原材料、半成品、成品应整齐码放于定位区内	1.5
	1.3.3	不合格品应分类码放于不合格品区，并有明显的标志	1.5
	1.3.4	物料、半成品及产品上无积尘、杂物、脏污	1.5
	1.3.5	零件及物料无散落地面	1.5
1.4 容器、货架	1.4.1	容器、货架等应保持干净，物品分类定位摆放整齐	1.5
	1.4.2	存放标志清楚，标志向外	1.5
	1.4.3	容器、货架本身标志明确，无过期及残余标志	1.5
	1.4.4	容器、货架无破损及严重变形	1.5
	1.4.5	危险容器搬运应安全	1.5

（续表）

项目	序号	标准内容	扣分
1.5 叉车、电瓶车、拖车	1.5.1	定位停放，停放区域划分明确，标志清楚	1.5
	1.5.2	应有部门标志和编号	1.5
	1.5.3	应保持干净及安全使用性	1.5
	1.5.4	应有责任人及日常点检记录	1.5
1.6 工具箱、柜	1.6.1	柜面标志明确，与柜内分类对应	1.5
	1.6.2	柜内工具分类摆放，明确品名、规格、数量	1.5
	1.6.3	有合理的容器和摆放方式	1.5
	1.6.4	各类工具应保持完好、清洁，保证使用性良好	1.5
	1.6.5	各类工具使用后及时归位	1.5
	1.6.6	柜顶无杂物，柜身保持清洁	1.5
1.7 工作台、凳、梯	1.7.1	物品摆放整齐、安全，无不要物和非工作用品	1.5
	1.7.2	保持正常状态整洁干净	1.5
	1.7.3	非工作状态时按规定位置摆放（归位）	1.5
1.8 清洁用具、清洁车	1.8.1	定位合理，不堆放，标志明确，及时归位	1.5
	1.8.2	清洁用具本身干净整洁	1.5
	1.8.3	垃圾不超出容器口	1.5
	1.8.4	抹布等应定位放置，不可直接挂在暖气管上	1.5
1.9 暂放物	1.9.1	暂放物需有暂放标志	1.5
	1.9.2	暂放区的暂放物应摆放整齐、干净	1.5
1.10 呆料	1.10.1	有明确的摆放区域，并予以分隔	1.5
	1.10.2	应有明显标志	1.5
	1.10.3	做好防尘及清扫工作，保持干净及原状态	1.5
1.11 油桶、油类	1.11.1	有明确的摆放区域，分类定位，标志明确	1.5
	1.11.2	按要求摆放整齐，加油器具定位放置，标志明确，防止混用	1.5
	1.11.3	油桶、油类的存放区应有隔离防污措施	1.5

（续表）

项目	序号	标准内容	扣分
1.12 危险品、（易燃有毒等）	1.12.1	有明确的摆放区域，分类定位，标志明确	1.5
	1.12.2	隔离摆放，远离火源，并有专人管理	1.5
	1.12.3	有明显的警示标志	1.5
	1.12.4	非使用时应存放指定区域内	1.5
1.13 通道	1.13.1	通道划分明确，保持通畅，无障碍物，不占道作业	1.5
	1.13.2	两侧物品不超过通道线	1.5
	1.13.3	占用通道的工具、物品应及时清理或移走	1.5
	1.13.4	通道线及标志保持清晰完整	1.5
2.1 墙身	2.1.1	墙身、护墙板及时修复，无破损	1.5
	2.1.2	保持干净，没有脱落及不要物，无蜘蛛网、积尘	1.5
	2.1.3	贴挂墙身的各种物品应整齐合理，表单通知归入公告栏	1.5
	2.1.4	墙身保持干净，无不要物（如过期标语、封条等）	1.5
	2.1.5	主要区域、房间应有标志铭牌或布局图	1.5
	2.1.6	生产现场应无隔断遮挡、自建房中房等	1.5
2.2 资料、标志牌	2.2.1	应有固定的摆放位置，标志明确	1.5
	2.2.2	作业指导书、记录、标志牌等挂放或摆放整齐、牢固、干净	1.5
	2.2.3	标牌、资料记录正确具有可参考性	1.5
	2.2.4	组长以上管理人员应建立"6S专用文件夹"，保存主要的6S活动资料文件	1.5
2.3 宣传栏、看板	2.3.1	主要班组应有看板（如"班组园地"、"管理看板"等）	1.5
	2.3.2	干净并定期更换，无过期公告，明确责任人	1.5
	2.3.3	版面设置美观、大方，标志明确，内容充实	1.5
2.4 桌面	2.4.1	桌面无杂物、无报刊杂志	1.5
	2.4.2	物品摆放有明确位置，不拥挤凌乱	1.5
	2.4.3	桌面干净，无明显破损	1.5
	2.4.4	玻璃下压物尽量少并摆放整齐，不压日历、电话表	1.5

（续表）

项目	序号	标准内容	扣分
2.5 电器、电线、开关、电灯	2.5.1	开关须有控制对象标志，无安全隐患	1.5
	2.5.2	保持干净	1.5
	2.5.3	电线布局合理整齐、无安全隐患（如裸线、上挂物等）	1.5
	2.5.4	电器检修时需有警示标志	1.5
2.6 消防器材	2.6.1	摆放位置明显，标志清楚	1.5
	2.6.2	位置设置合理，有红色警示线，线内无障碍物	1.5
	2.6.3	状态完好，按要求摆放，干净整齐	1.5
	2.6.4	有责任人及定期点检	1.5
2.7 辅助设施	2.7.1	风扇、照明灯、空调等按要求放置，清洁无杂物，无安全隐患	1.5
	2.7.2	日用电器无人时应关掉，无浪费现象	1.5
	2.7.3	门窗及玻璃等各种公共设施干净无杂物	1.5
	2.7.4	废弃设备及电器应标志状态，及时清理	1.5
	2.7.5	保持设施完好、干净	1.5
	2.7.6	暖气片及管道上不得放杂物	1.5
3.1 着装及劳保用品	3.1.1	劳保用品明确定位，整齐摆放，分类标志	1.5
	3.1.2	按规定要求穿工作服，着装整齐、整洁	1.5
	3.1.3	按规定穿戴面罩、安全帽等防护用品	1.5
	3.1.4	晾衣应有专门区域，合理设置，不影响工作及房间环境	1.5
3.2 规章制度	3.2.1	工作时间不得睡觉和打瞌睡	1.5
	3.2.2	不聚集闲谈、吃零食和大声喧哗	1.5
	3.2.3	不看与工作无关的书籍、报纸、杂志	1.5
	3.2.4	不乱丢烟头（工作区、厂区）	1.5
	3.2.5	配合公司6S活动，尊重检查指导人员，态度积极主动	1.5
	3.2.6	要求所有员工对6S活动的口号、6S意义、基本知识有正确认识，能够表述	1.5
	3.2.7	没有擅自串岗、离岗	1.5
	3.2.8	班组长以上管理人员应建立"6S专用文件夹"，保存主要的6S活动资料文件	1.5

（续表）

项目	序号	标准内容	扣分
3.2 规章制度	3.2.9	工作区域的6S责任人划分清楚，无不明责任的区域	1.5
	3.2.10	"6S区域清扫责任表"和"点检表"要按时、准确填写，不超前、不落后，保证与实际情况相符	1.5
	3.2.11	应学习《6S员工考核制度》，并切实执行，保存必要之记录	1.5
	3.2.12	应有"6S宣传栏（或园地）"，有专人负责，定期更换，并保存记录	1.5
	3.2.13	经常对员工（含新员工）进行6S知识的宣传教育，并有记录	1.5
	3.2.14	建立晨会制度，车间级每天至少一次，班组每天班前进行一次	1.5
	3.2.15	按《礼貌运动推行办法》教育职工，要求员工待人有礼节，不说脏话，做文明礼貌人	1.5
	3.2.16	教育员工严格遵守职业规范	1.5
	3.2.17	员工对6S活动的口号、6S意义、基本知识有正确认识，能够表述清晰、准确	1.5
3.3 生活用品、私人用品	3.3.1	定位标志，整齐摆放，公私物品分开	1.5
	3.3.2	水壶、水杯按标示摆放整齐，保持干净	1.5
	3.3.3	手巾、洗漱用品、鞋袜等按要求摆放整齐，保持干净	1.5
3.4 加减分	3.4.1	同一问题重复出现，重复扣分	2
	3.4.2	发现未实施整理、整顿、清扫的"6S实施死角"1处	10
	3.4.3	有突出成绩的事项（如创意奖项），视情况加分	+2

四、不符合6S项目的基本分类准则

（一）重要不符合项

重要不符合项是指直接、严重影响产品的质量、环境、人身安全和健康的现象，具体表现为以下几点。

1. 操作设备的方法错误。

2. 使用、储存和搬运化学物料不当。

3．特殊岗位上未采用适当的安全防护措施。

4．食物不卫生。

5．同一区域内同时出现三次（含）以上的同种轻微不符合项。

6．同一种轻微不符合项在连续三周内均未改善。

（二）轻微不符合项

轻微不符合项是指未按正常工作方法、指令和规定作业，对产品质量、环境、人身安全和健康造成轻微影响的现象，具体表现为以下几点。

1．使用错误的或过期的工作指引或无相应的工作指引。

2．好料和坏料混放，且无相应的显眼标志。

3．未按要求校正、保养仪器和设备。

4．使用已停用或超过有效期的仪器、设备。

5．使用过期文件，或文件、记录未按要求存盘并有损坏。

6．未遵守先进先出原则。

7．料和卡或料和标签不符。

8．同一区域内同时出现三次（含）以上的同种观察项。

9．同一种观察项在连续三周内均未改善。

（三）观察项

观察项是指人为疏忽造成的现象，而且是个案，对产品质量、环境、人身安全和健康并没有直接影响，具体表现为以下几点。

1．物料（品）标示及其状态、区域划分和标记、铭牌制作不合规范。

2．文件、记录存盘有问题。

3．使用过期组织图或电话表。

4．物料（品）摆放有问题。

5．破损物品未修理或报废。

6．未清理不整洁的地方和较少注意到的地方。

7．未清除工作区域内的杂物和责任区域内的垃圾。

8．仪容、仪表不符合规定，如未按规定穿制服，戴静电带，戴指套、手套、口罩等。

9．生产防护、办公场所保洁有问题。

10．通道不够通畅、画线不够清晰、规划不够合理等问题。

11．未按要求进行分层管理或分类定位存放。

12．未处理过期公告。

以下提供一份某公司制定的6S常见问题整改备忘表，供读者参考。

【实战范本2-14】××公司6S常见问题整改备忘表

××公司6S常见问题整改备忘表

跟进日期：　　　　　　　　　　　　　跟进人：

序号	问题点	改善建议	责任人	计划完成日期	跟进情况
1	地上无指示方向箭头	需要在地上用绿色画地标指示方向			
2	仍无确定责任人及划定责任区，应制作好标识	对做好防护的设备应再标示责任区及责任人			
3	未实行定位放置，设备及相关物品放置凌乱	对设备进行定位整齐划一的存放，并将配套胶筐等也定位放置，画好定位线			

（续表）

序号	问题点	改善建议	责任人	计划完成日期	跟进情况
4	划分好的区域内仍存放有很多杂物	（1）确定区域责任人，实行责任到人制度 （2）区分要与不要的物品，并将不要的物品清除 （3）将有用的物品进行合理包装后整齐存放，并标示清楚			
5	设备上的标示牌破损，状态不明确	制作统一的标示牌，以便每天监督			
6	设备和模具上放有其他杂物，灰尘很多	（1）对设备和模具进行全面清扫 （2）要求作业人员下班前将设备上的杂物全部放置好，并清扫设备周边的卫生			

（续表）

序号	问题点	改善建议	责任人	计划完成日期	跟进情况
7	设备有漏油，污染地面，影响美观 	（1）检查设备的漏油部位并全面修理好 （2）将这方面的工作纳入设备日常保养要求范围内			
8	消防设施下面堆放有杂物 	（1）清除消防设施下面的杂物 （2）按要求在消防设施下方画警示线 			
9	电源控制箱上没有安全警告标志 	张贴规范的安全警告标志，并在下方画警戒线 			

（续表）

序号	问题点	改善建议	责任人	计划完成日期	跟进情况
10	开关无对应的标识 	所有开关均按要求贴上标识 			
11	空压机设备里侧脏乱 	（1）划定此区域责任人 （2）要求定期清扫			
12	物品放置区没有画区域线，没有设置对应的区域标识 	（1）分析此区域存放物品的必要性，如有必要，则需要划定固定区域，做好区域标识并确定责任人 （2）对所有物品进行整理和整顿 			

（续表）

序号	问题点	改善建议	责任人	计划完成日期	跟进情况
13	有些物品仍未进行整理和整顿 	参考整理、整顿执行标准，要求进行定点定位放置及标示清楚			
14	看板损坏未处理 	重新制作统一的看板，并重新统一清单格式			
15	手写模具架上的模具标识太随意 	改用统一的字体、字号，并打印			
16	电话线随意张挂 	改用线管或使用隐藏的方式			

备注：跟进栏中的符号为：☆——已安排；◎——实施中；○——已完成。

五、制定内部审核评分表

企业在制定评分表时，需遵循以下原则。

（1）绝对不能只用一张表来审核所有部门，这种方式虽然从表面上看很公平，实际上却很容易使这项活动不了了之，所以，企业一定要根据部门的性质制定不同的评分内容与标准。

（2）将希望有关部门达到的目标作为审核的内容，这样可以使这些部门了解企业希望他们达到的水平，能针对企业的需求来开展工作。

同时，编制者在编制过程中还要考虑到企业的实际情况和生产特点，力求内容全面，但版本不能太多，方便各部门可以在一个平台上进行考核并便于比较。

以下提供某公司制定的车间6S内审评分表、仓库的6S内审评分表、办公室6S内审评分表和员工宿舍6S内审检查表，供读者参考。

【实战范本2-15】××公司车间6S内审评分表

××公司车间6S内审评分表

区域： 　　　　　　　　　　　　　　　　6S负责人：

审核日期：_____年____月____日 　　　　　评分人：

项目	审核内容	配分	评分	缺失记录
整理	工作场所的不常用机器设备与工具是否定位管理	4		
	工作场所是否摆放茶杯、饭盒、雨伞	4		
	工作场所是否明确依颜色管理画线区分，并标示清楚	4		
	椅子是否定位管理	3		
整顿	储存室、暂收区是否有明确的标示，物料摆放是否依指令归类	4		
	治（工）具、零件摆放是否依制造命令归类	3		
	不良品、废品、良品是否依颜色管理	4		
	物料、生产设备是否放置指定区域摆放整齐	4		
	生产线上的各类看板、标示牌是否按规定填写	4		
清扫	作业场所、作业机台是否每天清理打扫	4		
	物料架、电梯、物料仓是否每天清理打扫	3		
	鞋架是否清理干净，个人储物柜门是否关上	4		
	门、窗、天花板、工作台上的灯架是否清理打扫	4		

（续表）

项目	审核内容	配分	评分	缺失记录
清洁	工作场所的地面上是否掉有物料、半成品、成品等	4		
	作业台是否清洁、干净等	4		
	物料柜内物料是否整齐、干净	4		
	工作场所是否清洁、干净	4		
素养	人员服装是否干净、整齐	4		
	厂鞋、厂牌是否穿戴规范、标准	4		
	工作人员是否按作业指导书作业	4		
	上班时是否有人聊天，从事与工作无关之事	3		
	员工是否有礼貌，讲卫生	4		
安全	是否设有安全通道	4		
	是否有设备安全使用规定	4		
	灭火器指针是否在有效使用区	4		
	使用易燃易爆品是否有适当防护	4		
合计		100		

【实战范本2-16】××公司仓库6S内审评分表

××公司仓库6S内审评分表

区域：　　　　　　内审日期：_____年___月___日　　　　评分人：

项目	审核内容	配分	评分	缺失记录
整理	成品区是否有隔离待验区、成品区、重工区	4		
	进料区验收合格的原料是否有标示	4		
	重工组是否有不良品与良品区分	4		
	办公桌面是否清理	4		
	进料区物品的摆放是否整齐	4		
整顿	成品区各区域的摆放是否超出界线	4		
	品保办公室文件是否整理	3		
	查检表是否随带随记录	3		
	物料是否依颜色管理进仓月份	4		

（续表）

项目	审核内容	配分	评分	缺失记录
清扫	品保室的门、窗、天花板是否清理打扫	4		
	品保区域的地面是否每天打扫	3		
	办公桌、文件是否干净、整洁	3		
	废品、垃圾是否适时清理	3		
清洁	门、窗、墙角是否有蜘蛛网	3		
	物料或其外包装上是否有灰尘	4		
	地面是否有物料杂物	3		
	空物料架是否保持干净	3		
	仓库内是否有废弃物飞扬、渗出或散发异味	4		
素养	仓库内账、卡、实物是否一致	6		
	上班时是否有人做与工作无关的事情	3		
	员工是否有礼貌，讲卫生	3		
	人员服装是否干净、整齐	3		
安全	危险物品是否有另设仓库管理	4		
	危险品仓是否有预防插座引起火灾的设施	3		
	仓库内是否有灭火器	4		
	仓库走道是否畅通	3		
	仓库内通风是否良好	3		
	易燃易爆有毒物品是否有危险标志	4		
合计		100		

【实战范本2-17】××公司办公室6S内审评分表

××公司办公室6S内审评分表

区域：　　　　　　内审日期：＿＿＿年＿＿月＿＿日　　　　　评分人：

项目	项目内容	配分	评分	缺失记录
整理	不再使用的文件资料、工具废弃处理	3		
	长期不使用的文件资料按编号归类放置于指定文件柜	4		
	常使用的文件资料就近放置	3		

（续表）

项目	项目内容	配分	评分	缺失记录
整理	正在使用的文件资料分未处理、正处理、已处理三类	3		
	办公用品摆放整齐	3		
	台面、抽屉最低限度的摆放	3		
整顿	办公桌、办公用品、文件柜等放置有规划、有标志	4		
	办公用品、文件放置要整齐有序	3		
	文件处理完后均要放入活页夹、且摆放整齐	3		
	活页夹都有相应的标志，每份文件都应有相应的编号	4		
	办公桌及抽屉整齐、不杂乱	4		
	私人物品放置于规定位置	3		
	计算机线用绑带扎起，不零乱	3		
	用计算机检索文件	3		
清扫	地面、墙、天花板、门窗、办公台等打扫干净	4		
	办公用品擦洗干净	3		
	文件记录破损处修补好	3		
	办公室通风、光线通足	3		
	没有噪声和其他污染	3		
清洁	每天上下班花3分钟做6S工作	3		
	随时自我检查、互相检查，定期或不定期进行全面检查，对不符合的情况及时纠正	3		
	整理、整顿、清扫保持得非常好	3		
素养	员工戴厂牌，穿厂服且整洁得体，仪容整齐大方	4		
	员工言谈举止文明有礼，对人热情大方	3		
	员工工作精神饱满，员工有团队精神，互帮互助，积极参加6S活动，员工时间观念强	3		
安全	本月内没有安全事故发生（如有，安全项为0分）	4		
	每个楼层均有紧急逃生图且被员工了解	3		
	安全标志齐全且张贴于醒目处	3		
	所有安全通道、消防通道均畅通无阻	3		
	定期进行安全意识的培训	3		
	定期进行安全事故的统计和原因分析并向员工宣导	3		
合计		100		

【实战范本2-18】××公司员工宿舍6S内审检查表

××公司员工宿舍6S内审检查表

区域：　　　　　　　内审日期：＿＿＿＿年＿＿月＿＿日　　　　　评分人：

项目	审核内容	配分	评分	缺失记录
整理	床位、架子是否定位	4		
	水桶、鞋子、毛巾是否按规定摆放整齐	4		
	是否定期清理不要物品	4		
	衣服、裤子是否乱扔	4		
整顿	床上的东西是否零乱，随意摆放	4		
	是否乱接电源	4		
	墙上是否乱写、乱画等现象	4		
	东西是否摆放整齐	4		
清扫	地面上是否有烟蒂、纸屑、果皮等杂物	4		
	空床、架子是否有灰尘	4		
	窗、墙、天花板是否有蜘蛛网、灰尘	4		
	垃圾桶是否堆得很满	4		
	走道是否经常打扫	4		
清洁	地面是否干净	4		
	碗架、门窗是否干净	4		
	走道是否干净	4		
素养	是否按规定时间作息	4		
	是否大声讲话、吵闹影响他人休息	4		
	冲凉房是否干净，有无杂物	4		
	宿舍是否有吵架、打架的事件发生	4		
安全	是否有使用大功率用电设施（如电炉、电热丝等）的现象	4		
	是否有乱接插头的现象	4		
	是否有使用易燃物品（如煤油炉）的现象	4		
	是否有电线裸露的现象	4		
	是否有烟头乱丢的现象	4		
合计		100		

六、制定6S改善提案制度

当员工发现现行工作经验、工作方法、工具、设备、安全等有问题时，提出的有针对性和建设性的改善意见或构思，称为"提案"或"建议"。企业应选择优良且有效的提案加以实施，并给予提案者适当的奖励，这种系统地处理员工提案的方法，被称为"改善提案制度"。

"6S改善提案制度"是一项先进的管理方法。一人智短，众人智长，一个企业仅靠几位领导是很难实现可持续发展的，这就需要充分调动广大员工的积极性，使员工以主人翁的心态全面参与公司管理，为公司献计献策，发挥集体智慧，共同管理好公司。

以下提供某公司6S活动改善提案制度和合理化建议书，供读者参考。

【实战范本2-19】××公司6S活动改善提案制度

××公司6S活动改善提案制度

一、总则

1．制定目的

为激发员工在6S改善提案活动中的主观能动性，挖掘其潜能，充分调动其工作积极性，树立全体员工的改善意识，特制定本制度。

2．适用范围

凡本公司正式员工，不论职级，只要提交的改善提案通过审核并实施，即可依照本制度进行奖励。

3．权责机构

（1）提案评审小组由6S推行小组成员组成，具体负责改善提案的评审工作。

（2）6S推行小组为改善提案的最终管理部门，负责提案的收集、整理和等级确定，并负责改善提案的实施监督。

二、改善提案规定

（一）提案方式

1．个人提案。任何员工均可以个人名义提出提案。

2．团体提案。两人以上以小组、班组、车间、部门为单位提出提案。

（二）提案受理的内容

1．凡对公司6S活动、运作经营有益的改善意见，均可作为提案内容。

（1）操作方法的改善。

（2）作业程序或动作程序的改进。

（3）机械布置和工具的改善。

（4）质量的改善。

（5）成本的降低。

（6）原料的合理利用和节省。

（7）物料搬运的改善。

（8）工作环境的改善。

（9）意外事件的防止、改善。

（10）不良品、废品回收利用的改善。

（11）职业健康安全和环境卫生的改善。

（12）其他能为公司节约成本、提高工作效率、美化环境的改善。

（13）管理效率及生产效率的提升。

2．对本公司6S活动、运作经营无益的改善意见、构想，不属于受理范围。

（1）非建设性批评。

（2）带有政治、民族、宗教色彩的问题。

（3）纯属个人想象的、空洞的内容。

（4）众所周知的事实。

（5）对他人有攻击倾向的提案。

（6）与被采用的提案内容完全相同的提案。

（三）提案方法

1．提案者以"提案改善表"或"提案改善报告"的方式提出。

2．使用"提案改善报告"的方式，应详细填写必要的事项，若有图面、作业分解、样本、说明书等，均可以附件方式一并提出。

3．在6S推行工作中，如果发现有对6S推行有较大改善作用的个案，可由6S小组向该部门推荐，再由该部门按本制度提出提案。

（四）评审方式

对改善提案采用随到随审的方式。

（五）评审流程

1．提案者填写"提案申请表"或撰写"改善提案报告"。

2．提案者将提案交给本部门的主任或经理进行初步审核，确认其可行性和实效性。

3．部门主管初审后，上交6S推行小组进行评审。

4．6S推行小组综合论证通过后，实施改善活动，并给予提案者奖励。

5．6S推行小组综合论证未通过，则进行相应的退稿处理。

（六）提案奖励方法

1．提案评审标准

提案评审的指标及所占比例，详见下表。

评审指标	实用性	必要性	创意性	成本
所占比例	40%	20%	20%	20%

2．提案奖励标准

提案奖励等级及奖金，详见下表。

提案级别	一级	二级	三级	四级
分数	90分以上	89~80分	79~70分	69~60分以下
奖金（元）	800	600	400	200

（七）其他事项

1．同一内容的改善提案以先提者为先，若为同时提出，则视为联名提出，奖金平分。

2．同一改善提案由多人共同提出的，奖金平分。

三、附则

1．本制度的解释权归6S推行小组所有。

2．本制度经6S推行小组全体审议、总经理核准后，交6S活动推行小组颁布实施，修订或终止时亦同。

【实战范本2-20】合理化建议书

合理化建议书

提案人		所属部门		工号		作成日		编号	
建议类别	成本□　效率□　品质□　6S□　安全□　其他□								
	问题点及原因分析				改善对策				
改善建议内容	题点：_____								
	原因分析：				提出部门确认			实施部门确认	

（续表）

改善建议内容	改善效果		
	改善前：	改善后：	
	可借鉴水平展开处：		

评价	得分										级别	评语	承认
	①	②	③	④	⑤	⑥	⑦	⑧	⑨	⑩			
实施部门													
改善推进													
主管			经理					总经理					

七、定期调查以调整方向

（一）调查方式

企业应定期在本企业范围内开展调查，以了解员工对6S的认知情况和员工对推行工作中的问题提出一些看法和建议，然后分析这些问题，适时调整6S活动开展的方向。调查可以采用问卷的方式进行，也可以深入现场进行访谈、拍照。

以下提供某公司的6S推行调查问卷，供读者参考。

【实战范本2-21】××公司6S推行调查问卷

××公司6S推行调查问卷

姓名：＿＿＿＿＿＿＿＿＿＿＿　　　　部门：＿＿＿＿＿＿＿＿＿＿＿

请根据以下项目评价6S的推行对公司及部门整体运作的影响，以便能据此制定下半年实施的政策及目标，从而改善工作环境，提高生产能力和竞争力，并提升公司形象。

序号	评价项目	非常满意	满意	一般	差	恶劣
		5	4	3	2	1
1	6S执行效果的维持度					
2	所有经营场地通道（包括宿舍区）的畅通程度					
3	各部门区域环境卫生状况					
4	各职级人员对6S的认识					
5	部门工作效率（如取用文件、记录、物料、工具的速度和准确性）					
6	举办6S培训的层次及深度					
7	6S审核的频率及力度					
8	6S专栏及其内容					
9	6S推行后对产品的质量所起到的作用（如物料标识，区域划分，指引及文件的规范，仪器校正及设备维护，工作环境的优化等）					
10	推行6S后，公司的整体形象					
11	推行6S以来，你认为有哪些方面改善最显著					
12	你认为有哪些方面仍未达到预期目标					
13	对于下半年度如何更好地推动6S活动、如何调动大家参与的积极性等问题，你的建议是：					

（二）出具调查报告

不管是问卷调查，还是深入现场与工作人员访谈、拍照，调查人员最后都要形成书面的调查报告，以便对本次调查的结果进行分析、总结，对某些突出问题提出具体的建议，并提出下一阶段的任务。

以下提供某公司的6S现场访谈调查报告，供读者参考。

【实战范本2-22】××公司6S现场访谈调查报告

××公司6S现场访谈调查报告

2013年4月8日，顾问组在管理部杨××经理及6S专员彭××先生的陪同下对公司各生产区域进行了一次全面的调研。各部门均齐心协力地对6S活动进行了一些改善工作，也取得了不错的成绩，绝大部分管理人员均保持着要做好6S活动推广的良好心态，但从整体上来看，仍有以下问题需要关注。

1．整体上做了很多6S推行工作，但未体现系统性和标准化。

2．未建立6S整体培训体系，各管理层对6S的真正意义及推行方法了解并不多，执行层更是了解很少。

3．未建立详细的执行标准，各部门推行时各行其道。

4．未在全公司内建立6S企业文化及相应的规范和制度。

以下为此次调研发现的具体需要改善的项目，敬请关注。

一、车间

接受访谈者是车间主任唐××，该车间的问题点及改善建议如下表所示。

问题点	改善建议	责任部门	完成时间
1．内部人员知道存在要改善的问题，但总是不能彻底解决，总有人有意或无意地破坏改善的成果	建议将日常6S活动纳入个人业绩的考核范围内		
2．早会只是两班交接的简单形式，一般由车间主任主持，以讲生产方面的内容为主	建议执行早会常规化，每天、每班均需坚持开会，具体执行方式参见《班前会制度》，使管理规范化和常规化		
3．区域画线未统一 	建议统一按6S画线标准执行，力求统一、美观、实用		

（续表）

问题点	改善建议	责任部门	完成时间
4．做测试用的设备没有安全警告标识及安全操作说明 	建议先给这类设备定位，然后用红色的区域线划分出来，并张贴安全警告标识及安全操作说明书，同时，必须对作业员进行安全要求培训并考核，减少安全事故发生的概率		
5．地板损坏严重，造成运送不方便，并且灰尘很大	建议通道部分铺上成本比较低的沥青，能大大减少灰尘的产生，创造一个好的工作环境		
6．工具乱放的现象比较普遍 	建议各区域设置工具专放区域，并制定工具管理要求，或是将工具直接发放给责任人保管，如有丢失或损坏，由相关人员赔偿，以减少公司此方面的成本，也使管理行为规范化		
7．一个工作区域内有着三种不同工衣的作业者 	建议按季节统一着装，管理人员应进行监督		

（续表）

问题点	改善建议	责任部门	完成时间
8．设备电源随意放置，易发生安全事故 	改变使用者的习惯，可以从防护方面考虑，比如将某些开关固定在设备上，减少安全事故发生的概率		

二、生产部办公室

访谈对象为生产部经理张××，出现的问题及改善建议如下表所示。

问题点	改善建议	责任部门	完成时间
1．办公室物品摆放比较乱，垃圾桶没有定位存放，私人物品随处可见 	严格执行6S标准，以提升工作效率，对私人物品需要设定专门区域，统一存放		
2．看板没有发挥其作用，而且表面很乱 	夹子可以另选地方统一整齐地挂用，此看板可以作为生产管理看板使用，以提升生产信息的透明度和及时性		

报告人：_____

89

第三节　6S定期内部审核

一、6S内部审核的含义

（一）6S内部审核的含义

6S内部审核是指为评价6S活动和有关结果是否符合企业的期望和要求，并寻求继续改善的可能性空间而进行的内部自我系统性检查。

（二）6S内部审核的目的

1．6S管理体系与企业的期望要求一致。

2．作为一种重要的管理手段，及时发现现场管理中的问题，借助组织力量加以纠正或预防。

3．作为一种自我改进的机制，6S系统能持续地保持其有效性，并不断地改进和完善。

（三）6S内部审核的特点

1．系统性：正式、有序的活动。

2．客观性：审核的独立性和公正性。

3．自发性：企业出于改善的目的而发起的一种有组织的审核活动。

（四）6S内部审核的内容

审核内容包括6S活动及其结果是否符合计划的安排，这些安排是否能有效地贯彻6S活动，贯彻的结果是否能达到目标等。

（五）6S内部审核的范围

企业内部的所有部门都在审核的范围内。在实际工作中，各企业可以按照本企业规定的程序和方法进行。

（六）6S内部审核的依据

1．企业的6S手册。

2．企业的规章制度。

3．结合国家相关的环境保护法规。

（七）6S内部审核的时机、频度

每个部门至少每半年审核一次，而且各部门每个月有一到两次集中的巡查式审核。发生严重的问题或生产场所有较大整改时，可以进行临时性的项目审核。

（八）内部审核的流程

内部审核的流程如图2-2所示。

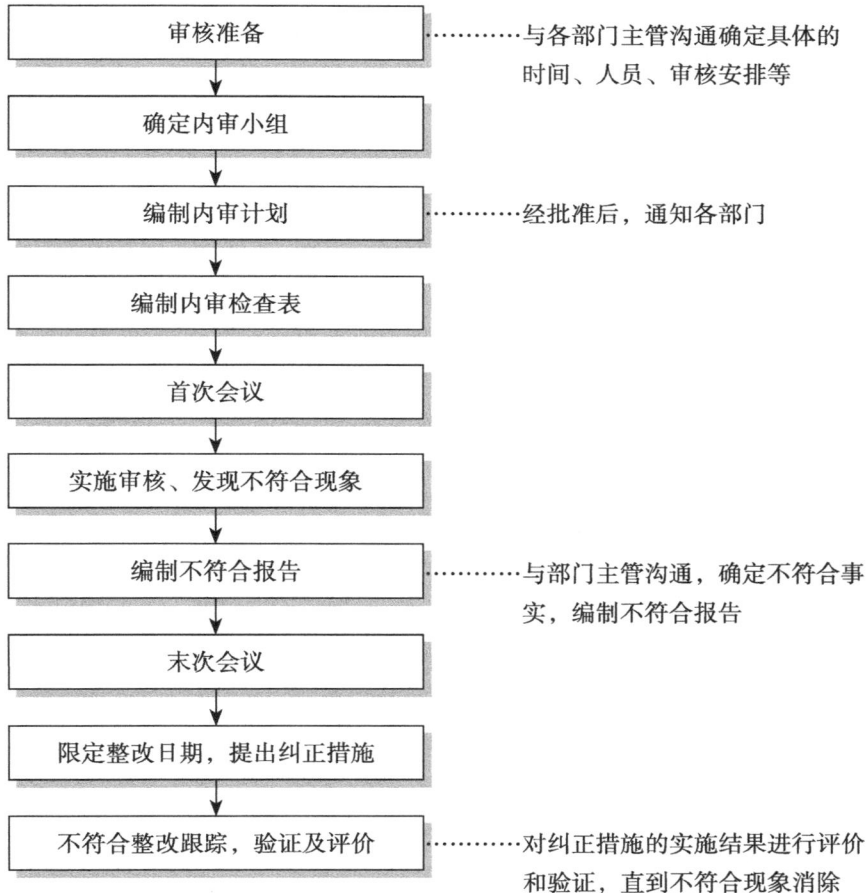

```
┌──────────────────┐
│     审核准备      │··········与各部门主管沟通确定具体的
└──────────────────┘          时间、人员、审核安排等
         ↓
┌──────────────────┐
│    确定内审小组    │
└──────────────────┘
         ↓
┌──────────────────┐
│    编制内审计划    │··········经批准后，通知各部门
└──────────────────┘
         ↓
┌──────────────────┐
│   编制内审检查表   │
└──────────────────┘
         ↓
┌──────────────────┐
│     首次会议      │
└──────────────────┘
         ↓
┌──────────────────┐
│ 实施审核、发现不符合现象 │
└──────────────────┘
         ↓
┌──────────────────┐
│   编制不符合报告   │··········与部门主管沟通，确定不符合事
└──────────────────┘          实，编制不符合报告
         ↓
┌──────────────────┐
│     末次会议      │
└──────────────────┘
         ↓
┌──────────────────┐
│ 限定整改日期，提出纠正措施 │
└──────────────────┘
         ↓
┌──────────────────┐
│ 不符合整改跟踪，验证及评价 │··········对纠正措施的实施结果进行评价
└──────────────────┘          和验证，直到不符合现象消除
```

图2-2　内部审核流程图

二、内审的前期准备

（一）6S内审的准备工作

企业开展6S内审前，要准备好以下物品、文件。

1．数码相机。

2．检查表，包括生产车间6S检查表、仓库6S检查表、办公室6S检查表等。

（二）内审小组组建

1．选择审核组长

审核组长通常由总经理任命。担任这一职务的员工需要满足以下几个条件。

（1）较强的组织能力。

（2）丰富的管理经验。

（3）熟悉掌握企业各部门的情况。

（4）具备内审员资格，具有较强的审核经验和技巧。

2．确定审核人员

组长提出审核组成员名单，报总经理批准。担任审核员的员工需要满足以下几个条件。

（1）经过相应的培训，具备内审员资格。

（2）熟悉组织的管理业务。

（3）了解各部门的情况。

（4）熟悉掌握6S标准和审核知识与技能。

（5）具备分析判断、独立工作和应变的能力，有一定的文字写作能力。

（6）为人正直、客观、公正、认真、明断。

提醒您

> 企业在开展6S内审时，要确保被审核的区域与审核员没有直接的业务关系，否则容易影响审核的客观性和公正性。

（三）制订审核计划

1．审核计划的范围

每一次审核的具体安排：可安排某些时间对某区域进行审核，也可以安排某个时间对某个项目或某个要素进行审核。

2．制订审核计划

（1）要形成正式文件。

（2）须有6S推进委员会主任的批准。

3．审核计划的内容

（1）本次内部审核的目的。

（2）审核的范围（要素或区域）。

（3）审核所依据的文件（标准、手册及程序）。

（4）审核组成员的名单以及分工的情况。

（5）审核日期。

（6）审核地点。

（7）被审核的部门。

（8）首次会议、末次会议以及审核过程中，需要安排的与受审核方的领导，或者相关的主管人员交换意见的会议安排。

（9）每一个项目主要审核活动的预计日期和持续时间。

（10）审核报告的分发范围以及发布的日期。

以下提供某公司的季度6S评比审核计划，供读者参考。

【实战范本2-23】××公司____年第____季度6S评比审核计划

××公司____年第____季度6S评比审核计划

序号	审核区域	审核班组/范围	审核小组	受审区域负责人	审核方式
1	配料区域	保健食品厂	A组 组长： 组员：	韩××	
		日用化妆品厂		陈××	
2	分装区域	保健食品厂	B组 组长： 组员：	陈××	
		日用化妆品厂		韩××	
3	物料仓储区域（厂部含成品周转平台）	日化厂（供应组物料管理区域）	D组 组长： 组员：	刘××	
		食品厂（供应组物料管理区域）		叶××	
		物料供应部各区域		关××	
		仓储部		王××	
4	品质检测/监控区域	检测中心	E组 组长： 组员：	章××	
		微生物室		范××	
		来料监控组		马××	
		日化过程监控组（含车间PQC室）		颜××	
		食品过程监控组（含车间PQC室）		童××	

（续表）

序号	审核区域	审核班组/范围	审核小组	受审区域负责人	审核方式
5	工程设施区域	电工组（电房、污水处理站）	F组 组长： 组员：	王××	
		设备配件仓		蔡××	
		机修组（机修房、车间机修区域）		祝××	
		能源供应组（热交换站、空压机房）		余××	
备注	审核流程梳理	（1）审核小组组长与各审核员确认审核时间→（2）至现场审核→现场审核沟通、确认→（3）审核小组整理审核结果→（4）受审班组负责人、部门主管确认审核结果→（5）受审核班组/区域开始对审核发现的问题点进行整改→（6）审核小组将最终确认的审核结果评分表及现场审核记录表提交6S推行委员会秘书处→（7）（秘书检查所有审核情况，将审核结果汇报至6S推行委员会主席，确认后发出审核结果通知）审核小组跟进受审核班组/区域的整改情况，对整改结果予以确认→（8）整改有效完成后，将整改反馈表提交至6S推行委员会秘书处			

三、6S审核的实施

（一）召开首次会议

审核小组与被审核方负责人召开首次会议，主持人一般为审核组长。

1．首次会议的内容

（1）人员职责分工的介绍。

（2）审核计划内容的再次确定。

（3）修改事项的说明与确定。

（4）审核员对被审核方的意见的收集。

2．首次会议的目的

（1）审核的范围和目的，澄清审核计划中不明确的内容。

（2）简要地介绍审核采用的方法和步骤。

（3）确定审核组与被审核方领导都要参加的末次会议的时间，以及审核过程中各次会议的时间。

3．首次会议的要求

（1）要建立审核活动的风格。

（2）准时、明了、简明，会议尽量不要超过半小时。

（3）获得被审核方的理解和支持。

（4）由审核组长主持会议。

4．参加首次会议的人员

审核组的全体人员、高层管理者、被审核方的负责人以及6S推进委员会所有的成员。

5．首次会议的议程

（1）会议开始。要求会议人员签到，审核组长宣布会议开始。

（2）人员介绍。审核组长要介绍审核组的组成人员以及每一位人员的分工。

（3）组长声明审核的范围。明确审核的目标、审核依据的标准和审核将涉及的部门。

（4）现场确认审核计划。

（5）强调审核的原则。审核以客观公正为原则，说明审核以抽样形式开展，说明审核人员相互配合的重要性，同时也要提出不符合报告的形式。

（6）说明重要问题。被审核方根据需要对有疑问的问题等做出说明与澄清。

（7）确定末次会议的时间、地点及出席人员。

（8）会议结束。

（二）执行审核

1．主要审核内容

（1）执行标准是否贯彻实施。

（2）全员意识是否建立。

2．审核思路

审核思路如图2-3所示。

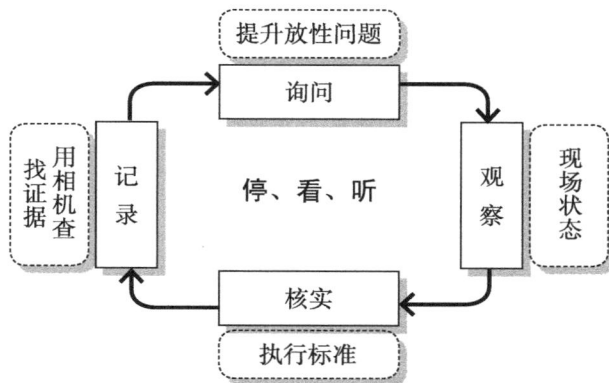

图2-3 审核思路示意图

3．审核活动的控制

（1）按计划执行。

（2）按执行标准每项查到。

（3）注重关键岗位和运行控制的主要问题。

（4）注意收集6S体系运行有效的证据。

（5）保持良好的审核气氛。

4．执行审核要点

（1）停止交谈或打断回答。

（2）集中理解和领会被审核者的讲话思路和潜在含义。

（3）保持开放式的交谈。

（4）保持目光对视并不时给予口头鼓励。

（5）表现出浓厚的兴趣，使被审核者有足够的信心。

（6）当交谈中出现刺激审核员的言辞时，应保持情绪平衡。

（7）当有不同意见时，应检讨和澄清审核中的发现。

（8）鼓励被审核人员向审核员反映问题。

（9）适时解释或归纳。

审核组在进行审核时，用于发问和现场查看的时间一般分别为20%和80%。

（三）提出不符合项

对于在现场审核中发现的不符合点，应该拍下照片，用箭头标出不符合点，并用文字明确地描述不符合的情况。具体做法如以下图片所示。

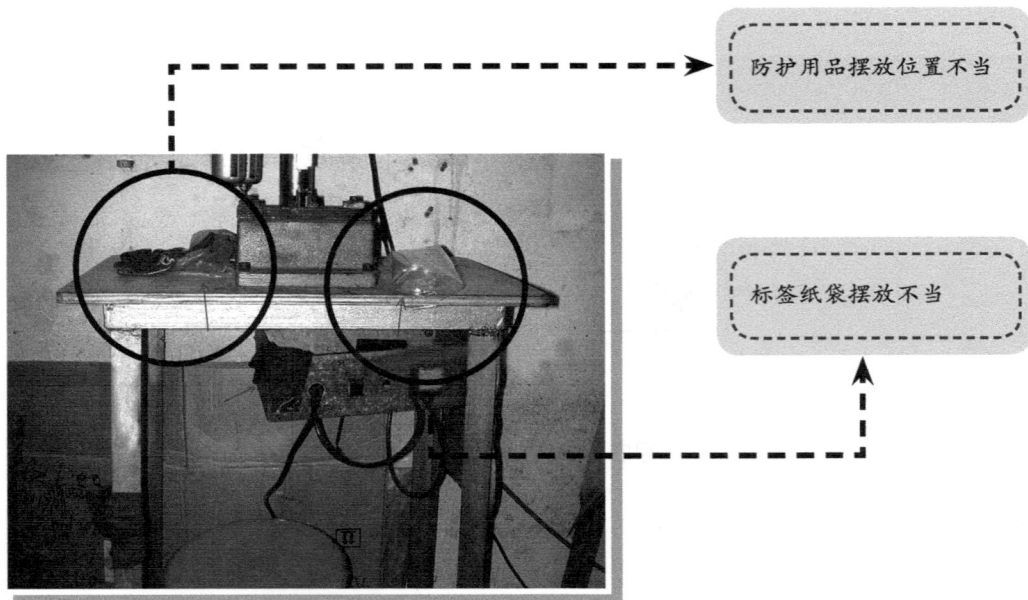

防护用品摆放位置不当

标签纸袋摆放不当

杂货不清理，角铁没有放到指定的位置，工具没有摆放在指定的位置

栈板没有摆放在指定的位置

有灰尘，标贴不整齐

（四）出具不符合报告

审核完毕后，审核组要出具不符合报告，说明不合格事项，并把判断依据等填写清楚，具体如表2-7所示。

表2-7　6S检查不符合报告

受检查部门：　　　　　　　检查员：　　　　　　　检查日期：　　　年　　月　　日

序号	不合格事项说明	依据	确认	预计改善完成日期	改善跟进

（五）审核组会议

一般来说，每天审核结束后以及整个现场审核活动结束后，审核组都应进行内部交流、沟通和协调，掌握审核进度，互通信息，互补印证，对审核结果进行分析，以确保审核判定的准确性。

四、纠正措施的跟踪

对于在6S审核中出现的不符合现象，企业应该采取相应的纠正措施或预防措施，所有的纠正措施与预防措施都必须得到验证。6S审核的目的在于力求改进、彻底纠正所发现的不符合现象，注重以落实与预防为主为原则，针对不满意的方面采取预防措施。

（一）纠正措施的跟踪责任

1．审核人员的责任

（1）找出不符合项。

（2）提出纠正措施要求和实施完成期限。

（3）进行跟踪验证。

2．受审核方的责任

（1）确认不符合项并分析原因。

（2）制定和实施纠正措施。

（3）检查纠正措施的完成情况，做好记录。

（4）及时向审核组提交不符合项报告原件及纠正措施完成情况的证明材料。

（二）纠正和预防措施的程序

纠正和预防措施的程序如图2-4所示。

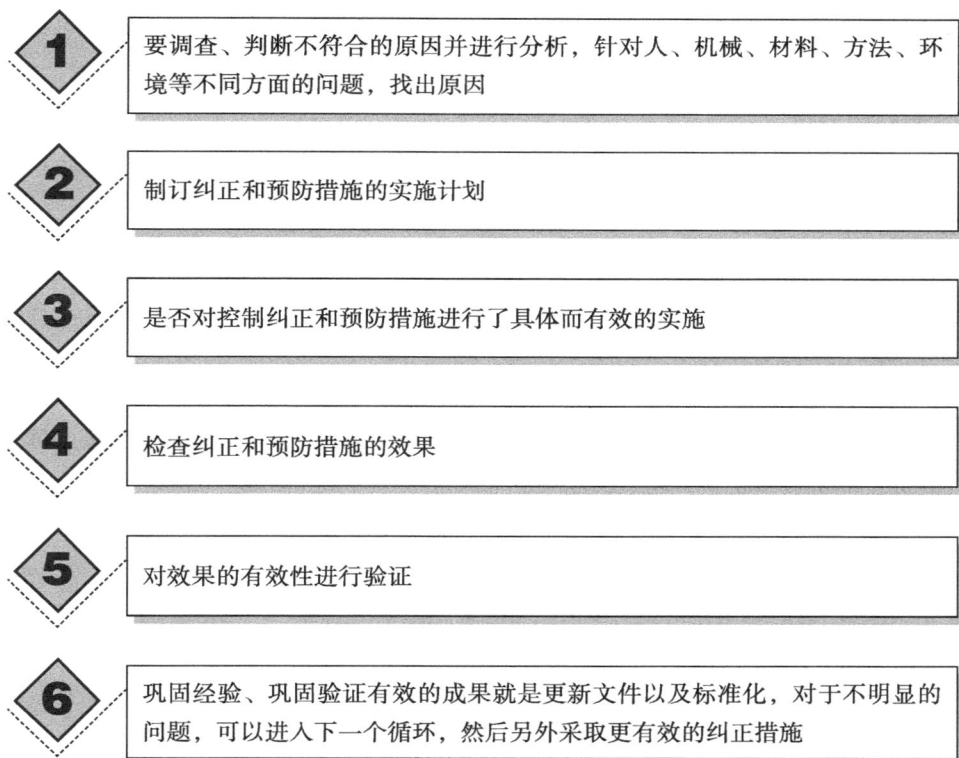

1	要调查、判断不符合的原因并进行分析，针对人、机械、材料、方法、环境等不同方面的问题，找出原因
2	制订纠正和预防措施的实施计划
3	是否对控制纠正和预防措施进行了具体而有效的实施
4	检查纠正和预防措施的效果
5	对效果的有效性进行验证
6	巩固经验、巩固验证有效的成果就是更新文件以及标准化，对于不明显的问题，可以进入下一个循环，然后另外采取更有效的纠正措施

图2-4　纠正和预防措施程序图

（三）纠正和预防措施的计划要点

1．职责明确

需要明确的职责有：谁负责组织纠正和预防工作的开展，谁负责制订计划，计划中的每项具体工作由谁负责完成，谁负责检查监督，谁负责验收并评价，谁负责进行成果巩固。

2．报告与记录

对审核中发现的问题，以不符合报告或其他报告的形式通知被审核方。如果问题较严重，必须由总经理或6S推进委员会的最高领导进行决策。

审核人员在实施的过程中，要记录产生不符合的情况，记录各项纠正和预防措施的主管部门和人员，还要记录各阶段工作的进展情况。由6S审核组长、6S推进委员会主任来验证与总结纠正和预防措施的状态。

3．验证与总结

对于纠正和预防措施，要有效地进行验证，及时总结经验和教训。发现不足之处，一定要及时报告，必要时还要采取升级行动。

（四）实施状况跟踪

跟踪是审核的继续，是对被审核方的纠正和预防措施进行评审，验证、判断效果，并对验证的情形进行记录。

1．跟踪的形式

审核人员到现场进行跟踪、验证之后，以书面形式提供工作报告至跟踪工作负责人，作为已开展纠正和预防措施的证据。

2．跟踪职责

（1）证实被审核方已经找到不符合的原因。

（2）证实采取的纠正和预防措施是有效的。

（3）在跟踪过程中，审核人员要证实所涉及人员对纠正和预防措施有所认识，并接受了适当的培训，以适应变化后的情况；记录被审核方所采取的纠正和预防措施；对有关文件进行改进；向审核组长报告跟踪的结果。

3．跟踪程序

（1）审核组要识别实际或潜在的不合格。

（2）审核组要向被审核方提出采取纠正和预防措施的建议，向被审核方发出改善通知。

（3）被审核方要提交纠正和预防措施的计划。

（4）对采取纠正和预防措施的可行性予以评审。

（5）被审核方实施并完成纠正预防措施。

（6）审核人员对审核状况不满意时，可以要求审核部门采取进一步的行动。

以下提供某公司6S评比现象审核记录与不符合项整改反馈表及纠正及预防措施通知，供读者参考。

【实战范本2-24】××公司____年第____季度6S评比现场审核记录与不符合项整改反馈表

××公司____年第____季度6S评比现场审核记录与不符合项整改反馈表

部门/（班组/区域）：

6S要素	比重	规范要求	评分原则	发现点记录				整改反馈	
				发现点/创新亮点描述	扣分	加分	现场图片	整改后描述	整改后图片
1S 整理 12%	12	现场无非必要和使用频率低的物品（包括物料、工器具、文件、记录等），现场废弃物及时处理	每项扣2分						
2S 整顿 标识 35%	10	（1）各种物料及区域均有标识，标识内容清楚、完整，无涂改现象 （2）标识内容合理易懂，与现场活动/生产或设备运行状态一致 （3）标识规格、颜色、字体统一、美观，标识卡颜色应遵循通用标识状态对应的颜色（如黄色为待检状态，红色为不合格，绿色为合格等） （4）标识卡/牌无皱折，无褪色现象，固定且不易脱落 （5）危险处必要的警示标识，标识颜色为红色，需醒目，语句正式、严肃	每项扣2分（第3点出现单一不符合项可酌情扣1分）						

（续表）

6S要素		比重	规范要求	评分原则	发现点记录				整改反馈	
					发现点/创新亮点描述	扣分	加分	现场图片	整改后描述	整改后图片
2S整顿35%	定位	8	（1）各种生产物品、辅助工具（包括临时性放置的物品），急救物品（如消防器材、防护用品）等现场物品/物料均定位放置，且定位合理，整齐美观，方便拿取 （2）定位线整、合理、清楚	每项扣2分						
	摆放	8	（1）现场各种物品/物料分类摆放，物料和产品离墙离地，整齐美观，从摆放美观、安全考虑，需在相关物料、产品存放区设定限高线，规定高度与摆放量 （2）现场人流、物流通道畅通无阻 （3）各类物品/物料按定位区域、相应的标识整齐摆放 （4）工具用完后及时放回定位点	每项扣2分						
	通告栏、现场看板	5	（1）整齐、简洁、美观、实用 （2）通告栏要使用，按规划张贴现场需要的信息（如未按规划张贴，空缺情况根据实际评定） （3）新下发的文件及时张贴，无过期不用的文件 （4）生产信息看板记录及时、准确，体现实际生产情况；区域生产状态标识与实际一致	每项扣1～2分						

（续表）

6S要素	比重	规范要求	评分原则	发现点记录				整改反馈	
				发现点/创新亮点描述	扣分	加分	现场图片	整改后描述	整改后图片
2S 整顿 35% 现场办公区	4	（1）办公桌完好，桌面干净，物品摆放整齐 （2）无与生产无关的物品（包括与工作、生产无关的书籍资料） （3）文件分类归档，标识统一、美观。受控文件摆放靠近文控中心规定定放置 （4）现场记录填写规范、完整，按时按要求记录	每项扣1~2分						
3S 清扫 13%	13	（1）现场工作环境（包括地面、墙壁、天花板）、各种物品（包括设备/设施、仪器、工具、办公桌、衣柜、鞋柜等）清洁卫生，无积尘、无积水、无脏污，无卫生死角 （2）机器设备定期目正确保养，保持清洁，破损的物品及时更新或修理	每项扣2分						
4S 清洁 12%	12	（1）现场利用各种目视、看板管理，利用各种颜色区分各种物品（包括物料、工具、管道、开关等）的状态 （2）使用期检查表对现场各项操作进行定期和不定期检查，并对不符合的情况作出及时的纠正，以维持前3S的成果	每项扣2分						
5S 安全 14%	14	（1）现场设备/设施等硬件环境不存在安全隐患 （2）员工安全操作意识强	每项扣2分						

（续表）

6S要素	比重	规范要求	评分原则	发现点记录				整改反馈	
				发现点/创新亮点描述	扣分	加分	现场图片	整改后描述	整改后图片
5S 安全 14%	14	（3）现场安全通道都有标识，且目视通无阻							
		（4）有潜在危害的岗位都有防护措施，员工按要求正确佩戴劳保用品	每项扣2分						
		（5）消防、应急器材、防护用品齐全、有效，且定期检查							
6S 素养 14%	14	（1）工作态度端正、谦虚，自觉遵守公司规章制度（包括员工手册、行为规范），各生产操作规程、各工序操作规范、各体系运行要求等既定事项，主动维护现场秩序、卫生、言谈举止礼貌有度	每项扣2分						
		（2）对上季度提出的不符合项或建议改进项需积极改进并加以效果维持							
其他	—	上季度审核提出的整改项，需采取有效的改进措施，并加以保持（未改进每项扣双倍分）	每项扣2~4分						
合计	100	—	—		0	0	最终得分	100	

注：各项目的扣分不受比重限制，得分可出现负分

审核小组审核总结：
审核人/日期：

部门主管确认：

被审核班组/区域负责人确认：

受审核部门主管确认/日期：

审核小组确认/日期：

【实战范本2-25】××公司纠正及预防措施通知（实例）

××公司纠正及预防措施通知（实例）

不合格点的说明：　　　　　　　　　　　　　编号：＿＿＿＿＿＿＿＿

审核日期：＿＿＿月＿＿＿日　　　　　　　　审核员/记录员：＿＿＿＿＿＿

审核地点：＿＿＿＿＿＿＿楼仓存区　　　　　违反标准：＿＿＿＿＿＿＿

改善前相片

不合格点的说明：
闲置木柜、铁柜、传送带、包装机、垫模板、超音波洗缸等放置较乱，未明确定位存放及标记状态
（第43周）

纠正及预防措施：＿＿＿＿＿＿＿＿＿＿＿＿＿＿＿＿＿＿＿＿＿＿＿＿＿＿＿＿

纠正人：＿＿＿＿＿＿＿＿＿　　　　　纠正日期：＿＿＿＿＿年＿＿＿月＿＿＿日

改善前相片

纠正及预防措施：
划分区域、分类摆放、明确责任人

跟进结果：合格。×月×日跟进时，该区域已重新划分，机器及物料均重新摆放整齐和标示清楚

跟进者：＿＿＿＿＿＿＿＿＿　　　　　审核：＿＿＿＿＿年＿＿＿月＿＿＿日

4．跟踪要点

对于采取的纠正和预防措施，如果效果不好，企业应该重新采取措施，并进行更细致的跟踪检查；如果纠正和预防措施有效，则应该采取巩固措施。

提醒您

跟踪任务可由原审核组的成员执行，也可以委托其他有资格的人员执行。实施跟踪的人员必须了解该项跟踪工作的资料和情况。

5．跟踪检查报告

跟踪检查报告是针对重大的纠正或预防措施的跟踪情况所形成的书面报告，可以根据具体情况提出一条或若干条纠正和预防措施，并进行纠正和预防措施实施结果的判断。报告是由跟踪检查人来撰写，由跟踪工作负责人，如审核组长、6S推进委员会的主任来批准。以下提供某公司的6S跟踪检查报告，供读者参考。

【实战范本2-26】××公司6S跟踪检查报告

××公司6S跟踪检查报告

序号	不良状况描述	责任部门	部门主管	改善措施或处理结果	改善完成时间	内审小组跟踪确认
1	工程部物料仓门开关盒上无标识	工程部	张××	已改善		
2	工程部物料仓小材料盒的标识不规范	工程部	张××	未完全改善		
3	工程部物料仓用超量皱纹胶纸贴电源线	工程部	张××	已改善		
4	工程部制板房模具生锈严重（绕线帽）	工程部	张××	已浸油		
5	样品摆放在地面上，建议做样品货架	工程部	张××	还在焊样品架		
6	工程部饮水处的水桶摆放很乱	工程部	张××	已改善		
7	工程部所有灭火器上有脏物	工程部	张××	已改善		

（续表）

序号	不良状况描述	责任部门	部门主管	改善措施或处理结果	改善完成时间	内审小组跟踪确认
8	品控部产品寿命测试房的右侧外墙有裂缝	品控部	李××	已改善		
9	品控部产品寿命测试房的一间配电室里，三部正在工作的电箱的内部温度很高，没有排风系统（排风扇已请购回来，待安装）	品控部	李××	风扇已装，待接电源		

【实战范本2-27】××公司6S改善方案及执行报告

××公司6S改善方案及执行报告

部门：生产部   日期：_____年____月____日

评审区域或项目	部门改善方案	部门自评结果	稽查验收结果
1．办公区域			
1.1 文件摆放分类标识	（1）将长期不使用的文件资料按编号归类放置到指定的文件柜中 （2）将常使用的文件资料就近放置，并分类标识清楚	待估	
1.2 办公台面/地面整洁	（1）办公台面随时整理、清洁，并保持抽屉内6S合格 （2）地面由清洁工每天打扫两次，不乱扔纸屑等杂物	待估	
1.3 办公区域看板管理	由专人负责看板管理，保持看板干净、整洁，定时更新，做到内容健康、丰富、新颖	合格	
1.4 办公用品及纸张管理	（1）个人的办工用品放置整齐、有序，经常用的物品放在随手可取的地方；公用的办工用品做账登记，并归口管理 （2）纸张管控由专人负责（文员或统计员），注意节约用纸，充分利用再生纸	合格	

评审区域或项目	部门改善方案	部门自评结果	稽查验收结果
	**2. 加工或装配车间、仓库**		
2.1 6S状况	车间： （1）由车间每日自控、自检 （2）每周由部门检查 （3）管理部不定期稽查 （4）成立6S看板责任人，分区域专人监控负责	合格	
	仓库： （1）将呆滞、暂料、物料清理出来放置于固定位置，将常用的物料放于易取、明显的位置 （2）要求各仓管员对各自管辖的区域经常进行清扫，包括纸箱和其上的标签，并保持干净	合格	
2.2 节约（详见部门降低成本方案）	（1）减少报废量 （2）以经济的人力和时间完成标准产能 （3）提高设备利用率（详见方案）	合格	
	修改报废领料的程序，提高退料的办理速度，从而节约大量时间；拟定过程控制来料，从而有效降低库存，节约库存成本（其他见方案）	有待改善	
2.3 车间/仓库环境的改善状况	对于膜类，每周进行一次洁净度测试	要求工程部在实施中配合检测并公布结果	
	对无尘车间进行不定期检测	合格	
	仓库： 确定了6S责任人和相应的制度，以确保整个仓库的环境美观	合格	
2.4 车间/仓库区域标识区分	统一区域标识，每个月由文员或统计员检查评核一次，有不适应/破损的标识，应及时进行更换	合格	
	按物料的分类做出标识并分类放置	合格	
2.5 车间/仓库物品管理状况	（1）根据本部门物流、产品管理细则以及其他指导文件实施 （2）做账登记，并做到定位、定品、定量 （3）库存物料按储存要求保质保量，实行每月盘点以保证其数量的准确；每日记录其温湿情况，以确保其品质在储存过程中不受影响	合格	

五、6S评审报告

审核组组长负责编写6S审核报告，并对报告的准确性和完整性全面负责。

（一）6S审核报告的内容

1. 被审核方的6S状况是否符合企业规定的标准。
2. 审核的时间、地点、范围、方式及参与人员。
3. 审核发现的不符合项及其改进措施、效果跟踪等。

（二）审核报告的发行

审核报告必须通过审核组组长和6S推行委员会主任的审批认可。审核报告应该在规定的时间内按照清单进行发行，被审核方或接收部门必须书面签收，并按要求进行管理或改进。

以下提供某公司的6S评审报告，供读者参考。

【实战范本2-28】6S评审报告

....

6S评审报告

日期：_____年____月____日

发出小组		评审组长		日期	
被评审部门		评审范围			
依据、标准		5S检验标准			
评审类型	□定期（月份评审）　　□不定期				
不符合项：					
评审员		日期		部门代表		日期	
原因分析：					
				部门代表		日期　____年____月____日

（续表）

改善行动：				
	部门代表签名		完成日期	____年____月____日
预防行动：				
	部门代表签名		完成日期	____年____月____日
跟进结果：				
实际完成日期		评审组长	日期	____年____月____日

3

第三章
6S开展的方法

6S活动不是漫无目的、"东一榔头西一棒子"的推行，而是有法可循的。目前，许多企业已经在推行的过程中总结出了许多实用、高效的方法，如定置管理、油漆作战、看板管理、颜色管理、红牌作战、识别管理、定点摄影等。

1 定置管理

2 油漆作战

3 看板管理

4 颜色管理

5 红牌作战

6 识别管理

7 定点摄影

第一节　定置管理

一、定置管理的含义

定置管理是根据安全、品质、效率、效益和物品本身的特殊要求，研究并分析人、物、场所的状况以及它们之间的关系，并通过整理、整顿改善生产现场条件，促进人、机器、原材料、制度、环境有机结合的一种方法。定置管理就是给每个物品规定位置，并画上线，保证其不会放错位置。

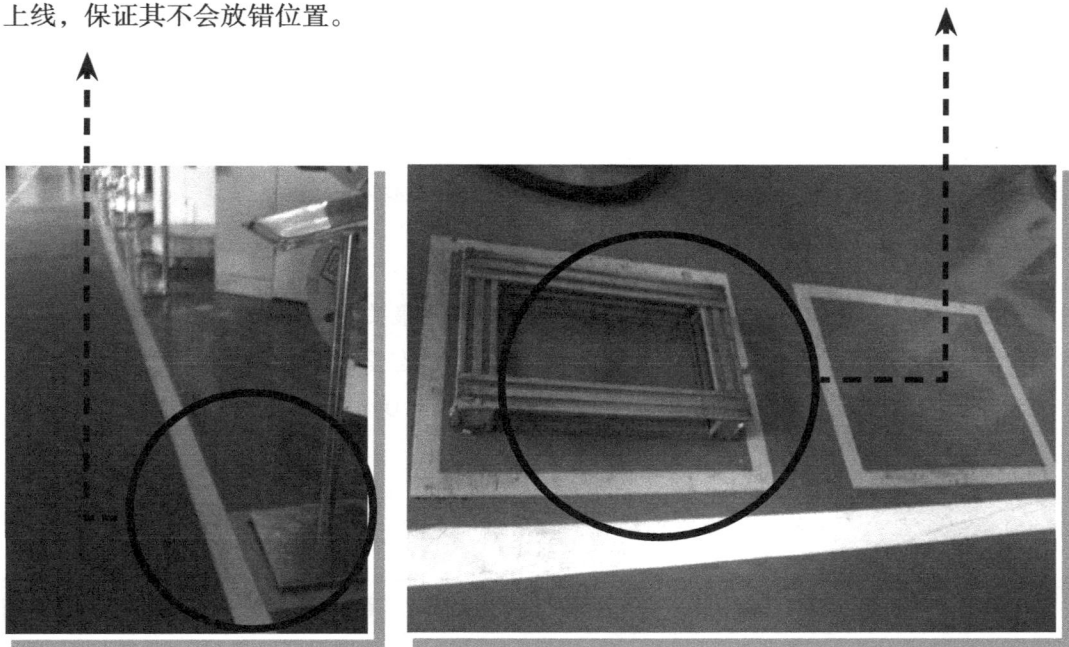

二、定置管理的类别

根据定置管理范围的不同，可以把定置管理分为五种类型，如表3-1所示。

表3-1　定置管理类别（按管理范围不同划分）

类型	具体说明
全系统定置管理	在整个企业各系统、各部门中实行定置管理
区域定置管理	按工艺流程把生产现场分为若干定置区域，对每个区域实行定置管理

（续表）

类型	具体说明
职能部门定置管理	企业的各职能部门对各种物品和文件资料实行定置管理
仓库定置管理	对仓库内存放物实行定置管理
特别定置管理	对影响质量和安全的薄弱环节，如易燃、易爆、易变质、有毒物品等实行定置管理

三、定置管理实施步骤

（一）方法研究

方法研究是定置管理开展的起点，它是对生产现场现有加工方法、机器设备情况、工艺流程等全过程进行详细的分析研究，确定其方法在技术水平上的先进性、在经济上的合理性，分析是否需要和可能采取更先进的工艺手段及加工方法，并进行改造、更新，从而确定工艺路线与搬运路线，使定置管理达到科学化、规范化和标准化。

（二）分析人、物结合状态

这是开展定置管理的第二个阶段，也是定置管理中最关键的一个环节。在场所的四种状态中，A状态是良好状态，B、C状态是改善状态，D状态是需要彻底改造的状态。

定置管理的原则是提倡A状态，改造B、C状态，清除D状态，从而达到提高工作效率和工作质量的目的，具体如表3-2所示。

表3-2　生产现场人、物与场地之间的结合状态

代号	结合状态名称	具体含义
A	紧密结合状态	正待加工或刚加工完的工件
B	松弛结合状态	暂存放于生产现场的、不能马上进行加工或转运到下一工序的工件
C	相对固定状态	非加工对象，如设备、工艺装备、生产中所用的辅助材料等
D	废弃状态	各种废弃物品，如废料、废品、铁屑、垃圾及其他与生产无关的物品

（三）分析物流、信息流

对于在生产现场中需要定置的物品，无论是毛坯、半成品、成品，还是工装、工具、

辅具等，它们都随着生产的进行而按照一定的规律流动，它们所处的状态也在不断地变化，企业将这种定置物规律的流动与状态的变化，称为物流。

随着物流的变化，生产现场也存在着大量的信息，如表示物品存放地点的路标、表示所取之物的标签、表示定置情况的定置图、表示不同状态物品的标牌、为定置摆放物品而划出的特殊区域等都是生产现场中的信息。随着生产的运行，这些信息也在不断地变化着，当加工件由B状态转化为A状态时，其信息也伴随着物的流动变化而变化，这就是信息流。

定置管理就是要通过对物流和信息流的分析，不断掌握加工件的变化规律和信息的连续性，并对不符合标准的物流和信息流进行改正。

（四）设计定置图

1. 定置图分类

定置图有以下几种类别，如表3-3所示。

表3-3 定置图分类

序号	类别	说明
1	车间定置图	要求图形醒目、清晰，易于修改，便于管理，应将图放大，做成彩色图板，悬挂在车间的醒目处
2	区域定置图	车间的某一工段、班组或工序的定置图，可张贴在"班组园地"中
3	办公室定置图	制作定置图示板，悬挂于办公室的醒目处
4	库房定置图	制作定置图示板，悬挂于库房醒目处
5	工具箱定置图	制作定置图，贴于工具箱盖内
6	办公室定置图	制作定置图，贴于办公桌上
7	文件资料柜定置图	制作定置图，贴于资料柜内

2. 定置图绘制的原则

（1）现场中的所有物品均应绘制在图上。

（2）定置图的绘制以简明、扼要、完整为原则，物形为大概轮廓，尺寸按比例，相对位置要准确，区域划分清晰、明确。

（3）对于生产现场暂时没有但已定置并决定制作的物品，也应在图上标示出来；对于准备清理的无用之物，则不用在图上体现。

（4）定置物可用标准信息符号或自定义信息符号进行标注，并在图上加以说明。

（5）定置图应按定置管理标准的要求绘制，同时随着定置关系的变化而进行修改。

3．定置图设计步骤

（1）对场所、工序、工位、机台等进行定置诊断分析，具体如图3-1所示。

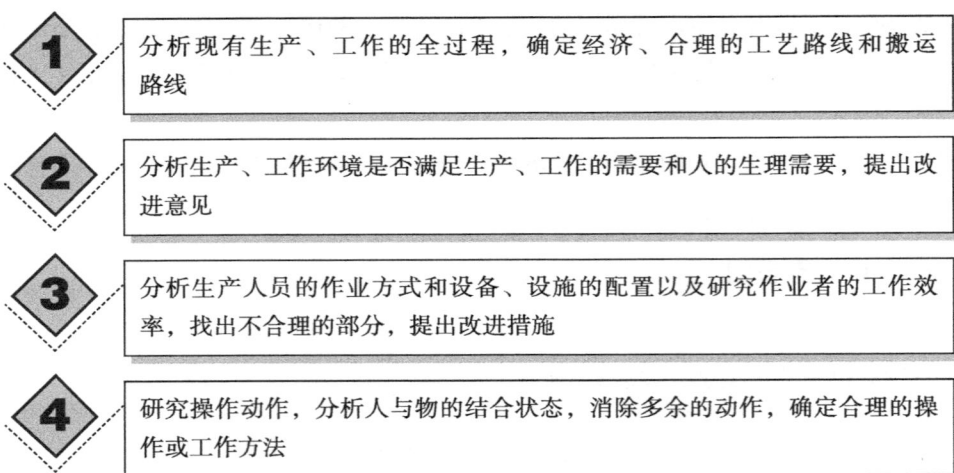

1 分析现有生产、工作的全过程，确定经济、合理的工艺路线和搬运路线

2 分析生产、工作环境是否满足生产、工作的需要和人的生理需要，提出改进意见

3 分析生产人员的作业方式和设备、设施的配置以及研究作业者的工作效率，找出不合理的部分，提出改进措施

4 研究操作动作，分析人与物的结合状态，消除多余的动作，确定合理的操作或工作方法

图3-1　诊断分析的四大任务

（2）制定分类标准，即制定A、B、C三类标准。

（3）设计定置图五个要点，具体如图3-2所示。

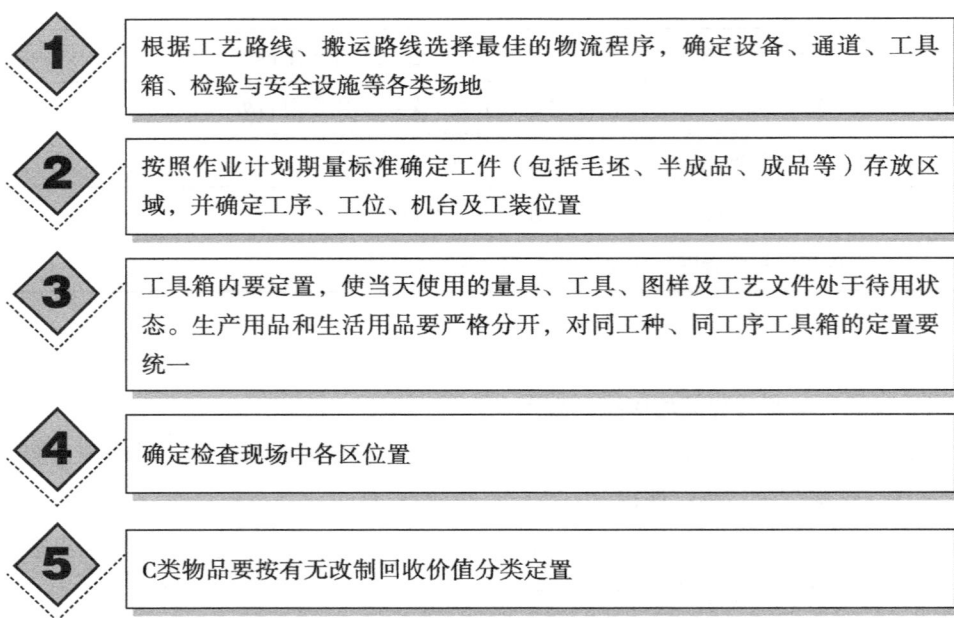

1 根据工艺路线、搬运路线选择最佳的物流程序，确定设备、通道、工具箱、检验与安全设施等各类场地

2 按照作业计划期量标准确定工件（包括毛坯、半成品、成品等）存放区域，并确定工序、工位、机台及工装位置

3 工具箱内要定置，使当天使用的量具、工具、图样及工艺文件处于待用状态。生产用品和生活用品要严格分开，对同工种、同工序工具箱的定置要统一

4 确定检查现场中各区位置

5 C类物品要按有无改制回收价值分类定置

图3-2　设计定置图的五个要点

4．定置图设计注意事项

（1）定置图按统一标准制作。例如，属于全厂范围内的定置图用A0纸幅，分厂（车间）与大型的仓库定置图用A2纸幅，班组的定置图用A3纸幅，机台、工位、工具箱的定置图用A4纸幅。

（2）设计定置图时应尽量按生产组织划分定置区域，例如，一个分厂有四个较大的生产工段，即可在定置图上标出四个相应的定置区域。

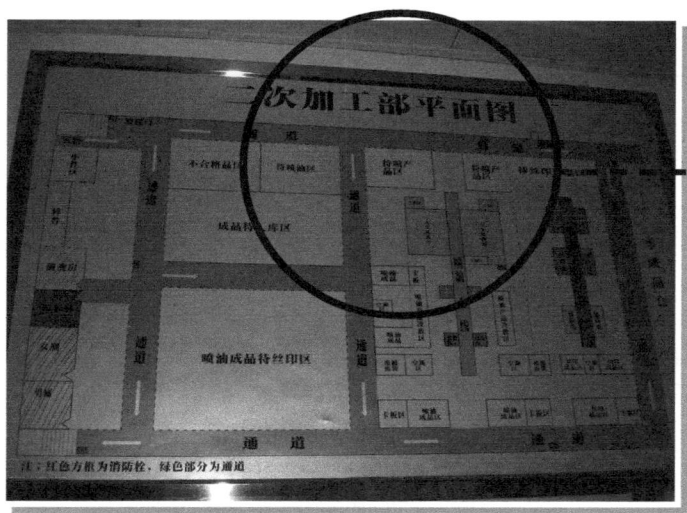

（3）设计定置图可先以设备作为整个定置图的参照物，依次划出加工件定置图、半成品待检区、半成品合格区、产成品待检区、成品合格区、废品区、返修品区、待处理区等。

5．定置图绘制标准

（1）统一规定各种定置图的图幅。

（2）统一规定各类定置物的线型画法，包括机器设备、工位器具、流动物品、工具箱及现场定置区域等，如表3-4所示。

表3-4　定置物的线型画法

图示	说明	图示	说明
	表示设备		表示工艺装备

117

（续表）

图示	说明	图示	说明
	表示计划补充的设备工装	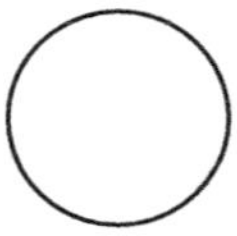	表示风扇
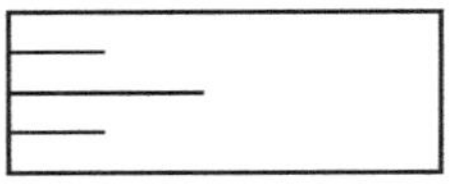	表示存放架	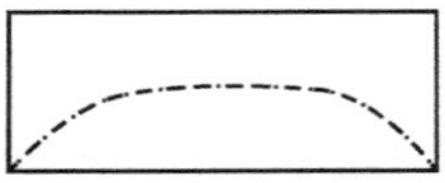	表示容器
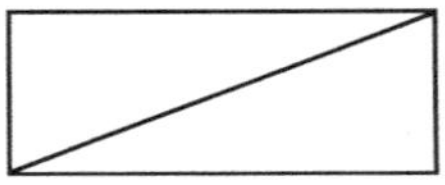	表示平台	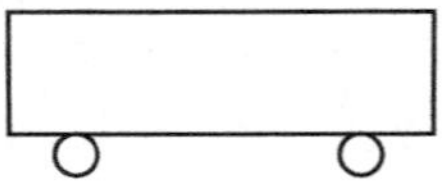	表示活动书架、小车
	表示工具箱、文件柜	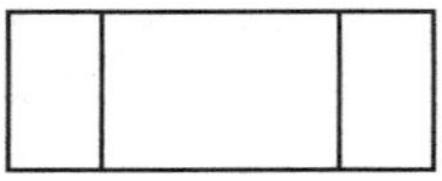	表示办公桌、茶几等
	表示计划补充的工具箱、办公桌等物品	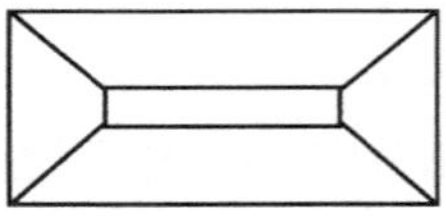	表示散状材料堆放场地
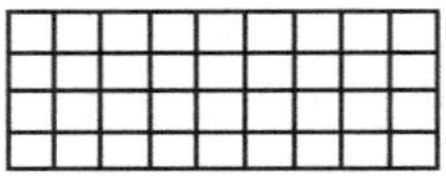	表示铺砖场地		表示工位区域分界线
	表示人行道		表示铁道
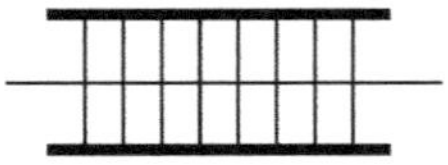	表示台阶、梯子	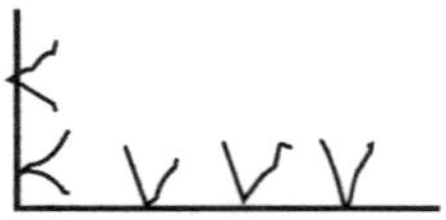	表示围墙

　　（3）定置图中标准信息符号的规定。如现定定置图中的可移动定置物，用信息符号表示后，还要在定置图的明细栏中加以说明。

　　（4）各种定置图的规定。如办公室可用白图，而办公桌、文件柜、资料柜则必须用蓝图。

6．各种定置图的发放及保存，都须做统一规定。

（五）信息媒介物设计

信息媒介物设计包括信息符号设计和示板图、标牌设计。

企业在推行定置管理的过程中，在进行工艺研究、各类物品停放布置、场所区域划分时，都需要运用各种信息符号表示，以便人们能够形象、直观地分析问题，实现目视管理。企业应根据实际情况设计和应用有关信息符号，并将其纳入定置管理标准。

1．信息符号

在设计信息符号时，如有国家规定的（如安全、环保、搬运、消防、交通等）应直接采用国家标准。除此之外的其他符号，企业应保证根据行业特点、产品特点、生产特点进行设计。设计符号应简明、形象、美观。

2．定置示板图

定置示板图是现场定置情况的综合信息标志，是定置图的艺术表现和反映。

3．标牌

标牌是指示定置物所处状态、标志区域、指示定置类型的标志，包括建筑物标牌，货架、货柜标牌，原材料、在制品、成品标牌等。

> **提醒您**
>
> 信息符号、定置示板图、标牌都是实现定置管理的手段。各生产现场、库房、办公室及其他场所都应悬挂示板图和标牌，示板图中的内容应与蓝图一致。示板图和标牌的底色宜选用淡色调，图纸应清洁、醒目且不易脱落。各类定置物、区（点）应分类规定颜色标准。

（六）定置实施

定置实施是定置管理工作的重点，具体包括以下三个步骤。

1．清除与生产无关之物（整理）

生产现场中，凡与生产无关的物品都要清除干净。企业可制定要与不要品的判断基准。

2．按定置图实施定置

各车间、部门都应按照定置图的要求，对生产现场的设备、器具等物品进行分类、搬、转、调整并进行定位。定置的物品要与图相符，位置要正确，摆放要整齐，储存要有器具。

垃圾桶的定置

3．放置标准信息铭牌

放置标准信息铭牌时，要做到牌、物、图相符，设专人管理，不得随意挪动，要以醒目且不妨碍生产操作为原则。

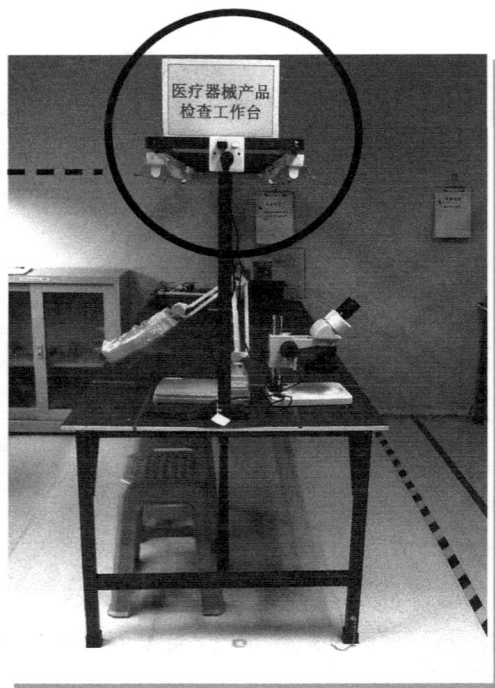

四、工厂区域的定置

（一）生产区定置

生产区定置包括总厂、分厂（车间）、库房的定置。

生产区总厂定置包括分厂、车间界线划分，大件报废物摆放，改造厂房的拆除物临时存放，垃圾区、车辆存停等。分厂（车间）定置包括工段、工位、机器设备、工作台、工具箱、更衣箱定置等。库房定置包括货架、箱柜、储存容器定置等。

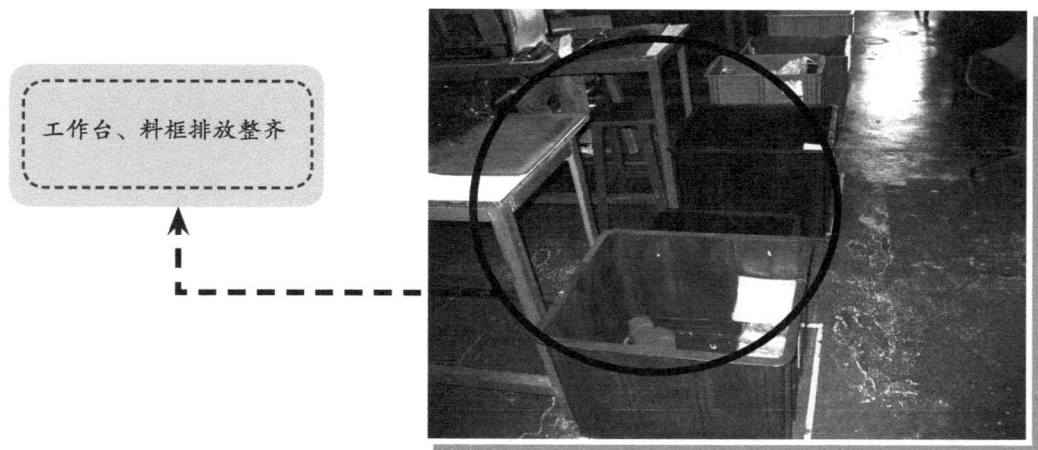

工作台、料框排放整齐

（二）生活区定置

生活区定置的内容包括以下几个方面，如表3-5所示。

表3-5 生活区定置的内容

序号	区域	定置要求
1	员工生活区	员工生活区包括宿舍、食堂、休闲场所等。宿舍若能独立于厂区以外，当然最理想；若设在厂区内，则整个员工生活区应尽可能配置在比较独立的地方。人员出入的门禁管理也应避免设在工厂作业区内
2	停车场	停车场指企业内部员工及访客停车场（分自行车、摩托车、小汽车、大卡车等区）
3	绿化区	在生产区、生活区中，均应有按规定设置的绿化地带

（续表）

序号	区域	定置要求
4	厂区通道	应考虑货物及机器设备进出的方便、顺畅
5	办公行政区	办公行政区指企业行政部门及行政人员工作的区域。办公行政区因其内外部的往来接洽较多，应尽可能设在厂区的前端，以免无关人员进入工厂作业区

五、生产现场的定置管理

（一）区域定置

生产现场的定置区域可分为A、B、C三类，如图3-3所示。

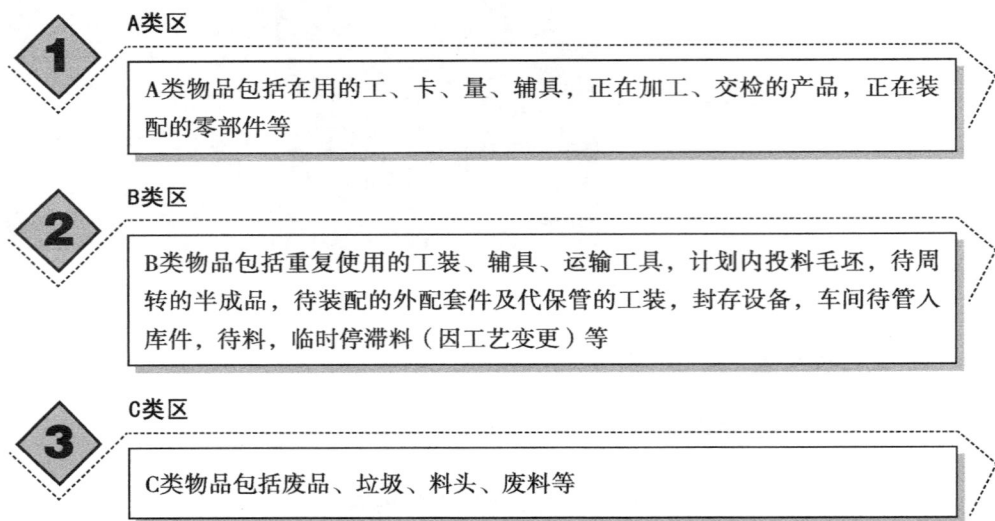

A类区

> ① A类物品包括在用的工、卡、量、辅具，正在加工、交检的产品，正在装配的零部件等

B类区

> ② B类物品包括重复使用的工装、辅具、运输工具，计划内投料毛坯，待周转的半成品，待装配的外配套件及代保管的工装，封存设备，车间待管入库件，待料，临时停滞料（因工艺变更）等

C类区

> ③ C类物品包括废品、垃圾、料头、废料等

图3-3　生产现场的区域定置

（二）设备、工装的定置

1. 根据设备管理要求，对设备按划分类型（如精密、大型、稀有、关键、重点等）进行分类管理。

2. 自制设备、专用工装经验证合格后，交设备部门管理。

3. 按照工艺流程将设备合理定置。

4. 对设备附件、备件、易损件、工装等合理定置，加强管理。

设备排列固定，定置的标准是每台设备都有自己的"家"

（三）作业人员定置

1. 人员实行机台（工序）定位。
2. 某台设备、某工序缺人时，调整机台操作者的原则是保证生产不间断。
3. 培养多面手，搞一专多能。

机台（柜）定位、定人管理

（四）质量检查现场定置

1. 对检查现场进行进行一般划分。检查现场分为合格品区、待检区、返修品区、废品区、待处理品区等，每类作业、每类物品都有自己的场所。

各类区域质量检查区域划分规范

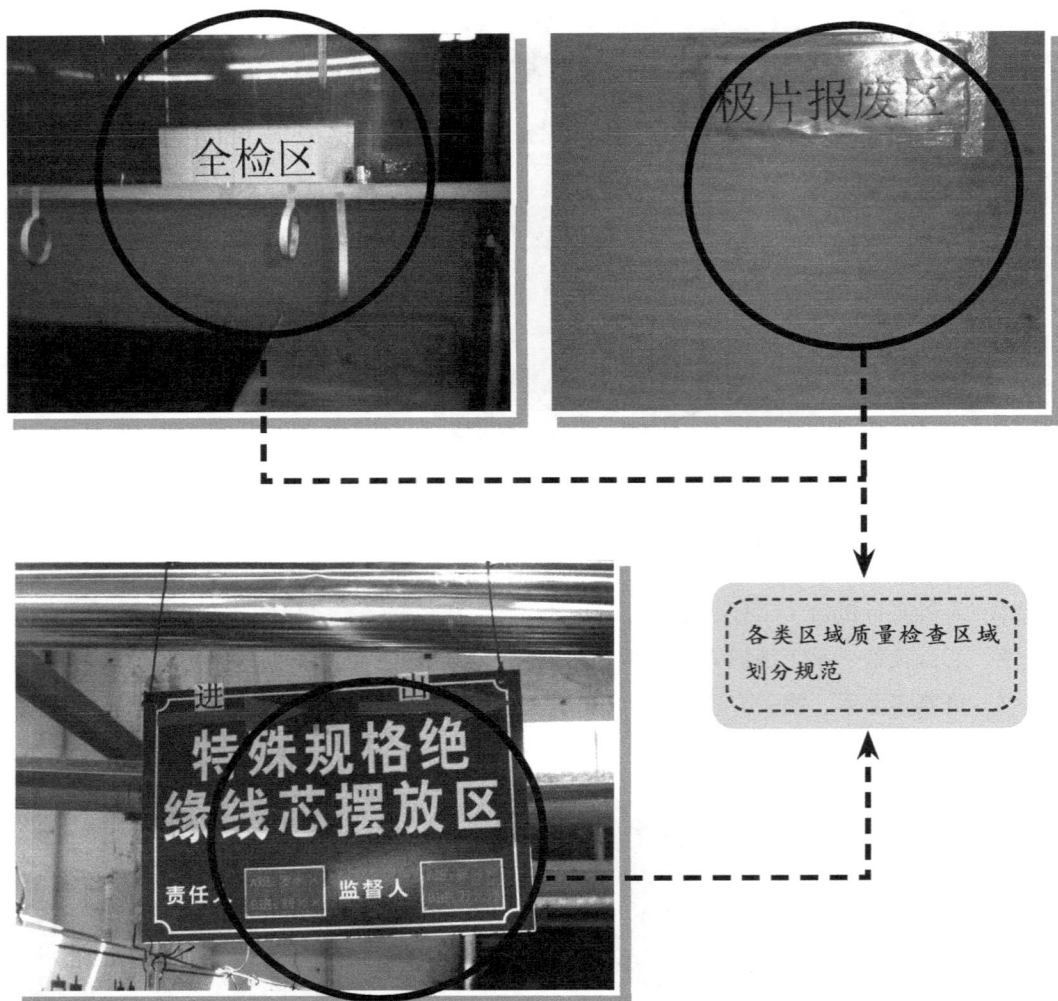

2. 对区域分类进行标记。区域分类标记可用字母符号A、B、C表示，也可用红、黄、蓝等颜色表示，或者直接用中文表示。

（五）质量控制点定置

质量控制点定置就是把影响工序质量的各要素有机地结合成一体，并落实到各项具体工作中，做到事事有人负责。

1. 操作人员定置（定岗．。
2. 操作人员的技术水平必须达到岗位技术素质的要求。
3. 操作人员应会运用全面质量管理方法。
4. 操作人员应做到文明生产。

（六）其他

1. 工件的定置管理。
2. 工具箱及箱内物品的定置管理。
3. 运输工具、吊具的定置管理。◄- - - - - - - - - - -
4. 安全设施的定置管理。

六、仓库的定置

（一）满足货仓必备功能要求

凡用于储存、保管物资（包括原材料、半成品、成品、工具、设备等）的场所均称为货仓，而货仓管理是指对于储存于仓库的物料进行管理。

货仓管理至少应具备以下功能。

1. 对材料、半成品、成品进行进仓、出仓管理。

2. 对材料、半成品、成品进行分类、整理、保管。

3. 供应生产所必需的材料并做好服务。

4. 对材料账物进行记录，使账物一致。

（二）仓储部门位置确定

仓储部门的位置因厂而异，它取决于各工厂的实际需要，但是在决定仓储部门的位置时，应当考虑以下因素。

1. 物料容易验收。

2. 物料进仓容易。

3. 物料储存容易。

4. 在仓库容易工作。

5. 仓储适合而安全。

6. 容易发料。

7. 容易搬运。

8. 容易盘点。

9. 有货仓扩充的弹性与潜能。

货仓设置合理

（三）仓库区位规划设计

货仓区位的规划设计应满足以下要求。

1. 仓区要与生产现场靠近，通道顺畅。

2. 每仓要有相应的进仓门和出仓门，并有明确的标示牌。

3. 货仓的办公室应尽可能地设置在仓区附近，并有仓名标牌。

4. 测定安全存量、理想最低存量或定额存量，并有标牌。

5. 按储存容器的规格、楼面载重能力和叠放的限制高度将仓区划分若干仓位，并用油漆或美纹胶在地面标明仓位名、通道和通道走向。

6. 仓区内要留有必要的废次品存放区、物料暂存区、待验区、发货区等。

7. 仓区设计须将安全因素考虑在内，应明确规定消防器材、消防通道和消防门的位置以及救生措施等。

8. 每仓的进仓门处须张贴"货仓平面图"，反映该仓所在的地理位置、周边环境、仓区仓位、仓门各类通道，以及门、窗、电梯等信息。

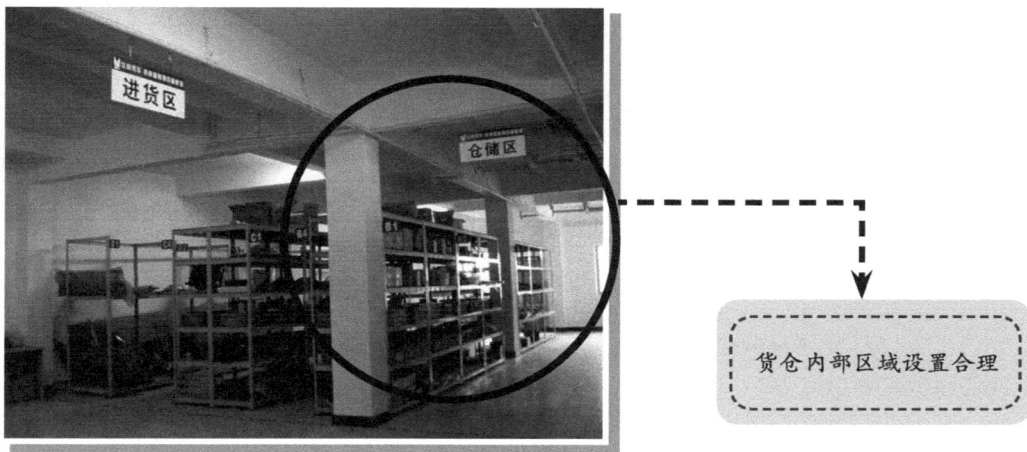

货仓内部区域设置合理

（四）仓库总平面布置

仓库总平面布置是指对仓库的各个组成部分，如库房、货棚、货场、辅助建筑物、铁路专用线、库内道路、附属固定设备等在规定的范围内进行全面、合理的安排（包括平面的和立体的）。

仓库总平面布置应该满足以下要求。

1. 适应仓储生产的作业流程

库房、货棚、货场等储放场所的数量和比例要与储存物资的数量和保管要求相适应，要保证库内物资流动的方向合理、运输距离最短、作业环节和次数最少、仓库面积利用率最高，并能做到运输通畅、方便保管。

2. 有利于提高仓库的经济效率

在总体布置时要考虑地形、工程地质条件等，因地制宜，既能满足物资运输和存放的要求，又能避免大挖大掘，减少土方工程量。平面布置应该与竖向布置相适应，既满足仓储生产上的要求，有利于排水，又要充分利用原有地形。总平面布置应能充分、合理地利用库内的一些固定设备，以便充分发挥设备的效能，合理利用空间。

3. 符合安全、卫生要求

库内各区域间、各建筑物间应该留有一定的防火间距，同时要设有各种防火、防盗等安全保护设施。此外，库内布置要符合卫生要求，考虑通风、照明、绿化等情况。消防通道要足够宽，不能有任何东西堵塞。

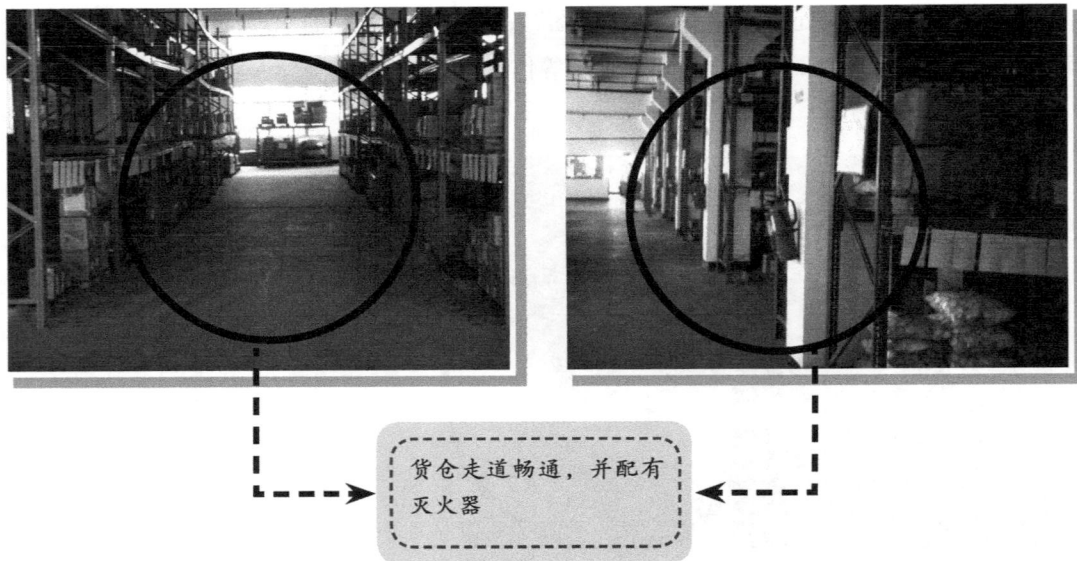

货仓走道畅通，并配有灭火器

（五）仓库竖向布置

仓库竖向布置是指建设场地的平面布局等各因素（库房、货场、专用线、道路、排水、供电等）在地面标高线上的相对位置。仓库竖向布置要与总平面布置相适应，充分考虑各方面的条件和因素进行综合平衡，既要满足仓储生产的需要、方便作业，又要符合安全生产的要求。

仓库竖向布置合理

（六）确定货仓仓位大小

物料储存数量可以决定物料应保存仓位的大小。最高存量、最低存量与正常存量三项不同的数字决定了仓位的大小。

若仓位大小取决于最低存量，则显然仓位太小，物料常出现为腾出仓位而辗转搬运或无仓位的现象；若取决于最高存量，常会造成仓位过大的现象。因此，通常以正常存量来决定仓位的大小。

（七）货仓空间调配

货仓空间的调配在于将仓储空间做最有效的利用，实现最大的实用率，减少仓储成本；使物料容易取得，收发料非常方便；保证物料安排具有最大的伸缩性。

立体布置是指在不影响搬运的原则下，尽量考虑空间的使用，如，如何利用储物架并进行编号。

（八）货位规格化

货位就是指货物储存的位置。货位规格化就是运用科学的方法，通过周密的规划设计进行合理的分类、排列（库房号、货架号、层次号和货位号），使库内物品的货位排列系统化、规范化。

实行货位规格化的主要依据是物品分类目录、物品储备定额，以及物品本身的物理、化学等自然属性，如表3-6所示。

表3-6 实行货位规格化的主要依据

序号	依据	具体说明
1	物品分类目录	为使仓库管理适应计划管理、业务管理和统计报表的需要，并同采购环节相衔接，一般按供应渠道的物品分类目录分类较为合适。在货位排列上，对于不同类别的物品，在货架和层次安全上都应分别独立货架或独立存放在一层上
2	物品储备定额	对于物品，要按储备定额中的规定规划货位。如果无储备定额，可根据常备物品目录进行安排，并在货架上留有适当空位
3	物品本身的自然属性	某些物品之间的物理、化学性质相抵触，温湿度要求不同，或者灭火方法相抵触等，这些物品不能安排在一起存放

（九）货位编号

货位安排好之后，需要进行编号，编号应按图3-4所示的原则进行。

1 唯一原则

指库存的所有物品都应有自己唯一的编号，号码不能互相重复

2 系列化原则

物品的编号不是库存所有物品的一般顺序号，而是运用分类的分段顺序号。编号的分段序列须符合物品分类目录的分段序列

3 实用性原则

编号应尽量简短，便于记忆，方便使用

4 通用性原则

编号要考虑各方面的需要，使物品的编号既是货位编号，又是储备定额的物品编号，也是材料账的账号，也可以是计算机中的物品代号

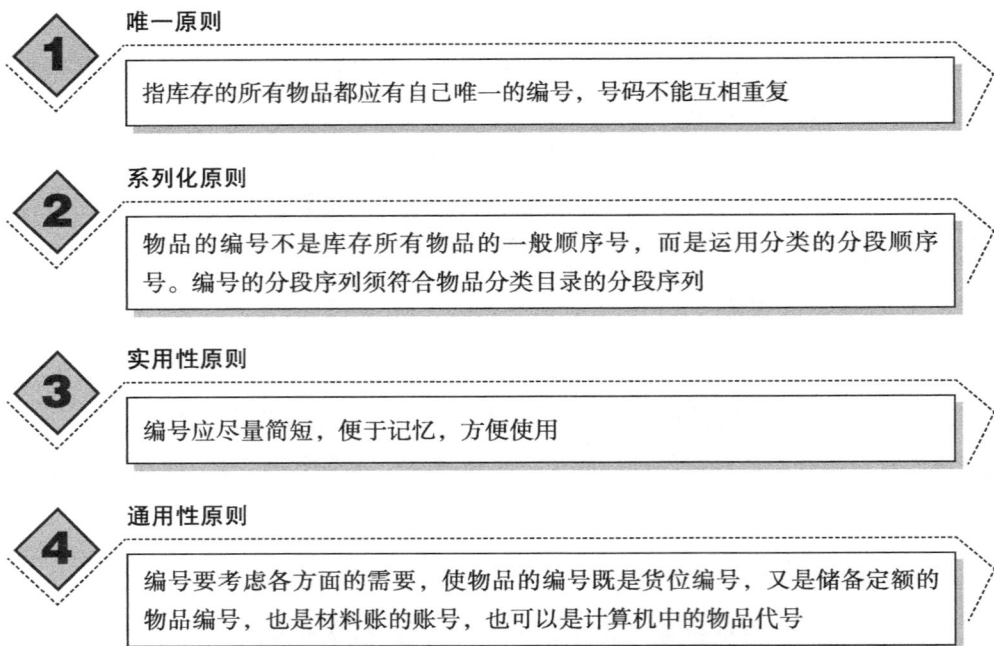

图3-4　货位编号的原则

所以，货位编号具有广泛的用途。由于货位按分类序列编号，知道了编号就知道了该物品的位置，存取方便，即使不是本库专职人员，也能很快找到所指物品。保管人员和会计人员按出入库单据的物品编号可以准确地将物品记入实物账和会计账，减少和消除账物不符的现象。

货位编号统一

下面提供某公司办公室和生产现场的定置管理规定，供读者参考。

【实战范本3-01】××公司办公室定置管理规定

···

××公司办公室定置管理规定

1．目的

对办公现场中的人、物、场所三者之间的关系进行科学分析并划分区域，以实现人和物的有效结合为目的；通过对现场的整理、整顿，把作业过程中不需要的物品清除掉，把需要的物品放在规定位置上，使其随手可得，促进办公室美观、高效、安全。

2．范围

公司各车间以及办公楼层的所有办公室均参照此规定执行。

3．工作内容

3.1　办公室责任区域划分

3.1.1　个人责任区是指个人的桌面、抽屉、电脑、文件柜以及办公桌周围一米之内的地面。每个人均有责任做好个人责任区的6S工作。

3.1.2　公共责任区是指大堂、花草、门窗、公务桌、共用工作台、茶几、沙发、会议桌等。对公共区域可以责任到人或者实行轮流值日的方式，由本办公室人员对办公室内区域物品负责。

3.2　个人责任区域定置重点

3.2.1　办公桌定置管理

3.2.1.1　个人办公桌应在规定的位置张贴人员铭牌。铭牌的制作要求按照"4．各类定置的图样、规格"执行。铭牌应摆放在××地方或张贴在××地方，各办公室应统一，保持整齐和美观。

3.2.1.2　桌面定置要求：桌面原则上只允许放置以下与工作相关的物品，按照"4．各类定置的图样、规格"的标准样板进行定置，并在必要时划线或影印标识：电脑显示器，电话，绿色植物，桌面用文件夹或文件柜，茶杯，鼠标，笔筒。其他办公用具尽量放到第一级抽屉中。桌面的定置管理标准参照"4．各类定置的图样、规格"的配图说明。每天上下班均需对桌面进行整理，确保桌面整齐美观。

3.2.1.3　办公桌抽屉、附件柜的定置要求：可移动的抽屉必须划线定置。抽屉第一格用于放置常用文具，杂件，按照"4．各类定置的图样、规格"的标准样板按照适用原则进行定置，最下面一个抽屉用于存放私人物品。抽屉内的物品、文件均需要整齐摆放，各员工至少每周对抽屉进行整理，按照整理标准将3个月不用的物品从抽屉中清走。

3.2.1.4　电脑主机统一、整齐地放在桌子抽屉柜旁，须用直角定位法进行定位，主机须保持机箱盖的完整，严禁将机箱盖敞开使用电脑。

3.2.1.5 个人办公桌的接线应确保安全整齐。杂乱的或超出长度需要弯曲的线需要使用束线将其固定，确保整齐。各种接线应确保安全，严禁随意接线。

3.2.1.6 各办公室椅子应协调统一，个人离开办公桌时应将椅子归位到规定区域。严禁将衣服搭在椅背上，影响整体美观。

3.2.1.7 办公桌前墙板上可张贴联系电话、日历、行事历和随意贴等资料，但必须遵循美观协调的原则。

3.2.1.8 个人物品如鞋、伞、包、衣服等严禁随意放置于办公桌区域或其他公共区域，必须存放于指定区域。

3.2.2 文件柜定置要求

3.2.2.1 各文件柜内放置的文件夹应统一大小和颜色。为提高查找效率，每个文件夹上应对内装资料贴上标签并进行编号。文件夹上标签格式参见"4．各类定置的图样、规格"。文件夹需要用蓝色标示线进行位置标示，以很快能放入规定位置，并易于确认是否缺少文件夹。

3.2.2.2 文件柜中书籍应从高到低进行整齐摆放，并对书籍进行编号，方便放入和取出。相同色彩的尽量放在一起，避免杂乱无章。

3.2.2.3 每个文件柜应对内装的资料建立清单并明确责任人，责任人至少每周对文件柜进行一次清扫动作。

3.2.2.4 其他杂物类应整齐放入无玻璃仓的杂物柜，但依然需要整齐并定位存放。

3.3 公共责任区域定置重点

3.3.1 公共区域物品应做到划线定位，必要时明确责任人。由责任人对该区域或设施进行整理。

3.3.2 会议桌、茶几、沙发等必须明确负责人。当有客人离开或会议结束后，负责人需要对其进行及时清理。

3.4 张贴规定

3.4.1 各办公室可张贴保密规定、企业文化宣传、标语等文字，张贴须确保整体美观，不影响整体办公室布局效果。

3.4.2 各办公室可设定公告栏，公告栏需要张贴的文件、通知均需要××部门批准，加盖同意张贴章后可以进行张贴。每份张贴物的左下角应注明张贴天数及起止时间，到期应由贴出人负责收回。

3.4.3 各公共办公室可设定人员去向表，以了解人员动向。

4．各类定置的图样、规格

各类定置的图样、规格等如下表所示。

各类定置的图样、规格

类别	图标	使用说明
物品管理卡	资产编号： 设备名称： 密级编号： 责任人： 使用部门：	· 规格：61.8毫米×100毫米 · 材料：即时贴 · 字体：黑体 · 颜色：深蓝色 · 使用范围：适用于对办公设备等物品的管理
门推拉标识	推 PUSH	· 规格：80毫米×80毫米 · 材料：即时贴 · 字体：黑体、Arial Black · 颜色：深蓝色 · 使用范围：门 · 使用规范：标识下沿距地面110厘米，门的边沿1～3厘米
门推拉标识	推 PUSH 空调区域 请随手关门	· 规格：80毫米×100毫米 · 材料：即时贴 · 字体：黑体、Arial Black · 颜色：深蓝色 · 使用范围：门（空调房间，门的状态常关） · 使用规范：标识下沿距地面110厘米，门的边沿1～3厘米
门推拉标识	拉 PULL	· 规格：80毫米×80毫米 · 材料：即时贴 · 字体：黑体、Arial Black · 颜色：草绿 · 使用范围：门 · 使用规范：标识下沿距地面110厘米，门的边沿1～3厘米
门推拉标识	拉 PULL 空调区域 请随手关门	· 规格：80毫米×100毫米 · 材料：即时贴 · 字体：黑体、Arial Black · 颜色：海信绿 · 使用范围：门（空调房间，门的状态常关） · 使用规范：标识下沿距地面110厘米，门的边沿1～3厘米

（续表）

类别	图标	使用说明
门开闭线		·规格：（A）30毫米×25毫米 　　　　（B）30毫米×25毫米 ·材料：即时贴 ·颜色：天蓝色 ·使用说明：门开闭虚线即门的形迹，应小心此区域，防止因门突然开启产生碰撞。（A）图为单门的形迹，（B）图为双门的轨迹 ·使用范围：开关门特别频繁的房间 ·使用规范：开闭线为90°扇形，标识之间间隔25毫米
电话机、桌面固定物品位置		·规格：50毫米×77毫米 ·材料：即时贴 ·颜色：黄色/蓝色 ·使用说明：将电话机等桌面固定物品定位，位置偏移时可一眼看出，便于复位 ·使用范围：所有桌面物品 ·使用规范：普通桌子距边沿电话5厘米粘贴定置线，带引线孔的办公桌齐引线孔下沿粘贴。电话机固定位置贴于话机正下方。文件夹放于右手最边上

（续表）

类别	图标	使用说明
办公桌其他物品定置	易移动物品 50mm 50mm	·规格：10毫米×50毫米 ·材料：即时贴 ·颜色：天蓝色 ·使用范围：用于用办公桌上文件出夹、微机键盘、台历等易移动物品的定置 ·使用规范：沿物品的两角贴10毫米×50毫米天蓝色即时贴
办公室垃圾篓，绿色植物定置	垃 圾 篓	·规格：20毫米×20毫米 ·材料：即时贴 ·颜色：白色 ·使用说明：将垃圾篓、绿色植物定位，位置偏移时可一眼看出，便于复位 ·使用范围：室内圆形垃圾、绿色植物 ·使用规范：标识间间隔20毫米
空调开关可视化	管理负责人： × × × 窗 门 开关	·规格：10毫米×15毫米 ·材料：胶带 ·颜色：红色、绿色、蓝色、黄色等 ·使用说明：红色代表控制空调，白色代表不能控制的空调。 ·使用范围：空调控制器 ·使用规范：先画出房间内空调的平面图，对应开关控制的空调标示为红色

（续表）

类别	图标	使用说明
照明灯开关可视化		·规格：10毫米×15毫米 ·材料：胶带 ·颜色：红色、绿色、蓝色、黄色等 ·使用说明：用不同颜色表示不同的灯和开关按钮，根据颜色打开灯，防止误开。 ·使用范围：两组或两组以上照明灯 ·使用规范：先画出房间内照明灯的平面图，用不同颜色的10毫米×15毫米胶带表示各组灯，在对应的开关上贴上与灯一致颜色的即时贴，大小参照开关按钮。平面图宽度与开关一致，贴于开关上方
文件夹		·使用说明：在文件夹上贴上文件明细，并用阿拉伯数字将文件夹编号，降低寻找文件的时间，提高效率。 ·使用范围：文件夹 ·使用规范：在文件夹顶部标明文件类型或明细，将文件夹按数字顺序排好，文件使用后放回原位置。文件柜右上角贴文件夹清单
图书		·使用说明：在书上贴上文件编号标签，并用阿拉伯数字将图书编号，降低寻找图书的时间，提高效率，摆放时图书尽量同一层放置同样颜色和高度的书籍，不能统一的按照图书从高到低、从厚到薄排列放置 ·使用范围：书籍 ·使用规范：图书使用后放回原位置，文件柜右上角贴打印的图书清单
各类线缆		·使用说明：对于两种以上的走线，应使用塑胶束带将线束起来并整齐的走线 ·束线要求：单根线预留长度不超过15厘米，其他使用束线系起

136

（续表）

类别	图标	使用说明
抽屉内物品定置		·使用范围：各办公桌的抽屉 ·使用规范：文具使用后放回原位置

【实战范本3-02】××公司生产现场定置标准

××公司生产现场定置标准

1．目的

为了规范工厂生产现场的定置管理工作，使生产现场井然有序，特制定本标准。

2．适用范围

本标准适用于工厂生产现场的定置管理。

3．管理规定

3.1　通道标志

通道标志的定置要求如下表所示。

通道标志的定置

类别	通道宽度	通道线			区域形成方式	转弯半径
		颜色	宽度	线型		
主通道	4～6米	黄色	100毫米	实线	以主大门中心线为轴线对称分布	4000毫米
一般通道	2.8～4米	黄色	100毫米	实线	以通道最窄处中垂线为对称分布线	3000毫米
人行道	1～2米	黄色	100毫米	实线		
道口、危险区	间隔等线宽	黄色	100毫米	斑马线		

3.2　区域划分

叉车、电瓶车等物流车辆要划定停放区域线（线宽为50毫米的黄色实线区划），停放地应不妨碍交通和厂容观瞻。

相关区域划分标志

类别	区域线			标志牌	字体
	颜色	宽度	线型		
待检区	蓝色	50毫米	实线	蓝色	白色，黑体
待判区	白色	50毫米	实线	白色	黑色，黑体
良品区	绿色	50毫米	实线	绿色	白色，黑体
不良品区、返修区	黄色	50毫米	实线	黄色	白色，黑体
废品区	红色	50毫米	实线	红色	白色，黑体
工位器具定置点	黄色	50毫米	实线		
物品临时存放区	黄色	50毫米	虚线		"临时存放"字样

3.3 工位器具

3.3.1 工位器具按定置管理图的要求摆放，配备规格、数量符合要求。

3.3.2 塑料制品工位器具（如托盘等），颜色一律用蓝色；金属制品工位器具，颜色一律用灰白色。

3.4 工位上的物品

3.4.1 工位上的物品（工、刀、量、辅、模、夹具，计量仪器仪表）要定置摆放（用"形迹管理"法）并尽可能采用标志。

3.4.2 工具箱内的工、刀、量、辅具等物品定位放置（用形迹管理），且只能放置与生产有关物品，箱门背面要有物品清单，清单一律贴在门的左上角。

3.4.3 工位上的各种图表、操作卡等文件规格统一，必须定置悬挂。

3.5 零件及制品

零件及在制品用规定的工位器具存放，并定量、定位整齐摆放，不落地；大型零件、总成按规定位置、标高、整齐摆放，达到过目知数。

3.6 库房

必须有定置管理图，有A、B、C重点管理清单，器具按零件配置并且定置摆放。零件及物品定箱、定量、定位存放并摆放整齐。

3.7 消防器具

现场消防器具按要求定点摆放，定期检查，保持清洁、状态完好（如可采用"防呆措施"等）。

3.8 垃圾存放与处理

3.8.1　将生产现场的垃圾划分为工业垃圾与生活垃圾。工业垃圾用黄色料箱摆放，生活垃圾用蓝色或红色料箱（桶）摆放。

3.8.2　将厂区和办公区的垃圾划分为不可回收和可回收垃圾。不可回收的用黄色料箱（桶）摆放，可回收的用绿色料箱（桶）摆放。

3.8.3　垃圾要分类、定点存放，定时清运，不得外溢和积压。

3.9　现场维修

现场维修时，拆卸的零件要摆放整齐，完工后及时清理场地，达到"工完料净场地清"，保持现场原貌。

3.10　标志牌

标志牌的定置要求如下表所示。

标志牌的定置要求

区域		标牌标准
生产线名称		垂直于主通道吊设灯箱，规格：1200毫米×600毫米×200毫米，版面内容：上半部为公司标志（字体：红色）和车间、班组代号（字体：黑体）；下半部为生产线名称（中、英文），红底白字（字体：黑体），双面显示；上、下部比例2：3
检验区	待检区	蓝色标示牌
	待判区	白色标示牌
	良品区	绿色标示牌
	不良品区、返修区	黄色标示牌
	废品区	红色标示牌
工序（工位）标志牌		规格：400毫米×180毫米；材料：金属或塑料；版面：蓝底白字，悬挂放置
设备状态标志牌		规格：200毫米×150毫米；材料：铝塑或泡沫；版面内容：上半部为"设备状态标志"名称（蓝底白字），下半部为圆，直径130毫米，内容为正常运行（绿色）、停机保养（蓝色）、故障维修（红色）、停用设备（黄色）、封存设备（橙色），指针为铝质材料
消防器材目视板		规格：300毫米×180毫米；材料：铝塑或泡沫；版面内容：上半部为公司标志、消防器材目视板、编号字样，下半部有型号、数量、责任人、检查人字样和140毫米×100毫米透明有机板
关键工序		400毫米×300毫米；材料：铝塑或泡沫；版面内容：上部为关键工序名称字样，中部为关键工序编号字样，下部为"关键工序"字样；黄底蓝字，字体：黑体

注：检验区中"所有标示牌规格均为300毫米×210毫米×1.5毫米，涂漆成相应颜色，落地放置，标志牌上字体一律用白色（待判区除外，用黑色），字体：黑体"

区域		标牌标准
警示牌	小心叉车（在通道拐弯处）、限高、禁止攀越等警示牌	规格600毫米×300毫米；材料：金属或塑料；版面：白底蓝字、蓝图案，悬挂放置
	出口、安全出口标志牌	规格：600毫米×300毫米；材料：白塑料板；版面：白底绿字、绿图案，悬挂放置
	广角镜（广视镜）	悬挂在通道转弯处，不锈钢半球，球面半径为1500毫米
穿戴劳保用品、防护用具等标志牌		规格300毫米×300毫米；铁板，白底蓝图案；悬挂放置
立柱标志		字符标高4米，四面涂刷，上部字母高300毫米，下面数字高300毫米；蓝色；字体：黑体
办公室及库房标志		规格300毫米×80毫米；材料：金属或铝塑；版面：上部为公司标志和部门名称，下部为科室或库房名称；悬挂放置于门的右上侧

3.11 工作角

3.11.1 工作角构成

长方形桌，规格为1200毫米×600毫米×800毫米或1800毫米×600毫米×800毫米；圆形凳（两连体或三连体）、工具柜、急救箱、目视板。

3.11.2 构成物颜色

长方形桌，桌面铺绿色橡胶板或灰白色长条桌；工具柜、急救箱、目视板为灰白色；圆形凳为蓝色。

第二节 油漆作战

一、什么是油漆作战

油漆作战就是给地板、墙壁、机械设备等涂上新颜料，将原来的深色涂成明亮的浅色，将墙壁的上下部分也涂上不同颜色的涂料。另外，在地板上也将通道和作业区域涂成不同的颜色，使区域明确地划分开来，给工厂换上一副宽敞、亮丽的新面貌，如图3-5所示。

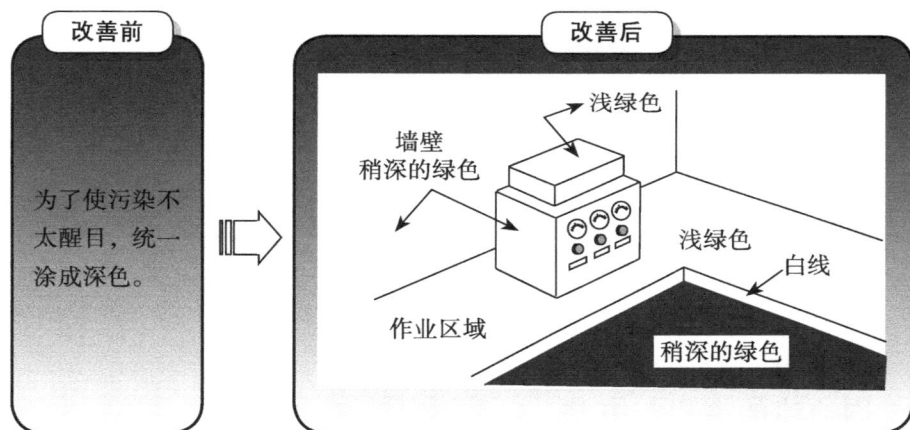

图3-5 油漆作战示意图

二、颜色规划

要为工厂重新涂油漆，首先要做的就是对各个区域的颜色进行规划，然后再按照规划分配人员。在进行规划时，一定要把负责人员写进去。

下面提供某公司一楼区域的颜色规划图，供读者参考。

【实战范本3-03】××公司区域颜色规划（一楼）

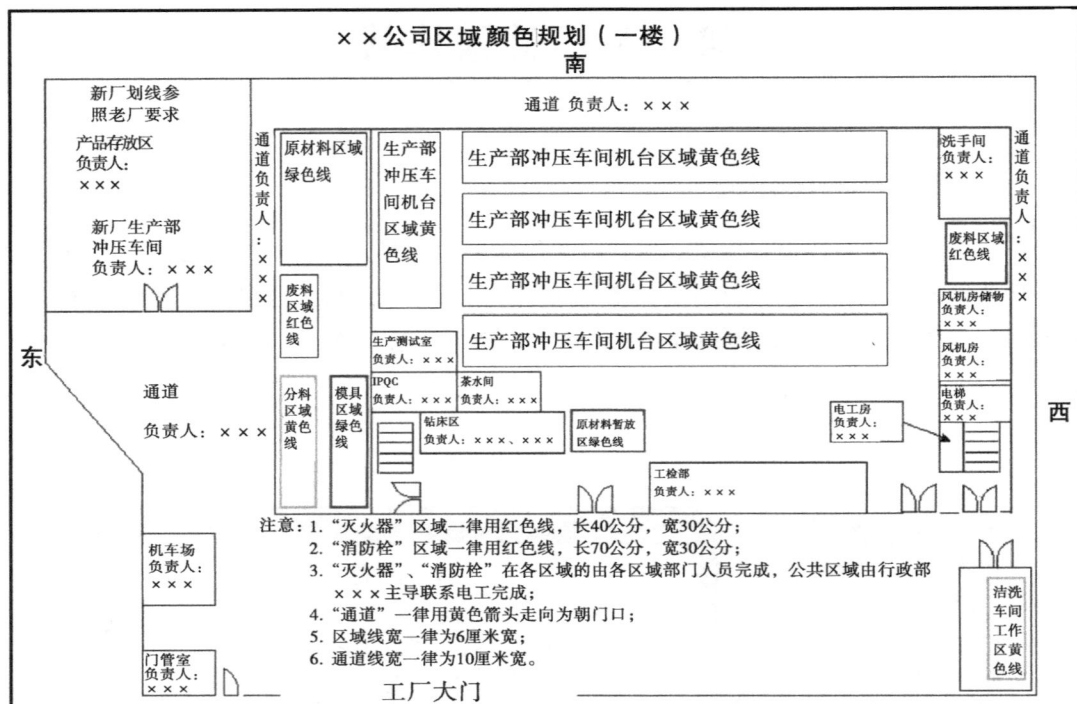

××公司区域颜色规划（一楼）

南

新厂划线参照老厂要求 产品存放区 负责人：××× 新厂生产部冲压车间 负责人：×××	通道负责人：×××	原材料区域绿色线	生产部冲压车间机台区域黄色线	通道 负责人：×××	生产部冲压车间机台区域黄色线

注意：1. "灭火器"区域一律用红色线，长40公分，宽30公分；
2. "消防栓"区域一律用红色线，长70公分，宽30公分；
3. "灭火器"、"消防栓"在各区域的由各区域部门人员完成，公共区域由行政部×××主导联系电工完成；
4. "通道"一律用黄色箭头走向为朝门口；
5. 区域线宽一律为6厘米宽；
6. 通道线宽一律为10厘米宽。

工厂大门

图3-4　××公司区域颜色规划（一楼）

三、刷油漆的流程与方法

刷油漆的流程如图3-6所示。

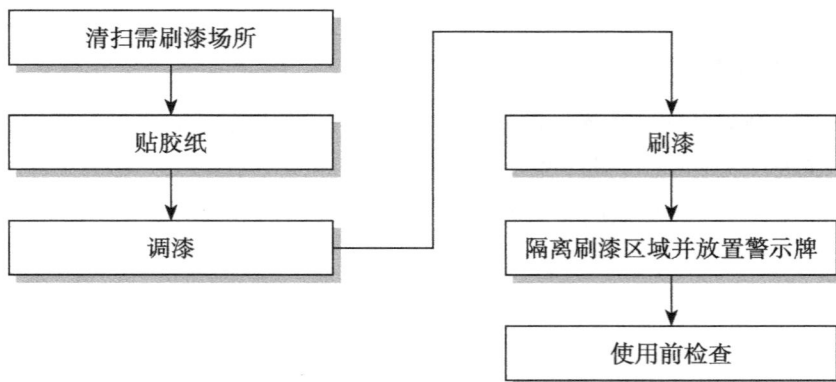

图3-6　刷漆流程

（一）地面/表面清理

1．方法

（1）用扫把将需刷漆场所的垃圾清理干净。

（2）用铲刀将旧漆铲去，铁板的铁锈要打磨。

（3）用拖把和抹布将灰尘、污迹擦干净。

2．要点

地面要求干净，无灰尘、沙粒，并保持干燥、无水。

（二）刷漆区域贴胶纸

1．方法

根据实际刷漆的需要，在刷漆部位的边缘用胶纸贴出线条轮廓。为防止非刷漆部位被漆污染，应用旧报纸、胶带等进行遮挡或覆盖。

2．要点

胶纸要贴紧，以避免油漆渗入造成"毛边"。

（三）调漆

用适当的容器将漆、固化剂（油宝）、天拿水按一定比例配好，混合后搅拌均匀（时间在10分钟左右），停留30分钟，使其化学反应完全。

推荐比例1：漆（A）+固化剂（B）+天拿水（C）=3：1：1：5

常用于装配车间、现场办公室。

推荐比例2：漆（A）+固化剂（B）+天拿水（C）=4：1：2

常用于加工车间、库房。

在铁板上刷漆时，天拿水应比在水泥地板上略多一些，必要时应先局部试验。

（四）刷漆

1．大面积刷漆

大面积刷漆时，一般采用滚动刷法，即用滚动刷在表面滚均匀，一般要滚三次以上。此方法方便、快捷，但漆会厚一些。设备在刷漆24小时后方可使用。

2．修补或刷线

修补或刷线时，一般采用刷子刷法，即用刷子在表面刷均匀，不能太厚。此方法较慢，一般对小面积或要求较高的部分采用此法。地面刷漆12小时后方可通行。

3．要点

（1）刷漆过程中，每隔10分钟要将容器中的漆再搅一遍，防止沉淀。

（2）对于要在12小时内使用的部分，刷漆时一定要薄。

（五）刷完后提示

刷漆后，要对刷漆场所设置路障进行隔离，并设立"油漆未干"告示牌，防止踩踏。

（六）使用前检查

刷漆12小时后，按以下方法检查是否可以使用。

1. 用手按时不粘手且无陷入的指纹印，说明基本干了，行人可以通行。

2. 用拇指指甲重划，无明显划痕，说明油漆已干，叉车可以通行。

（七）注意事项

1. 刷漆前，地面应无灰尘、垃圾；应在准备刷漆的设备以及用具周围的地面上铺好纸张，防止油漆直接滴到地面上。

2. 油漆未干前，设置必要的路障及提示，严禁行人踩踏，严禁动力车通行。

3. 调漆时一定按要比例调配，调好的油漆需停留30分钟后方可使用。

4. 在金属（如铁板．的表面及水泥地面均可使用磁性漆。

5. 一瓶油漆（约为4升．配合油宝（每瓶约1.2～1.4升）和天拿水（每瓶约4升），若无任何浪费，可刷面积约为40平方米。

6. 油宝，即固化剂，其作用是使漆固化在附着物上，并使漆在干后有光泽。若用量太少，则漆无光泽；若用量太多，则漆会较硬，容易剥落。

7. 天拿水的主要作用是帮助漆的挥发，便于快干，同时也使刷漆过程更顺畅。若天拿水太少，则漆很难刷均匀，易出现一团一团的块状，此时需加天拿水再调配；若天拿水太多，则刷漆会过于顺畅，漆会自动流动，从而出现因流动而产生的漆痕，此时需加些油宝再调配。

8. 购买漆时应注意有效期，已过有效期的漆很难凝固。

9. 购买漆时应注意所需的颜色，尽可能直接购买接近所需颜色的漆。一般来说，刷漆时的颜色均是调和后的，但是非专业人员并不能马上掌握刷漆技术，所以，调色时应注意记录所使用漆的名称与体积比。当调出所需颜色时，应将其记录下来，以便将来使用。

10. 一般使用毛刷在铁板上刷漆，常用毛刷有5厘米、3厘米、2厘米等尺寸。在地板、墙面上刷漆时，常使用滚筒式油漆刷。

四、地板的油漆作战要领

由于为墙壁涂刷油漆相对比较简单，这里不做过多讲述，下面主要讲述针对地板的刷漆。

（一）地板颜色选择

地板要配合用途利用颜色加以区分。作业区要运用作业方便的颜色，休闲区则要用舒适、让人放松的颜色（见表3-7）。通道依据作业区的位置来设立，但其弯位要尽量小一些。

表3-7　地板颜色

场所	颜色
作业区	绿色
通道	橘色或荧光色
休闲区	蓝色
仓库	灰色

（二）画线要点

决定地板的颜色后，接下来要对这些区块进行画线。画线时要注意以下几点。

1．通常使用油漆，也可以用有色胶带或压板。

2．从通道与作业区的区块画线开始画线。

3．决定右侧通行或左侧通行（最好与交通规则相同——右侧通行）。

4．出入口的线应采用虚线。

5．对于现场中要注意之处或危险区域，可画相关标记。

（三）区块画线

将通道与作业区的区块划分开的线称为区块画线，通常是以黄线表示，也可以用白线表示。进行区块画线时，有以下几个要点。

1．画直线。

2．要清楚、醒目。

3．减少角落弯位。

4．转角要避免直角。

画直线要有一定宽度，转角时要用弯角

（四）出入口线的画线要点

勾画出人员能够出入区域的线称为出入口线，通常用黄线标示，表示不可踩踏。画线时有以下几个要点。

1. 区块勾画线是实线，出入口线是虚线。

2. 出入口线提示确保此场所设施、设备、材料的安全存放。

3. 从作业者的角度设计出入口线。

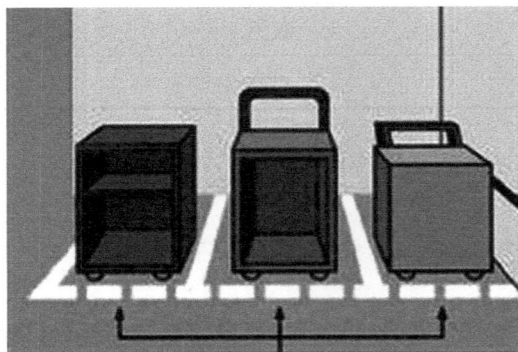

出入口线

（五）通道线的画线要点

首先要决定是靠左侧还是靠右侧通行，最好与交通规则相同——靠右通行。画线时有以下几个要点。

1. 黄色或白色，有箭头。

2. 一定在间隔处或是角落附近，不要忘记楼梯处。

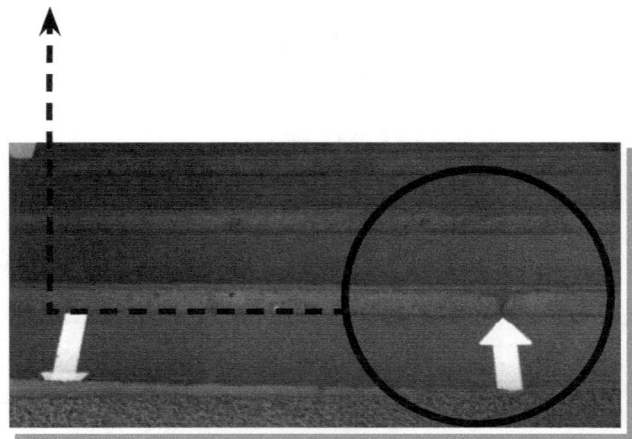

（六）老虎标记的画线要点

老虎标记是指黄色与黑色相间的斜纹所组成的线，因其与老虎皮毛颜色相似，所以称为老虎标记。

需画老虎标记的地方有：通道的瓶颈处、脚跟处、横跨通道处、阶梯、电气感应处、起重机操作处、头上有物处、机械移动处等。

画线时有以下几个要点。

1. 为了能够很清楚地被看到，可用油漆涂上或贴上黑黄相间的老虎标记胶带。

2. 通道的瓶颈处要彻底地修整，使之畅通。

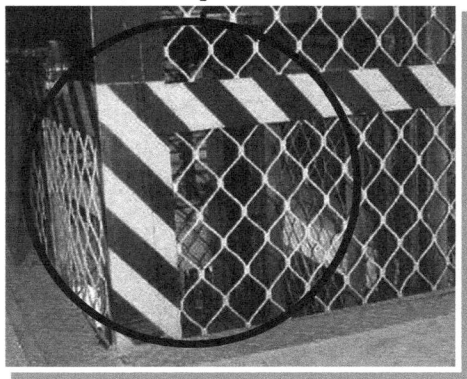

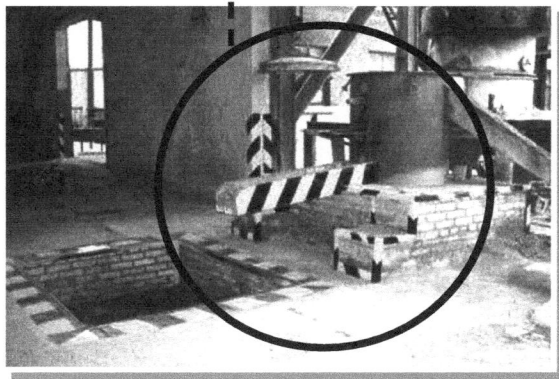

（七）置物场所线的画线要点

放置物品的地方称作放置场所，标示放置场所的标线就是置物场所线。画线对象主要为半成品或作业台等。画线时有以下几个要点。

1. 清理出半成品等的放置场所。
2. 清理出作业台、台车、灭火器等的放置场所。
3. 明确各区域画线的颜色、宽度和线型，如表3-8所示。

表3-8　某工厂各区域画线的颜色、宽度和线型

类别	区域线		
	颜色	宽度	线型
待检区	蓝色	50毫米	实线
待判区	白色	50毫米	实线
合格区	绿色	50毫米	实线
不合格区、返修区	黄色	50毫米	实线
工位器具定置点	黄色	50毫米	实线
物料、产品临时存放区	黄色	50毫米	虚线

第三节　看板管理

一、什么是看板管理

看板管理是一种将希望管理的项目（信息）通过各类管理板揭示出来，使众人皆知的管理方法。例如，在流水线的显示屏上随时显示生产信息（计划台数、实际生产台数、差异数），使各级管理者随时都能把握生产情况；在货品种类不多的仓库里，对每批来货都用小板标明品名、数量、入库日期等，使所有人都清清楚楚。

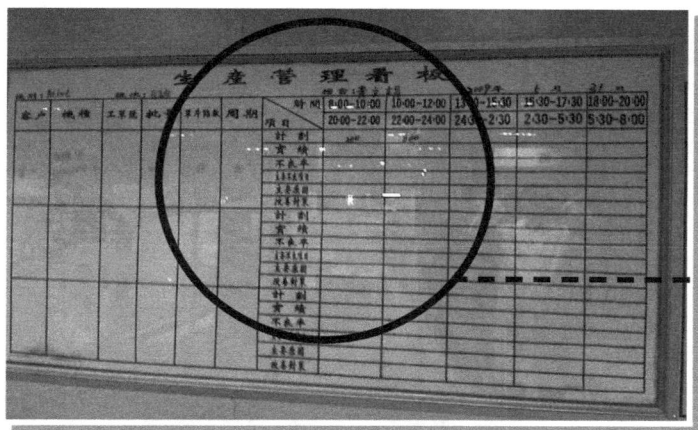

生产管理看板使各级管理者随时都能把握生产情况

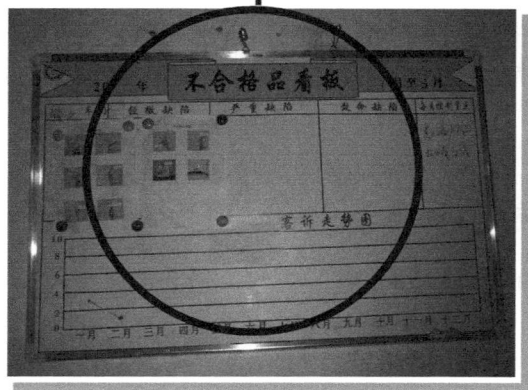

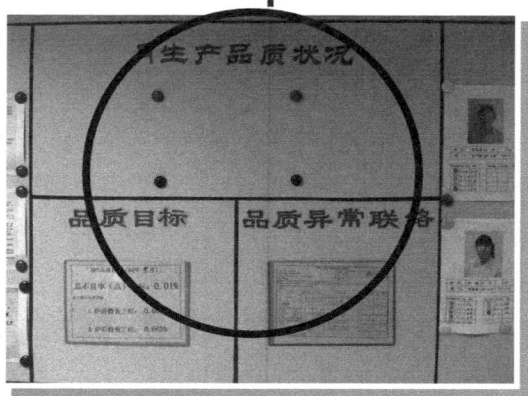

现场目视管理的工具——看板以其醒目、一目了然、使用方便等特点，在生产现场被广为应用。在生产现场的员工也好、管理者也好，每个人都很忙碌，不可能花很多时间来浏览看板的内容。所以，看板上的内容应尽量以图表、标志为主，尽量少用文字，使大家即使站在远处也能一目了然。

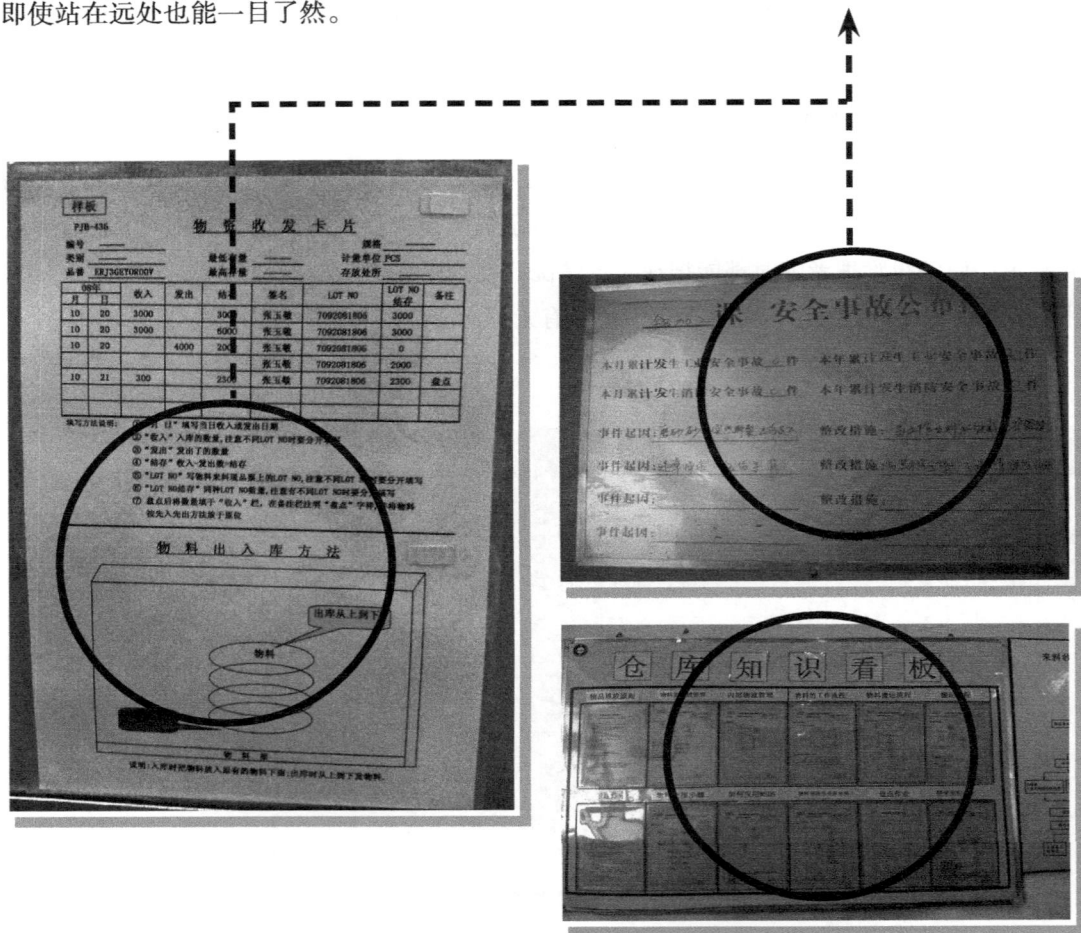

二、看板的形式

在生产管理中使用的看板形式很多，常见的有塑料夹内装着的卡片或类似的标志牌，运送零件小车、工位器具或存件箱上的标签，指示部件吊运场所的标签，流水生产线上标着各种颜色的小球或信号灯、电视图像等。

三、不同管理层次使用的管理看板

不同管理层次使用的管理看板不同，具体如表3-9所示。

表3-9　不同管理层次使用的管理看板

区分	公司管理看板	部门车间管理看板	班组管理看板
责任主管	高层领导	中层管理干部	基层班组长
常用形式	·各种ERP系统 ·大型标语、镜框、匾现况板	标语、现况板、移动看板、图表、电子屏	现况板、移动看板、活动日志、活动板、图表
项目内容	·企业愿景或口号 ·企业经营方针或战略 ·质量和环境方针 ·核心目标指标 ·目标分解体系图 ·部门竞赛评比 ·企业名人榜 ·企业成长历史 ·员工才艺表演 ·总经理日程表 ·生产销售计划	·部门车间口号 ·公司分解目标指标 ·费用分解体系图 ·PQCDSM月别指标 ·改善提案活性化 ·班组评比 ·目标考核管理 ·部门优秀员工 ·进度管理广告牌 ·部门生产计划 ·部门日程表	·区域分摊图或清扫责任表 ·小组活动现况板 ·设备日常检查表 ·定期更换表 ·工艺条件确认表 ·作业指导书或基准 ·个人目标考核管理 ·个人生产计划 ·物品情况表

四、不同管理内容的常见看板

不同的管理内容，看板内容也不同，具体如表3-10所示。

表3-10　不同管理内容的看板

序号	管理项目	看板	使用目的
1	工序管理	进度管理板	显示是否遵守计划进程
		工作安排管理板（作业管理板）	在各个时间段显示设备由何人操作及工作顺序
		负荷管理板	一目了然地表示出设备的负荷情况如何
		进货时间管理板	明确进货时间
2	现货管理	仓库告示板	按不同品种和放置场所分别表示
		库存显示板	不同型号、数量的显示
		使用中显示板	明确区分使用状态
		长期在库显示板	明确区分在库状态

（续表）

序号	管理项目	看板	使用目的
3	作业管理	考勤管理板	每个人对全员状况一目了然，相互调整，维持平衡
		作业顺序板	在推动作业的基础上明确标示必要的顺序、作业要点，以确保质量安全等
		人员配置板	明确现场人员的配置情况
		刃具交换管理板	在各机器上标示下次刃具交换的预定时间
4	设备管理	动力配置图	明确显示动力的配置状态部分
		设备保全日历	明确设备的计划保全日期安排
		使用中显示板	记录下异常、故障内容，制作成一览表
5	质量管理	管理项目 管理基准显示板	将由作业标准转记的管理项目、管理标准显示面板贴在醒目的位置
		故障管理板	发生故障时的联络方法及故障的暂时处理规定
		不良揭示板	不良再次发生及重大不良实物的展示
6	事务管理	日历箱 （交货期管理箱）	清楚交货期
		去向显示板	将成员的去向、联络方法标明
		出勤展示板	出勤状况一目了然
		车辆使用管理板	车辆的去向、返回时间等使用情况一目了然
7	士气管理	小团队活动推进板	小团队活动状态表
		工序熟练程度提示板	对成员的技能清楚显示
		娱乐介绍板	制造开心一刻的氛围
		新职员介绍角	新伙伴的介绍

五、看板编制的要点

编制看板是实施看板管理的首要环节，看板编制的好坏直接影响看板管理的实施。一般来说，看板编制要注意如图3-7所示的几点。

1 容易识别

看板是"目视管理"的工具，所编制的看板按产品、用途、种类、存放场所的区别，用不同的颜色或标志，使正反面都能容易看出，易于识别

2 容易制造

看板用量大，编制看板时要充分注意到制作的有关问题，使其易于制造

3 容易处理

所编制的看板应该方便保管和管理，同时便于问题的处理

4 同实物相适应

看板要随零部件实物一起传送，因而编制的看板应采用插入或悬挂等形式，容易与实物相适应，方便运行

5 坚固耐用

看板要与实物一起随现场传递运送，因而所编制的看板应该耐油污、耐磨损，尤其是循环使用的看板更要坚固耐用

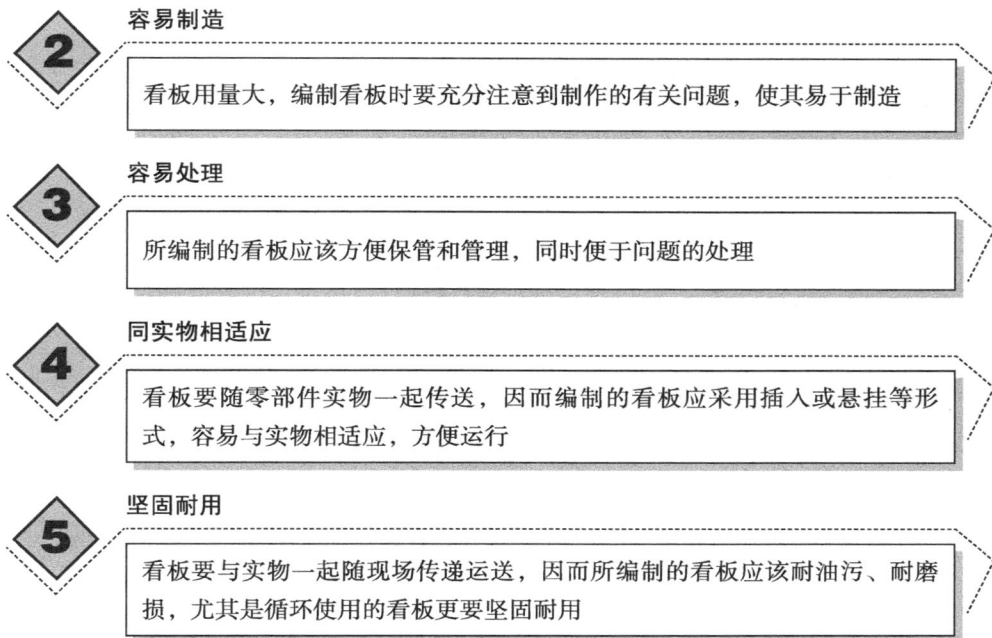

图3-7 看板编制的要点

六、看板的管理

（一）看板的整理

企业应对现场的各类看板进行一次大盘点，确认哪些是必要的，哪些是不必要的，彻底清除那些不必要的。特别要注意那些随意乱张贴的看板，诸如"违者罚款"、"闲人免进"、"不得入内"等看板，对其要坚决清除。

（二）看板的整顿

整顿的内容包括看板自身大小等的标准化工作，也包括看板的使用场所、位置、高度等。如在下面图片中，模具架上的看板粘贴不牢固，这就需要进行整顿。不过，仅用不干胶或者胶带会带来"后遗症"，因而应研究更好的固定方法。

提醒您

用不干胶或透明胶纸可以简单地固定看板，但是时间一久，不容易揭下来，即使揭下了，也会在墙面、台面或机器上留下一块"疤痕"。

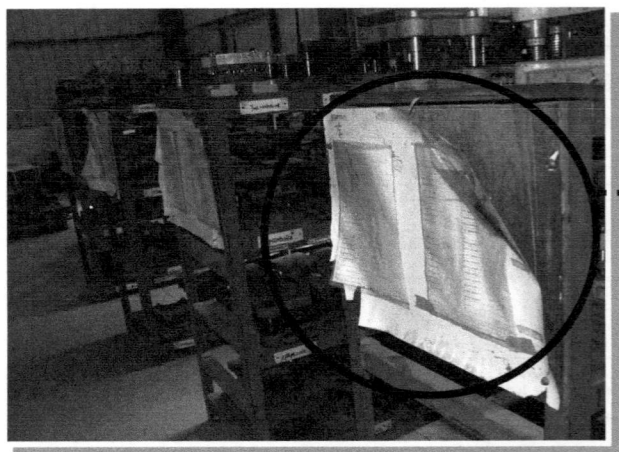

看板粘贴不牢固，要掉下来了

（三）看板的清扫、清洁

看板的清扫、清洁工作有两个方面的内容。

一方面，要制定出企业统一的关于看板的制作和展示标准，以便各部门长期坚持（看板还要符合企业CIS的有关要求）；另一方面，明确看板的管理责任人，由责任人对看板的内容、状态等进行维护，保证看板展现出良好的状态，发挥其应有的作用。

看板的管理状态如表3-11所示。

表3-11　看板管理状态比较

看板内容	企业内统一	部门内统一
方针、标语等		
组织结构图		
海报、新闻		
评价表		
活动计划等		
月度管理		
现场实施计划		
清扫分担表		

上表是看板管理一览表，在制定看板标准时，可以按看板特点决定管理的权限。下面提供某公司的看板设计示例，供读者参考。

【实战范本3-04】看板设计示例

看板设计示例

1．车间管理看板示例

＊　＊车间管理看板

2013年车间目标	
项目	目标值
产值	2.4亿元
成品合格率	≥99.5%
安全事故	≤0
质量事故	≤1起
提案改善	≥24项

车间口号

提高效率　增产增效
狠抓质量　服务客户
节能降耗　争夺利润
安全生产　重于泰山
团结协作　全员奋斗
人人都是公司的利润中心

车间组织机构

管理人员职责与权限

安全绿"十字"管理

改善亮点

星级(优秀)员工评选看板

＊　＊车间管理看板1

车间方针　　车间工序介绍　　车间目标

序号	管理项目	目标

组织结构　　岗位工作职责　　多能工　　车间计划

3级管理图

车间目标实施状况

一次交检合格率	返工返修问题	下工序反馈问题	设备故障率	生产计划完成率

换机种准备时间	加班时间	安全事故	质量事故	关于标准遵守率

（ ）月份改善提案现状

班组	提案名称	采用	实施	综合率	备注
A					
B					
C					
D					
E					

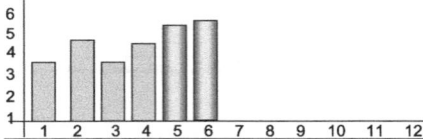

6
5
4
3
2
1

1　2　3　4　5　6　7　8　9　10　11　12

本月最佳改善

姓　名：
职　务：
提案内容

相片

我们的大家庭

车间公告栏

通知　　　　　　业务联系

提案箱　　工票箱　　紧急联络网

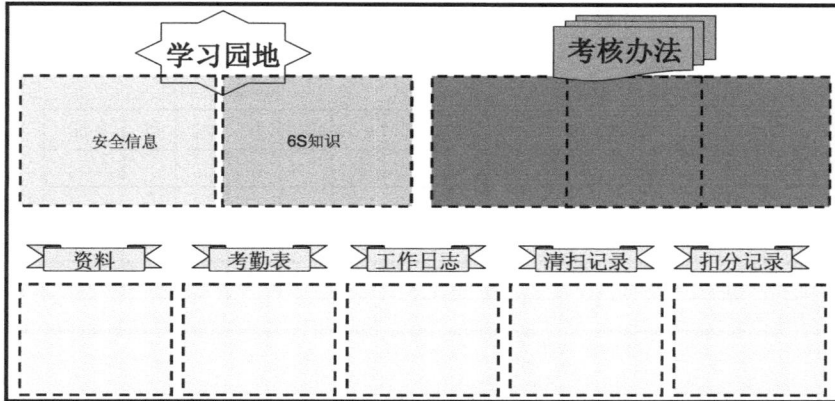

学习园地

安全信息　6S知识

考核办法

资料　考勤表　工作日志　清扫记录　扣分记录

2．部门管理看板

＿＿＿＿部门管理 **管 理 看 板**

部门方针	部门目标	工作计划		公告栏
		年度	月度	

组织结构 　　**岗位职责** 　　　　　　**进度管理**

3级管理图

序号	项目名称	负责人	完成期限	进度	备注

联系方式 　　**人员去向**

姓名	地点	时间

会议室管理看板

日期：＿＿＿＿＿＿

序号	会议名称	一	二	三	四	五	六	日	备注

培训室管理看板

日期：＿＿＿＿＿＿＿

序号	培训名称	一	二	三	四	五	六	日	备注

【实战范本3-05】管理看板管理规定

管理看板管理规定

1．目的

为深入开展目视化管理，使管理看板在传递信息、揭示生产经营状况和现场管理情况、强化员工责任感方面发挥宣传、动员、监督的作用，并使绩效考核达到透明、公正、公平，从而提高企业管理水平，树立良好的企业形象，特制定本规定。

2．适用范围

本规定适用于生产、办公管理看板的管理。

3．职责与权限

3.1 各生产厂、职能部门按照本规定设立管理看板，并负责日常维护和更新内容。

3.2 现场管理办公室组织相关部门检查管理看板的建设情况和组织评比，并按照现场管理检查考核办法进行考核。

4．管理办法

4.1 管理看板的基本要求

4.11 本着"谁使用谁管理"的原则，管理看板由各使用单位负责日常维护，保持完好和清洁。

4.2.1 看板版面设计要做到版面整洁、美观大方、布局合理，内容要主题突出、乐观积极、生动、图文并茂，能够吸引员工阅览。

4.1.3 看板内容每月更换一期，更换时间为每月第一周。遇有重大事件、重要活动时，看板内容应及时更换。

4.1.4 看板内容更新由各单位现场管理员或宣传员负责组织，看板内容公布前应经本单位现场管理小组组长审批，并以电子版形式报现场管理办公室。

4.1.5 因生产、工作需要，需要暂时移动管理看板，使用单位应提前通知现场管理办公室。工作结束后，使用单位负责将看板恢复安装在原位置，时间不得超过两天。看板发生破损，由使用单位负责立即原样修复，不能原样修复的，由使用单位照价赔偿。

4.2 管理看板的内容

看板内容应以本单位生产、质量、安全、设备管理等经营和现场管理工作内容为主题，既与企业文化保持一致，又符合企业的实际情况和看板所在部门的实际情况。内容包括：

4.2.1 合同、订单交货期的信息。

4.2.2 生产计划和生产完成进度（图表）、产量方面的信息。

4.2.3 质量的信息：产品质量情况、不合格品数值和质量否决考核结果以及改善目标。

4.2.4 现场管理责任区划分、现场管理暨5S活动工作、检查标准。

4.2.5 现场管理暨6S活动分析、总结，现场管理检查情况和考核方面的信息。

4.2.6 设备清扫点检情况、设备运行状况、设备完好率、设备运转率和检查、考核方面的信息。

4.2.7 安全生产情况分析，安全管理检查和考核方面的信息。

4.2.8 劳动纪律执行情况。

4.2.9 成本费用、利润等信息。

4.2.10 各种先进事迹和员工奖惩信息。

4.2.11 其他与本单位主要工作相关的情况和信息。

4.2.12 公司及本单位与生产和员工相关的文件、公告、通知等。

4.2.13 员工合理化建议及落实情况等。

4.3 检查和评比办法

4.3.1 管理看板检查工作由现场管理办公室负责组织和实施，并依据公司现场管理工作标准纳入对各单位现场管理考核。

4.3.2 管理看板评比时间为每月的第二周周二。

4.3.3 管理看板评比满分100分，分为以下不同权重的四个层面进行打分：

4.3.3.1 及时性（满分20分）：在规定的时间内按要求完成。

4.3.3.2 合理性（满分40分）：看板内各板块内容符合要求，完整，且布局合理。

4.3.3.3 视觉创意性（满分40分）：看板内容图文并茂，生动活泼，能够吸引员工阅览，富有创造性。

4.3.3.4 整洁完好性（满分20分）：看板整洁、干净、完好。

4.3.3.5 不按时间要求更换视，为0分。

4.3.4 每次管理看板检查和评比，依据检查结果评选出一等奖、二等奖、三等奖和纪念奖若干名并予以物质奖励，对得分在60分以下的单位提出警告、批评和处罚，并限期整改。

第四节　颜色管理

一、什么是颜色管理

　　颜色管理是运用人们对颜色的心理反应、分辨与联想，为企业内的管理活动和管理实务披上一层彩色的"外衣"，使任何管理都可以利用红、黄、蓝、绿、白几种颜色区分，使员工自然、直觉地将其与交通标志灯相结合，使每一个人都产生相同的认识和解释。当问题出现时，员工之间有共同沟通的语言与对问题的认同，并能设定个人或团体的改善目标以及将来努力的方向，从而达到管理的目的。

二、颜色管理特点

　　（1）利用人们对颜色天生的敏感。

　　（2）"用眼睛看得见"的管理。

　　（3）分类层别管理。

　　（4）防呆措施。

　　（5）调和工作场所的气氛，消除单调感。

　　（6）向建立高水准的工作场所目标挑战。

> 透明的玻璃门加上有颜色的线条可起到警示的作用；同时注明出入的要求，充分显示车间的管理要求

三、颜色使用原则

（1）红色：表示停止、防火、危险、紧急。

（2）黄色：表示注意。

（3）蓝色：表示诱导。

（4）绿色：表示安全、进行中、急救。

（5）白色：作为辅助色用于文字箭头记号。

四、颜色管理应用

1．员工职能状况。

2．单位或个人生产效率。

3．单位或个人出勤状况。例如，许多工厂考勤要打卡，提前到达的时间显示为绿色，而迟到的时间显示为红色。这样管理者查看出勤状况时，就能一目了然。

4．会议出席状况。

5．档案管理。

6．卷宗管理。

7．表单管理。

8．进度管理。

9．品质管制。

10．活动绩效。

以下提供某公司的颜色管理法在实际工作中的运用实例，供读者参考。

【实战范本3-06】××公司颜色管理法的实际运用

××公司颜色管理法

1．生产管理

依生产进度情况用不同颜色表示：绿灯表示"准时交货"，蓝灯表示"迟延但完工"，黄灯表示"迟延一日"，红灯表示"迟延两日"，双红灯表示"迟延三日以上"。在生产过程中，质量管理根据操作过程不良率高低用颜色显示，进料质量管理根据进料不良率高低用颜色显示。

2．协作厂评价

协作厂的质量管理依进料不良率高低用颜色显示：绿灯表示"优"，蓝灯表示"良"，黄灯表示"可以"，红灯表示"差"。在报板上，分别以不同颜色表示，提醒研究开发人员加快速度，于限期之前将红灯转为黄灯、蓝灯，进而变成绿灯。

3．费用管理

将费用开支与标准进行比较，用不同颜色显示差异程度。对于财务分析中的收益、偿还、经营能力、增长率、生产率等，根据其优劣用不同颜色显示。

4．开会管理

准时入会者为绿灯，迟到5分钟为蓝灯，迟到5分钟以上为黄灯，无故未到为红灯。对于得蓝、黄、红灯者，处以不同程度的罚款。

五、颜色管理手法

按色彩的条件与应用经验可将颜色管理方法分为以下几种。

（一）颜色优劣法

绿色优于蓝色 ➡ 蓝色优于黄色 ➡ 黄色优于红色

图3-8　颜色的优劣

具体应用方法如表3-12所示。

表3-12　颜色优劣法的具体应用

序号	应用内容	应用要求举例
1	生产管制	依生产进度情况，用不同的颜色来表示 （1）绿灯表示准时交货 （2）蓝灯表示延迟但已挽回 （3）黄灯表示延迟一天以上但未满两天 （5）红灯表示延迟两天以上
2	品质管制	品质水准的高低用颜色区分显示 （1）绿色：合格率95%以上 （2）蓝色：合格率90%~94% （3）黄色：合格率85%~89% （5）红色：合格率85%以下
3	开发管理	依新产品的开发进度与目标进度作比较，个别以不同灯色表示，以提醒研发人员注意工作进度
4	外协厂评估	（1）绿灯表示"优" （2）蓝灯表示"良" （3）黄灯表示"一般" （3）红灯表示"差"

（续表）

序号	应用内容	应用要求举例
5	生产安全	用颜色表示每日安全情况 （1）绿色：无伤害 （2）蓝色：极微伤 （3）黄色：轻伤 （4）红色：重伤
6	员工绩效管理	依员工的综合效率，以颜色区分显示，促使员工提升士气 （1）绿色：效率在85%以上 （2）蓝色：效率在70%～84%之间 （3）黄色：效率在60%～69%之间 （4）红色：效率在60%以下
7	费用管理	把费用开支和预算标准作比较，用不同的颜色显示其差异程度
8	开会管理	（1）准时与会者为"绿灯" （2）迟到5分钟以内者为"蓝灯" （3）5分钟以上者为"黄灯" （4）无故未到者为"红灯"
9	宿舍管理	每日将宿舍内务整理、卫生情况等情况以不同颜色表示，以确定奖惩标准

（二）颜色层别法

一般而言，只要色彩的惯用性、颜色鲜明性及对应意义明确，在不重复的情况下即能发挥颜色管理的效果，即以颜色区分便于管理，其主要应用有以下几点。

1. 重要零件的管理

进货时间用不同的颜色标示。例如，1月、5月、9月的进货用"绿色"；2月、6月、10月的进货用"蓝色"；3月、7月、11月的进货用"黄色"；4月、8月、12月的进货用"红色"。

根据不同颜色控制先进先出，并可以调整安全存量及提醒处理呆滞品。

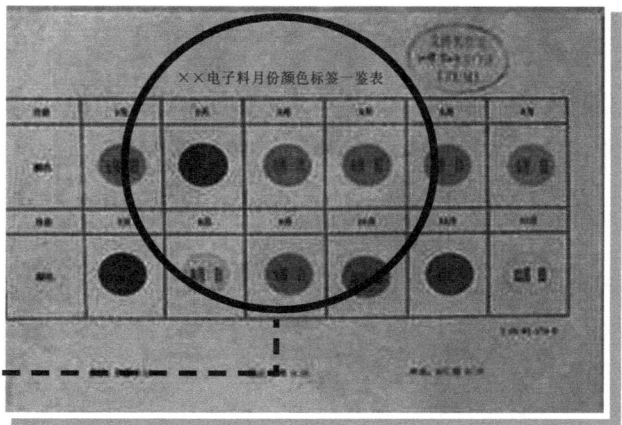

在不同月份的材料上贴上不同颜色的标签

163

2．油料管理

各种润滑油用不同颜色来区分，以免误用。

3．管路管理

各种管路漆上不同颜色，以作区分保养。

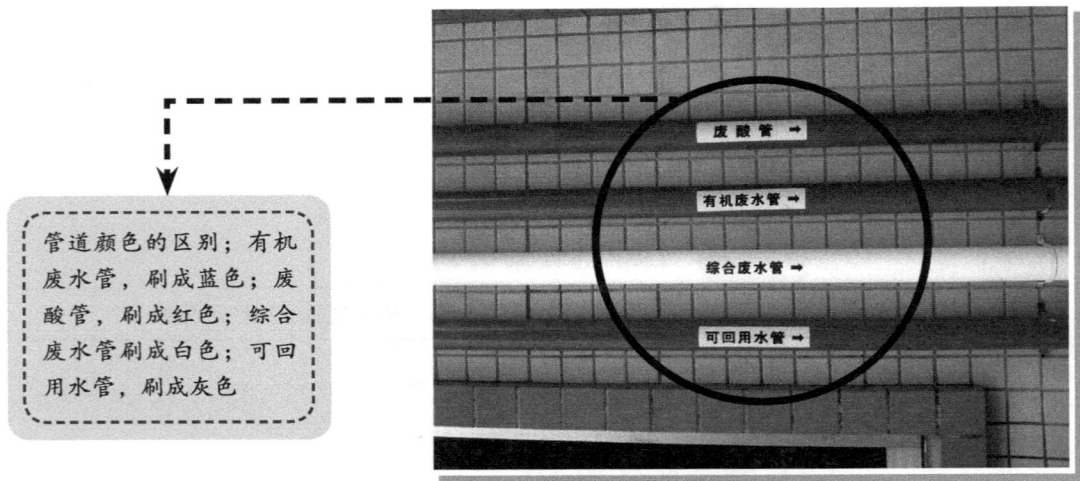

管道颜色的区别：有机废水管，刷成蓝色；废酸管，刷成红色；综合废水管刷成白色；可回用水管，刷成灰色

4．人员管理

不同工种和职位的人员分别佩戴不同颜色的头巾、帽子和肩章，使其易于辨认。例如，绿色肩章者为作业员；蓝色肩章者为仓管员；黄色肩章者为技术员；红色肩章者为品管员。

5．模具管理

按客户分类分别漆上不同的颜色，以示区别。

6．卷宗管理

根据分类分别使用不同颜色的卷宗，例如准备红、黄、蓝、绿四种不同颜色的文件资料夹：

红色代表紧急、重要的文书资料，即要优先、特别谨慎处理；黄色表示紧急但不那么重要的，即可次优先处理；蓝色代表重要但不紧急的，可稍后处理；绿色代表不紧急、不重要的，可留到最后处理。

7．进度管理

用颜色区分生产进度。例如，绿色表示进度正常；蓝色表示进度落后；黄色表示待料；红色表示机械故障。

（三）颜色心理法

依据人类对色彩的注视性、调和性、联想性和偏好性四种特点所营造出来的心理愉悦和独特感觉来管理。

1．人事

利用员工对颜色的偏好来了解其个性。

2．营销

将颜色用于包装及产品来促进销售。

3．生产

为厂房的地面、墙壁、设备等漆上不同的颜色，以提高工作效率、减少伤害等。

以下提供某工厂色彩管理规定的范本，供读者参考。

【实战范本3-07】××工厂色彩管理规定

××工厂色彩管理规定

1．目的

规范厂房内外部色彩和工厂设备设施策划行为，营造整齐、有序、统一的企业外部形象。

2．适用范围

厂房、设备、工装及厂房管道。

3．责任部门

3.1 规划部负责公司主要色彩的规定、更改，并负责监督检查。

3.2 各项目开发小组及工程部、生产管理部等部门负责按该规定进行策划、实施。

4．具体内容

4.1 厂房外部的颜色

厂房外部的颜色

序号	名称	选用色彩			备注
		色彩名称	色标卡	色标编号	
1	金属墙板表面	灰白色		GY09	可见样定货
2	金属墙板表面	强调部分——铁红色		R01	
3	勒脚墙面	灰卵石色		Y13	
4	钢筋混凝土结构——立柱	纯白色			
5	钢筋混凝土结构——天花板	纯白色			
6	钢筋混凝土结构——梁	纯白色			
7	钢结构——立柱	灰白色		GY09	

（续表）

序号	名称	选用色彩			备注
		色彩名称	色标卡	色标编号	
8	钢结构——天花板	灰白色		GY09	
9	钢结构——梁	灰白色		GY09	
10	门窗框	铁红色		R01	
11	金属板檐口、门窗套	铁红色		R01	

4.2 厂房内部颜色

厂房内部颜色

序号	名称	选用色彩			备注
		色彩名称	色标卡	色标编号	
1	金属墙面内板	灰白色		GY09	
2	墙裙	灰卵石色		Y13	
3	塑钢窗	纯白色			
4	木门	木本色			
5	钢筋混凝土——立柱	纯白色			
6	钢筋混凝土——天花板	纯白色			
7	钢筋混凝土——梁	纯白色			
8	钢结构——立柱	灰白色		GY09	
9	钢结构梁——屋架	灰白色		GY09	
10	钢结构——天花板	灰白色		GY09	
11	起重机轨道梁	灰白色		GY09	
12	平台及支撑	灰白色		GY09	
13	钢结构及支撑	灰白色		GY09	
14	平台边缘	藤黄色		Y07	
15	栏杆、踢脚板	藤黄色		Y07	
16	工作位置地面	浅灰色		G10	耐磨地坪颜色应接近
17	通道位置地面	浅灰色		G10	耐磨地坪颜色应接近
18	——供选择色	藤黄色		Y07	

（续表）

序号	名称	选用色彩			备注
		色彩名称	色标卡	色标编号	
19	过道分隔色（宽100mm）	白色			通道位置地面为藤黄色
20	——供选择色	藤黄色		Y07	
21	风道镀锌	本色			
22	——供选择色	灰白色		GY09	
23	吹风口	桔黄色		YR04	
24	柱子标记色块	桔黄色		YR04	
25	——文字	黑色			

4.3 机器设备的颜色

机器设备的颜色

序号	名称	选用色彩			井口设备色标编号（欧洲标准）
		色彩名称	色标卡	色标编号	
1	机器及设备本体	灰白色		GY09	RAL9010
2	——强调色	浅蓝色		PB06	RAL5012
3	机械化输送装置及支撑	灰白色		GY09	RAL9002
4	——供选择色	浅蓝色		PB06	RAL5012
5	——吊具	藤黄色		Y07	RAL1007
6	下部起重、运输装置　立柱	灰白色		GY09	RAL9002
7	——活动部分	桔黄色		YR04	RAL2004
8	天车	藤黄色		Y07	RAL1007
9	机器人电控箱	浅蓝色		PB06	RAL5012
10	护栏框	淡黄色		Y06	RAL1021
11	危险地点	藤黄色/黑色		Y07	RAL1006/RAL9005
12	压缩空气罐	天蓝色		PB05	RAL5015
13	噪音防护	灰白色		GY09	RAL9010
14	压机立柱（床身）	灰白色		GY09	RAL9010
15	——滑块强调色	淡黄/黑色		Y06/	RAL1018/RAL9005

（续表）

序号	名称	选用色彩			井口设备色标编号
		色彩名称	色标卡	色标编号	（欧洲标准）
16	移动工作台	交通灰色		B03	RAL7042
17	点焊机机体	灰白色		GY09	RAL9010
18	——机体强调色	纯黄色		Y06	RAL1018

4.4 工艺装备的颜色

工艺装备的颜色

序号	名称	选用色彩			备注
		色彩名称	色标卡	色标编号	
1	焊装夹具	铁红色		R01	
2	——供选择色	土红			（RAL4009）
3	——强调色	淡黄		Y06	夹紧臂
4	检验工具	铁红色		R01	
5	——供选择色	土红			（RAL4009）
6	——强调色	淡黄		Y06	夹紧臂
7	工具箱	天蓝色		PB06	
8	工艺装备标记	红色		R03	
9	——供选择色	黑色			
10	——供选择色	淡黄		Y06	
11	——供选择色	绿色		G02	
12	在线工位器具	灰白色		GY09	

4.5 厂房管道的颜色

厂房管道的颜色

序号	名称	选用色彩						备注
		底色	色标号	色标卡	色环	色标号	色标卡	
1	管道上标记	黑色						
2	蒸汽管	灰白色	GY09		红色	R03		

（续表）

序号	名称	选用色彩						备注
		底色	色标号	色标卡	色环	色标号	色标卡	
3	压缩空气管	天蓝色	PB06					
4	——供选择色	本色			天蓝色	PB06		镀锌管
5	压缩空气管	天蓝色	PB06					
6	——供选择色	本色			天蓝色	PB06		镀锌管
7	工业生活、消防用水管	蓝色	PB05					
8	——供选择色	本色			蓝色	PB05		镀锌管
9	工业用水送水管	绿色	G02					
10	——供选择色	本色			绿色	G02		镀锌管
11	工业用水回水管	绿色	G02					
12	——供选择色	本色			绿色	G02		镀锌管
13	循环水给水管	绿色	G02					
14	——供选择色	本色			绿色	G02		镀锌管
15	循环水回水管	绿色	G02					
16	——供选择色	本色			绿色	G02		镀锌管
17	保护气体管	黄色	Y06					
18	——供选择色	本色			黄色	Y06		镀锌管
19	氧气管	深蓝色	PB04					
20	乙炔管	黄色	Y06		红色	R03		
21	油管	褐色	YR06					
22	乳化液管	灰白色	GY09		褐色	YR06		
23	下水管	黑色						见样定货
24	无毒碱溶液管道	灰白色	GY09		桔黄色	YR04		
25	废酸溶液管道	灰白色	GY09		黑色			三个色环
26	硫酸管道	灰白色	GY09		红色	R03		浓酸一个，母液两个
27	燃气管道	桔黄色	YR04					
28	汽油管道	褐色	YR06		黄色	Y06		

5. 色彩应用说明

5.1 进口设施、设备色标采用欧洲标准色卡，国产设施、设备采用GSBG51001-94（2000版）色卡。本规定中如果与国家标准有冲突，应以国标规定为准。

5.2 待开发新产品的模具、夹检具、工艺装备色标由制造厂家提出方案，规划部进行确认。

5.3 在供应商不能满足要求的情况下，供应商提供的色卡应接近本规定中提供的色卡，必要时由使用部门和规划部一同确认，未规定部分由使用部门与供应商协商确定。

5.4 厂房柱子标记：字体和色块采用油漆喷涂，色块中线距地面高度3000毫米（遇干涉可±300毫米内调整）。

5.4.1 混凝土立柱可将标记喷涂在立柱四个侧面，色块宽度同柱宽，高度在350～500毫米之间选择；H型钢结构立柱标记喷涂在H型钢两个正面翼缘，宽度同柱宽，高度在350～500毫米之间选择。色块、字体、立柱大小比例要协调美观。

5.4.2 文字采用标准黑体字，字体高宽比为1：0.7～1.5，字符宽200～400毫米，中线长250～450毫米。

5.4.3不同方向的轴线，立柱标记有所不同，A、B、C…轴线立柱标记可用图一表示，1、2、3…轴线立柱标记可用下图二表示：

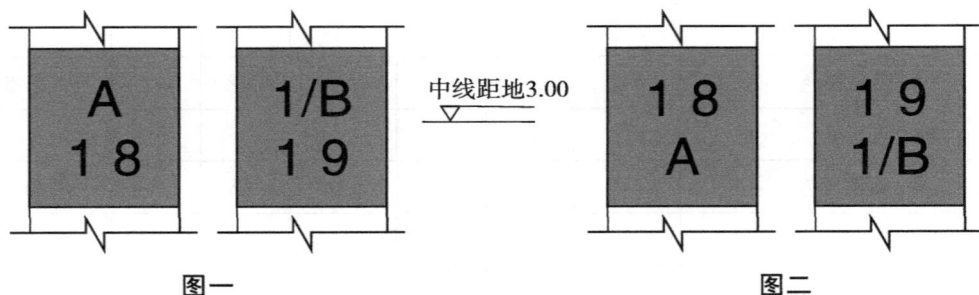

图一　　　　　　　　　　　　　　　图二

5.5 管道色标：由基本识别色、管道流体名称、介质流向和安全色四部分组成，见下图（非镀锌钢管全部涂一基本识别色，无需色环）。

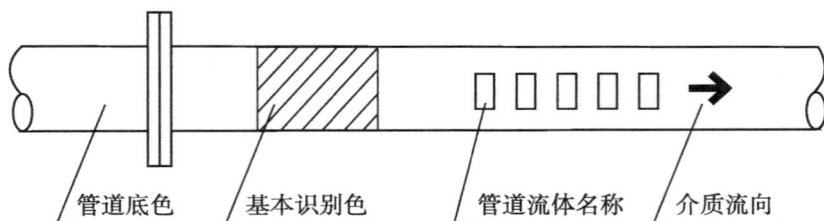

管道底色　　基本识别色　　管道流体名称　　介质流向

管道颜色及标示图

5.5.1 色环

5.5.1.1　色环宽度

管道外径在150毫米以下色环宽度为50毫米；管道外径在150～300毫米区间色环宽度为70毫米；管道外径在300以上色环宽度为100毫米。

5.5.1.2　色环组：一般采用色环组，每组三个色环，色环间距为色环宽度。

5.5.1.3　色环的间距：厂房外侧每隔10米涂上色环组；厂房内侧色环组与组之间的距离为2～5米，视具体情况定。

5.5.2　管道涂漆

5.5.2.1　室内一般架空管道全部按规定颜色涂漆。

5.5.2.2　敷设不通行沟道内的热力管路不涂漆，仅须在检查井的范围内涂漆。

5.5.2.3　敷设通行沟道内的热力管路，可每隔10米涂漆。

5.5.3　管道内流体名称用黑色汉字或管道内流体的分子式表示，如"二氧化碳"或"CO_2"。

5.5.4　管道内流体流向用黑色箭头表示，如果流体是双向流动的则用双向箭头表示。

5.5.5　安全色和安全标志：

5.5.5.1　安全标志使用范围：安全标志用于管道内流体为易燃、易爆、剧毒和剧腐蚀性介质，包括煤气、天然气、乙炔气、丙烷气、氢气、原油、柴油、汽油、乙醇、硫酸、盐酸等；安全标志还用于消防管道和饮水管道。

5.5.5.2　安全色：红色用于消防管道；黄色与黑色间隔斜条用于危险警告；蓝色用于饮用水。

（1）表示方法。当管道内流体属于安全标志使用范围内的介质时，在两个宽150毫米基本识别色环之间涂一个宽100毫米的安全色环见下图：

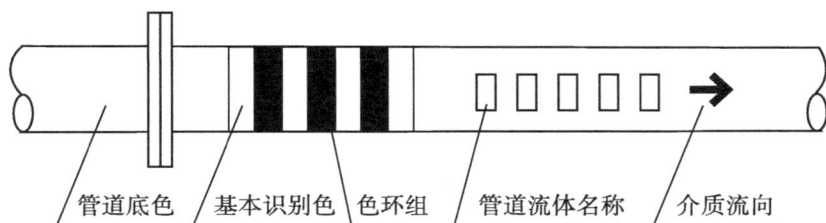

管道底色　　基本识别色　色环组　　管道流体名称　　介质流向

管道颜色及安全标示图

（2）安全色环可直接涂色或用安全色胶带缠绕。

5.5.6　管道色标的位置

管道色标应涂刷在所有管道交叉点、阀门和穿孔两侧等的管道上，以及其他需要识别的部位。

5.5.7　持挂标识牌

5.5.7.1　在管路复杂之处（位置窄、管道多并需要经常操作的地方），如：硫酸站、油漆库、热能入口等。

5.5.7.2 标牌如下图所示（矩形：250×100毫米，指向尖角为90°），标牌上应注明流体名称，并用标牌的尖端指示流向，如果需要安全色标牌的底色应为安全色。

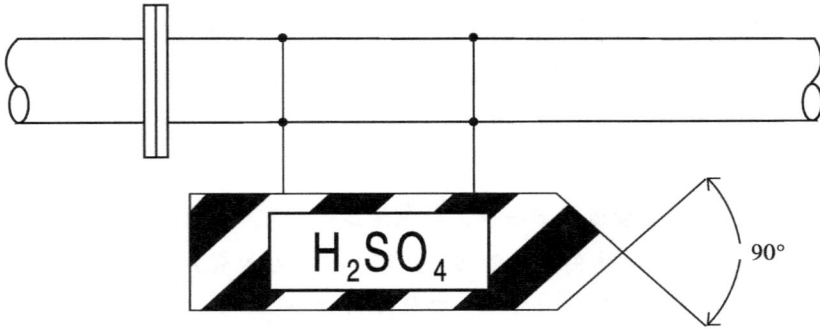

管道挂牌示意图

5.6 厂区道路各种标识的色标可参照交通法规要求执行。

第五节　红牌作战

所谓红牌，是指用红色的纸做成的问题揭示单。其中，红色代表警告、危险、不合格或不良。问题揭示单记录的项目包括责任部门、对存在问题的描述和相应的对策、要求完成整改的时间、完成的时间以及审核人等。红牌一般纸质较厚，双面红色。

一、红牌作战的目的

红牌作战是将不能使用的物品贴上红牌，使任何人在看到"红牌"后，立即能分辨出不能使用物品，从而起到区分、整理的作用。红牌作战可以使必需品和非必需品一目了然，有助于提高每个员工的自觉性和改进意识。红牌上有改进的期限，一目了然，可以引起责任部门的注意，使其及时清除非必需品。

在6S管理中实施红牌作战，就是不断地寻找出需要进行改善的事务和过程，并用醒目的红色标牌来标示问题的所在，然后通过不断地增加或减少红牌达到发现问题和解决问题的目的。

因此，红牌作战侧重于寻找工作场所中存在的问题，一旦发现问题，需要立即用相应的红牌进行醒目的标记，防止由于拖延时间而导致问题被遗漏，并且要时时提醒和督促现场的工作人员解决问题，直至摘掉红牌。

以下提供某公司推行红牌作战的实例，供读者参考。

【实例】

某公司在推行6S和目视管理四个月内，共在装配车间、机加工车间、热处理车间、办公室等部门发放了1 815张红牌（如下表所示），其中1 733个问题得到了解决，解决率高达95.5%。通过推行6S管理中的红牌作战战略，有效地强化了企业的"体质"，提高了企业的适应能力。

车间	问题点登录	已解决数	未解决数	解决率
装配车间	510	500	10	98%
机加工车间	425	420	5	99%
热处理车间	623	560	63	90%
办公室	18	17	1	94%

（续表）

车间	问题点登录	已解决数	未解决数	解决率
1号库	143	141	2	98.6%
调试车间	55	54	1	98%
外协区	41	41	0	100%
总计	1815	1733	82	95.5%

二、红牌作战的实施要点

一方面，红牌作战可以迅速、有效地解决一些问题，一旦这些问题得到解决，就应该及时将工作现场的"红牌"摘掉。例如，剔除了不整齐的摆放、清除了设备的油污、修复了损坏的办公桌椅以后，现场的员工应该立即将原来标示的"红牌"摘除，防止出现新旧红牌混杂的情况。

另一方面，红牌作战是一个持续的过程。因为红牌作战过程中遇到的一部分问题并不能立刻得到解决，对此，管辖区域内出现红牌的部门就应该立即商量对策、采取行动，直至将红牌摘除。

三、红牌作战的实施程序

红牌作战的实施程序如图3-9所示。

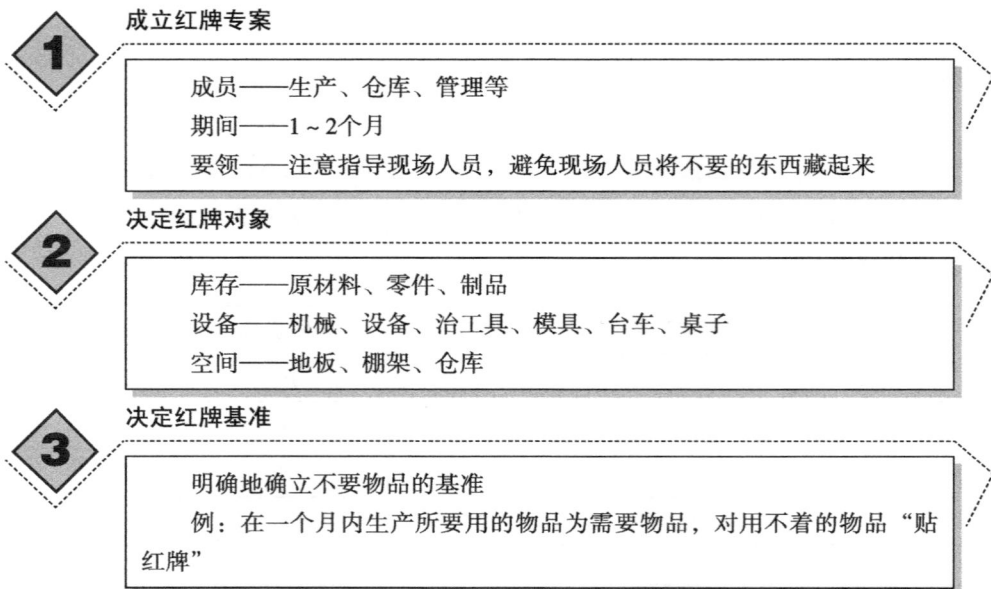

1 成立红牌专案

成员——生产、仓库、管理等
期间——1~2个月
要领——注意指导现场人员，避免现场人员将不要的东西藏起来

2 决定红牌对象

库存——原材料、零件、制品
设备——机械、设备、治工具、模具、台车、桌子
空间——地板、棚架、仓库

3 决定红牌基准

明确地确立不要物品的基准
例：在一个月内生产所要用的物品为需要物品，对用不着的物品"贴红牌"

4 制作红牌

任何人一看就能明了：
（1）用A4大小的红色纸
（2）项目分为品名、数量、理由等

5 贴上红牌

（1）不要对当事人贴红牌
（2）不要听信现场人员的理由
（3）要狠下心来干
（4）对"不知道者"也贴上红牌

6 处理与评价红牌

库存——将贴上红牌者按永不使用、滞留品区分，制作"不要品库存一览表"

设备——执行改善后或造成困扰阻碍时，予以支持或做废弃处理

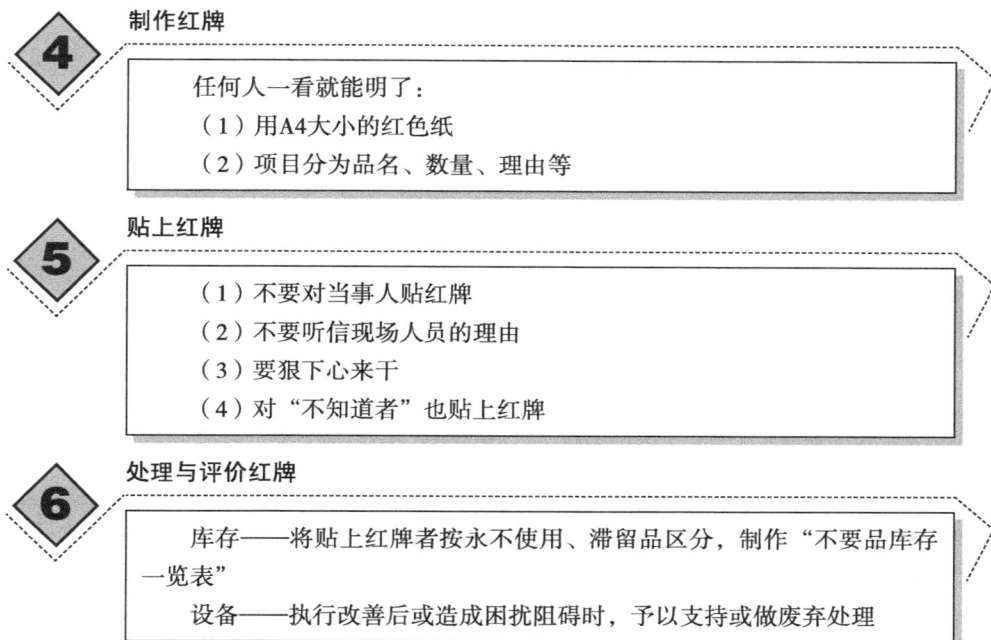

图3-9 红牌作战的实施程序

（一）确定贴附红牌的对象

红牌作战的实施对象是违反"三定原则"（定物、定位、定量）的问题。具体包括：工作场所中不要的物品，需要改善的事、地、物（如设备、搬运车、踏板、工夹具、刀具、桌、椅、资料、模具、备品、材料、产品、空间等），有油污、不清洁的设备以及卫生死角。具体对象如表3-13所示。

表3-13 贴附红牌的对象

库存	原材料、零件、半成品、制品
设备	机械设备、治工具、刀具、模具、台车栈板、堆高机、作业台、车辆、桌椅、备品
空间	地板、棚架、房间
文书	通知、通告文书、议事录、事务报告书、签呈、报价单、计数资料
机械	复印机、文书处理机、个人电脑、传真机
备品	文件夹、文件盒、橱柜、锁具、资料盒、桌、椅
文具	铅笔、圆珠笔、橡皮擦、夹子、计算用纸
其他	传票、名片、图书、杂志、报纸、图面、说明书

（二）决定红牌基准

对于某些不用的物品，有时很难轻易将其归为"不要"，总觉得这些物品"丢弃实在可惜"、"自己辛辛苦苦做的"、"以后用得上"等，这也是人之常情。为了杜绝此现象，可根据物品的常用程度明确地制定"要"与"不要"的基准，具体如表3-14所示。

表3-14　物品常用程度判定表

常用程度	使用频率	处理方法
低	过去一年都没有使用过的物品（不能用或不再用）	丢弃
	在过去的6～12个月中只使用（可能使用）过一次的物品	保存在比较远的地方
中	（1）在过去的2～6个月中只使用（可能使用）过一次的物品 （2）一个月使用一次以上的物品	作业现场内集中摆放
高	（1）一周使用一次的物品 （2）每天都要使用的物品 （3）每小时都要使用的物品	保存在现场附近或随身携带

（三）制作红牌

使用红牌的目的是为了要给人发出"危险"信号，所以制作红牌最重要的就是要使红牌醒目、显眼。

1．红牌制作的要点

（1）要使红牌醒目，可使用红色纸、红色胶带，也可用粘贴纸以及红色圆形贴纸等。

（2）要在红牌上写上理由并做记录。

2．红牌的内容

（1）类别：库存或机器设备等。例如，原材料、半成品、制品、设备、治工具、模具、备品等。

（2）品名：品名、编号。

（3）数量：贴附物品的数量。

（4）理由：若为库存品，分为不要物品、不良品、不急用品等。

（5）部门：在所贴红牌的角落上注明管理责任部门。

（6）日期：贴上红牌的日期。

红牌			
类别	□原材料 □半成品 □半制品 □制品 □机械设备 □模具、治具 □工具、备品 □其他		
品名			
编号			
数量	个	金额	元
理由	□不要 □不良 □不急 □边材 □不明 □其他		
处理部门			
处理方式	□丢弃 □退回 □移往红牌集中处 □另案保管 □其他	处理情况	
日期	贴附日期:	处理日期:	
整理编号:			

（四）贴附红牌

1. 责任者

非现场人员的管理责任者及职员。

2. 时间

一天或两天，以天数计算。

3. 心态

不能认为现场的任何东西都是"必要的"，而要以"无情"的眼光来看待物品，贴附红牌时要"扮黑脸"。

（五）处理与评价红牌

1. 红牌记录

将贴附红牌的物品移往红牌集中处后应予以记录，具体如表3-16所示。

表3-16　红牌发行回收记录表

部门：

场所	发行序号	张数	发行日	发行人	完成日	回收日	认可人	备注

2．处置

（1）库存：将贴上红牌的库存区分为不良品、不用品、留滞品和边材摆放。

（2）设备：若对其进行改善会造成困扰或有阻碍时，作废弃处理。

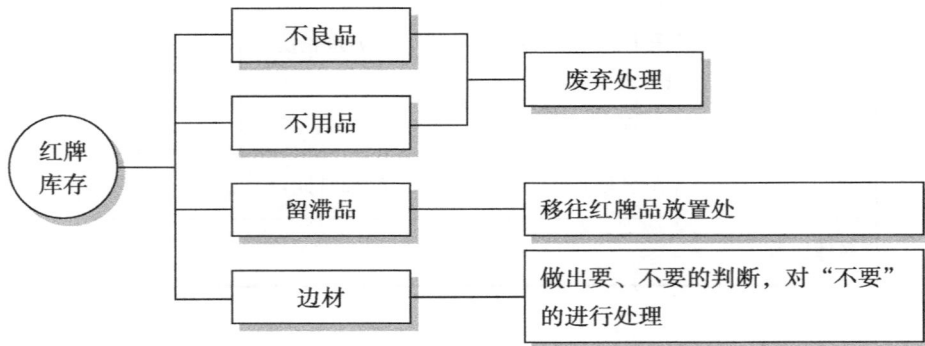

图3-10　贴上红牌的库存处置办法

下面提供某公司红牌作战管理制度范本，供读者参考。

【实战范本3-08】××公司红牌作战管理制度

××公司红牌作战管理制度

1．红牌作战的目的

"红牌作战"即使用红色标签对工厂各区域的"问题点"加以发掘，从而使任何员工一眼就能看出问题所在，从而加以整理改善的方法，进而达到积极、迅速改善的目的。

2．红牌作战的作用

2.1 找出问题点，提出整改对策。

2.2 明确期限，限期整改。

2.3 提高每一位员工的改进意识和自觉性。

2.4 引起责任部门注意和重视，及时改善。

2.5 为6S工作的统计、分析提供依据。

3．红牌适用范围

工厂内的任何场所，包括生产区、生活区及办公区现场。

4．红牌使用部门

6S领导小组成员及部门6S干事。

5．红牌作战实施时间

5.1 6S导入初期，全公司每月举行2次作战活动。

5.2 6S活动制度落实后，每月举行1次，与现场考核同步进行。

6．实施要点

6.1 用严格、挑剔、严厉的眼光看问题。

6.2 贴在"有问题"的对象上：设备、推车、踏板、工装或刀具架、桌椅、资料柜、模具或备品架、材料或产品容器、空间等。

6.3 请勿贴在人身上。

6.4 如果有犹豫，请贴上红牌。

7．红牌作战的实施步骤

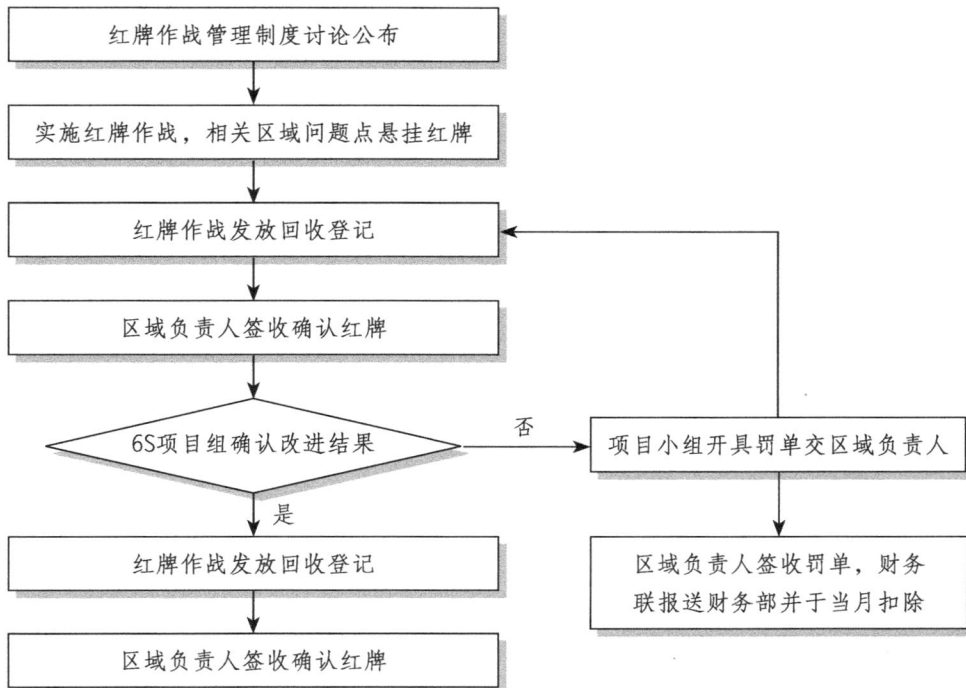

红牌作战的实施步骤

8. 红牌作战实施细则

8.1 红牌作战前应填写"红牌作战安排表"，对作战人员进行分组、划分作战区域、明确作战路线。

8.2 作战组成员依照相关部门"6S查核表"对现场有问题的对象填写红牌、编号，清楚描述问题点和对策说明，并使用双面胶张贴。

8.3 采用少数服从多数的原则，决定对某事物是否挂红牌。要求整改时间一般可分为立刻、3天、1周、2周、1个月、待定等6种。

8.4 区域负责人签收确认红牌，并领导员工开展改进活动。如特殊原因不能按期整改完成的，应在红牌上予以说明并拟定整改计划上报确认。

8.5 对发放的每张红牌进行记录，填写"红牌发放回收登记表"。

8.6 检查结束应结合图表制作PPT文件，对所有有问题点进行统计、描述、分析。

8.7 6S项目组按规定时间检查整改结果。对于不执行整改对策或执行不力的，应参照处罚规定做出相应处罚。

8.8 检查结果按部门整理，汇总并制作"阶段性总结图表"，对每次红牌发行数量、按期整改结果等作统计，并在宣传栏公布。

9. 红牌编号规定

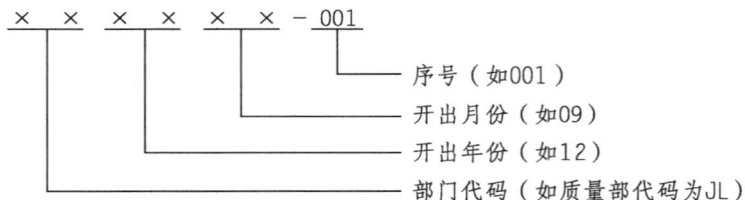

```
× × × × × × － 001
                    └── 序号（如001）
                └────── 开出月份（如09）
        └────────────── 开出年份（如12）
  └──────────────────── 部门代码（如质量部代码为JL）
```

10. 实施对象

10.1 任何不满足"三定"、"三要素"要求的。

10.2 工作场所的不要物。

10.3 需要改善的事、地、物。

10.3.1 超出期限者（包括过期的标语、通告）。

10.3.2 物品变质者（含损坏物）。

10.3.3 物品可疑者（不明之物）。

10.3.4 物品混杂者（合格品与不合格品、规格或状态混杂）。

10.3.5 不使用的东西（不用又舍不得丢的物品）。

10.3.6 过多的东西（虽要使用但过多）。

10.4 有油污、不清洁的设备。

10.5 卫生死角。

10.6　不可贴在人身上。

11．处罚规定

11.1　故意损坏、丢失红牌或在红牌上弄虚作假的，对该区域责任人处以____元/次的罚款，罚单经区域责任人签字后，交财务部门扣除罚款。

11.2　对红牌作战有明显抵触情绪、到期未执行整改措施的，对该区域责任人处以____元/次的罚款，罚单经区域责任人签字后，交财务部门扣除罚款并再次确定整改日期，到期仍未整改的，处以____元罚款并在6S管理月度考核中作扣分处理。

11.3　执行不力、到期未完成整改措施或因特殊原因影响整改措施，但没有上报整改计划经6S项目组确认的，对该区域责任人处以____元/次的罚款，罚单经区域责任人签字后，交财务部门扣除罚款。

11.4　每月有超过30%以上红牌问题点未整改完成，并没有作原因说明和整改计划的，将在6S管理月度考核现场点检项目中作扣分处理。

第六节　识别管理

一、人员识别

企业的规模越大，越需要进行人员识别，以便于展开工作。在生产现场中，可将人员按工种、职务资格及识别项目等类型，通过衣帽颜色、肩章、襟章及醒目的标识牌来区分。

（一）识别项目

人员识别项目有：内部职员与外人的识别，新人与旧人（熟练工与非熟练工）的识别，职务与资格的识别，不同职位（工种）的识别。

（二）工种识别

企业可利用着装颜色来区分不同工种。例如，白色衣服为办公室人员，蓝色衣服为生产员工，红色衣服为维修人员。

（三）职务识别

企业可利用肩章来区分不同职务。例如，无肩章为普通员工；一杠为组长；二杠为班长；三杠为主管；四杠为部门经理。

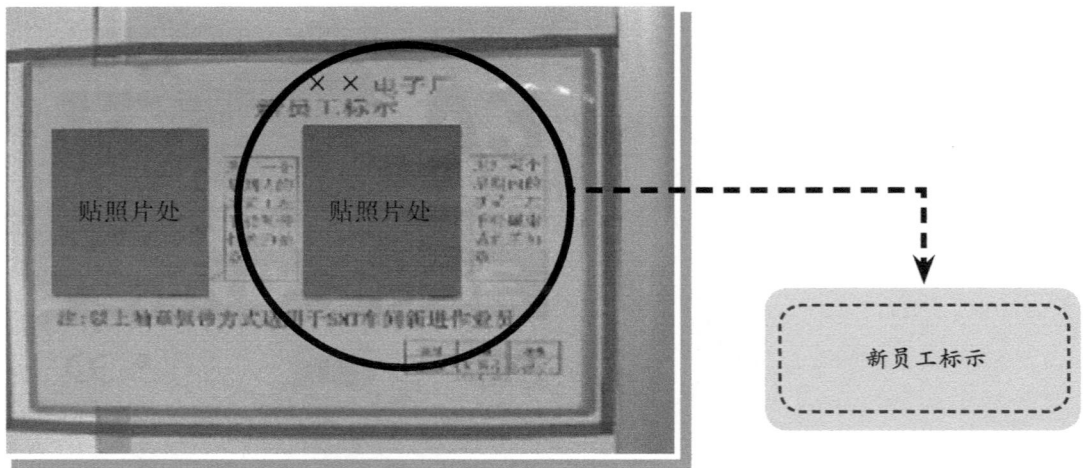

制定着装规定，以服装来识别工种、职务

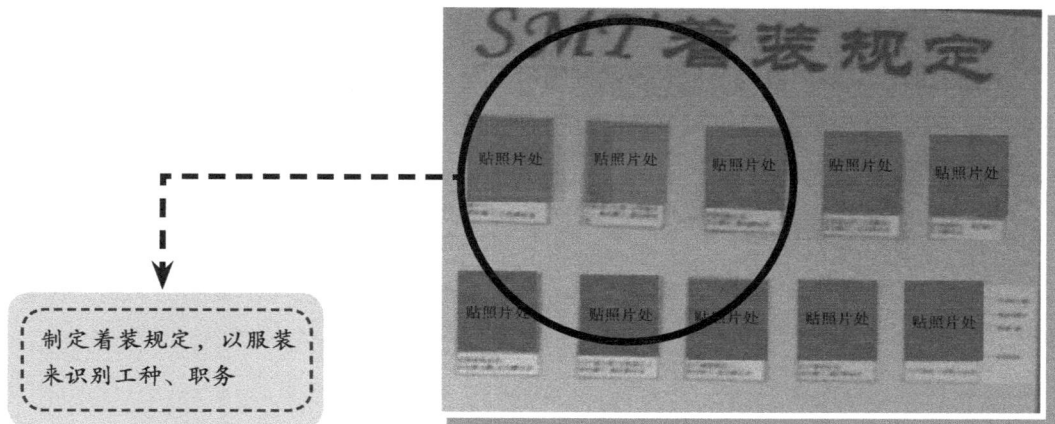

企业还可以用胸章、袖章、臂章、肩章、厂牌来识别不同职位。例如，取得焊锡、粘接、仪器校正等特殊技能资格认定的人，要佩戴相应的"认定章"；在厂牌（如图3-11所示）上粘贴本人相片，并设定不同的人事编号，必要时还可加注部门、职务以及资格等。

公司标志	××股份有限公司
姓名： _____	员工相片
部门： _____	
职务： _____	
入职时间： _____	编号：

图3-11 某公司厂牌

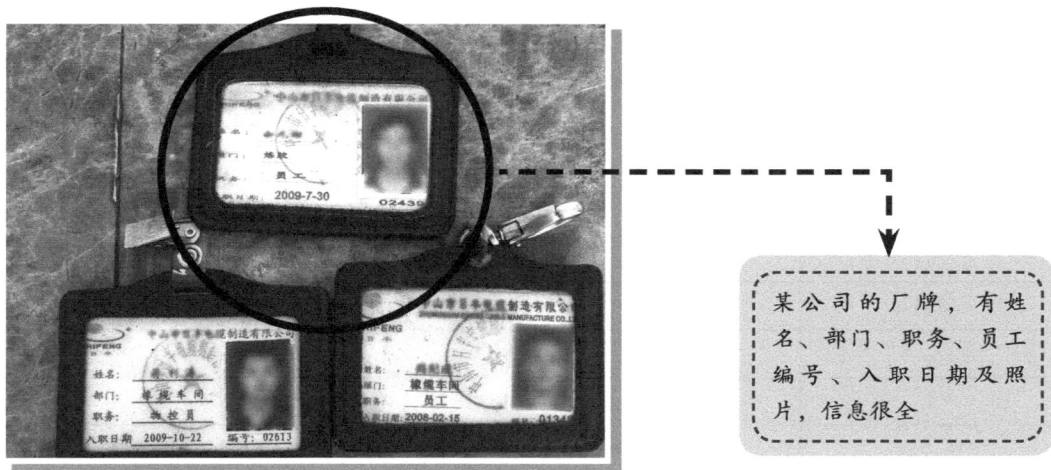

某公司的厂牌，有姓名、部门、职务、员工编号、入职日期及照片，信息很全

二、物料识别

现场中最容易出差错的项目之一就是物料管理，许多现场问题，如良品与不良品相互混淆、误用其他材料、数量不对等都与对物料的识别欠佳有关。所以，企业一定要做好物料的识别管理。

（一）物料识别项目

识别项目有：品名、编号、数量、来历、状态的识别；良品与不良品的识别；保管条件的识别。

（二）识别方法

1．在外包装或实物上，用文字或带有颜色的标贴纸来识别。例如，对不良品可贴上标贴纸，写上"不可使用"等字样，必要时还可用带箭头的标贴纸注明不良之处。

2．在托载工具上识别。例如，指定一些红色的箱子、托盒、托架、台车等只能装载不良品，不能装载良品，而绿色、黑色的才能装载良品。

3．在材料的"合格证"上做标记或注明。例如，将变更、追加的信息添注在"合格证"上。

提醒您

若材料是从供应商处购入，可要求供应商提供"合格证"；若材料是在本企业内制造，则要从第一道工序开始提供"合格证"。

4．将"移动管理卡"添加在实物上，以示识别。为了防止混淆，如试做品等，可在材料的外包装箱上添加"移动管理卡"，如表3-17所示。

表3-17　移动管理卡

责任人		日　期	
品　名	编　号	移动顺序	起始部门
项目	内　　容		
备　注			

仓库必须严格执行"先进先出"的原则，同时要将"移动管理卡"出具给制造部门，或交由技术部门鉴定。

5．分区摆放

物料管理最有效的识别方法就是分区摆放并加上明显的标识。不同材料摆放在同一货架上时，也要对货架进行适当区分。通常是大的、重的、不易拿的放在下层，小的、轻的放在上层，每一层均用标牌揭示。

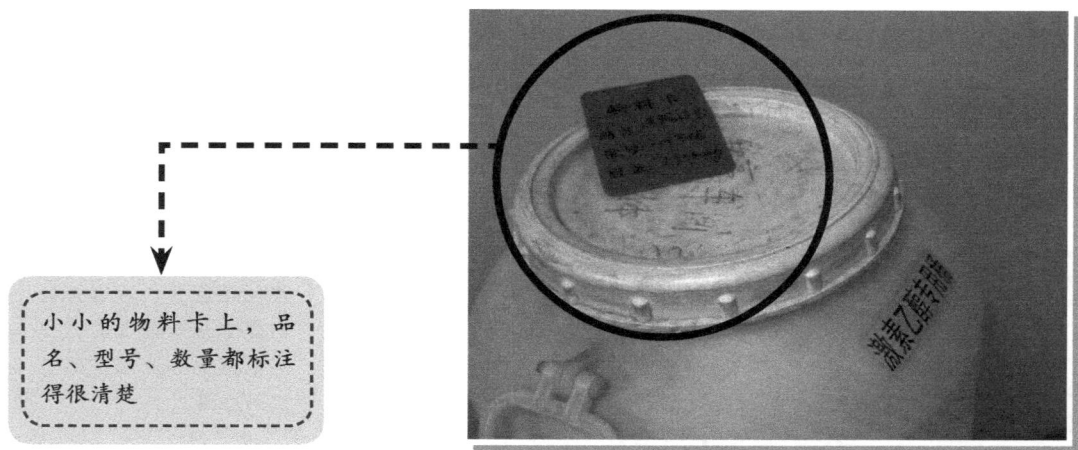

小小的物料卡上，品名、型号、数量都标注得很清楚

三、设备识别

（一）识别项目

识别项目有名称、管理编号、精度校正、操作人员、维护人员、运作状况、设备位置；安全逃生、生命救急装置；操作流程示意。

（二）识别方法

设备识别可采取以下几种方法。

1．画出大型设备的具体位置

2．在显眼处悬挂或粘贴标牌、标贴

（1）一台设备有时由几个部门共同管理，所以最好统一设计一个编号。

（2）如果判定某设备运作异常时，需要悬挂显眼标牌示意，必要时可在该标牌上附上判定人员的签名以及判定日期等内容，然后从现场撤离，这样其他人才不会误用。

（3）纸质标贴时间久了，容易发黄、发黑，最好做过塑处理，或用胶质贴纸。

3．规划专用场地并设置警告提示

对粉尘、湿度、静电、噪音、震动、光线等环境条件要求特殊的设备，可设置专用场地，必要时用透明胶帘圈围起来，并做上醒目警告提示。

4．设置颜色鲜艳的隔离装置

对于只凭警告标示还不足以阻止危险发生的地点，最好的办法就是将其隔离开来。若无法隔离，应设有紧急停止装置，保证特殊情况下的人身安全。

5．声音、灯光提示

在正常作业情况下亮绿灯，在异常情况下亮红灯并伴有鸣叫声。

6．痕迹留底

精密设备一旦设定最佳运作位置之后就不宜改变，可是最佳位置在哪里呢？有时修理人员拆卸之后，无法将原件迅速、准确地复位，这样设备运行反而更不顺畅，不得不反复调整，所以最好的办法是将痕迹留底。

旋钮往左开、往右开的功能都标示在上面，就可以防止作业人员因忘记而弄错

挂有机器状态标示牌

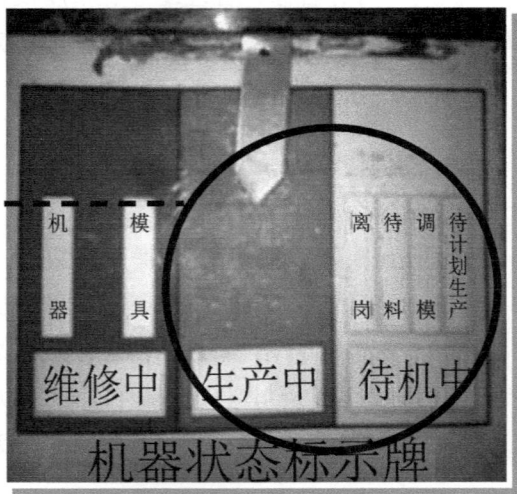

机器状态标示牌

四、作业识别

（一）识别内容

1．作业过程和作业结果。

2．生产布局、工艺流程、质量重点控制项目。

3．个体作业指示、特别注意事项等。

4．作业有效日期、实施人。

（二）识别方法

1．利用文字、图片、样品等可识辨工具。

2．颜色识别。实际指导作业人员作业时，最好由管理人员出示样品并言传身教。为了防止作业人员犯错误，管理人员可以将作业要点摘出，并用彩色笔圈画出，挂在最容易使作业员看到的位置上。

> **提醒您**
>
> 　　若是流水线生产方式，只需在第一道工序识别生产内容即可；若为单工序作业，则需要识别作业内容。同时，识别方法要显眼，要方便自己和他人察看。

五、环境识别

从进厂门开始到生产现场，再到各个部门，企业都要配备完整的厂区平面布局示意图和现场布局示意图。这不仅可以帮助新员工早日熟悉环境，而且可以加深客户对企业的了解，对树立企业形象具有重要意义。

（一）识别内容

1．厂区平面分布，如建筑物、通道、外运车辆、停车场、禁烟区等。

2．建筑物内各部门所在位置。

3．各种通信线、动力电线、水管、气管、油管等。

4．各种电、气、水、控制开关。

5．各种文件、阅读物。

对重要的阀门进行上锁及标识管理，可将出错率降到最低

标识各种电、气、水等控制开关

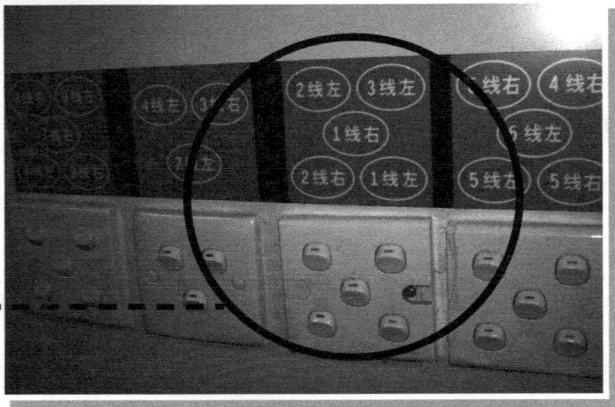

（二）识别方法

1. 颜色识别

颜色识别就是运用不同的颜色对不同的环境加以区分，例如，将作业区刷成绿色，将通道用黄色线隔离，将消防水管刷成红色等。应当注意的是，不论是用什么油漆都要定期重刷，否则油漆剥落之后，视觉效果比不刷更差。

2. 标牌识别

标牌识别就是运用标志牌来加以区分，例如，对于车间名，可直接在车间进出门上钉上标牌或进行编号；对于禁烟区，则可悬挂禁烟标记。

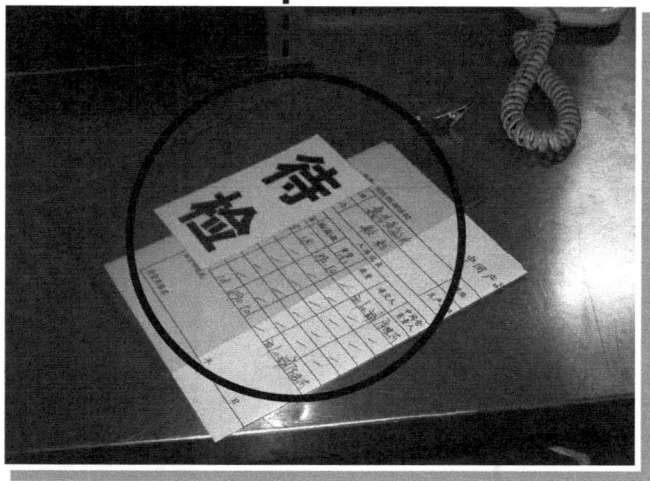

提醒您

　　环境识别用的标牌种类最多，但同一工厂内的各部门对同一对象所用的标牌式样应当统一，说明文字要简单明了。同时，当识别对象本身的内容变更之后，标牌也要及时更新。

六、不合格品识别

　　为了确保不合格品在生产过程中不被误用，企业所有的外购货品、在制品、半成品、成品以及待处理的不合格品均应有品质识别标识。

（一）选择标识物

1. 标志牌

标志牌是由木板或金属片做成的小方牌，按货品属性或处理类型将相应的标志牌悬挂在货物的外包装上加以标识。

根据企业需求，标识可分为"待验"牌、"暂收"牌、"合格"牌、"不合格"牌、"待处理"牌、"冻结"牌、"退货"牌、"重检"牌、"返工"牌、"返修"牌、"报废"牌等。标志牌主要适用于对大型货物或成批产品的标识。

2. 标签或卡片

该标识物一般为一张标签纸或卡片，通常也称之为"箱头纸"。在使用时，将货物类型标注在上面，并注明货物的品名、规格、颜色、材质、来源、工单编号、日期、数量等内容。在标识品质状态时，QC人员按物品的品质检验结果在标签或卡片的"品质"栏中进行标识，并加盖相应的QC标识印章。

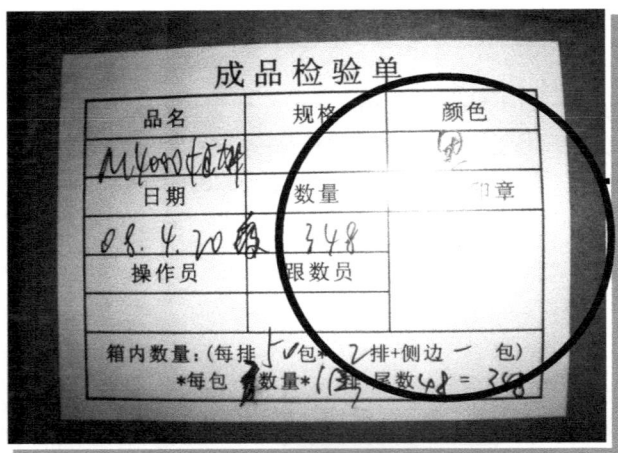

"成品检验单"是箱头纸的一种，QC人员应在此盖章

3. 色标

色标的形状一般为一张正方形（2厘米×2厘米）的有色粘贴纸，可直接贴在货物表面的规定位置，也可贴在产品的外包装或标签纸上。

色标的颜色一般分为：绿色、黄色、红色三种，具体如表3-18所示。

表3-18　色标的颜色、意义及贴置地方

颜色	意义	贴置地方
绿色	绿色代表受检产品合格	一般贴在货物表面的右下角易于看见的地方
茶色	茶色代表受检产品品质暂时无法确定	一般贴在货品表面的右上角易于看见的地方
红色	红色代表受检产品不合格	一般贴在货物表面的左上角易于看见的地方

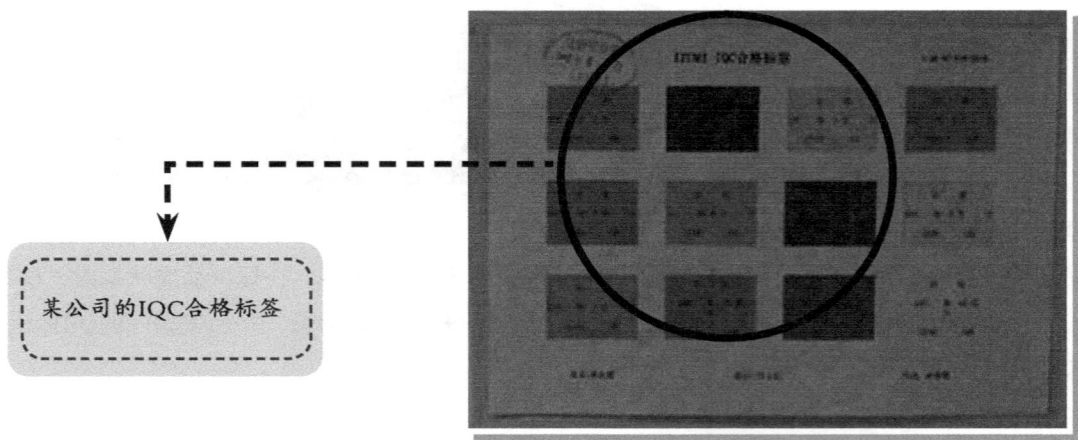

某公司的IQC合格标签

（二）不合格品标识

1. 进料不合格品标识

品质部进行IQC检验时，若发现来货中存在不合格品，且数量已达到或超过工厂来料品质允收标准时，IQC验货人员应即时在该批（箱或件）货物的外包装上挂"待处理"标牌，报请部门主管或经理裁定处理，并按最终审批意见改挂相应的标识牌，如"暂收"、"挑选"、"退货"等。

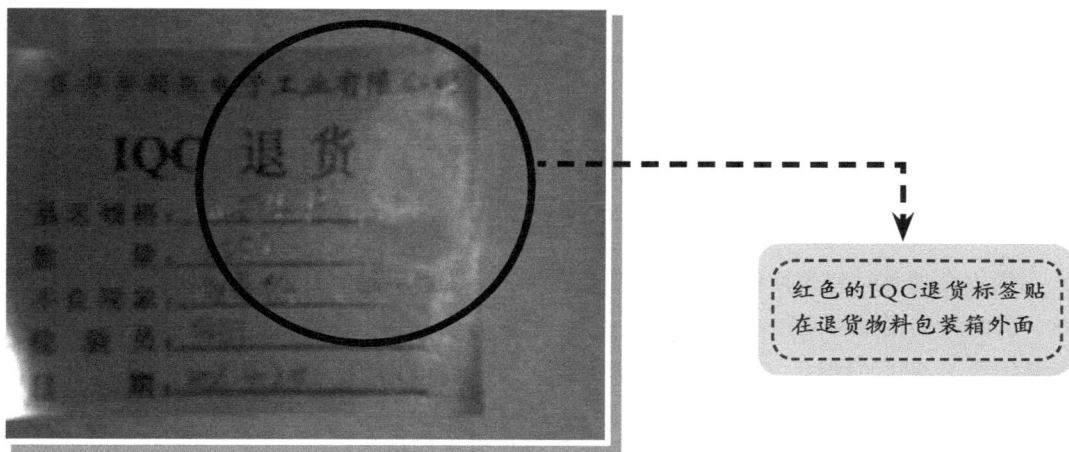

红色的IQC退货标签贴在退货物料包装箱外面

2. 制程中不合格品标识

在生产现场的每台机器、每条装配拉台、包装线甚至每个工位旁边，都应设置专门的"不合格品箱"。

（1）对于自检出的或PQC人员在巡检中判定的不合格品，员工应主动地放入"不合格品箱"中，待该箱装满或该工单产品生产完成时，由专门员工清点数量。

提醒您

如果工厂内部对成批货品的品质无法确定，需要外部或客户确认时，QC员可在该批货品外包装上挂"待处理"或"冻结"标牌，以示区别。此类货品应摆放在工厂或现场划定的"周转区"内，等待处理结果。

（2）在容器的外包装表面指定的位置贴上"箱头纸"或"标签"，经所在部门的QC员盖"不合格"字样或"REJECT"印章后，搬运到现场划定的"不合格"区域，整齐摆放。

3．仓存不合格品标识

QC组定期对仓存物品的品质进行评定，对于其中的不合格品，由仓库集中装箱或打包，由QC员在货品的外包装上挂"不合格"标识牌，或在箱头纸上逐一盖"REJECT"印章。对于暂时无法确定是否合格的物品，可在其外包装上挂"待处理"标牌，等待处理结果。

七、识别标志的管理要项

各种识别标志其实就是一张小看板，表面上感觉很简单，但非常有讲究。工厂需要标示的物品、机器实在太多，如果标志没有统一的标准，时间长了会有一种让人眼乱心烦的感觉。所以工厂一定要在一开始就做好对标志的统一规定，不要等到发现问题后再重新制作，这样会浪费很多的时间和金钱。

（一）标志的材料

标志会随着时间的推移而氧化或变化，字迹、颜色和粘贴的胶水等也会渐渐褪色或脱落，有时还会因某种原因在一个地方标示多次。所以，制作标志时，要针对场所、位置、物品等选用不同的材料，使之持久并容易维护。制作标志常用的材料如表3-19所示。

表3-19　标志制作常用的材料

材料	适用位置	效用	维护方法
纸类	普通物品，人或物挨碰触摸机会少的地方	比较容易标示并方便随时标示	在纸张上过一层胶，防止因挨碰触摸或清洁而造成损坏
塑胶	场所区域的标志	防潮、防水、易清洁	阳光的照射会使胶质硬化、脆化、变色，尽量避免阳光直射
油漆	机械设备的危险警告和一些"小心有电"等位置	不容易脱落，时刻保持提醒作用且易清洁	定期翻新保养
其他	用于一些化学物品和防火物（如逃离火警的方向指示牌等）	其他防火和防腐蚀	保持清洁

（二）标志的规格

标志的大小规格直接影响整体美观。例如，在两个大小一样的货架上，货架A的标志很大，货架B的标志很小，这就会让人看了很不舒服。所以，标志的字体、大小、规格要统一。

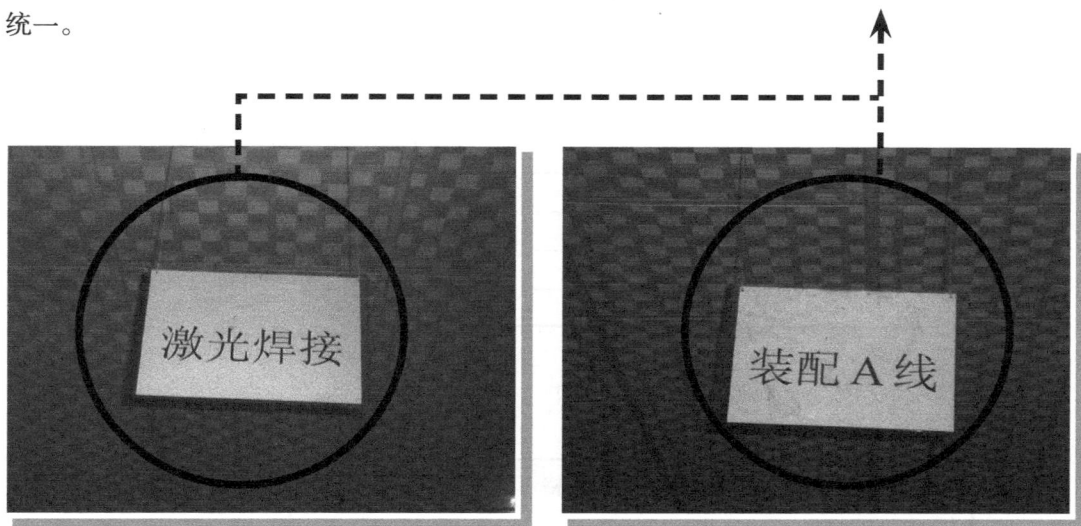

（三）标志的字体

标志最好使用统一纸张打印，不要手写，目的是统一字体、字号，在视觉上保证美观。

以下为某公司对其标志牌作出的具体规定，供读者参考。

1．自制货架标志牌（大中型架）

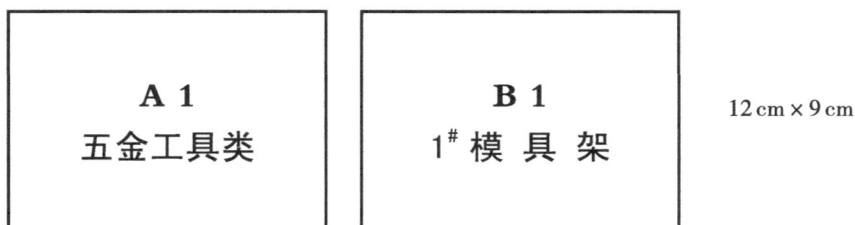

12 cm × 9 cm

2．定制工具架、模具架标志牌（小型架）

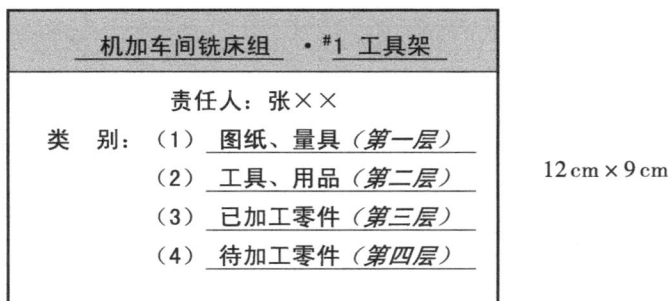

12 cm × 9 cm

3. 定制工具柜、物品柜标志牌（柜门左上角）

机加车间铣床组 · #1 工具柜
责任人：李××
类　别：（1）　资料用品
（2）　常用工具、量具
（3）　加工刀具
（4）　劳保用品

车间用12cm×9cm大标签

办公室用12cm×9cm小标签

4. 工具/物品定点标志牌（数量变动时）

品名		规格	
最大库存			
安全库存			
备注			

8.5cm×5cm

品名		规格	
最大库存		备注	
安全库存			

8.5cm×3cm

（2）资料用品　　1			
品名	修正液	规格	极细型
安全库存	2支	最大库存	5支

8.5cm×2cm

5. 工具/物品定点、定量标志（数量固定时）

品名		规格	
数量		备注	

8.5cm×1.5cm

（2）常用工具-1			
品名	挑口钳	规格	6#
数量	3把		

8.5cm×3cm

6. 文件夹标志

统一规格，用电脑打印（以文件夹侧面标识为主）。

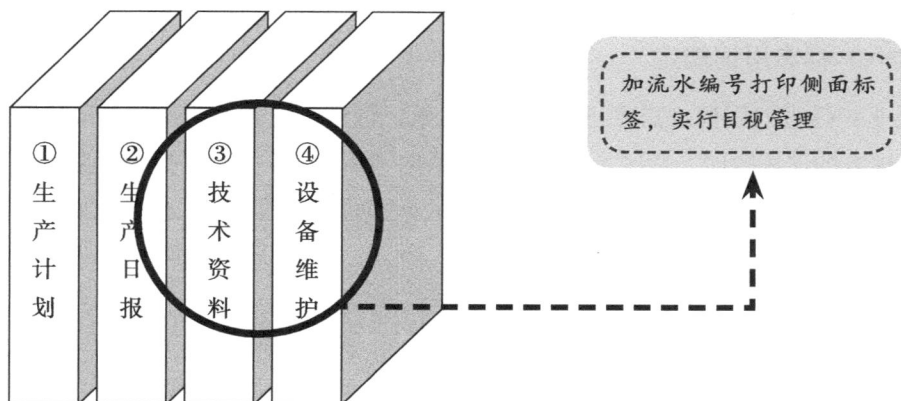

> 加流水编号打印侧面标签，实行目视管理

（四）标志的粘贴

标志必须要确保粘贴牢固，特别是一些危险、警告等的标志，并且要有人经常检查是否有脱落现象，以避免因某张标志脱落而导致发生严重的错误。若是采取悬挂的方式，则悬挂线一定要选择牢固、耐用的，以免标志牌掉落。

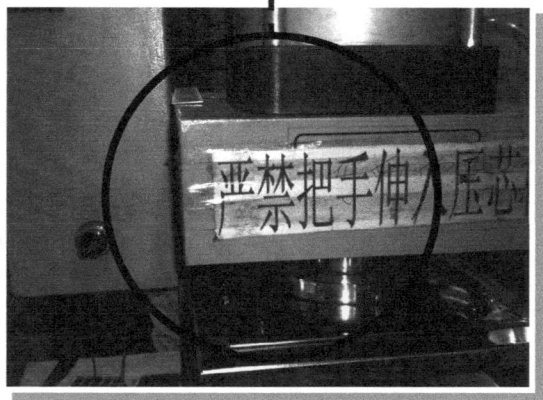

（五）标志的颜色

企业要确保标志的颜色使用恰当，否则很容易造成误会。颜色要比文字更为醒目，以帮助员工不必看清文字便能够了解其大概意思。所以，标志的颜色也必须统一。

（六）标志用词规定

企业对标志的用词也需要进行规定。例如，对于一些如"临时摆放"的标志，必须规定该标志的使用时间，有些员工把"临时摆放"标志一贴，结果摆放了整个月还是"临时摆放"着。再如一些"杂物柜"的标志，由于字面的范围太广，什么东西都可以往里面放，最后就成了所有不要物品的"避风港"。所以，企业可以使用以下的办法控制这类标识的使用。

1．同一工厂内（部门内）的识别方法要统一，要事先向所有人员说明清楚识别法。

2．标牌类的粘贴、悬挂位置要牢固。若是露天看板，不仅要确保员工全天候都能看得清，还要防止由于风吹雨淋、太阳晒而造成的破损。

3．同一标牌里应尽量避免中文、外文搭配使用。

4．及时更新识别情报，可用光滑白板、水性彩笔、磁铁板、图钉、夹子等工具书写、固定。

5．看板类的识别工具要就近设置，便于相关人员使用。

下面提供某公司识别标志规定的范本，供读者参考。

【实战范本3-09】××公司识别标志规定

××公司识别标志规定

1．电源、风扇、开关标志

1.1 长×宽：3.2厘米×1.5厘米。

1.2 宋体；字号各区域统一。

1.3 贴在开关正上方。

1.4 统一为白底黑字。

1.5 建议选用白纸制作。

2．抽屉标志

2.1 长×宽：4厘米×2.5厘米。

2.2 宋体；字号各区域统一。

2.3 尽可能贴抽屉右上角。

2.4 统一为白底黑字。

2.5 建议选用白纸制作。

3．区域标志

3.1 A4纸大小。

3.2 宋体；字号各区域统一。

3.3 贴在离地面垂直距离1.5米，1.8米，2.2米或2.5米。

3.4 消防、高温、高压等安全警告和不良品及报废区统一颜色为粉红或红色的底白字，其他的区域均为蓝色底白字。

3.5 建议选用压克力板制作。

4．资料、文件类别标志

4.1 长×宽：4.0厘米×2.0厘米。

4.2 宋体；字号各区域统一。

4.3 贴在与物品对应的上方或下方位置，各区域统一。

4.4 统一为白底黑字。

4.5 建议选用白纸制作。

第七节　定点摄影

定点摄影法是指从同样的位置、同样的高度、同样的方向，对同样的物体进行连续摄影。定点摄影法是一种常用的6S活动方法。

一、定点摄影的目的

定点摄影主要是通过对现场情况的前后对照和不同部门的横向比较，对各部门造成无形的压力，促使各部门做出整改。

在定点摄影的运用过程中，每个车间、每个部门都可以贴出一些有代表性的照片，并在照片上详细标明以下信息：车间主任的名字、现场责任人的名字、违反了6S管理的哪些规定。这样就能将问题揭示清楚，也能够为存在问题的部门施加整改压力。改善前的现场照片促使各部门为了部门形象与利益而采取解决措施，而改善后的现场照片能让各部门的员工获得成就感与满足感，从而有了进一步改善的动力。

二、定点摄影的主要内容

定点摄影充分利用了各部门与员工的竞争心理和面子心理，能够有效地改善生产现场脏、乱、差等不良状况，从而降低产品的不合格率与错误发生率，保证生产现场的工作效率与安全。

> 【实例】
>
> 某电子厂在推行6S管理之初，采取的是试点推行的办法。通过定点摄影，把每个部门最脏、最乱、最差的地方找出来。随着工作的开展，样板区现场发生了显著变化，干净、整洁的样板呈现在了员工面前，使员工对这一新事物逐渐有了认同。

三、定点摄影的做法

在地上画一个点，摄影者站在点上；在所摄物体的中心位置也画一个点，摄影时照相机的焦点对准所拍物体上的点，如图3-11所示。

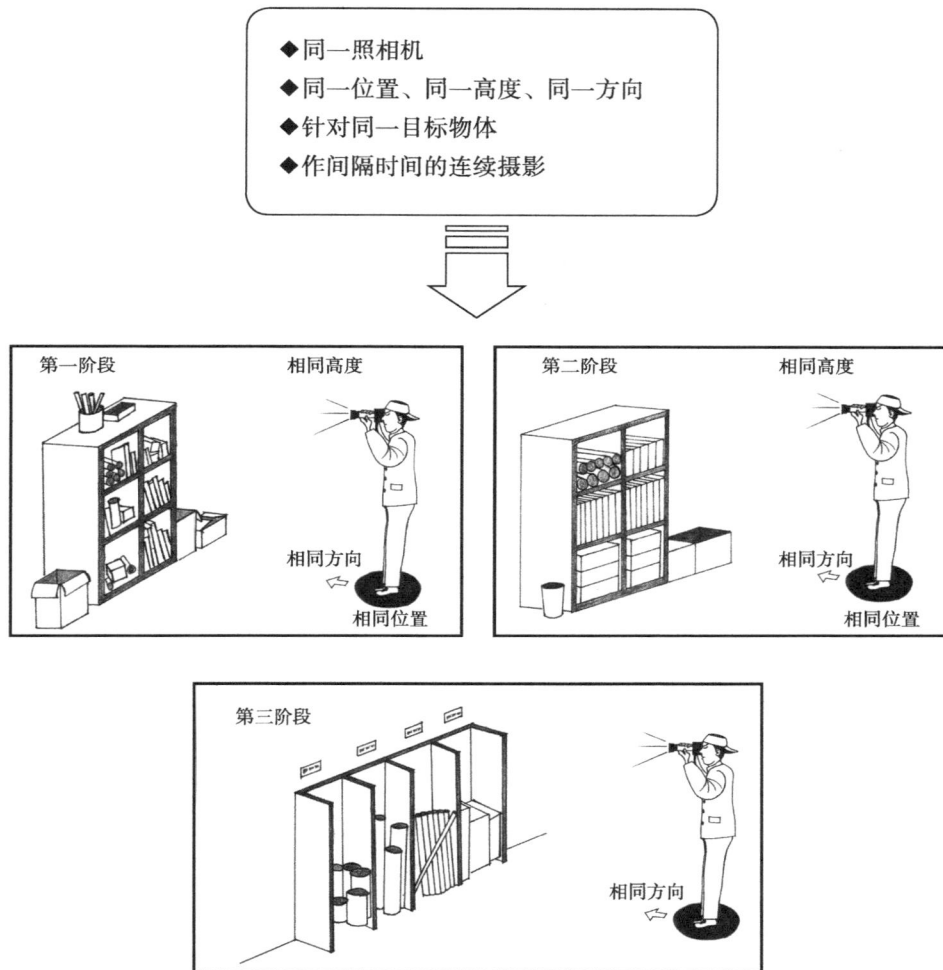

◆同一照相机
◆同一位置、同一高度、同一方向
◆针对同一目标物体
◆作间隔时间的连续摄影

第一阶段　相同高度

相同方向

相同位置

第二阶段　相同高度

相同方向

相同位置

第三阶段

相同方向

图3-11　定点摄影的做法示意图

四、定点摄影的运用要领

（一）制订定点摄影方案及推行计划

为了使定点摄影能够真正的起到作用，企业要在6S推行的宣传和培训阶段制订定点摄影方案及推行计划，以便明确定点摄影的原则、摄影点的选择要求及推行要领。

以下提供某公司的定点摄影方案，供读者参考。

【实战范本3-10】××公司定点摄影方案及推行计划

··

××公司定点摄影方案及推行计划

一、目的

为搞好公司6S管理工作，及时发现车间或仓库存在的不合理现象，特制定本方法。

二、原则

1．实行全体员工监督原则。

2．不罚款原则。

3．坚持到底、彻底改善原则。

三、计划

1．在每一个星期内，每次在每个车间或仓库内选定两个不合乎6S管理的区域进行摄影，并将其公布在公司的公告栏上，同时注明是哪一个车间，车间主管（负责人）是谁，并标注改进期限。另外，在选定的地点上挂上红牌，让全体员工监督其改善情况。

2．红牌示例

改进通知单

编号		年　　月　　日	
填单人			
责任部门			
贴示地点			
改善事项			
未定位		不清洁	
未区分		不安全	
未定量		不需要	
其他			
改进期限	日内		

3．在随后的一个星期中，在同一地点再次摄影，同样将其公布在公告栏上，并注明是哪一个车间，车间主管（负责人）是谁。

4．对于同一地点一次改善彻底的，给予其车间主管全厂通报表扬；对于同一地点改善不好、改善力度不够或寻找借口的，给予其车间主管全厂通报批评，直至此改进点按照6S的标准整理好为止，方可撤销通报批评。

5．在以后的每一个星期内，另选地点进行定点摄影，按照以上方法反复进行。

6．在开展6S管理活动期间，对于自我主动改善良好或积极配合改善的车间或仓库，同样摄影并给予公开表扬。

（二）拍摄前要征得被拍者的同意

由于定点摄影有可能拍下工作场所中不愿让其他人看见的、"令人感到不好意思"的行为，为了使工作岗位上的作业人员不至于感到难堪，应该事前对员工进行教育，告诉他们"为什么要进行定点摄影"并征得他们的同意。

（三）照片运用

企业可将照片贴在图表上，以此为基础召开会议。在定点摄影图表上的第一阶段（通常为四个阶段）里记下摄影日期、贴上照片、记入评分。评分从低到高为1分、2分、3分、4分、5分。建议档的填写较随意，可以由上级填写建议，也可以填写对员工的要求等。

每次实施对策并取得一定的改善效果后，应再次摄影，按时间顺序贴上新照片。但若每改善一次就摄影一次，则随后的工作会相当繁琐，所以可以采取定点摄影，即事先决定下次摄影的日期。

以下提供××公司的定点摄影图表的范本，供读者参考。

【实战范本3-11】××公司定点摄影图表

××公司定点摄影图表

部门：　　　　　　　部门负责人姓名：　　　　　　现场责任人姓名：

阶段	照片	摄影日期	评分	建议
第一阶段		4.15	0	1．处理一些无用的物品 2．进行整顿 3．制作文件一览表

（续表）

阶段	照片	摄影日期	评分	建议
第二阶段		4.25	4	文件夹背脊标签要统一，最好用颜色画线显示，使之容易放、容易找
第三阶段	（略）			
第四阶段	（略）			

第四章
6S 的 实 施

有了明确的6S活动推广计划，掌握了实用的6S推行方法，接下来要做的就是一步一步地在工作现场按整理、整顿、清扫、清洁、安全、素养的步骤实施6S活动。在实施的过程中，一定要保证全员参与，保证有错必纠，直到做法完全正确。

1 1S——整理的实施

2 2S——整顿的实施

3 3S——清扫的实施

4 4S——清洁的实施

5 5S——安全的实施

6 6S——素养的实施

第一节 1S——整理的实施

整理就是要将必需品与非必需品区分开，在岗位上只放置必需品，将不需要使用的物品清出工作场所，其目的是把"空间"腾出来活用。

一、整理的作用

（一）整理有以下作用

1．可以使现场无杂物、通行顺畅，增大作业空间，提高工作效率。

2．减少碰撞，保障生产安全，提高产品质量。

3．消除混料差错。

4．有利于减少库存、节约资金。

5．使员工心情舒畅、工作热情高涨。

（二）因缺乏整理而产生的各种常见的浪费

1．空间浪费。

2．零件或产品因过期而不能使用，造成资金浪费。

3．场所狭窄，因不断移动物品而造成浪费。

4．管理非必需品的场地和人力浪费。

5．库存管理及盘点时间的浪费。

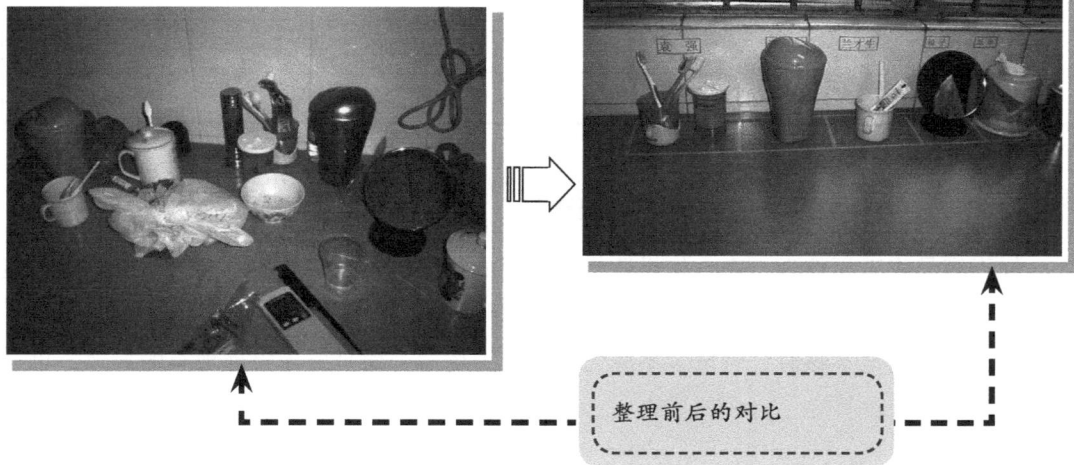

整理前后的对比

二、整理的实施要领

（一）明确什么是必需品

所谓的必需品，是指经常使用的物品，如果没有它，就必须购入替代品，否则将影响正常的工作。

非必需品可分为两种：一种是使用周期较长的物品，如一个月、三个月甚至半年才使用一次；另一种是对目前的生产或工作无任何作用的、需要报废的物品，如已不再生产的产品的样品、图纸、零配件、生产设备等。

一个月使用一至两次的物品不能称之为经常使用的物品，而应称之为偶尔使用的物品。

必需品和非必需品的区分和处理方法如表4-1所示。

表4-1 必需品和非必需品的区分和处理方法

类别	使用频度		处理方法	备注
必需物品	每小时		放工作台上或随身携带	
	每天		现场存放（工作台附近）	
	每周		现场存放	
非必需物品	每月		仓库储存	
	三个月		仓库储存	定期检查
	半年		仓库储存	定期检查
	一年		仓库储存（封存）	定期检查
	两年		仓库储存（封存）	定期检查
	未定	有用	仓库储存	定期检查
		不需要用	变卖/废弃	
	不能用		废弃/变卖	

（二）增加场地前，必须先进行整理

好不容易将工厂整理干净，如果还将不需要的物品也整齐摆放在一起的话，就有可能会弄不清楚需要的物品为哪些，甚至会因为放置了不必要的物品而放不下必需品。

所以，当场地不够时，管理者不应先考虑扩大场地，而是要先整理现有的场地，也许会有很大的空间。

三、整理的步骤

（一）现场检查

企业要组织人员对工作现场进行全面检查，包括看得见和看不见的地方，如设备的内部、文件柜的顶部、桌子底部等位置。

（二）区分必需品和非必需品

管理必需品和清除非必需品同样重要。管理者先要判断出物品的重要性，然后根据其使用频率决定管理方法，如清除非必需品，用恰当的方法保管必需品，使其便于寻找和使用。对于必需品，许多人总是混淆了客观"需要"与主观"想要"的概念，他们在保存物品方面总是采取一种保守的态度，即"以防万一"的心态，最后将工作场所几乎变成了"杂物馆"。所以，管理者区分是"需要"还是"想要"是非常关键的。

（三）清理非必需品

清理非必需品时，把握的原则是看物品现在有没有使用价值，而不是原来的购买价值，同时还要注意以下物品。

1．货架、工具箱、抽屉、橱柜中的杂物，过期的报刊杂志，空罐，已损坏的工具、器皿。

2．仓库、墙角、窗台、货架、柜顶上摆放的样品、零件等杂物。

3．长时间不用或已经不能使用的设备、工具、原材料、半成品、成品。

4．办公场所、桌椅下、看板上的废旧文具，过期的文件、表格、数据记录等。

（四）每天循环整理

整理是一个永无止境的过程。现场每天都在变化，昨天的必需品在今天可能就是多余的，而今天的需求与明天的需求也会有所不同。所以，整理贵在"日日做、时时做"，如果只是偶尔突击一下，做做样子，那么就失去了整理的意义。

四、整理的具体实例

整理的具体实例如表4-2所示。

表4-2　整理的具体实例

整理措施	物品或现象
丢弃无使用价值的物品	（1）不能使用的旧手套、破布、砂纸 （2）损坏了的钻头、磨石

（续表）

整理措施	物品或现象
丢弃无使用价值的物品	（3）断了的锤、套筒、刀具等工具 （4）精度不准的千分尺、卡尺等测量工具 （5）不能使用的工装夹具 （6）破烂的垃圾桶、包装箱 （7）过时的报表、资料，停止使用的标准书 （8）枯死的花卉 （9）无法修理好的器具、设备，过期、变质的物品
不使用的物品不要	（1）目前已不生产的产品的零件或半成品 （2）已无保留价值的试验品或样品 （3）多余的办公桌椅 （4）已切换机种的生产设备 （5）已停产产品的原材料
多余的装配零件不要	（1）没必要装配的零件 （2）能共通化的尽量共通化 （3）设计时，从安全、品质、操作方面考虑，能减少的尽量减少
造成生产不便的物品不要	（1）取放物品不便的盒子 （2）为搬运、传递而经常要打开或关上的门 （3）让人绕道而行的隔墙
不良品与良品分开摆放	（1）设置不良品放置场所 （2）规定不良品的标识方法，一目了然 （3）规定不良品的处置方法、处置时间和流程
减少滞留，谋求物流顺畅	（1）工作岗位上只能摆放当天工作的必需品 （2）工作场所不能被零件或半成品塞满 （3）工作通道或靠墙的地方不能摆满卡板或推车

五、不要物的处理程序

（一）处理方法

对于贴了非必需品红牌的物品，企业必须一件一件地核实实物和票据，确认其使用价值。若经判定，某物品被确认为有用，那么就要揭去非必需品红牌；若该物品被确认为非必需品，则应该决定具体的处理方法，并填写"非必需品处理表"。一般来说，处理非必需品有以下几种方法。

1. 改用

将材料、零部件、设备、工具等改用于其他项目，或交给其他需要的部门。

2．修理、修复

对不良品或故障设备进行修理、修复，恢复其使用价值。

3．作价卖掉

（1）由于销售、生产计划或规格变更，使得购入的设备或材料等物品用不上，对这些物品，可以考虑和供应商协商退货或者（以较低的价格）卖掉，以回收货款。

（2）若该物品有使用价值，但可能涉及专利或企业商业机密，应按企业具体规定进行处理；若该物品只是一般废弃物，在经过分类后可将其出售。

（3）若该物品没有使用价值，可根据企业的具体情况进行折价出售，或作为培训、教育员工的工具。

4．废弃处理

对那些实在无法发掘其使用价值的物品，必须及时实施废弃处理，要在考虑环境影响的基础上，从资源再利用的原则出发对其进行处理，如通过专业公司回收处理等。处理的流程如图4-1所示。

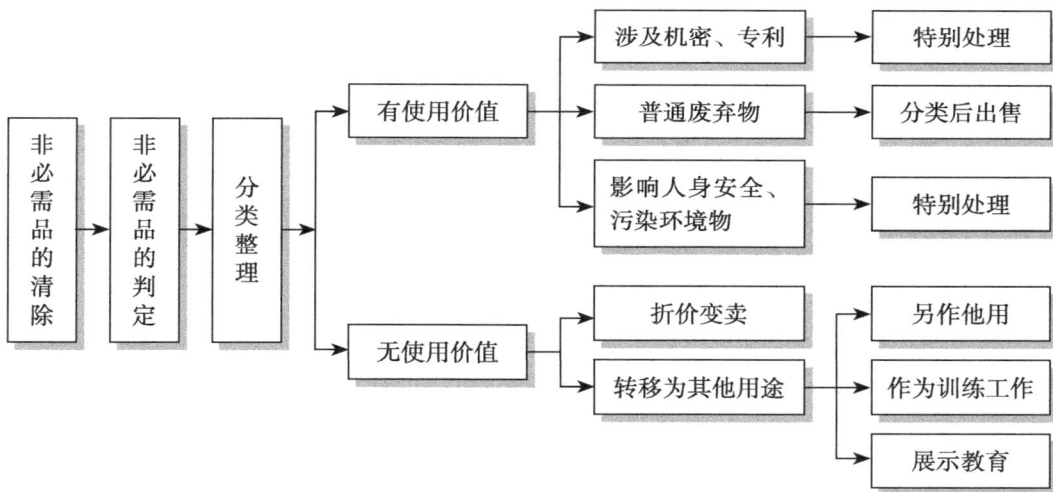

图4-1　非必需品处理流程

（二）建立一套非必需品废弃的程序

为保持整理活动的成果，企业最好建立一套对非必需品进行废弃申请、判断、实施及后续管理的程序和机制。建立物品废弃的申请和实施程序就是通过制定标准，明确物品废弃的提出、审查、批准和处理办法，给整理工作的实施提供制度上的保证。

一般来说，非必需品废弃的申请和实施程序必须包括以下内容。

1．物品所在部门提出废弃申请，填写处理清单（见表4-3、表4-4）。

2．技术或主管部门确认物品的利用价值。

3．相关部门确认再利用的可能性。

4．财务等部门确认。

5．高层负责人做最终的废弃处理认可。

6．由指定部门实施废弃处理，填写废弃单，保留废弃单据备查。

7．由财务部门做账面销账处理。

表4-3　非必需品处理清单

序号	非必需品名称	规格	数量	参考价格	存放地	判定	处置

表4-4　不要物处理申报清单

序号	物品名称	型号规格	数量	不用原因	部门处理意见	总经理处理意见	备注

申报人：　　　　　　　　　　申报部门主管审查：　　　　　　　　　总经理核准：

第二节　2S——整顿的实施

整顿就是将必需品按照定位、定量地摆放整齐，明确标示，其目的是省去寻找物品的时间，使工作场所的物品一目了然。

一、整顿的作用

（一）整顿有以下作用

1. 提高工作效率。

2. 将寻找物品的时间减少为零。

3. 异常情况（如丢失、损坏）能马上发现。

4. 非担当者的其他人员也能明白要求和做法。

5. 不同的人去做，结果是一样的（已经标准化）。

（二）因没有整顿而产生的浪费

1. 寻找时间的浪费。

2. 停止和等待的浪费。

3. 因认为没有而多余购买所造成的浪费。

4. 因计划变更而造成的浪费。

5. 因交货期延迟而造成的浪费。

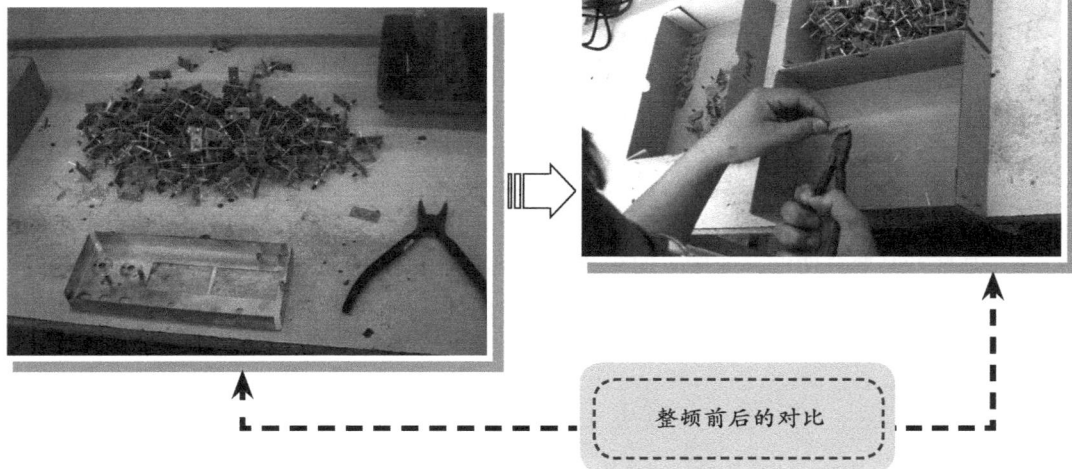

整顿前后的对比

二、整顿的实施要领

（一）彻底地进行整理

1. 彻底地进行整理，只留下必需品。

2. 在工作岗位只能摆放最低限度的必需品。

3. 正确判断出是个人所需品还是小组共需品。

（二）确定放置场所

1. 进行布局研讨，讨论物品放在岗位的哪一个位置比较方便。

2. 将经常使用的物品放在工段的最近处。

3. 对于特殊物品、危险品，设置专门场所进行保管。

4. 物品放置100%定位。

（三）规定摆放方法

1. 按产品的规格或种类区分放置。

2. 摆放方法各种各样，如架式、箱内、工具柜、悬吊式等，各个岗位提出各自的想法。

3. 尽量立体放置，充分利用空间。

4. 便于先进先出。

5. 平行、直角、在规定区域放置。

6. 堆放高度应有限制，一般不超过1.2米。

7. 对于容易损坏的物品，要分隔或加防护垫保管，防止碰撞。

8. 做好防潮、防尘、防锈措施。

（四）进行标识

1. 采用不同色的油漆、胶带、地板砖或栅栏划分区域。

2. 在摆放场所标明所摆放的物品。

3. 在摆放的物体上进行标志。

4. 根据工作需要灵活地采用各种标识方法。

5. 标签上要进行标明，一目了然。

6. 某些产品要注明储存或搬运的注意事项以及保养的时间和方法。

7. 暂放产品应挂暂放牌，并指明管理责任、时间跨度。

8. 标识100%实施。

三、整顿的原则

（一）定点

定点也称定位，是指根据使用频率和使用的便利性，确定物品的放置场所。使用频率高的物品应放置在距离工作场地较近的地方，具体内容如表4-5所示。

表4-5　不同物品的定位方法

序号	物品	定位方法
1	原材料、半成品、成品	在工序附近划分明确的摆放区域，在遵循"先进先出"原则的前提下，分类摆放这些物品
2	机械设备和工作台	在不移动的情况下，可不用画定位线；对需要移动的机械设备或工作台，需要画定位线
3	各类工具	使用频率高的工具，可依其形状画出外形轮廓并定位，便于拿取和存放
4	实验仪器设备	在摆放架或存放区划分明确的摆放区域，明确标识，进行分区域定位存放
5	办公文件	首先将文件按不同的类别装入不同文件夹，然后以斜线进行定位

（二）定容

定容是指确定放置物品位置的空间大小。所选择容器的大小和材质应符合存放物品的要求，并加相应的标识，科学存放。

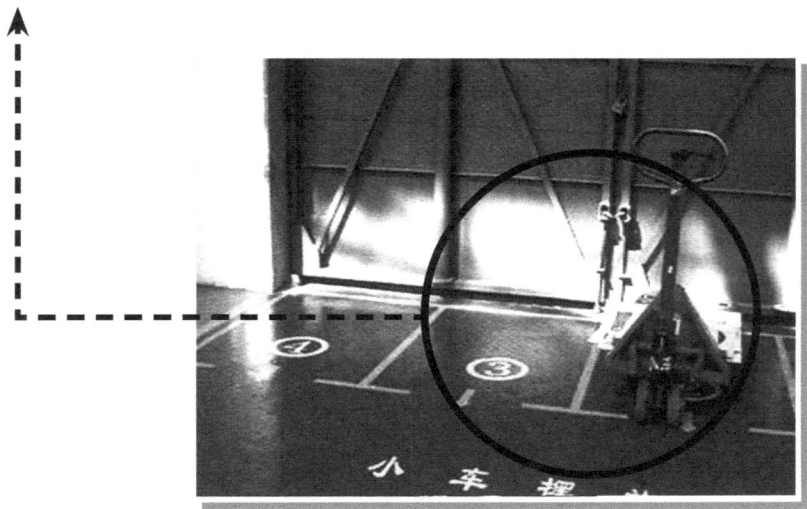

（三）定量

定量是确定保留在工作场所或其附近物品的数量。物品的数量越少越好，但要保证维持正常的生产工作。通过定量控制使生产有序化，降低和消除浪费。

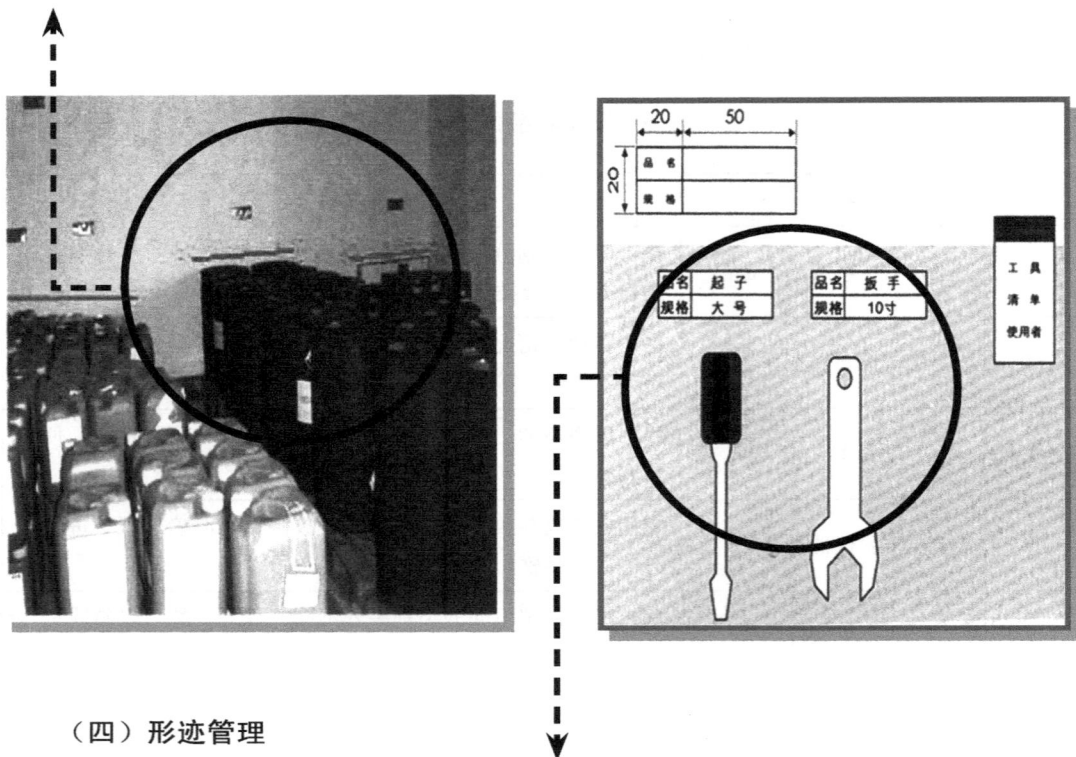

（四）形迹管理

形迹管理是定点和定量的常用工作，是指通过勾勒物品形状并按图案放置物品，以实现管理的科学化、直观化。

四、实施整顿的步骤

（一）分析现状

现场人员取放物品的时间为什么这么长？归根结底，原因如图4-2所示。

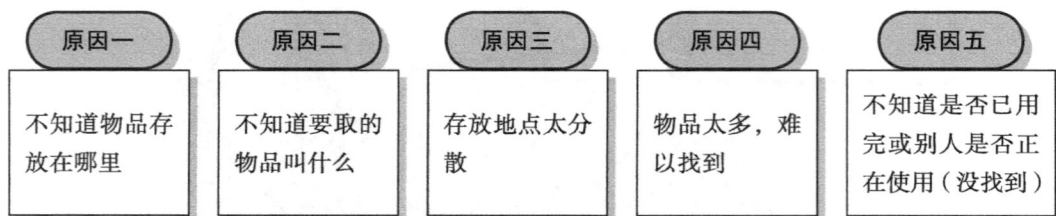

原因一	原因二	原因三	原因四	原因五
不知道物品存放在哪里	不知道要取的物品叫什么	存放地点太分散	物品太多，难以找到	不知道是否已用完或别人是否正在使用（没找到）

图4-2　实施整顿的原因

所以，企业要判断日常工作中的必需品的管理状况如何，必须从物品的名称、分类、放置等方面的规范化情况进行调查分析，找出问题所在，对症下药。

（二）将物品分类

根据物品各自的特征，把具有相同特点、性质的物品划为一个类别，并制定相应的标准和规范，以便为物品正确命名、标志。

（三）决定储存方法

对于物品的存放，企业通常采用的是定置管理。

1. 位置的确定

物品位置的确定有以下两种方法，如表4-6所示。

表4-6 物品位置的确定方法

	定义	适用范围	作用或使用方法
固定位置	指场所固定、物品存放位置固定、物品的标志固定，即"三固定"	适用于在物流系统中周期性回归原地，在下一生产周期中重复使用的物品。主要指那些作为加工手段的物品，如治具、量具、工艺装备、搬运工具、设备附件等，这些物品一般可多次使用，周期往复运动	主要是固定存放位置，使用后要回归到原来的固定存放点，便于下次寻找。这种"固定"可以使人的行为习惯固定，从而提高人的工作效率
自由位置	指相对地固定一个区域，并非绝对的存放位置。具体的存放位置是根据当时的生产情况及一定的规则决定的。与上一种方式相比，物品存放有一定的自由度	适用于物流系统中不回归、不重复使用的物品，如原材料、毛坯、零部件、半成品。这些物品的特点是按照工艺流程不停地从上一道工序向下一道工序流动，一直到最后出厂。所以，这些物品在某一道工序后，一般不再回归到原来的存放点	可以采用可移动的牌架、可更换的插牌标识，对不同物品加以区分；不同位置的划分也可以采用移动的线条边界支架加以分割，表示位置的暂时固定

2. 放置标志

标志在人与物、物与场所的作用过程中起着指导、控制、确认的作用。在生产中，使用的物品品种繁多、规格复杂，它们不可能放置在操作者的手边，如何找到，需要一定的信息来指引。许多物品在流动中是不回归的，它们的流向和数量也需要有信息来确认。因此，在定位过程中，完善、准确而醒目的标志十分重要，它影响到人与物以及场所的有效结合程度。标志可分为以下两类。

（1）引导类标志

引导信息告诉人们"物品放在哪里"，便于人与物的结合。通过各种区域的标志线、标示牌和彩色标识来告诉人们这是"什么场所"、"存放什么东西"，可以避免因原材料、半成品、成品混淆而导致质量事故的发生。

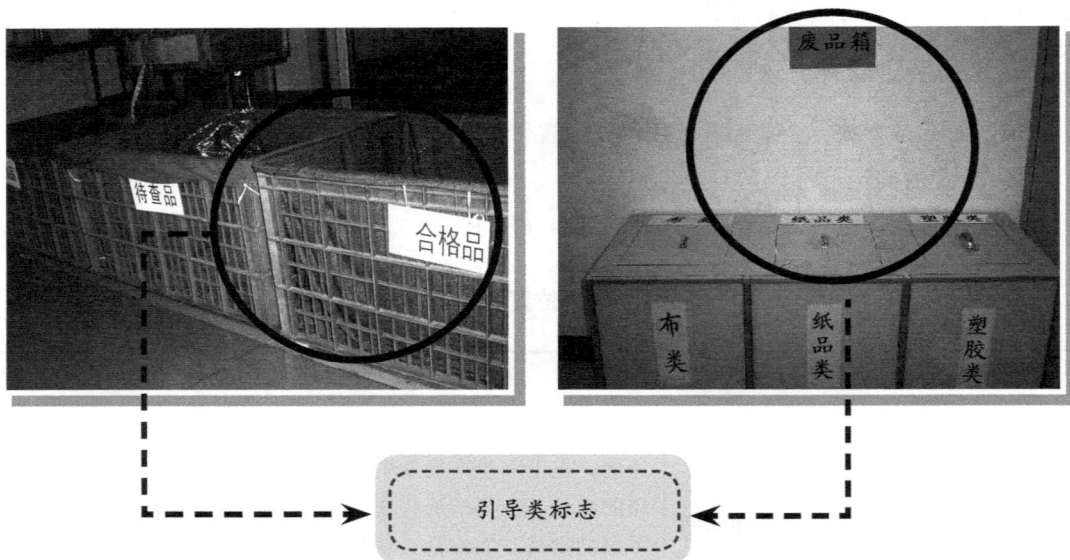

（2）确认类标志

这是避免物品混乱和放错地方所需的信息。卡片标志可以告诉人们物品的名称、规格、数量、质量等。

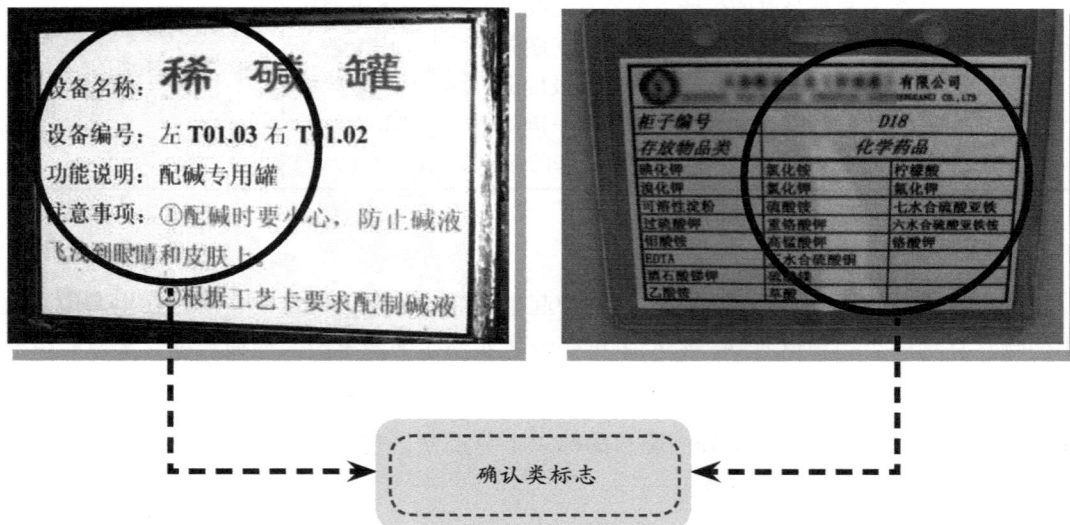

（四）实施

企业应按确定的储存方法将物品放在它该放的地方，不要使物品"无家可归"。

实施时，企业首先要对生产场地、通道、检查区、物品存放区进行规划，明确各区域的管理人。对于零件、半成品、设备、垃圾箱、消防设施、易燃易爆的危险品等，均用鲜明、直观的色彩或信息牌标示出来。凡与定置要求不符的现场物品，一律清理撤除。

五、作业现场整顿的具体执行标准

（一）地面通道线、区划线

1．实线或虚线的选择

通道线用于规范人、车、物料的通行，通常用实线，采用刷油漆或贴胶带的方法绘制。区划线用于工作区域内的功能细分，一般也用实线，有时出于美观与灵活的考虑，可以使用虚线。另外，功能不确定的区域也可考虑用虚线。

2．线宽

线的宽度一般控制在4~10厘米，不同区域的线宽要求如下。

（1）大型仓库主通道10厘米；区域线8厘米。

（2）车间主通道10厘米；区域线8厘米。

（3）大的场所中辅助通道比主通道窄2~4厘米。

（4）中小仓库主辅通道：6厘米。

（5）小房间通道：4厘米或6厘米。

（6）在大的场所，区划线通常应比相邻的通道线窄2~4厘米。

（7）在较小的区间，区划线可使用与通道线相同的线宽。

3．颜色区分

（1）通道线和区划线通常使用黄色线条。

（2）不合格品区域或危险区域（如高温、高压），通常使用红色线条。

4．通道本身的宽度

通道本身的宽度应根据工作需要和场地大小决定，右图所示通道就比较宽。

（二）定位线

1. 线形与线宽

定位线用于地面物品的定位，根据实际情况可以采用实线、虚线和四角定位线等形式，线宽4厘米。

2. 线的颜色

（1）定位线通常采用黄色线条。为了特别区分某些物品（如规范工具、垃圾箱、凳椅等），可使用白色。

（2）对消防器材或危险物品进行定位（如乙炔气瓶）时，为达到警示效果，应使用红色线条。对于前方禁止摆放的区域（如消防栓前、配电柜前），应使用红色线。

（3）对位置变动类物品定位时，常采用虚线定位法。

3. 其他事项

（1）对于位置已经固定的机床等设备，不使用专门的定位线。

（2）货架常用的四角定位有时可演化为从通道线或区划线向上延伸。

（三）通常的线条颜色区分

不同的线条颜色适用范围不一样，具体如表4-7所示。

表4-7　不同的线条颜色适用范围

序号	颜色	适用范围
1	黄色（实线）	一般通道线、区划线、固定物品定位线
2	黄色（虚线）	移动台车、工具车等停放定位线位；位置变动类物品定位时，常采用虚线定位法
3	绿色	合格区
4	黄色	待检品区
5	红色	不合格区、废品区、危险区
6	黄黑斑马线	警告、警示（地面突起物、易碰撞处、坑道、台阶等）

（四）仓位管理

1．三分原则：分区、分架、分层

（1）以建筑物为基准分区。

（2）每区内分架。

（3）每架内分层，设定横纵坐标。

（4）采用高架仓，更好地利用空间。

2．三同原则

（1）同订单。

（2）同一种物料。

（3）同一仓位。

按三分原则，三同原则则对仓位进行管理

（五）工具管理

1. 工具要严格按定置要求摆放，不准随便乱放。

2. 工具管理一般采用形迹管理。

3. 最好想办法将工具立体放置，以节约空间。

（六）各种管道标志

各种管道标志中除了有流向箭头外，还可以将箭头涂上不同的颜色加以区分，也可以在管道上涂上不同的颜色加以区分。

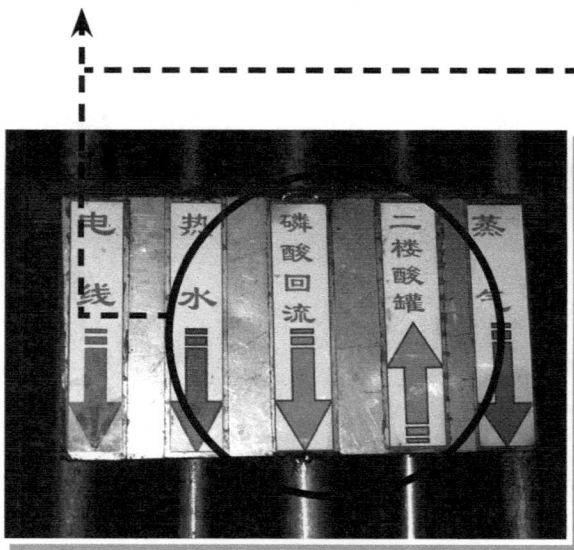

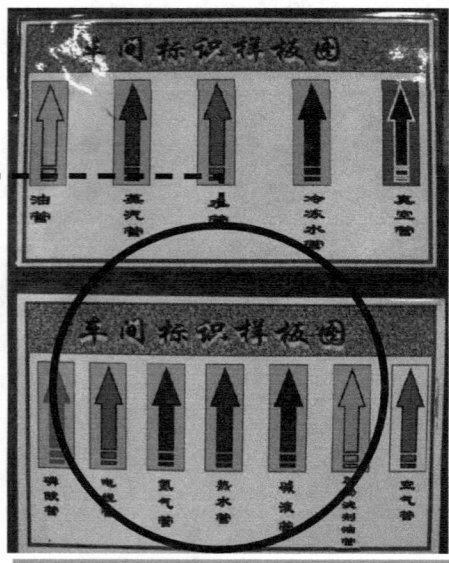

（七）操作、引导标志

操作标志中应明确告诉操作者操作步骤及操作要求。◀━━━━━┓

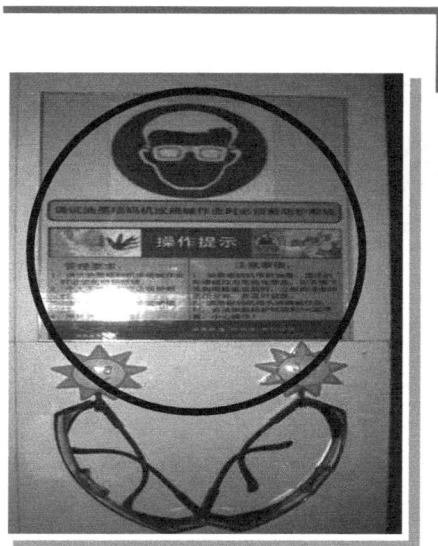

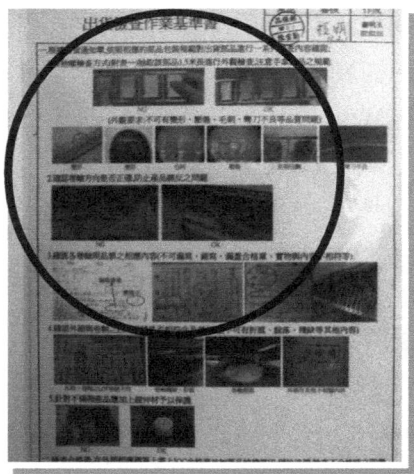

（八）垃圾桶及其他清洁用品定位、标识

1. 垃圾桶要有明确的定位线、最高定量线及标志。

2. 放置位置要合理，兼顾到其涉及的范围。

3. 其他的清洁用品（如扫把、拖把、毛巾等）要有定位、定量标志。

4. 有明确的负责人。

垃圾桶及其他清洁用品定位、标识

（九）危险品、化学药品管理

1. 各类危险、污染物品放置在指定的区域内，并有明显的安全标志。

2. 对于易燃、易爆物品，应分类放置在偏远、阴暗的区域。

3. 对于污染品，应利用特殊的保存装置放置在特定区域内。

4. 车间化学品的管理要求双锁管理。

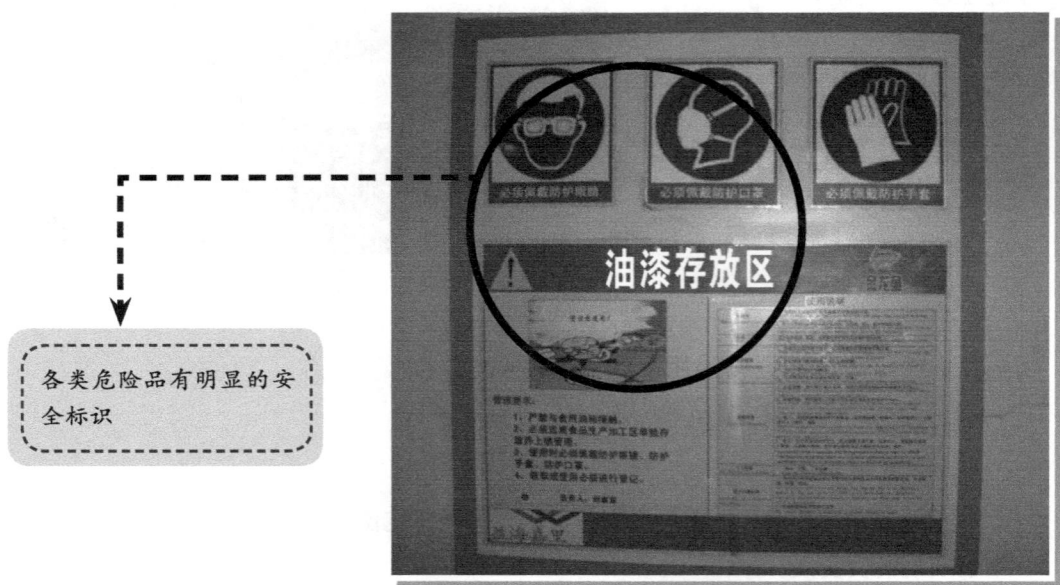

各类危险品有明显的安全标识

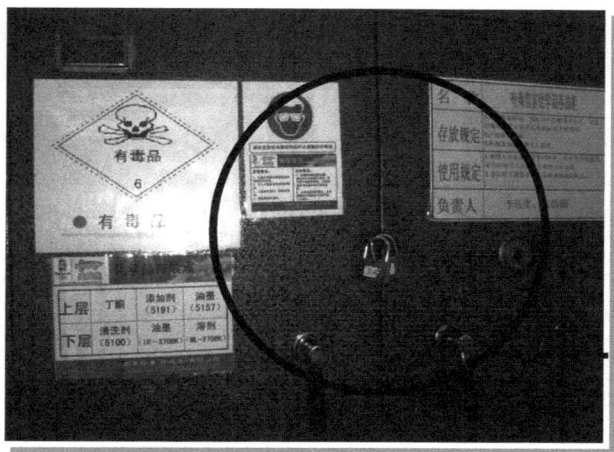

化学品的管理要求双锁管理

（十）警示标志

1. 对于机械设备转动轴承、皮带等危险部位，应设置防护罩。
2. 在各种电器、电源、线路周围绘制安全的标志线。
3. 对于机械设备危险的部位，要有相应的警示标志。

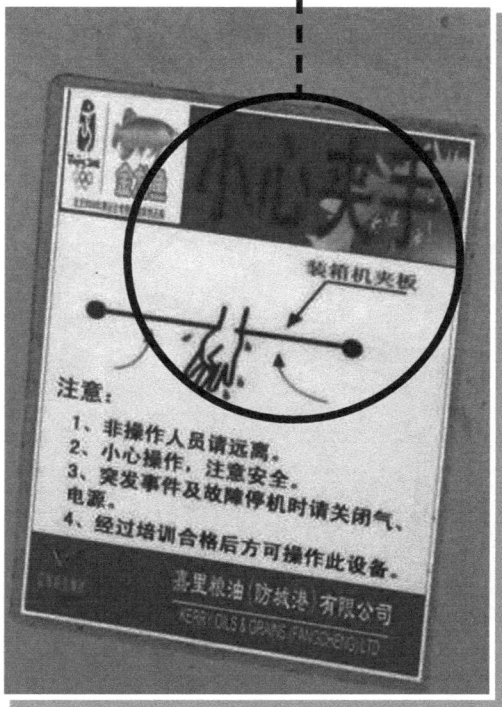

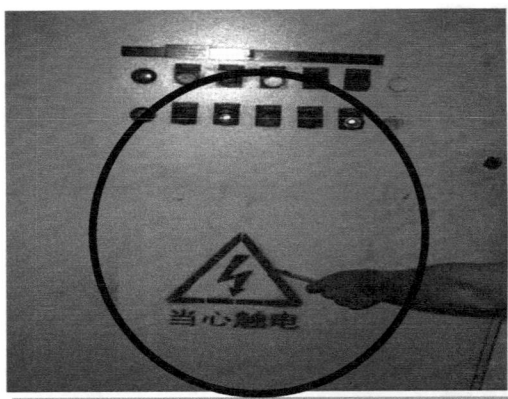

对于机械设备危险的部位，要有相应的警示标志

（十一）员工水杯和安全帽管理

1. 员工水杯和安全帽要求集中放置，并有定位标志。
2. 对号入座，一一对应。

（十二）雨伞的管理

雨伞也要进行定位管理。

雨伞的定位管理

（十三）电源线管理

1. 电脑线、电话线要束起来，电源线路排列整齐。
2. 不允许将电源线杂乱地堆放。
3. 不允许有裸露的线头。

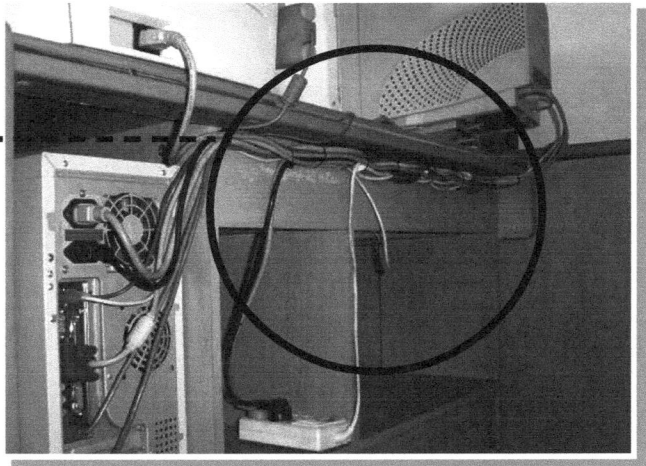

用尼龙扎带将电源线扎在一起，整齐并可防止将人绊倒

（十四）电器开关标识

1. 各开关与所对应的机器要有一一对应的标志。

2. 采用对应编号式管理。

3. 同一组开关控制多种电器时，可采用不同颜色加以识别。

4. 对于空调等不易觉察其开关状态的电器，可在其出风口处加上有颜色的布条，方便更容易看出其开关状态。

5. 电源、风扇、开关标识：长×宽为3.2厘米×1.5厘米，宋体，字号各区域统一，贴在开关正上方，统一为白底黑字，建议选用白纸制作。

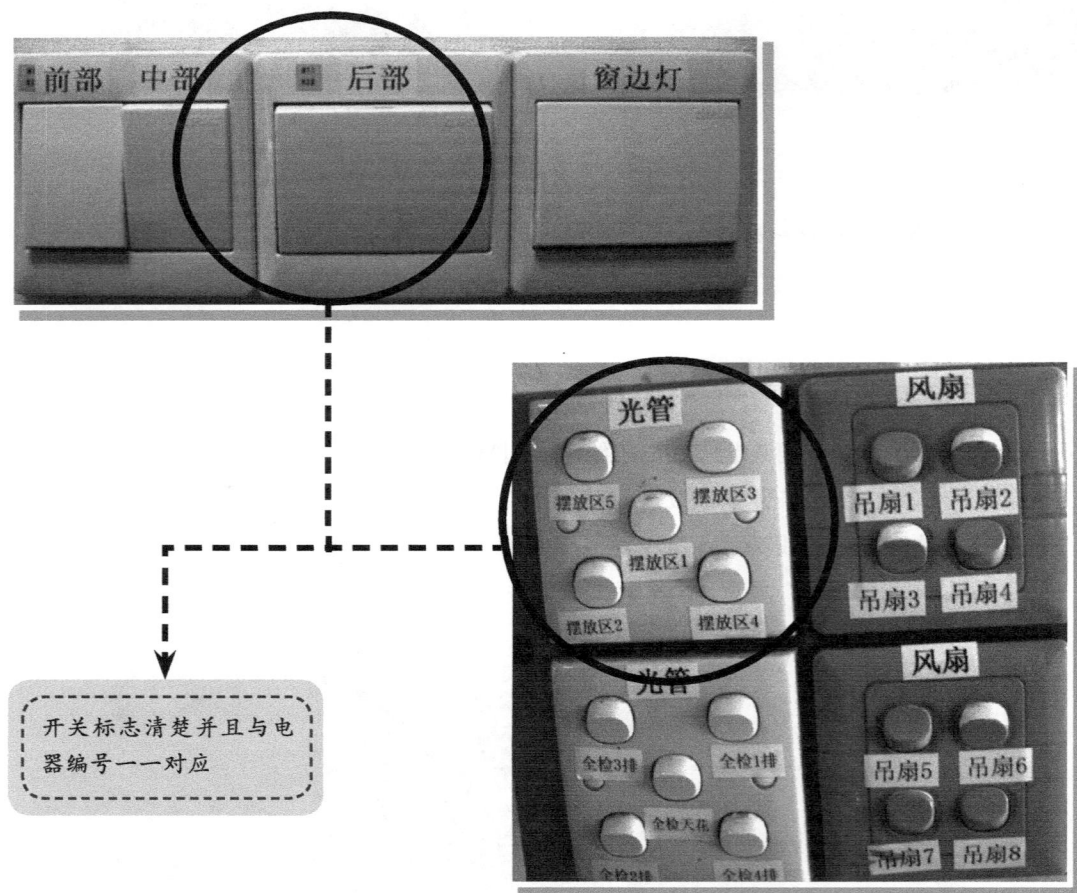

开关标志清楚并且与电器编号一一对应

第三节　3S——清扫的实施

清扫就是清除工作场所内的脏污，并防止污染的发生。清扫的目的是消除脏污，保持工作场所干净、明亮，从而稳定产品品质，达到零故障、零损耗。

一、清扫推行的要领

清扫推行的要领如图4-3所示。

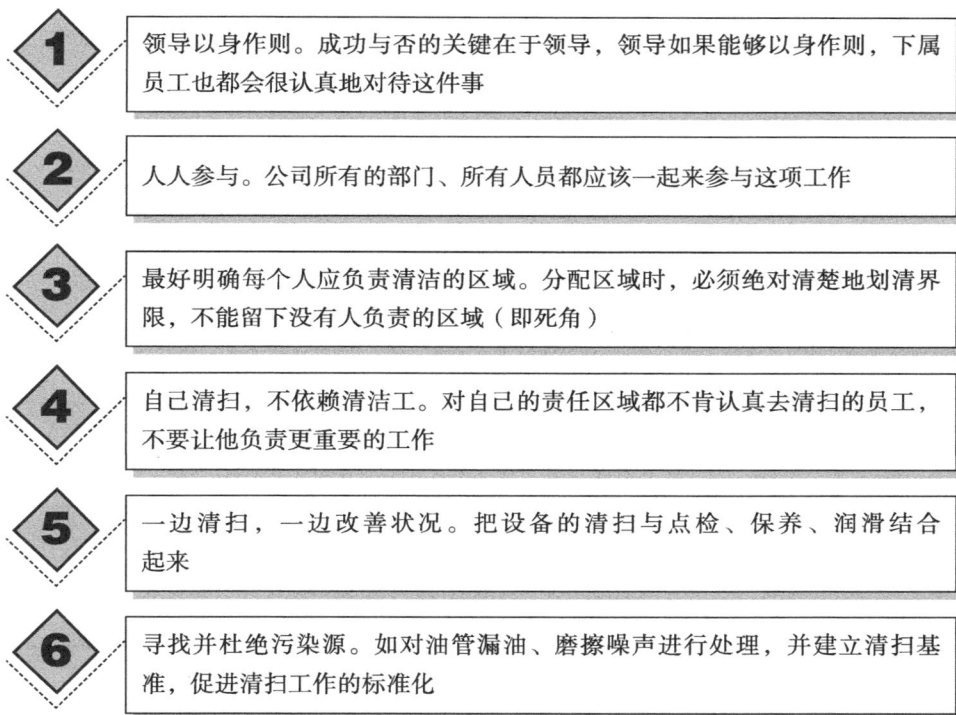

1	领导以身作则。成功与否的关键在于领导，领导如果能够以身作则，下属员工也都会很认真地对待这件事
2	人人参与。公司所有的部门、所有人员都应该一起来参与这项工作
3	最好明确每个人应负责清洁的区域。分配区域时，必须绝对清楚地划清界限，不能留下没有人负责的区域（即死角）
4	自己清扫，不依赖清洁工。对自己的责任区域都不肯认真去清扫的员工，不要让他负责更重要的工作
5	一边清扫，一边改善状况。把设备的清扫与点检、保养、润滑结合起来
6	寻找并杜绝污染源。如对油管漏油、磨擦噪声进行处理，并建立清扫基准，促进清扫工作的标准化

图4-3　清扫推行的要领

二、清扫的管理关键

（一）实施区域责任制

对于清扫，企业应该进行区域划分，实行区域责任制，责任到人，不得存在没人负责的死角。表4-8、表4-9、表4-10为某公司进行清扫管理的相关责任表格，供读者参考。

表4-8　清扫值日表

6S区	责任人	值日检查内容
电脑区	刘××	机器设备是否保持干净、无灰尘
检查区	张××	作业场所、作业台是否杂乱，垃圾桶是否清理
计测器区	李××	计测器摆放是否整齐，柜面是否保持干净，柜内是否有杂物
休息区	石××	地面是否无杂物，休息凳是否摆放整齐
夹具区	王××	夹具摆放是否整齐，夹具是否保持干净
不良品区	赵××	地面是否无杂物，除不良品外，是否无其他零件和杂物存放
零件放置区	孙××	柜内零件规格是否摆放整齐、标识明确
文件柜及其他	郭××	件柜内是否保持干净，柜内物品是否摆放整齐
备注：（1）此表的6S区是由责任人每天进行维护的		
（2）下班前15分钟开始		
（3）其他包括柜、门窗、玻璃		

表4-9　6S责任标签

6S责任区			
编号	区域间	责任部门	责任人
C022	车间管理看板	生产组	李××

表4-10　日常清扫计划表

工作区域																责任人照片
责任人																
实施内容	清扫部位	清扫周期	要点	清扫实施内容确认												
				1	2	3	4	5	6	7	8	9	10	11	12	…	30
地面	表面	每天	无污物													
天花	表面	每天	无污物													

（续表）

实施内容	清扫部位	清扫周期	要点	清扫实施内容确认													
				1	2	3	4	5	6	7	8	9	10	11	12	…	30
消防设备	表面	每天	无污物														
机台	表面	每天	无污物														
……																	

备注：（1）员工必须按时实施6S工作
（2）管理者应进行监督并检查实施情况
（3）实施确认后在栏内画"√"

（二）制定相关清扫基准

企业应制定相关清扫基准，明确清扫对象、方法、重点、周期、使用工具、责任者等项目，保证清扫质量，促进清扫工作的标准化。以下提供某公司设备清扫点检基准范本，供读者参考。

【实战范本4-01】××公司设备清扫点检基准表

××公司设备清扫点检基准表

序号	设备	项目	方法	清扫要点/点检基准	周期	备注
1	空调器	1．出风口 2．入风口 3．外表面 4．顶盖部 5．过滤网 6．周边环境	清扫时可在湿抹布上涂肥皂擦拭机器，然后再用干抹布擦净（电气部分除外）	（1）清除空调表面灰尘、污垢 （2）清理空调及周边的不要物 （3）注意空调背面及平时不打开的部位 （4）下班后检查空调是否关闭	1次/日（其中，第5项为1次/周末）	
…	……					
…	……					

229

【实战范本4-02】××设备清扫部位及要点

××设备清扫部位及要点

类别	清扫部位	清扫要点	清扫重点
设备及附属机械	1．接触原材料/制品的部位，影响品质的部位（如传送带、滚子面、容器、配管内、光电管、测定仪器）	有无堵塞、摩擦、磨损等	（1）清除长年放置堆积的灰尘、垃圾、污垢 （2）清除因油脂、原材料的飞散、溢出、泄漏而造成的脏污 （3）清除涂膜卷曲、金属面的锈迹 （4）清除不必要的揭示 （5）明确不明了的描述
	2．控制盘、操作盘内外	（1）有无不需要的物品、配线 （2）有无劣化部件 （3）有无螺丝类的松动、脱落等现象	
	3．设备驱动机械、部品（如链条、链轮、轴承、马达、风扇、变速器等）	（1）有无过热、异常音、振动、缠绕、磨损、松动、脱落等现象 （2）润滑油是否泄漏飞散 （3）点检润滑作业的难易度	
	4．仪表类（如压力、温度、浓度、电压、拉力等的指针）	（1）指针摆动 （2）指示值失常 （3）有无管理界限 （4）点检的难易度	
	5．配管、配线及配管附件（如电路、液体、空气等的配管、开关阀门、变压器等）	（1）有无内容/流动方向/开关状态等标志 （2）有无不需要的配管器具 （3）有无裂纹、磨损	
	6．设备框架、外盖、通道、立脚点	点检作业的难易度（明暗、阻挡、狭窄）	
	7．其他附属机械（如容器、搬运机械、叉车、升降机、台车等）	（1）有无液体/粉尘泄漏、飞散 （2）有无原材料投入时的飞散 （3）有无搬运器具点检	

（续表）

类别	清扫部位	清扫要点	清扫重点
周边环境	8．工夹具及存放的工具柜、工装架等	（1）有无标识及乱摆放 （2）保管方法等	（1）整顿在规定位置以外放置的物品 （2）整理多于正常需求的物品 （3）应急时可使用物品的替换 （4）整顿乱写乱画、溜达闲逛、乱摆乱放等现象
	9．原材料、半成品、成品（含存放架、台）	（1）有无标识及乱摆放 （2）保管方法等	
	10．地面（如通道、作业场地及其区划、区划线等）	（1）有无区划线，是否模糊不清 （2）不需要物、指定物品以外的放置 （3）通行与作业上的安全性	
	11．保养用机器、工具（如点检、检查器械、润滑器具、材料、保管棚、备品等）	（1）放置、取用 （2）计量仪器类的脏污、精度等	
	12．墙壁、窗户、门	（1）脏污 （2）破损	
备注：			

【实战范本4-03】××公司办公室清扫行动标准

××公司办公室清扫行动标准

部门：　　　　　　　　部门主管：　　　　　　　　日期：_____年___月___日

区域划分	点检地点	清扫人	清扫频率	清扫标准	达成状况	备注
办公室	地面（毯）		每天一次	无垃圾		
				无污垢		
				无破损		
	墙壁		每周一次	无脚印及其他痕迹		
				无过时张贴物		
				悬挂物或张贴物整齐、有序		
	办公桌		每天一次	桌面干净、明亮		
				桌下无杂物、垃圾		
				台面干净、明亮		

（续表）

区域划分	点检地点	清扫人	清扫频率	清扫标准	达成状况	备注
办公室	办公台		每天一次	计算机下面无灰尘		
				台面下无杂物、垃圾		
	电脑		每天一次	主机表面及下面无灰尘		
				显示器外壳荧屏无灰尘		
				键盘面及下无灰尘		
				鼠标无灰尘		
				音响外表面及下无灰尘		
				电线捆绑整齐		
	复印机（传真机）			设备外表面无灰尘		
				设备后面无灰尘		
				一般不打开部位无灰尘		
	空调机		每天一次	外表面无灰尘		
			每周一次	送风口无灰尘		
				背部无灰尘		
				顶部无灰尘		
	文具		每天一次	文具盒无灰尘、无废弃文具		
			每天一次	文具形迹完好		
			每天一次	文具库存完整		
	文件档案		每天一次	文件柜面无灰尘		
			每周一次	文件柜顶、后部无灰尘		
			每周一次	文件柜内无废弃文件		
			每年一次	机密文件定期销毁		
			每周一次	一般文件背面可用		
			每周一次	不可利用的集中放置于废料仓		
	照明设备		每周一次	无破损、无灰尘		
	天花板		每月一次	无灰尘、无污点		

核准：　　　　　　　　　　审核：　　　　　　　　　　制定：

三、清扫的实施

（一）准备工作

清扫的准备工作如表4-11所示。

表4-11　清扫的准备工作

序号	事项	具体说明
1	安全教育	对员工进行清扫的安全教育，主要是对可能引起受伤、事故（触电、挂伤、碰伤、洗剂腐蚀、尘埃入眼、坠落砸伤、灼伤）等的不安全因素进行警示和预防
2	设备基本常识教育	设备基本常识教育主要解决"为什么会老化"、"会出现什么故障"、"用什么样的方法可以减少人为劣化因素"、"如何减少损失"等问题
3	了解机器设备	通过学习设备的基本构造，了解其工作原理，绘制设备简图并对导致尘垢、漏油、漏气、震动、异音等状况的原因进行解析，使员工对设备有一定的了解
4	技术准备	制定相关指导书，明确清扫工具、清扫位置，了解加油、润滑的基本要求、螺钉卸除、固定的方法及具体步骤等

（二）从工作岗位扫除一切垃圾、灰尘

1．作业人员亲自动手清扫而非由清洁工代替。

2．清除长年堆积的灰尘、污垢，不留死角。

3．对地板、墙壁、天花板甚至灯罩的里边也要打扫干净。

（三）清扫点检机器设备

1．设备本来是干净、整洁的，所以我们每天都要将设备恢复至原来的状态，这一工作从清扫开始。

2．不仅要清扫设备本身，还要连带清扫附属、辅助设备（如分析仪、气管、水槽等）。

3．容易发生跑、冒、滴、漏的部位要重点检查确认。

4．对油管、气管、空气压缩机等不易发现、看不到内部结构的设备要特别留心。

5．一边清扫，一边改善设备状况，把设备的清扫与点检、保养、润滑结合起来。

日常点检的内容包括以下几个部分。

1．对开关和电器操作系统进行点检

显示设备运行状态的各类仪表以及控制设备运行状态的开关是确保设备正常运行的关键，员工在日常点检时要在这方面多加注意。

（1）对各类仪表进行点检时，应注意其液位是否清晰、表针是否归零、指示灯是否正常工作等。

（2）对开关按钮进行点检时，应检查其转换开关、行程开关、限位开关等有无灰尘，是否有接触不良、老化损坏等现象。

（3）对机械传动部分进行点检时，应注意其是否有异常的声音和发热，是否有漏油、异味，是否有螺钉松动偏移、床身振动等现象。

2．对润滑、油压系统进行点检

（1）润滑系统的检查

对于润滑系统，检查人员应按照"供油门→油箱→输油管→注油点"的顺序进行检查，如图4-4所示。

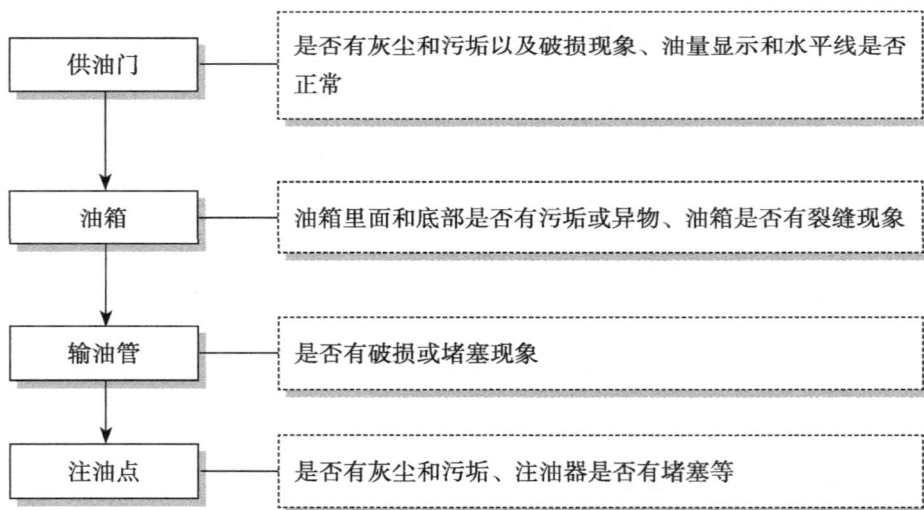

供油门	是否有灰尘和污垢以及破损现象、油量显示和水平线是否正常
油箱	油箱里面和底部是否有污垢或异物、油箱是否有裂缝现象
输油管	是否有破损或堵塞现象
注油点	是否有灰尘和污垢、注油器是否有堵塞等

图4-4　润滑系统的检查顺序

（2）油压系统的检查

对于油压系统，检查人员应按照"供油口→压力油箱→油泵→控制阀→油压缸"的顺序进行检查，如图4-5所示。

供油口	—	供油口是否有破损和污垢现象，油量显示是否正常
压力油箱	—	油箱中的油是否洁净，油箱是否有缝隙，是否有渗漏现象
油泵	—	油泵声音是否异常，是否有异常发热现象
控制阀	—	控制阀是否有漏油现象
油压缸	—	是否有漏油现象

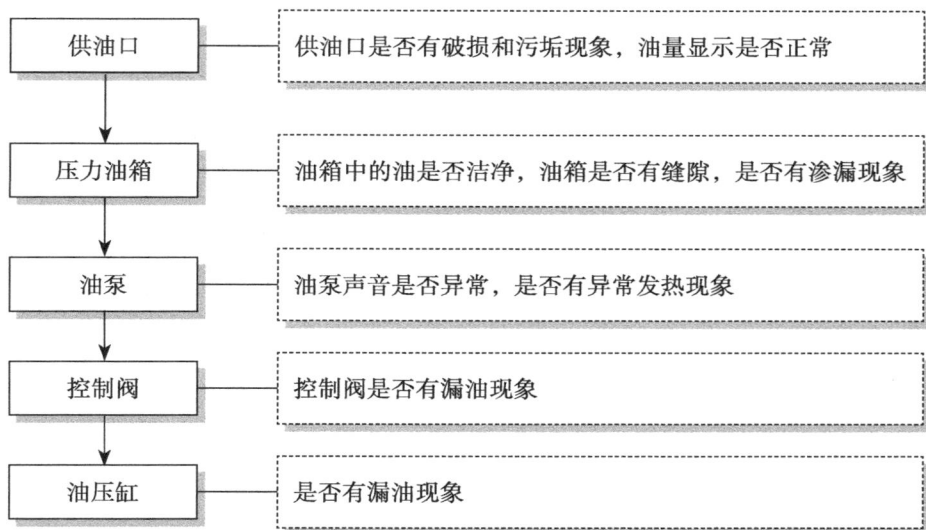

图4-5　油压系统的检查顺序

3．对电气控制和空气压缩系统进行点检

（1）电气控制系统的检查

对于电气控制系统，检查人员应按照"控制台→限位开关→配电线→驱动系统→伺服系统"的顺序进行检查，如图4-6所示。

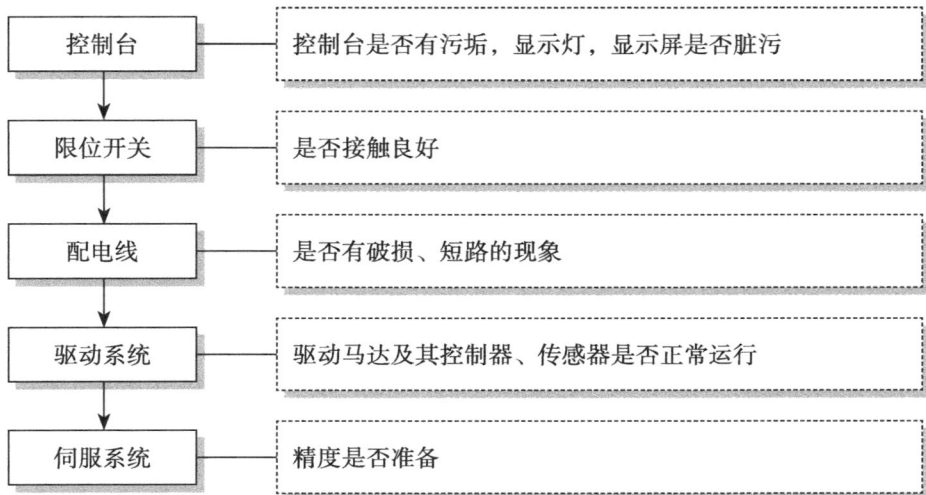

控制台	—	控制台是否有污垢，显示灯，显示屏是否脏污
限位开关	—	是否接触良好
配电线	—	是否有破损、短路的现象
驱动系统	—	驱动马达及其控制器、传感器是否正常运行
伺服系统	—	精度是否准备

图4-6　电气控制系统的检查顺序

（2）空气压缩系统的检查

对于空气压缩系统，检查人员应按照"空气3点装置→控制阀→汽缸→排气装置"的顺序进行检查，如图4-7所示。

空气3点装置	空气过滤器中是否有垃圾和污垢，注油器内的油是否洁净
控制阀	是否漏气、防松螺母是否有松动现象
汽缸	是否有破损或有空气泄漏的现象
排气装置	是否有堵塞、消音装置有无异常

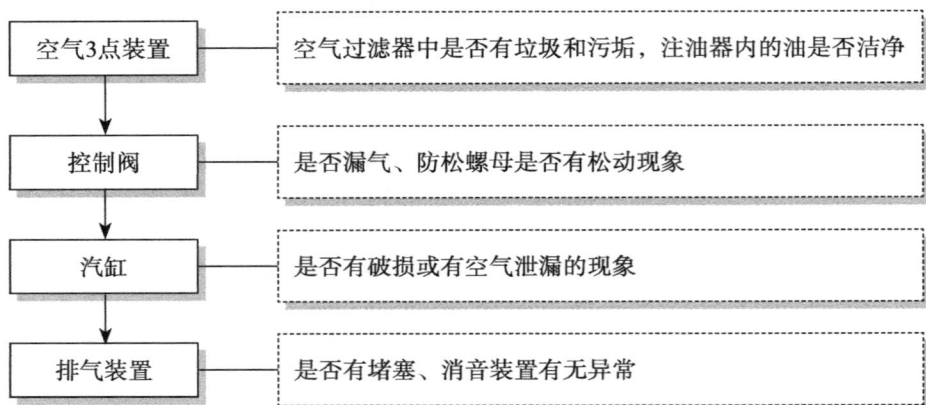

图4-7　空气压缩系统的检查顺序

（四）整修在清扫中发现有问题的地方

1. 地面凹凸不平，搬运车辆走在上面会使产品碰撞，导致品质问题的发生。这样的地面也使员工容易摔倒，必须要及时整修。

2. 对松动的螺栓要加以紧固，补上不见的螺丝、螺母等配件。

3. 对于需要防锈保护或需要润滑的部位，要按照规定及时加油保养。

4. 更换老化的水管、气管、油管。

5. 清理堵塞的管道。

6. 更换难以维修或难以读数的仪表装置。

7. 添置必要的安全防护装置。

8. 要及时更换绝缘层已老化或被老鼠咬坏的导线。

四、清扫后的检查

（一）检查项目

作业人员在清扫结束之后要对清扫结果进行检查，检查项目有以下几个方面。

1. 是否清除了污染源。

2. 是否对地面、窗户等地方进行了彻底的清扫和破损修补。

3. 是否对机器设备进行了从里到外的、全面的清洗和打扫。

企业对于清扫的部位和要求都要明确地以表格形式固定，作业人员应每日按照要求进行检查并将检查结果记录下来，作为员工或部门6S考核的依据。以下提供某公司6S清扫区域与要求范本，供读者参考。

【实战范本4-04】××公司生产部6S区域清扫要点与要求

××公司生产部6S区域清扫要点与要求

项目	清扫部位	清扫周期	要求	年　月					
				1	2	3	4	…	31
机器设备	内外部污垢、周边环境	停机时	眼观干净，手摸无积压灰尘						
			地面无明显废屑。对于正在生产的设备，其地面不能有两种材料的废屑（未生产的材料废屑明显）						
地面	表面	每天	保持清洁，无污垢、碎屑、积水等						
	通道		无堆放物，保持通畅						
	摆放物品		定位、无杂物，摆放整齐，无压线						
	清洁用具		归位摆放整齐，保持用品本身干净						
墙或天花板	墙面	每天	干净，无蜘蛛网，所挂物品无灰尘						
	消防		灭火器指针指在绿色区域，有定期点检						
	开关、照明		部门人员清楚每一个开关所控制的照明和设备						
			标志清楚，干净无积尘，下班时关闭电源						
	门窗		玻璃干净，门及玻璃无破损，框架无积尘						
	公告栏	1次/周	无灰尘，内容及时更新						
	天花板	有脏污时	保持清洁，无蛛网、无剥落						
工作台办公桌	桌面	每天	摆放整齐、干净，无多余垫压物						
	抽屉		物品分类存放，整齐清洁，公私物品分开放置						
	座椅/文件		及时归位，文件架分类标志清楚						
箱或柜	表面		眼观干净，手摸无尘，无非必需品						
	内部		分类摆放整齐、清洁						
茶桌	茶杯或茶瓶		摆放整齐，茶瓶表面干净无污渍						
	表面		保持清洁，无污垢、积水等						

（续表）

项目	清扫部位	清扫周期	要求	年 月					
				1	2	3	4	…	31
工具设备	表面	每天	不使用时，归位放置，摆放整齐、稳固，无积尘、无杂物，放在设备上的物品要整齐						
组长或区域负责人签字：									

注：

（1）每天上午9：00由值日员工确认，合格在相应栏内画"○"，不合格应立即整改；不能立即整改的，先画"△"，待整改后划"○"。

（2）每天上午9：00以后，区域负责人检查确认（生产车间由组长检查确认），并在确认栏签字，将检查情况记入6S个人考核记录表。

（3）每天6S主任和副主任对各区进行不定时的检查，对不符合项目按评分表进行扣分。

（4）各区域负责人要监督管理好所管辖区域的6S状况，确保所辖域区清洁，及时制止非本部门的同事在本区域内出现等不符合6S的情况。

（二）检查方法

除了6S活动委员会的定期巡查之外，现场管理人员也应经常快速检查本部门的清扫效果，但对于某些人多事杂的部门，如果逐个工序、逐个项目地检查，既耗时又费力。针对这样的情况，我们推荐一个轻松方便的方法——"白手套检查法"。

1. 白手套检查法如何运用

清扫检查时，检查人员双手都要戴上白色、干净的手套（尼龙、纯棉质地的均可）。在检查相关对象之前，检查人员先向相关责任人员出示手套是干净的，然后，在该检查对象的相关部位来回擦找数次，接着再将手套重新向责任人员展示，由责任人员自己判定清扫结果是否良好。如果手套有明显脏污，则证明清扫工作没做好；反之，则说明清扫符合要求。

这种方法简单明了，结果客

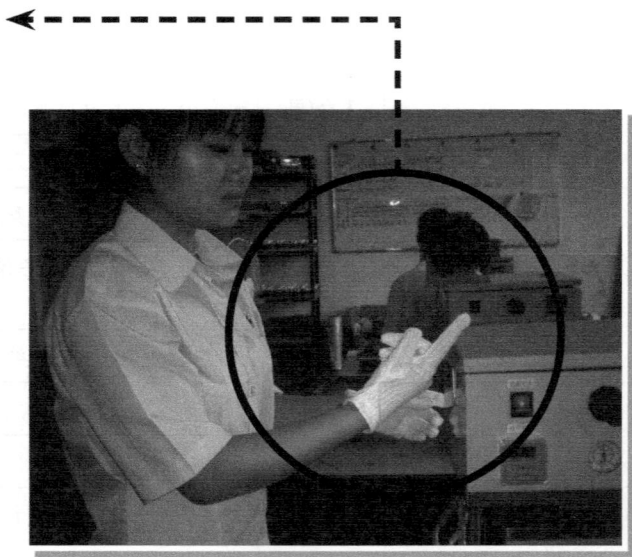

观公正，具有极强的可操作性。在绝大多数情况下，当事人都乐于接受手套上所反映出来的结果，不会产生抵触情绪，因为结果自己也亲眼看到了，管理人员也不用多费口舌。检查结束后，当事人也都会积极配合开展改善活动。

2．运用白手套检查法的注意事项

检查人员运用白手套法检查时，要注意以下事项。

（1）多预备几副手套

尤其是对长流水线的工序来说，只用一副手套检查往往是不够的。擦脏的手套要另外摆放，事后及时清洗，这本身也是清扫的一部分。

（2）每次只用一个手指头的正面或背面来检查

如果每次都用手掌面来确认的话，那手套肯定不够用，但是如果分开10个指头的话就不同了，10个手指头的正反面再加上手掌面和手背面，一对手套就能检查22个工序了。如果手指头和工序一一对应的话，只要看一下最终结果，就知道哪些工序出了问题。

（3）可以将白纸、白布切成小块后进行擦拭

检查有油脂、油墨的工序时，一旦油脂、油墨黏到手套上，手套也就报废了，因此，这时可改用白纸、碎白布之类的东西进行检查。

（4）多让当事者自己判定

就现场来说，绝大多数作业人员存在"不愿意输给他人"的心理，所以，管理人员只要把10个手指头一亮，作业人员自然就与前后工序进行比较。有比较就会有进步，不好的会改善，好的会更好。

（5）擦拭部位要不断变换

如果每次检查都固定在某一部位上，久而久之，检查就会变得流于形式，从而日渐松懈。尤其是个别不自觉的人，甚至会趁机偷工减料，只清扫每次检查擦拭的地方。所以，检查人员每次检查都要变换部位。

五、从根本上解决问题——消除污染源

即使每天进行清扫，油渍、灰尘和碎屑还是可能存在，如果想要彻底解决问题，企业还须查明污垢的发生源，进而从根本上解决问题。

（一）污染、泄漏产生的原因

工厂污染发生源产生的原因大致有以下几个方面。

1．管理意识低落——未将污染发生源当作重要的问题来考虑。

2．放任自流——不管污染发生源产生在何处，任其处于破损及不正常状态。

3．维持困难——由于清扫难度大，所以干脆放弃不管。

4．技术不足——技术上的解决方法不足，或完全未加以防范。

（二）污染发生源调查

1. 将污染的对象明确化

调查人员在对发生源进行调查之前，须先确认是什么污染物。由于污染的种类、形态、严重度、产生量等各不相同，所以大扫除的方法、调查的方法以及对策也不同。

2. 追寻污染发生源

调查人员在调查时，需查明污染是自然发生的还是不应该发生的；是由于不注意而造成污染还是由于量过多来不及回收所致等。总之，必须追查污染物的产生原因并确定如何处置，并以认真的态度追根究底，寻找有效的解决方法。

3. 确定污染最严重的重点部位

通过对污染源的调查，调查人员应在具体的发生部位挂上标示牌，标示牌的内容包括发生部位、状态、发生量（数字明确标示量化程度）、测定方法以及防范方法（防止对策或回收方法）。

调查后，就可确定污染最严重的重点部位，如对护盖移位、松动等可以立即实施对策，随后依重点顺序实施对策。具体实施时，企业可制定污染发生源及困难处理登记表（见表4-12），按计划逐步改善，根据污染发生源的影响程度、治理难度确定具体的解决方法。

表4-12 污染发生源及困难处理登记表

序号	区域	困难处	描述	改善措施	预计费用	改善责任人	预计完成日	完成责任人	经理	推行办

注：判断改善结果好时，画"○"；结果未达目标时，画"×"。

（三）寻求解决对策

污染源对策就是思考减少污染发生量或完全不让污染发生的办法。具体对策有以下几点。

1. 研究防范方法，或者在容易产生粉尘、喷雾、飞屑的部位装上挡板、护盖等改善装置，将污染源局部化，以保障作业安全，并有利于收集废料、减少污染。

2．在设备更换、移位时，同样要将破损处修复。

3．日常的维持管理是相当重要的，对于有黏性的废物，如胶纸、不干胶、发泡液等，必须通过收集装置进行收集，以免弄脏地面。

4．在机器擦洗干净后，点检人员要仔细地检查给油、油管、油泵、阀门、开关等部位，观察油槽周围有无容易渗入灰尘的间隙或缺口，排气装置、过滤网、开关是否有磨损、泄漏现象等。

5．电器控制系统开关、紧固件、指示灯、轴承等部位是否完好。

6．须思考高效率的收集或去除污染的方法。例如，改进回收油、废水的导槽、配管，以及收取粉尘而装设的集中收集装置，多角度思考使污染物不到处飞散的方法，特制打扫用具，制作让切屑粉容易流动并方便扫除的设备等。

（四）对策所要花费的费用及工时的评估

一旦对污染源采取对策后，企业对所要花费的费用及工时的评估、对策的难易度、是否自己能解决或者须依赖其他部门的技术支援等问题，都要认真分析。进一步思考所采取的对策的效果大小，并设定优先顺序，然后再实施。以下提供某公司在6S实施过程中对污染源产生原因的分析及应用对策，供读者参考。

【实战范本4-05】污染源对策及费用评估

污染源对策及费用评估

序号	产生原因	应对策略	采购费用评估
1	地面质量差，坑洼太多，脱落厉害，灰尘到处飞扬；不仅影响产品外观，并且清洁费时费工（主通道）	（1）铺钢板 （2）铺水磨石 （3）铺沥青（能承压，比较便宜，建议选择） （5）不变略	略
2	很多设备管道陈旧，颜色脱落（通信、拉丝、炼胶）	（1）专业公司喷漆：美观，质量好，时间短（建议选择） （2）自己喷漆：不美观，时间长，费用相对较低 （3）不变，维持原装略	略

第四节　4S——清洁的实施

一、清洁的意义

干净整洁的工作环境给人的感觉是清爽、舒适的，在这样的环境中，员工容易发挥思考力、创造力，提高工作效率、减少浪费等目标也容易达成。在这里，对于清洁的定义包括以下两个方面。

（1）维持清扫的成果，使自己所负责的工作区域、机器设备保持干净和无污垢的状态。

（2）改善容易产生污垢、灰尘等的机器设备、物品，设法擦试污染源。

尤其是在生产精密度高的电子产品、食品、药品等的工厂中，无污染源的清洁环境更是最基本的要求，对于这类企业，绝不允许有任何污染物侵入，否则极易影响到人体的健康。

二、定期检查前3S的情况

清洁是通过检查前3S实施的情况来判断其实施程度的，企业通常需要制定相应的检查表对其进行具体检查。

（一）检查的标准与重点

清洁的标准包含三个要素：干净、高效、安全。

在开始时，企业要对"清洁度"进行检查，制定出详细的检查表，以明确"清洁的状态"。检查的重点为：周围是否有不必要的东西；工具是否可以立即使用；每天早上是否安排扫除工作；工作结束时是否安排收拾整理工作。

1．整理、整顿检查重点

（1）办公室整理整顿检查重点

① 脏乱的卷宗是否仍在使用？

② 办公桌上是否有许多不必要的文件、文具、杂物等？

③ 橱柜、抽屉的锁是否已生锈？

④ 样品柜内的样品是否已过期？

⑤ 办公桌上的文具、电话等是否已定位？

⑥ 是否用颜色来管理档案？

⑦ 是否制定对档案的管理办法？

⑧ 是否制定档案总档来统一管理？

⑨ 对照片、底片、投影片、幻灯片等是否分别使用专用保管夹保管？

⑩ 底片与照片的编号是否属于同一系列？是否并在照片的背后或旁边加注编号以便查找？

⑪ 档案夹上是否注明档案名称、保存年限等？

⑫ 是否定期整理各种书籍、资料？

（2）车间的整理整顿检查重点

车间的整理、整顿检查重点如表4-13所示。

表4-13　车间的整理、整顿检查重点

项目		检查重点
工作现场		（1）道路上是否画线 （2）机器、搬运工具、物品、垃圾桶等的放置处是否画线标示 （3）不可存放物品的放置处有无标示 （4）是否有不能用或长久不使用的设备、材料、半成品、容器等 （5）是否堆积了许多不良但又未处理的材料、半成品、成品等 （6）现场是否堆放有非现场之物，如小说等 （7）各式架、柜是否生锈、脱漆、损毁 （8）墙壁是否剥落、渗水 （9）门窗是否损坏、残缺 （10）电灯是否不亮或缺少灯管 （11）是否设置吸烟区
半成品	量	（1）是否以每一个工作站或每一个操作人员为单位来设立标准的半成品量并且予以标示 （2）是否用标准的容器来协助对量的管制及计数 （3）是否用颜色标高法来协助定位
	位置	（1）是否划定半成品放置区，避免半成品四处扩散 （2）半成品放置区的设置是否妨碍正常的工作 （3）对半成品是否分类放置
	品质	（1）是否用挡板、缓冲材料等来保护半成品，以防碰撞、剥落 （2）是否有防尘措施 （3）是否避免半成品直接接触到地面 （4）容器是否经常保持清洁 （5）处理半成品时，是否轻取轻放

（续表）

项目		检查重点
半成品	不良品处理	（1）是否规划明确的不良品放置区 （2）是否用红色来标示不良品放置区，以示醒目 （3）是否能一次就区分好不良品的分类，避免出现重复的浪费 （4）是否能定期、大胆地处理不良品
	搬运行为	（1）放置栈板、容器时，是否考虑到搬运的方便 （2）是否利用有轮子的容器 （3）搬运行为上是否考虑到搬运系数
手工具		（1）是否有努力消除使用手工具的机会 （2）是否利用槽沟、卡损、油压、磁性等来代替螺丝 （3）是否加大螺母的接触面，以便双手可以处理 （4）是否使用标准化的零件，以减少工具的种类 （5）是否缩短工具存放的距离 （6）对于经常使用的手工具，是否随身携带或是放在工作台附近 （7）手工具存放的位置，是否不需行走、下蹲、垫脚等动作就能取用 （8）是否为手工具设置了固定的存放位置 （9）是否利用简便的符号、色别、影绘等，使手工具一旦用完即可迅速归位 （10）是否借用磁力使手工具的归位变得既简单又正确 （11）是否借用悬挂弹性力量，使工具在使用后能立刻恢复到固定的位置
切削工具		（1）是否做好了切削工具的保管方法和保有数量的评估 （2）个人保管的工具是否以使用频繁为原则 （3）对于偶尔才使用的工具，是否以集中保管、共同使用为原则 （4）是否推行标准化，以减少切削工具的种类 （5）是否规定个人保管工具的交换办法，以杜绝浪费 （6）工具存放时，是否尽可能按照产品别组套或机能来存放和保管 （7）是否确立不良品及钝品的交换办法，以保切削工具的品质 （8）是否考虑到防止碰撞、摩擦事件的发生 （9）切削工具是否采取垂直的方式放入抽屉内 （10）是否用隔板来保护切削工具 （11）是否用波浪板来保护切削工具 （12）是否用网带来保护切削工具 （13）是否用支架来保护切削工具 （14）是否用木模来保护切削工具 （15）是否考虑到防锈的问题 （16）在抽屉或容器里，是否铺上含有油分的毛毯等来保护切削工具 （17）对于必要的部分，是否刷上油漆来保护

项目	检查重点
测量仪器	（1）是否有防震的考虑 （2）是否未放到机台上面 （3）当仪器必须放到机器上时，是否在仪器的下面先铺上一块橡胶垫，以减少震动的伤害 （4）是否定期校验，并用颜色来协助管理 （5）是否有防止碰伤、歪翘的措施 （6）测试棒、长直尺等是否垂直吊放，以防歪翘 （7）水平台不用时，是否加上罩子 （8）仪器、治工具不用时是否归位，以防碰伤 （9）使用后是否归零 （10）是否熟悉使用方法 （11）存放时是否考虑使用适当的容器，以防碰撞 （12）是否考虑到防止灰尘、污垢的侵蚀及生锈等 （13）不用时是否加上罩盖，以避开灰尘、污垢等的直接污染 （14）放置及使用的场所是否避开多灰尘及多污垢的环境 （15）使用前是否保持双手清洁 （16）保管中是否先使用防锈油擦拭
模治具	（1）是否定位存放 （2）是否设置独立的存放区，以利管理 （3）模治具存放时，是否避免直接接触地面 （4）模治具架是否有防尘装置 （5）用完后，是否养成归位的习惯 （6）是否易取用 （7）是否有可伸缩的料架臂 （8）是否有滚珠装置的料架 （9）是否有送模台车 （10）是否有合理的运作空间 （11）是否省时 （12）模治具的存放位置是否适当 （13）经常使用的东西是否就放在附近 （14）拆换模具的工具及模子是否在换模前就备妥 （15）是否采用产品别组套方式来存放模治具 （16）经常用的模治具是否放在较易取拿的位置 （17）是否容易辨识 （18）料架是否有编号、标示 （19）模治具是否有编号、标示 （20）站在料架前，是否能很清楚地辨别出编号和标示 （21）模治具存放指示牌是否很明确 （22）工作指令上是否能明白地指出模治具的放置位置

（续表）

项目	检查重点
仓库	（1）是否做好定位 （2）是否以分区、分架、分层来区分管理 （3）是否设立标示总看板，使有关人员能一目了然地掌握现况 （4）是否在料架或堆放区上将物品的名称或代号标示出来，以便于寻找及归位 （5）物品本身是否标示，以利辨识 （6）仓库是否做好门禁 （7）是否控制进出货的时间 （8）是否做好定量 （9）同样的物品，是否要求在包装方式及数量上一致 （10）是否用随货标签来协助约定、了解内容 （11）是否设立标准的量来取量 （12）是否做好定容器 （13）容器是否标准化 （14）对容器的存放量是否有规定
安全	（1）是否规划一个无危险的工作环境 （2）运输道路是否明确划分 （3）运输道路的宽度是否考虑到搬运工具的方便性 （4）运输通道上是否保持畅通、平坦 （5）设备、物品是否定位 （6）天车的行进路径是否避开工作机台 （7）高架上是否安装栅栏 （8）危险物品是否有明显的标示，并分开放置 （9）物品的堆放是否避免头重脚轻 （10）是否以颜色来区分管道，以便辨识与维护 （11）通风设备是否适当 （12）照明亮度是否合理 （13）易燃物品是否放置于阴凉处 （14）机器设备是否做好了安全的考虑 （15）是否定期保养及更换零件 （16）机器四周是否保持整洁及无障碍 （17）机器运转的部位，是否加装安全护罩 （18）是否设立安全作业看板 （19）是否明确责任制 （20）是否加装必要的警示系统 （21）是否有正确操作方法的指导 （22）机器配件是否力求标准化

2．清扫检查重点

（1）地面清扫检查重点

① 用手摸地面时，手是否会脏（精密工厂）？

② 地面是否有纸屑、烟蒂、食物残渣？

③ 机台底下是否堆积各式的残渣、铁屑？

④ 道路上是否有砂尘或零碎的杂物？

⑤ 机器是否有漏油之处？

⑥ 是否有防止微粒子、粉尘、削粉、糊状物等飞散的对策？

⑦ 吸引微粒子、粉尘、削粉飞散的管道，是否阻塞或泄漏？

⑧ 是否有应付渗透于地面的油渍的处理对策？

（2）机器清扫检查重点

机器清扫检查重点如表4-14所示。

表4-14　机器清扫检查重点

项目	检查重点
润滑系统	（1）加油口的四周、刻度表、计测器等是否肮脏 （2）油槽内的油品是否污浊 （3）油槽底部是否有异物 （4）油槽及配管接头处是否有漏油的现象 （5）配管是否已损坏或弯曲、变形 （6）加油端是否污浊 （7）回槽油系统是否阻塞、污浊 （8）加油工具是否干净 （9）油料有无使用颜色管理
油压系统	（1）加油口的四周、刻度表、计测器、空气通气装置等是否肮脏 （2）槽内的空隙、开口处是否有垃圾、尘埃存在 （3）油槽底部是否有异物 （4）过滤器是否肮脏 （5）泵是否有异常声音或异常热度 （6）配管接头处是否有漏油的现象 （7）是否有漏油的现象 （8）油压汽缸等调节器是否有漏油的现象（尤其是测量杆部分）
空压系统	（1）空气过滤器是否污浊 （2）配管接头处是否漏气 （3）管道是否漏气 （4）螺线管是否有异常声音

（续表）

项目	检查重点
空压系统	（5）速度控制的螺丝是否松动 （6）空气汽缸等的调节器是否漏气（尤其是测量杆部分） （7）空气汽缸等的取装螺丝是否松动 （8）排气消音器是否阻塞
配油盘、摺动部、回转部部位	（1）配油盘表面是否有凹凸、伤痕、生锈之处 （2）水平测定器的螺丝是否松动 （3）摺动部是否有尘埃、异常磨耗的现象 （4）摺动部去污接触是否有损伤或磨耗 （5）摺动盘里侧是否有切粉 （6）回转部是否有灰尘、凹凸、偏心、异常磨损等现象 （7）摺动部、回转部是否有螺丝松动的现象 （8）链条是否有松动 （9）皮带、齿轮是否有松动、磨耗、损坏的现象

（二）检查的实施

1. 检查有哪些不需要的物品（整理）

（1）不要物品的检查点。在3S之后，各区域、各部门应检查身边及周围是否有不要的东西并使用表格形式做好相关记录，如表4-15所示。

表4-15　整理检查表

部门：　　　　　　　　　　　　检查者：　　　　　　　　日期：＿＿＿年＿＿月＿＿日

序号	检查点	检查		对策（完成日期）
		是	否	
1	放置场所是否有不需使用的东西			
2	通道上是否放置不需使用的东西			
3	有否有不需用的机械			
4	栏架上下是否有不需使用的东西			
5	机械周围或下边是否有不需使用的东西			
…				

（2）企业应编制废弃物品一览表，并对其进行处理。处理的规则是：库存与设备是公司的资产，个人不能任意处分；编制废弃库存品、废弃设备一览表、废弃空间一览表，如

表4-16、表4-17、表4-18所示；一定要全数显示，并与财务责任人协商后处理。

表4-16 废弃库存品一览表

部门：　　　　　　　　　　检查者：　　　　　　　　　日期：＿＿＿＿年＿＿月＿＿日

序号	品名	规格	数量	单位	金额	不要品区分	价值	备注

表4-17 废弃设备一览表

部门：　　　　　　　　　　检查者：　　　　　　　　　日期：＿＿＿＿年＿＿月＿＿日

序号	设备名	设备区分	资产号	数量	单价	金额	设备日期	累计折旧	账册	设备场所	备注

表4-18 废弃空间一览表

部门：　　　　　　　　　　检查者：　　　　　　　　　日期：＿＿＿＿年＿＿月＿＿日

序号	地点	管理责任人	面积（m²）	使用预定	备注

2. 检查物品的放置方法（整顿）

（1）明确物品放置方法的检查点。在检查物品的放置方法前，企业首先要明确物品放置方法的检查点，并需列出如表4-19所示的"整顿检查表"以便作好检查记录。

表4-19 整顿检查表

部门：　　　　　　　检查者：　　　　　　　日期：＿＿＿年＿＿月＿＿日

序号	检查点	检查		对策
		是	否	（完成日期）
1	制品放置场所是否显得零乱			
2	装配品放置场所是否做好三定（定位、定品、定量）			
3	零件、材料放置场所是否做好三定（定位、定品、定量）			
4	画线是否已完成80%以上			
5	治工具存放是否以开放式来处理			
6	治工具是否显得零乱			
7	模具放置场所是否可以一目了然			
…				

（2）各部门、各区域责任人员应列出"整顿鉴定表"，对管辖区域进行再次检查。如果结果为"否"的项目在30个以上，则再一次进行整顿。

整顿鉴定表的主要项目应包括：部门（填入对象部门或工程名）；检查者（填入检查者的姓名）；分类（整顿对象的类别）；检查点（整顿对象的着眼点）；检查点（检查者进行现场巡视的同时填写，"是"——已做到，"否"——没做到，必须采取对策处理）；对策和改善的完成期限（针对检查中"否"的部分，想出对策或改善措施，将其填入改善栏内）。具体内容如表4-20所示。

表4-20 整顿鉴定表

部门：　　　　　　　检查者：　　　　　　　日期：＿＿＿年＿＿月＿＿日

分类	序号	检查点	检查		对策
			是	否	（完成日期）
库存品	1	置物场所是否有展示三定看板			
	2	是否能一眼看出定量标示			
	3	物品的放置方法是否呈水平、垂直、直角、平行			

（续表）

| 分类 | 序号 | 检查点 | 检查 | | 对策 |
			是	否	（完成日期）
库存品	4	置物场所是否有立体化的余地			
	5	是否做到"先进先出"			
	6	为防止物品间碰撞是否有缓冲材料或隔板			
	7	是否能防止灰尘进入			
	8	物品是否直立摆放在地面			
	9	是否为不良品的保管明确了定置物场			
	10	是否有不良品放置场所的看板			
	11	不良品是否容易看见			
治工具	1	是否决定不良品的放置场所			
	2	放置场所是否有揭示"三定"看板			
	3	治工具本身是否贴有名称或代码			
	4	使用频率高的治工具是否放置在作业现场附近			
	5	是否依制品类别来处理			
	6	是否依作业程序来决定放置方式			
	7	治工具在作业指导书中有无指定场所			
	8	治工具是否零乱，是否有现场就看得出来			
	9	治工具显得零乱是否当场进行整理			
	10	治工具是否能根据共通化而将其减少			
	11	治工具是否能借助替代手段而将其减少			
	12	是否考虑归位的方便性			
	13	是否在使用场所的10厘米以内规定放置处			
	14	是否放置在10步以外			
	15	放置方位是否恰当，不弯腰就可以拿到			
	16	是否能吊起来			
	17	即使不用眼睛看，是否也能大致归位放好			
	18	目标尺寸范围是否很广			
	19	治工具使用中，是否能交替更换			
	20	是否根据外观进行整顿			
	21	是否能根据颜色进行整顿			
	22	使用频率高的刀具是否放置在身边			

（续表）

分类	序号	检查点	检查 是	检查 否	对策（完成日期）
刀具	1	使用频率低的刀具是否可以共同使用			
	2	是否能采取分类组合的方式处理			
	3	是否采取防止碰撞的对策			
	4	抽屉是否使用波浪板			
	5	抽屉是否采用纵向整理收拾			
	6	研削砥石是否堆积放置			
	7	是否采取刀具的防锈对策			
计量器具	1	放置场所是否有防止灰尘或污物的措施			
	2	计量器具放置场所是否有"三定"处理			
	3	是否知道计量器具的有效使用期限			
	4	微米量尺转动量是否放置在不震动处			
	5	是否下垫避震材料			
	6	方量规、螺丝量规是否有防碰撞措施			
	7	测试塞、直角尺是否吊挂以防止变形			
油品	1	是否有"油罐→给油具→注油口"的色别整顿			
	2	是否有油品种类汇总			
	3	在油品放置处是否有"三定"看板			
安全	1	通道是否放置物品			
	2	板材等长形物是否直立放置			
	3	是否对易倒的物品设置支撑物			
	4	物品堆积是否不容易倒塌			
	5	是否把物品堆积得很高			
	6	回转部分是否用盖子盖上			
	7	危险地区是否设有栅栏			
	8	危险标识是否做得很清楚、醒目			
	9	消防灭火器的标识是否从任一角度均可看见			
	10	消防灭火器的放置方式是否正确			
	11	防火水槽、消火栓的前面是否堆置物品			
	12	交叉路口是否有暂停记号			
		合计			
综合结论：					

3．消除灰尘、垃圾的检查点（清扫）

（1）清扫的检查点。检查人员可以运用表4-25所示的内容，在窗框上用手指抹抹看，就大致可以知道工作场所的清扫程度，也可运用"白手套检查法"。

表4-25　消除灰尘、垃圾检查表

部门：　　　　　　　　　检查者：　　　　　　日期：＿＿＿年＿＿月＿＿日

序号	检查点	检查		对策
		是	否	（完成日期）
1	制品仓库里的物品或棚架上是否沾有灰尘			
2	零件材料或棚架上是否沾有灰尘			
3	机器上是否沾满油污或灰尘			
4	机器的周围是否飞散着碎屑或油滴			
5	通道或地板是否清洁亮丽			
6	是否执行油漆作战			
7	工厂周围是否有碎屑或铁片			
…				

（2）填写"清扫检查表"。"清扫检查表"的用途是将库存、设备、空间的有关事项，在清扫时的检查要点加以整理的表格。其主要项目包括：部门（填入检查对象的部门或工程名）；检查者（填入执行检查者的姓名）；分类（清扫对象的类别）；检查点（与清扫有关的检查要点）；检查（检查者一边现场巡视一边进行检查，"是"——已做到，"否"——没做到，必须采取对策处理）；对策（检查中"否"的场合，要明确记载对策与完成期限）。具体内容如表4-22所示。

表4-22　清扫检查表

部门：　　　　　　　　　检查者：　　　　　　日期：＿＿＿年＿＿月＿＿日

分类	序号	检查点	检查		对策
			是	否	（完成日期）
库存品	1	是否清除与制品或零件、材料有关的碎屑或灰尘			
	2	是否清除切削或洗净零件所产生的污锈			
	3	是否清除库存品保管棚架上的污物			
	4	是否清除半成品放置场所的污物			
	5	是否清除库存品、半成品的移动用栈板上的污物			

（续表）

分类	序号	检查点	检查		对策
			是	否	（完成日期）
设备	1	是否清除机器设备周边的灰尘、油污			
	2	是否清除机器设备下的水、油和垃圾			
	3	是否清除机器设备上的灰尘、污垢、油污			
	4	是否清除机器设备侧面或控制板套盖上的油垢、污迹			
	5	是否清除油量显示或压力表等玻璃上的污物			
	6	是否将所有的套盖打开，清除其中的污物或灰尘			
	7	是否清除附着于气压管、电线上的尘埃、垃圾			
	8	是否清除开关等处的灰尘、油垢等			
	9	是否清除附着于灯管上的灰尘（使用软布）			
	10	是否清除段差面的油垢或灰尘（使用湿抹布）			
	11	是否清除附着于刀具治具上的灰尘			
	12	是否清除模具上的油垢			
	13	是否清除测定器上的灰尘			
空间	1	是否清除地板或通道上的沙、土、灰尘等			
	2	是否除去地板或通道上的积水或油污			
	3	是否清除墙壁、窗户等处的灰尘或污垢			
	4	是否清除窗户玻璃上的污迹、灰尘			
	5	是否清除天花板、梁柱上的灰尘、污垢			
	6	是否清除照明器具（灯泡、日光灯）上的灰尘			
	7	是否清除照明器具盖罩上的灰尘			
	8	是否清除棚架或作业台等处的灰尘			
	9	是否清除楼梯上的油污、灰尘、垃圾			
	10	是否清除梁柱上、墙壁上、角落等处的灰尘、垃圾			
	11	是否清除建筑物周围的垃圾、空瓶			
	12	是否使用清洁剂将外墙的脏污加以清洗			
合计					

综合结论：

（三）拍照记录问题点，责成整改

对于检查中遇到的问题点，检查人员应拍下照片，清楚记录问题点（如下图片所示），并要求责任人进行整改。

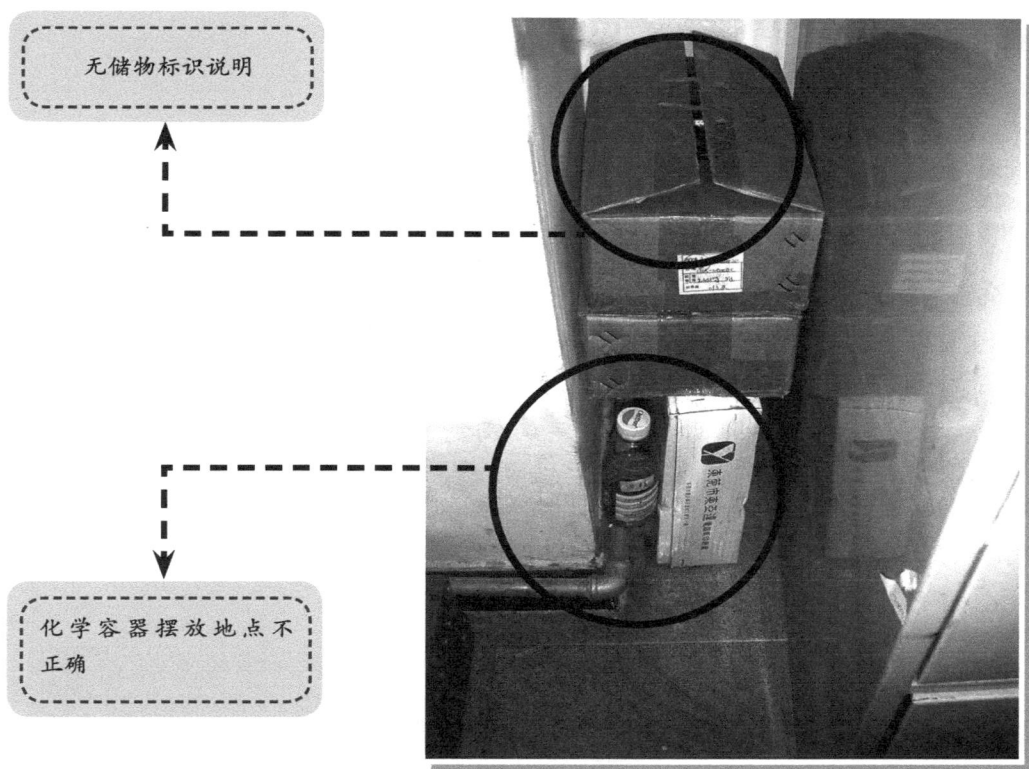

无储物标识说明

化学容器摆放地点不正确

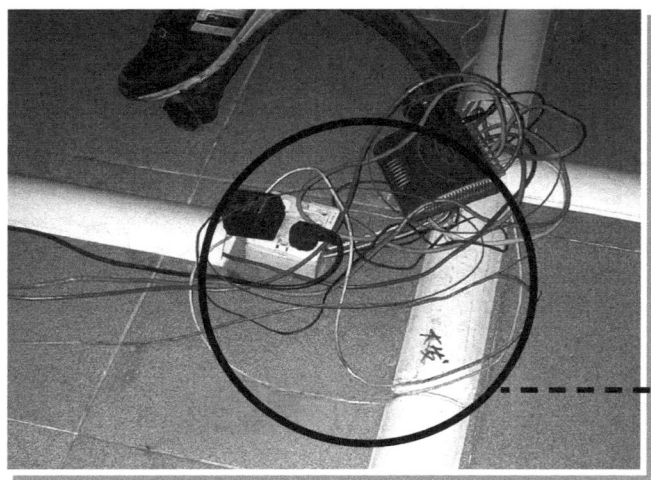

电源线未整理，脚易踩到电源

三、坚持实施5分钟3S活动

员工每天工作结束之后，花5分钟时间对自己的工作范围进行整理、整顿、清扫，不论是生产现场还是办公室都要推行该活动。以下是5分钟3S活动必做的几个项目。

1. 整理工作台面，将材料、工具、文件等放回规定位置。
2. 清洗次日要用的换洗品，如抹布、过滤网、搬运箱等。
3. 理顺电话线，关闭电源、气源、水源。
4. 清倒工作垃圾。
5. 对齐工作台椅并擦拭干净，人离开时把椅子归位。

四、目视化管理

在6S活动中，一些看不到的地方或者容易被忽略的区域就是整理、清扫难以到位的地方。对于这样的地方可以实施目视化管理，利用一些形象、直观的标识方法进行管理。

（一）实施透明化管理

在6S活动中，通常整理、整顿、清扫做得最差的地方，往往是不容易被看到的地方，如隐藏在铁架、设备护盖背后的部分等。此时，可以利用目视管理，例如，取下护盖使其透明化，或在外部护盖上加装视窗，可以看到里面的电气控制盘等。

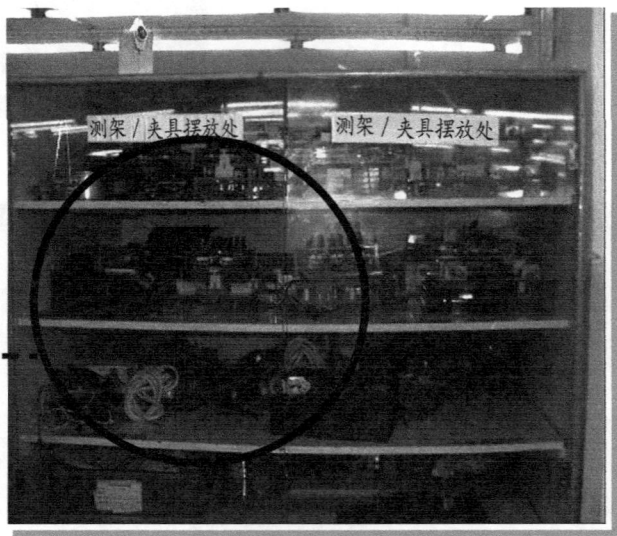

装上透明玻璃柜里的东西就看得一清二楚

（二）状态视觉化

例如，在电风扇上绑上布条，可以了解其送风情况；配水管的一部分采用透明管道并装上浮标，可以通过目视做好水流管理。

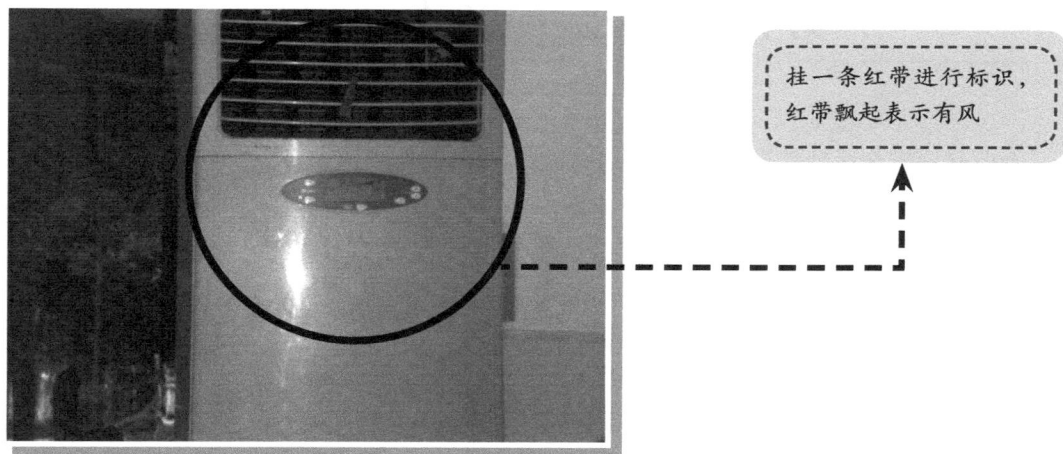

挂一条红带进行标识，红带飘起表示有风

（三）使用看板

看板的使用要求有以下几点。

1．版面采用线条或图文分割，条理清晰。

2．主次分明，重点突出。

3．尽量用量化的数据、图形，形象地说明问题。

4．对于动态信息，尽量用不同颜色的箭头进行标识。

5．适当采用卡通、漫画的形式，活跃版面。

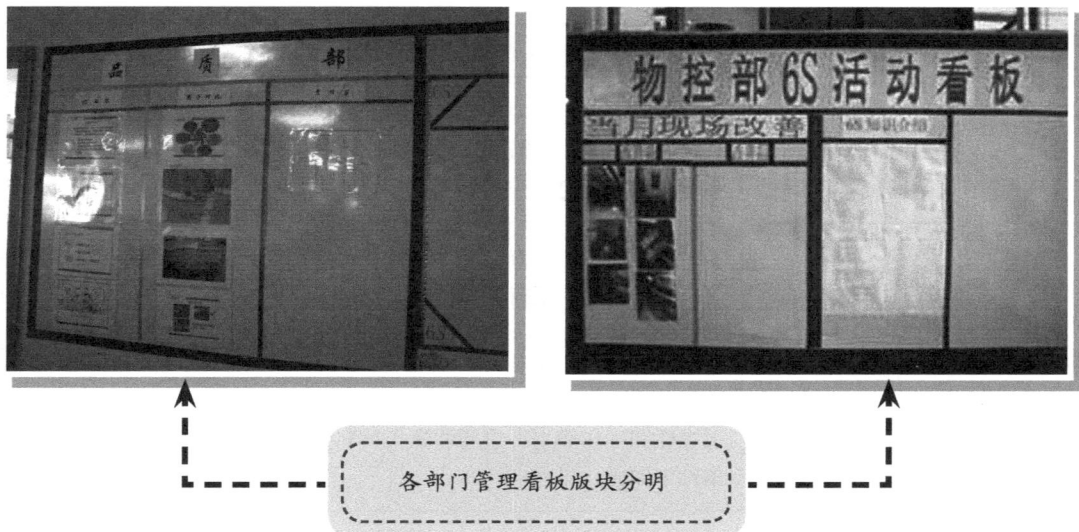

各部门管理看板版块分明

第五节　5S——安全的实施

企业开展安全活动就是要消除隐患、排除险情、预防事故的发生，其目的是保障员工的人身安全和生产的正常进行，减少经济损失。

一、安全的作用

1. 让员工放心，更好地投入工作。
2. 没有安全事故，生产更顺畅。
3. 没有伤害，减少经济损失。
4. 有责任、有担当，事故发生时能够应付。
5. 管理到位，使客户更信任和放心。

二、做好安全监督

（一）监督者的职责

组长和班长作为基层组织的管理者，直接领导工人，并在现场直接管理材料、设备、机械和治工具的使用情况。同时作为监督者，他们的主要职责如表4-23所示。

表4-23　监督者的安全监督职责

序号	职责	具体说明
1	规定作业程序	在安全的条件下，为了生产更多、更便宜的好产品，需要把作业方法标准化。为此，需要得到全体职工的理解和协助，对作业程序和关键点加以规定（作业标准），并努力实行
2	改进作业方法	监督者应注意作业方法有无危险和是否有害。对现行的作业方法不应满足，而是要坚持怀疑的态度，以寻找更好的作业方法为目标，努力改进
3	适当安排作业者的工作	监督者为了完成工作任务和防止事故的发生，应经常考虑作业者的适应性和工作能力，适当调配人员和分配任务，使工作能在安全的条件下完成

（续表）

序号	职责	具体说明
4	指导和教育	监督者为使自己分担的工作顺利进行，应该运用自己的知识和经验，指导和教育下级掌握必要的知识和技能，使下级能够在安全条件下提高自主完成作业的能力
5	"作业过程"的监督和指导	监督者对作业中的下级进行监督，指导他们遵守作业标准和其他事项，正确地进行作业
6	设备安全化以及改善环境	监督者对于现场的设备、机械、装置、工器具、安全装置、有害物质控制装置、保护用具等除保证其完好之外，对不安全的地方要加以改进
7	保持环境条件	努力保持作业场所的整理、整顿、清洁以及其他的环境条件
8	安全检查	对于自己负责的作业场所的设备、机械、作业环境，监督者要进行定期检查，努力发现异常情况，并且加以改进
9	异常时的措施	监督者平时要制定发生异常时的应对措施，并对下级进行培训，使下级在面对异常问题时能够立即采取措施
10	发生灾害时的措施	发生灾害时，监督者在采取紧急措施的同时，要分析灾害的原因并采取对策，此外，要吸取过去发生灾害的教训，努力防止再次发生
11	提高安全意识，防止劳动伤害事故	除利用标语、宣传画之外，还要利用早会、TBM（安全作业讨论会）和其他会议等，提高下级的安全意识

（二）安全工作核对表

监督者在安全管理方面可运用如表4-24所示的核查表来核对安全工作。

表4-24 监督者的安全工作核对表

管理对象	项目	内容	核对
管理方面	方针目标	（1）是否充分理解了公司的安全方针和目标 （2）下级是否了解工作场所的安全活动	
	安全活动	（1）工作场所是否有安全管理计划 （2）工作场所是否执行了安全管理计划 （3）是否评价了安全活动的结果 （4）是否有安全标准	

（续表）

管理对象	项目	内容	核对
人的方面	对下级的指导	（1）对下级的要求是否了解 （2）是否发现安全教育的必要性 （3）是否有教育计划 （4）是否根据教育计划进行了指导和教育，如新职工教育、特别教育、其他教育、作业内容变更时教育等 （5）对危险和有害作业是否进行了重点教育 （6）有没有教材 （7）对执行结果有无评价 （8）有无补充指导 （9）对合作公司和包工单位是否进行了指导和教育 （10）是否保存了教育结果的记录	
	作业中的指导	（1）是否按计划巡视现场 ①作业的服装是否整洁 ②是否遵守安全操作 ③安全用具、保护用具是否很好使用 ④是否清楚安全标准 ⑤是否约定好共同作业时的联系方式、打招呼方式 ⑥是否有好的作业位置、作业姿势 ⑦是否遵守了岗位纪律 （2）对新员工是否关心 （3）在工作岗位上是否有好的人际关系 （4）指示、命令是否适当 （5）语言使用、语气是否得体 （6）是否关心下级的健康情况	
	安全宣传教育的指导	（1）有目的的启蒙活动效果如何 ①宣传画、标语、早会 ②安全值班、岗位会议、TBM（安全作业会议） ③安全作业表彰 （2）是否有计划地持续实行 （3）是否动员员工积极参加预防运动、危险预报运动和安全作业会议	
	下级的钻研、创造	（1）对工作是否抱有发现问题的态度 （2）是否努力培养改进小组 （3）合理化建议制度的执行是否良好 （4）工作场所会议和安全作业会议是否经常召开	

（续表）

管理对象	项目	内容	核对
物的方面	机械电器设备、装置的安全化	（1）对设备、机械、装置是否努力实现安全化 （2）保护用具是否有好的性能 （3）机械设备是否有安全装置 （4）机械电器装置管理得如何 ①动力传导装置保护得如何 ②吊车的安全管理做得如何 ③装卸运输机械的维护管理做得如何 ④电器设备、电动工具的安全使用及保养措施如何 ⑤对可燃性气体以及其他易燃易爆物品爆炸的管理措施如何 ⑥排、换气装置是否有故障	
	作业环境条件的保持和改进	（1）工作场所的布局是否合理 （2）是否搞好了整理整顿 （3）是否有好的放置方法 ①高度 ②数量 ③位置 （4）地方是否合适 （5）是否有好的保管方法 ①危险品 ②有害物品 ③重要物品 ④超长超大物品 （6）地面上有无油、水、凹凸不平 （7）明亮度是否足够 （8）温度是否适当 （9）有害气体、蒸汽、粉尘是否在排放允许浓度范围内 （10）防止噪声的措施如何 （11）躲避通道和场所是否有保证 （12）安全的标志是否科学 （13）是否努力改进环境	
	安全卫生检查	（1）是否制订定期自主检查计划 （2）是否定期进行自主检查 （3）作业开始前是否进行了检查 （4）检查是否根据标准进行：是否有检查表，检查日期、检查者、检查对象（机器）、检查部位（地方）、检查方法是否都正确	

管理对象	项目	内容	核对
物的方面	安全卫生检查	（5）是否有判断标准 （6）是否规定了检查负责人 （7）是否改进了不良地方（部位） （8）是否保存检查记录	
作业方面	作业程序（作业标准）的确认	（1）是否有齐备的作业标准（高度作业、高空作业、爆炸性物质使用作业、使用重量物品作业、从事高压电作业、使用有害物质作业、使用危险品作业、使用着火性物质作业） （2）对安全问题是否关心 （3）非正常作业的工具箱是否集中在一起 （4）作业变更时是否进行研究和计划修改 （5）研究作业标准方案时是否吸收下级参加 （6）是否定期修改	
	作业方面的改进	（1）进行管理作业时，是否抱有发现问题的态度 ①需要力量大的作业 ②强迫的姿势或危险岗位的作业 ③持续长时间的紧张作业 ④有害健康的作业 （2）在作业方法上是否同下级商量 （3）对不恰当的作业是否进行了改进 （4）研究改进方案时是否把安全放在优先地位	
	适当安排作业者的工作	（1）是否有无资格（条件）者在从事危险有害的工作的情况 （2）是否有中高年龄层的人在从事危险、高空作业的情况 （3）是否有让经常发生灾害事故者从事危险、有害作业的情况 （4）是否有让没有经验的人从事危险、有害作业的情况 （5）是否有让身体情况异常者工作的情况	
	发生异常灾害时的措施	（1）是否努力及早发现异常情况 （2）是否规定异常时的处理措施标准 （3）下级是否掌握了异常及其处理方法 （4）下级是否掌握了非常情况下的停止方法 （5）是否有非常情况下的躲避标准规定 （6）下级是否掌握了发生灾害时的紧急处理（急救措施）方法 （7）是否有事故、灾害的原因分析以及对策的实施计划 （8）是否保存了异常事故、灾害的记录	

（三）监督者的任务（日常检查的重点）

现场监督者对安全负有极为重要的监督责任。日常必须实行的检查重点有以下几项。

1．部下出勤以后

（1）见面时先问候。

（2）确认上一班交代的事情。

（3）收集安全情报，收集整顿工作开始前需集中强调的问题。

（4）对部下进行脸色观察。

（5）带头做广播体操。

2．工作开始前

（1）不能忘记传达上级交代的事项。

（2）当天作业中应该注意的安全问题。

（3）对缺勤者和迟到者的确认和传达。

（4）作业前，下级的身体情况有无异常现象。

（5）短时间内把要点搞清楚。

3．安全巡回检查

（1）一天一次用30分钟进行巡回安全检查。

（2）对检查发现的问题要及时指导（劝告）和处理。

4．现场的安全会议

（1）每月至少开过一次安全会。

（2）工作开始和结束都按规定时间进行。

（3）对于工厂安全委员会规定的事情，会员是否都理解并彻底贯彻。

（4）对于工作场所的问题是否作为教训加以吸取。

（5）监督者是否把自己的想法和原则告诉下级。

5．安全教育训练

（1）每周是否至少进行一次现场危险预报活动。

（2）对特别需要严格遵守的事项是否确实教给下级。

（3）作业是否是按作业标准（操作标准）进行。

（4）对于劳动保护用具是否都能按规定要求正确使用（着装）。

（5）是否按所教的（要求）内容进行操作（重要的是否确认）。

三、开展安全教育

（一）安全教育的目标

工作场所的安全教育目标需要根据现场的具体情况确定，这就需要管理者很好地掌握现场的实际情况，对现场的安全要从人、物、程序上进行分析，明确什么是影响完成目标的因素，消除这些影响因素就是现场安全教育的目标。

1. 物的方面：主要检查由于看惯了的原因，容易对异常看漏看错。

2. 人的方面：劳动保护用具穿着不符合规定，对协助工作者的教育容易忽视。

3. 作业方面：非正常作业和转换安排时的准备不够，很多时候会感觉突然。

（二）安全教育的内容

安全教育的内容如表4-25所示。

表4-25　安全教育的内容

序号	类别	目的
1	知识教育	（1）对所使用的机械设备的结构、功能、性能要有所了解 （2）使其理解灾害发生的原因 （3）教授与安全有关的法规、标准 （4）不仅使其理解，还要教授其活用的方法
2	解决问题的教育	（1）找出解决问题的方法，以过去或现场存在的问题为例，使其了解从发现问题、查明原因、确认事实直到采取对策整个过程中涉及到的手续和方法 （2）指出目标，使其理解处理问题的手续和方法，培养其观察问题的能力，即其培养直观能力、分析能力和综合能力
3	技术教育	（1）学会掌握作业方法和机械设备操作方法，掌握程序与重点 （2）培养适应能力，以实际操作为主
4	态度教育	（1）对安全作业从思想上重视并实行 （2）遵守工作场所的纪律和安全纪律 （3）提高工作积极性

（三）安全教育的方法

1. 反复进行

反复地讲给下属听并做给他们看。知识教育要从各种角度去教；技能教育要达到直观、领会和掌握关键；态度教育可以举例子使每个人在思想上能够接受，以改变过去的认识和态度。

2. 强化印象

这不是一种抽象的、观念性的教法，而是借助事实和实物具体地教，以刺激学习人记忆，使其记在心里。

3．利用"五官"

根据教育内容，很好地利用眼、耳、口、鼻、皮肤等每一项感官进行教授。

4．理解功能

通俗易懂地讲解，为加深下属的理解，要特别下工夫。

5．利用专栏、板报进行安全教育

将安全教育的内容以看板的形式展示出来。

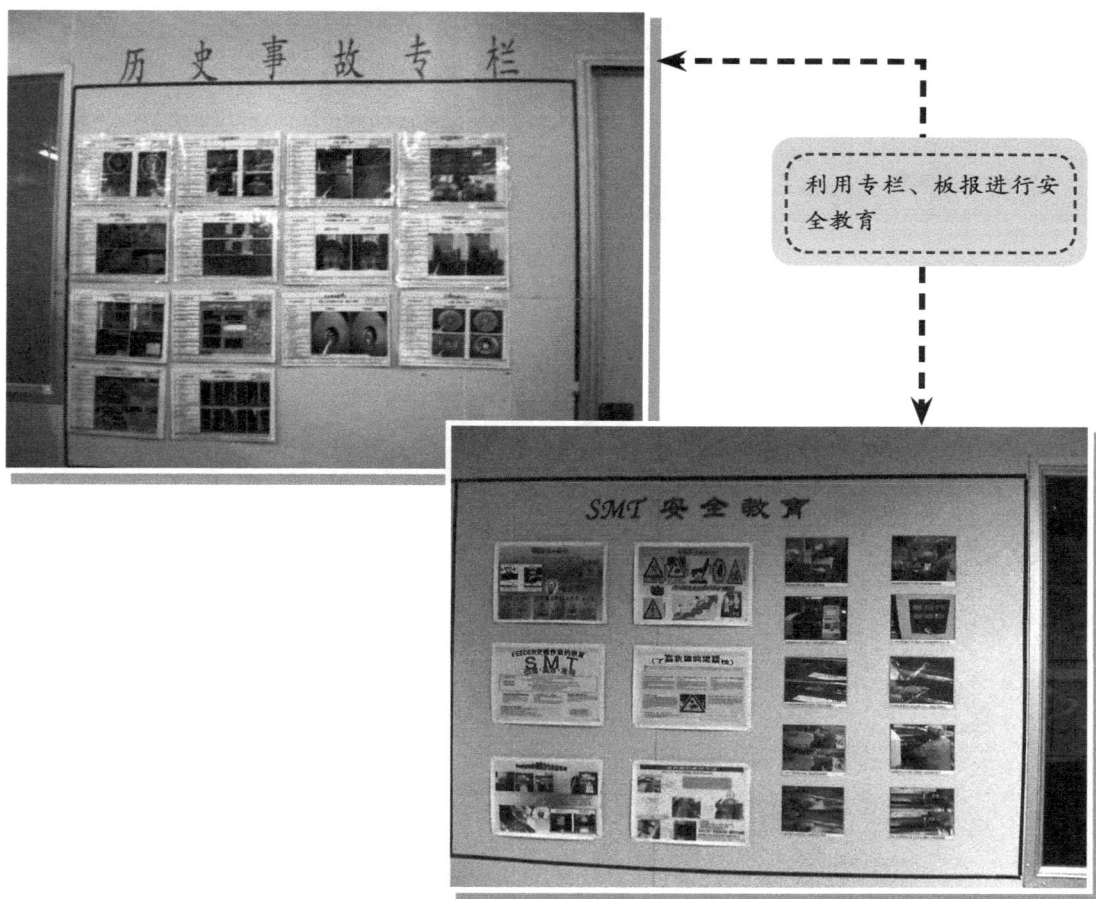

利用专栏、板报进行安全教育

四、做好安全识别

安全识别主要是利用颜色来刺激人的视觉，以达到警示的目的，并作为行动的判断标准，起到危险预知的作用。在工厂生产中所发生的灾害或事故，大部分是由于人为的疏忽所致，因此，企业很有必要追究到底是什么原因导致了这些事故，有必要研究如何预防工作疏忽。其中，利用颜色做安全识别是很有必要的一种手段。

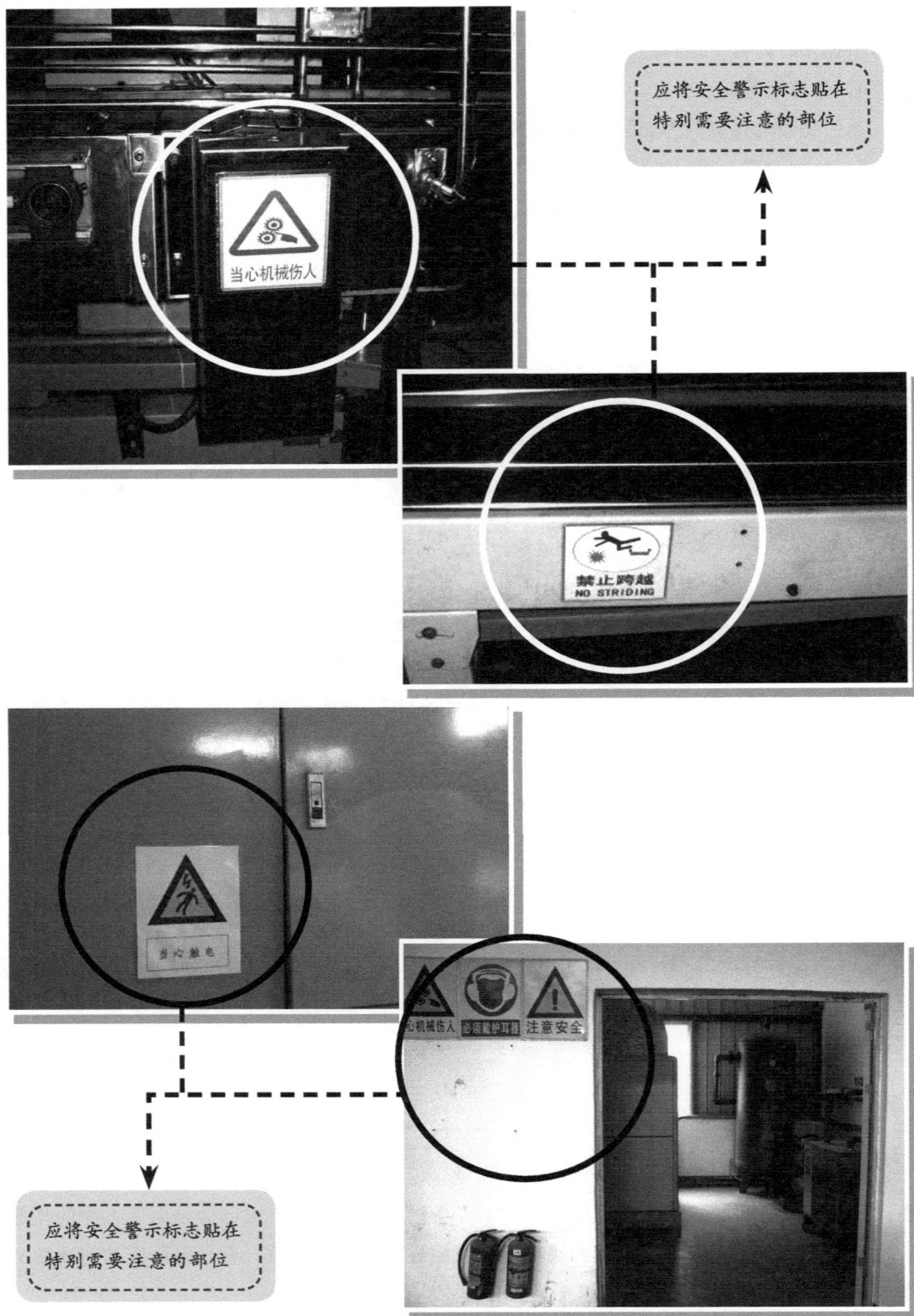

应将安全警示标志贴在特别需要注意的部位

应将安全警示标志贴在特别需要注意的部位

（一）安全色

1. 安全色的含义和用途

安全色的含义和用途如表4-26所示。

表4-26 安全色的含义和用途

颜色	含义	用途举例
红色	禁止 停止	（1）禁止标志 （2）停止信号：机器、车辆上的紧急停止手柄或按钮，以及其他禁止人们触动的部位
		红色也表示消防设备和其他安全防护设备的位置
蓝色	指令必须遵守的规定	指令标志：如必须佩戴防护用具，道路上指引车辆和行人行驶方向的指令等
黄色	警告 注意	（1）警告标志 （2）警戒标志：如厂内危险机器和坑池周围需引起注意的警戒线等 （3）行车道中线 （4）机械上齿轮箱内部 （5）安全帽
绿色	提示 安全状态 通行	（1）提示标志 （2）车间内的安全通道 （3）行人和车辆通行标志

注：（1）只有与几何图形同时使用时，蓝色才表示指令。

（2）为了不与道路两旁的绿色行道树相混淆，道路上的提示标志用蓝色。

2. 对比色

使用对比色是为了通过反衬使安全色更加醒目。如安全色需要使用对比色时，应按如表4-27所示的相关规定执行。

表4-27 对比色表

安全色	相应的对比色
红色	白色
蓝色	白色
黄色	黑色
绿色	白色

（1）黑色用于安全标志的文字、图形符号和警告标志的几何图形；白色也可用于安全标志的文字和图形符号。

（2）红色和白色、黄色和黑色间隔条纹，是两种配合使用时较醒目的标示。

3．安全色使用标准

安全色使用标准如表4-28所示。

表4-28　安全色使用标准

序号	颜色	使用标准
1	红色	红色表示禁止、停止、消防和危险的意思。凡是禁止、停止和有危险的器件设备或环境，应涂以红色标记
2	黄色	黄色表示警示。警示人们注意的器件、设备或环境，应涂以黄色标记
3	蓝色	蓝色表示指令以及必须遵守的规定
4	绿色	绿色表示通行、安全和提供信息的意思。凡是在可以通行或安全的情况下，应涂以绿色标记
5	红色和白色相间隔的条纹	红色与白色相间隔的条纹，比单独使用红色更为醒目，表示禁止通行、禁止跨越的意思，用于公路、交通等方面所用的防护栏杆及隔离墩
6	黄色与黑色相间隔的条纹	使用黄色与黑色相间隔的条纹比单独使用黄色更为醒目，表示特别注意的意思，用于起重吊钩、平板拖车排障器、低管道等方面。相间隔的条纹，两色宽度相等，一般为10毫米。在较小的面积上，其宽度可适当缩小，每种颜色不应少于两条，斜度一般与水平呈45度。在设备上的黄、黑条纹，其倾斜方向应以设备的中心线为轴，呈对称形
7	蓝色与白色相间隔的条纹	蓝色与白色相间隔的条纹，比单独使用蓝色更为醒目，表示指示方向，用于交通上的指示性导向标
8	白色	标志中的文字、图形、符号和背景色以及安全通道、交通上的标线用白色。标示线、安全线的宽度不小于60毫米
9	黑色	禁止、警告和公共信息标志中的文字、图形都应该用黑色

（二）安全标志

安全标志是由安全色、边框和以图像为主要特征的图形符号或文字构成的标志，用以表达特定的安全信息。安全标志分禁止标志、警告标志、命令标志和提示标志四大类。

1．禁止标志

禁止标志是禁止或制止人们要做某种动作，其基本形式是带斜杠的圆边框。禁止标志的颜色如表4-29所示。

表4-29　禁止标志的颜色

部位	颜色
带斜杠的圆边框	红色
图像	黑色
背景	白色

禁止标志示例

2. 警告标志

警告标志能够提醒人们提防可能发生的危险，其基本形式是正三角形边框。警告标志的颜色如表4-30所示。

表4-30　警告标志的颜色

部位	颜色
正三角形边框、图像	黑色
背景	黄色

当心触电　当心日晒　当心超压　当心电离辐射　当心烫伤

警告标志示例

3. 命令标志

命令标志表示"必须遵守"，其基本形式是圆形边框。命令标志的颜色如表4-31所示。

表4-31　命令标志的颜色

部位	颜色
图像	白色
背景	蓝色

必须戴防毒面具　必须穿防护服　必须戴防护口罩

必须加锁　必须戴防护手套　必须戴安全帽

命令标志示例

4．提示标志

提示标志是提供目标所在位置与方向性的信息，其基本形式为矩形边框。提示标志的颜色如表4-32所示。

表4-32　提示标志的颜色

部位	颜色
图像、文字	白色
背景	一般提示的标志用绿色，消防设备的提示标志用红色

提示标志示例

（三）补充标志

补充标志是安全标志的文字说明，必须与安全标志同时使用。补充标志与安全标志同时使用时，可以互相连在一起，也可以分开。当横写在标志的下方时，其基本形式是矩形边框；当竖写时，则写在标志杆的上部。补充标志的规定如表4-33所示。

表4-33　补充标志的规定

补充标志的写法	横写	竖写
背景	禁止标志——红色 警告标志——白色 命令标志——蓝色	白色
文字颜色	禁止标志——白色 警告标志——黑色 命令标志——白色	黑色
字体	黑体	黑体

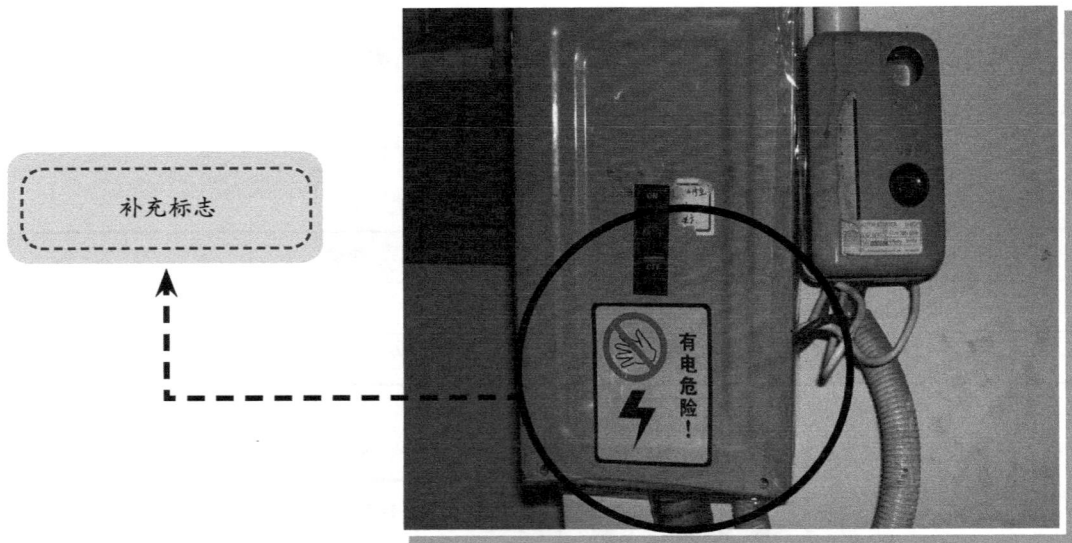

补充标志

有电危险！

五、服装、劳保用品

劳保用品的最大作用就是保护员工在工作过程中免受伤害，或者防止形成职业病。但在实际工作中，很多员工却对此理解不够，认为劳保用品碍手碍脚，是妨碍工作的累赘。这就要求管理者持续不断地加强教育、严格要求，使员工形成习惯。

某纺织厂有个规定，试车的时候不能戴手套。老李是厂里的老员工，多次被厂里评为优秀员工，有很丰富的工作经验。也许正是这些经验让这位德高望重的老员工存在一种侥幸的心理，所以他经常在试车的时候违规戴手套。碍于情面，班长小赵也不好说他什么，就私下叫小王去提醒他注意一些。 对于小王的提醒，老李却满不在乎地说："放心了，不会有什么问题的，我吃的盐比你吃的饭还多呢!"

结果，一次试车时发生了惨剧：手套绞入了机器里面，把老李的手也带了进去。

（一）劳保用品的种类

1. 服装

（1）作业帽

作业中即便没有飞来的东西或落下来的危险物品，为了保持作业场所的纪律，员工也必须戴好作业帽。

（2）作业服

作业服要合身、轻快、清洁。作业服不仅要适合寒暑的温度变化，还必须考虑符合安全的要求。

（3）鞋

鞋要轻快，便于行动，不能容易绊倒或打滑。作业内容或作业场所不同，有的岗位还需要穿安全鞋或防电鞋。

（4）手套

为了防止手脏和保护手指而需要戴手套，但在进行有被机器卷进的危险作业时，不允许作业人员戴手套。

2．保护用具

（1）保护用具的种类

保护用具包括安全帽、保护眼镜、防噪声保护塞、安全鞋、安全带、防尘和防毒面具、绝缘保护用具等。

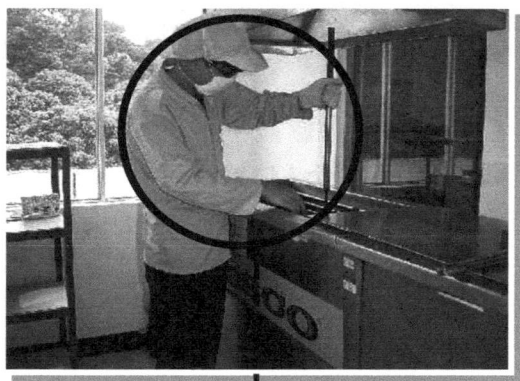

作业时穿上防护服装

（2）保护用具的使用要求

企业在选用与管理保护用具时，一般应该注意以下事项。

① 站在作业者的立场，选用适合作业者的保护用具。

② 定额标准要够用。

③ 指定保护用具的管理者。

④ 规定管理（修理、检查）的方法。

⑤ 教会作业者使用方法。

⑥ 强调必须使用必要的保护用具。

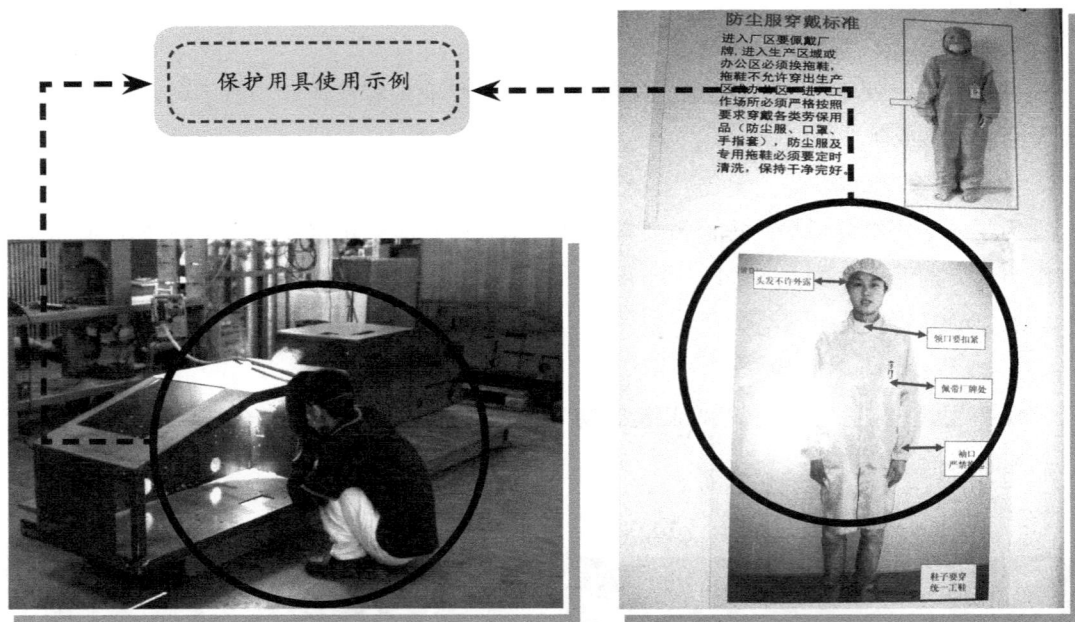

保护用具使用示例

企业在选择个人防护用品时，不仅要注意防护效果，还应考虑是否符合生理要求、便于利用。在使用时，还需加强管理和检查维护，才能达到应有的防护效果。

（二）劳动保护用具的严格管理

作为管理者，一定要对本工厂、本车间在哪些条件下使用何种劳保用品做充分的调查，同时，要对各种劳保用品的用途有所了解，为员工配备相应的劳动保护用具，并制定严格执行的规定。

以下提供某公司劳保用品发放和使用管理规定，供读者参考。

【实战范本4-06】××公司劳保用品发放和使用管理规定

××公司劳保用品发放和使用管理规定

一、目的／范围

为规范劳保用品的发放和使用工作，确保劳保用品能真正地起到保护作用并减少浪费，特制定本规定。

二、适用范围

本规定适用于本公司生产部门劳保用品的发放与领用。

三、总要求

1．劳保用品是公司提供给员工在有危险性场所工作时使用的物品，每一位员工都有相应的日常劳保用品。公司应当有一定的库存，以确保及时更换。

2．非日常工作所需的特殊劳保用品也必须具备。

3．公司有义务培训公司的各位员工能熟练掌握劳保用品的相关技术。

4．对于低值易耗品，要确保充足；对于可长久使用的，要确保有一定的库存。所有个人的用品必须注名以标示。

四、管理规定

1．穿戴劳保用品的强制执行措施

（1）在特定的区域穿戴劳保用品完成特定的任务，必须强制执行。有违反规定者将受到纪律处分。

（2）如果用劳保用品来实施一些不合法的或有悖劳保用品本身用途的行为，同样要受到纪律处分。

2．劳保用品的申领

根据不同的工作性质使用不同的劳保用品。"劳保用品申请单"由工人填写，上交给生产主管。如前所述，所有劳保用品都必须经所有者确认并签上名字。劳保用品因损坏或过期等原因而需要更换的，员工应去生产主管处填写"更换申请表"。

3．不同人员的劳保用品数量及更换时间要求

（1）生产操作工

生产操作工的劳保用品

劳保用品名称	数量	更换
连体工作服／夹克/裤子	3	根据需要
衬衫	3	根据需要
安全帽	1	至少每三年
安全鞋	1	至少每两年
眼镜	1	根据需要
护目镜	1	根据需要
雨衣	1	根据需要
防毒面具	1	根据使用期限
护耳器	1	根据设备要求

（2）维修工人

维修工人的劳保用品

劳保用品名称	数量	更换
连体工作服	2	根据需要
夹克 / 裤子 / 衬衫	1	根据需要
安全帽	1	至少每三年
安全鞋	1	至少每两年
眼镜	1	根据需要
护目镜	1	根据需要
雨衣	1	根据需要
防毒面具	1	根据工作需要
护耳器	1	根据设备要求

（3）实验室人员

实验人员的劳保用品

劳保用品名称	数量	更换
实验服	2	根据需要
袖套	2	根据需要
安全帽	1	至少每三年
安全鞋	1	至少每年
眼镜	1	根据需要
雨衣	1	根据需要
半面罩	1	根据工作需要

在生产区和实验区，低值易耗品，如手套、防尘口罩、耳塞等，都要充分准备。

4．使用劳保用品的特定区域

不同区域所要求佩戴的劳保用品如下表所示。

不同区域须佩戴的劳保用品

区域 \ 劳保用品	安全帽	安全鞋	安全眼镜	安全护目镜	连体工作服	实验服	耳塞	防毒面具/防尘口罩
车间	√	√	√	特殊工作	√	×	特殊工作	特殊工作
走在办公楼与工厂之间	√	★	√	×	×	×	×	×
实验室	×	×	√	特殊工作	×	√	特殊工作	特殊工作
模具车间	×	×	√	×	×	×	√	√
控制室/办公室	×	×	×	×	×	×	×	×

说明：

（1）"√"指被推荐要求的；"×"指不要求的；"★"指不要求但是被推荐的。

（2）参观者同样要求佩戴相应的劳保用品，如焊工帽、安全眼镜、防护服等，在特殊的场合同样需要。

5．公司各类个人劳保用品描述及用途

（1）连体外套

连体外套是指从颈部以下一直保护到手腕和膝盖的外套。通常，锅炉工的服装是棉质的，这样的外套只能在操作原料时避免弄脏自己，但不可防酸、碱的腐蚀，当有特殊要求时，必须穿用PPE材料制成的工作服。

（2）实验服

实验室人员必须穿棉质的实验服，实验服要过大腿，如同连体外套。实验服只能作普通防沾染用，不可防酸碱。

（3）袖套

袖套戴在实验服外，可以预防化学品的喷溅。

（4）雨衣

实验室的人员和生产车间的人员都要有雨衣。雨衣是提供给大家雨天使用的，必要时，操作现场也可使用。

（5）鞋类

进入生产区的人员和实验室人员都要穿钢头的安全鞋。一些特殊的工作场所还要穿靴子。所有人都要求穿能够包住脚面的鞋子。

（6）头部保护

头部保护物通常是头盔。标准的头盔是塑料的外壳，内有一节网罩。头盔能很好地保护不被物体撞击。每三年更换一次头盔，旧的头盔要销毁。

（7）耳朵保护

耳朵的保护通常有两种方式，一种是耳塞，另一种是耳罩。戴耳罩时要确保能戴好安全帽。耳塞能很好地保护耳朵防止外界的声音干扰，同时又能听到一定范围内的声音。

（8）眼睛／脸的保护

根据不同的危险等级可以采用以下不同的保护方法。

①安全眼镜。安全眼镜对一些低危险化学品的喷溅有防护作用。根据使用者的需要，安全眼镜可以是有透镜作用的。但在处理固体原料、切割或割锯时，戴安全眼镜的作用较小。

②护目镜。护目镜能全面地遮住眼睛，避免其他物质进入眼睛，也就是说，好的护目镜戴上后，是不可能有杂物可进入眼睛的。在操作化学品或割／锯设备时，护目镜能有效地防止化学品进入眼睛或消除对眼睛的冲击，所以必须按规定佩戴护目镜。

护目镜能够很好地保护眼睛。如果再加一个面罩，就可以同时对脸部和眼睛都起到很好的保护作用。

③面罩。有些工作不仅要求戴护目镜，还要戴面罩。一个好的面罩可以很轻松地安装在安全帽上，它可以很好地保护脸部。在操作一些固体物质时，戴面罩足够了，但在切割／锯时，面罩的保护作用有限。

（9）呼吸保护

①可重复利用的粉尘和化学品口罩。半面罩或全面罩，更换活性炭盒之后能长期使用。面罩的基体通常是橡胶、氯丁橡胶、硅胶，有两个或单个活性炭盒。半面罩能遮住眼睛和鼻子，而全面罩还能遮眼睛（两种面罩都能有效地保护眼睛免受粉尘和蒸汽的冲击）。活性炭盒可以任意更换且有明确的使用期，它能够有效地防止粉尘、酸、碱或酸碱化合物的侵蚀。

②一次性口罩。当工作场所有粉尘但无毒时，可用一次性口罩，如尿素、三聚氰胺、沙尘、锯末、切割的溅渣等。

（10）手的保护

佩戴手套之类的保护用品是为了工作时手不被损伤，同时也具有卫生作用。

橡胶或PVC的手套可用在工作现场，它们都能有效地防止水和化学品的侵蚀，同时又能很方便地洗去手套上的化学品。这些手套有耐摩擦性，但不可长期使用。过多的机械摩擦对手套的耐用性必定会有影响。

手套有污染，不可随便放在口袋里。

①PVC手套。PVC手套对现场的所有化学品都有用（包括浓酸、碱）。手套的内层要有一层棉布，戴起来会比较舒服。当手套沾有浓酸或浓碱时要及时洗掉。这样的手套在很多工作场所都可以使用，并且是可洗且耐摩擦的。

②橡胶手套。当工作需要保护手臂时，要戴橡胶手套。这种手套可防化学品，在沾有

化学品之后还可洗，但它的保护性能要比PVC的差。

③皮革手套。在工程工作过程中有可能沾染液体或少量化学品时，要戴皮革手套。这些手套很适合在操作设备或热工作（如切、割、焊等）时使用。只有工程人员或工程助理有必要戴皮革手套。

6．特殊的PPE

（1）甲醛车间取样

①全面罩。

②手套。

（2）制胶车间取样

①护目镜。

②手套。

（3）维修

特殊工种特殊的PPE。

（4）散装三聚氰胺／尿素

防尘面罩。

（5）操作酸／碱时

①防化服。

②手套（手部皮肤不可露在外面）。

③全面罩。

7．特殊工种的PPE

以下特殊的工种必须配有特别的PPE：接触高危险化学品的容器，处理高浓度酸／碱或处理高腐蚀性的原料或是高毒性的原料。

（1）防化服

防化服的表里层材料都是防化学沾染的。操作高浓度的酸／碱时和执行高危险的工作时（如维修危险原料的设备和管线），必须穿防化服。防化服不是一次性的，用后必须及时清洁，以便以后使用。

（2）防毒面具

任何人使用防毒面具前都要经过培训。在危险的空气条件下工作，必须戴防毒面具。例如：

①进入有毒的容器内或低氧的容器内执行紧急任务（如关阀或停泵）时，救火（用消防管）和急救时。

②在有毒且低电位的场所工作时，要佩戴特殊的防毒面具。所有员工都需要被培训使用防毒面具（消防、急救、工厂紧急关闭）。

六、确保机械设备的安全

（一）机械、设备的安全化

这部分的工作就是人和物的结合，如果人为原因出现了问题，就需要想办法用物来弥补这个缺陷。例如，作业者的行为不安全时，机械设备可以自动停止。也就是说，在机械设备上的危险部位要安装一种保护用的回转体，一旦遇到异常，如身体接触，机器就停止转动。

（二）从根本上解决安全化

从根本上解决安全化要从图4-8所示几个方面着手。

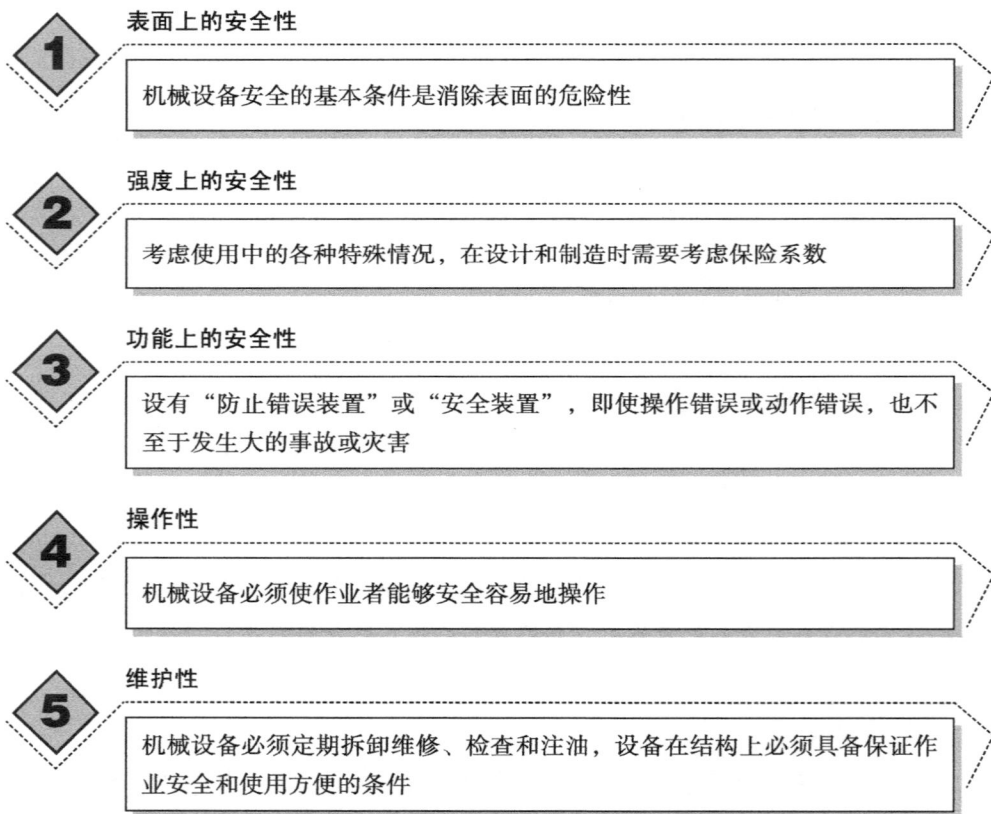

1 表面上的安全性

机械设备安全的基本条件是消除表面的危险性

2 强度上的安全性

考虑使用中的各种特殊情况，在设计和制造时需要考虑保险系数

3 功能上的安全性

设有"防止错误装置"或"安全装置"，即使操作错误或动作错误，也不至于发生大的事故或灾害

4 操作性

机械设备必须使作业者能够安全容易地操作

5 维护性

机械设备必须定期拆卸维修、检查和注油，设备在结构上必须具备保证作业安全和使用方便的条件

图4-8　从根本上解决安全化的措施

（三）安全装置

1. 要考虑安全装置的充分有效性。
2. 安装可靠的安全装置。

3．保持安全装置的有效性。

（四）机械设备安全化的要点（防止五种恶性灾害事故）

1．机械设备的安全化：安装或设置罩、盖、围子、动力隔断装置、安全装置和安全栅栏等。

2．电气设备的安全化。

3．为防止爆炸和火灾的设备安全化。

4．为防止发生坠落灾害的设备安全化。

5．为防止崩溃灾害发生的设备安全化。

安装安全罩或盖

安装安全栅栏

七、作业环境的安全性

（一）创造舒适的作业环境

1. 经常换气。

2. 确保通道安全。

3. 整理、修好地面。

4. 彻底整理、整顿。

5. 适当改进照明条件。

6. 改进温度条件。

（二）安全色彩和标志

企业在选择机械或作业环境的色彩时应注意以下几项。

1. 使作业环境舒适。

2. 减少眼睛疲劳。

3. 增强注意力。

4. 标示危险。

5. 使整理整顿容易做。

透明玻璃上贴上"不准伸手"的图标及文字

（三）工作场所的明亮度

企业在确定工作场所的明亮度时，应注意以下几项。

1. 根据作业要求确定适当的照度。

2. 一般作业灯光晃眼。

3. 光源不动摇。

4. 对作业表面和作业面的明亮度不要有很大的差别。

5. 对光亮的颜色要适合作业的性质。

八、消防安全

（一）管理要点

1．保持消防通道畅通。

2．禁止在消火栓或配电柜前放置物品。

3．灭火器应在指定的位置放置并处于可使用状态。

4．易燃品的持有量应在允许范围之内。

5．所有消防设施设备应处于正常待使用状态。

6．空调、电梯等大型设施设备的开关及使用应指定专有负责或制定相关规定。

7．电源、线路、开关及使用应指定专人负责或制定相关规定。

8．动火作业要采取足够的消防措施，作业完成后要确保没有火种遗留。

（二）配备基本的消防设施

工厂配备基本的消防设施通常有以下几项，如表4-34所示。

表4-34　工厂配备基本的消防设施

序号	名称	图片
1	室内消火栓	
2	室外消火栓（消防车紧急供水，任何人不得私自动用）	

（续表）

序号	名称	图片
3	灭火器（手提式、推车式、悬挂式）	
4	防毒面具、应急手电筒（应急使用）	
5	安全出口指示灯	
6	应急照明灯（壁挂式）	

（续表）

序号	名称	图片
7	烟感、温感报警器	
8	火警手动报警器	
9	提示禁止标志	

（续表）

序号	名称	图片
10	事故广播	
11	消防服、隔热服	
12	消防宣传栏	

（三）对消防器材进行定位与标志

消防栓、灭火器等平常备而不用，一旦需要用时，又往往要分秒必争。由于这类设备平时使用的机会较少，因而很容易被忽视。所以，企业应对这些消防器材善加管理，以备不时之需，具体可采用以下目视方法。

1．定位

对于灭火器等消防器材，要找一个固定的放置场所，当意外发生时，可以立刻被找到。另外，假设现场的灭火器是悬挂于墙壁上，当灭火器的重量超过18千克时，灭火器与地面的距离应低于1米；若灭火器的重量在18千克以下，则其高度不得超过1.5米。

2．标志

若工厂内的消防器材常被其他物品遮住，势必延误取用的时机，所以要严格规定，消防设备前面或下面禁止放置任何物品。

3．禁区

消防器材前面的道路一定要保持畅通，这样才不会造成取用时的阻碍。所以，为了避免被其他物品的占用，在这些消防器材前面一定要规划出安全区，并且画上"老虎线"，提醒大家共同遵守安全规则。

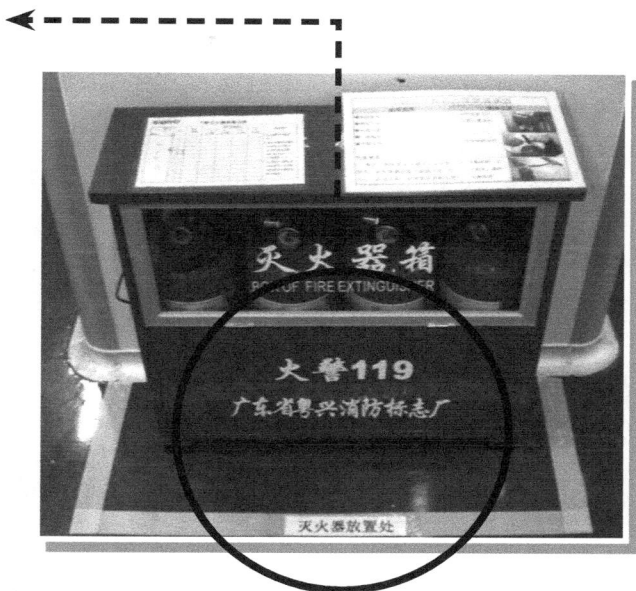

消防器材整顿前后的对比

4．放大的操作说明

通常是在非常紧急的时刻，消防器材才会被用到。这时，人难免会慌乱，甚至会忘记如何使用这些消防器材。所以，最好在放置这些消防器材附近的墙壁上贴一张放大的简易操作步骤说明图，让所有人都可以参考使用。

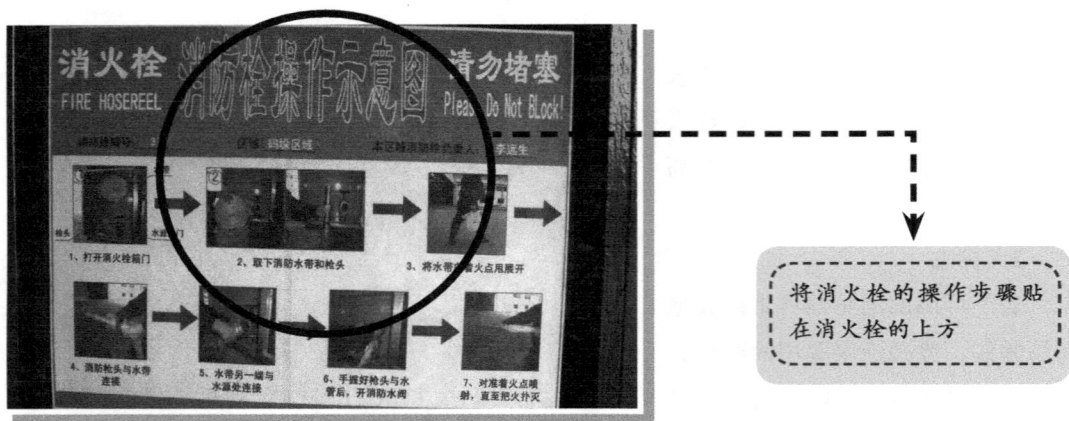

> 将消火栓的操作步骤贴在消火栓的上方

5．明示换药日期

企业应注意灭火器内的药剂是否过期，一旦过期，一定要及时更换，以确保灭火器的可用性。最好将该灭火器的下一次换药期明确地标示在灭火器上，让所有人共同来注意。

（四）定期组织员工进行消防培训和消防演习

管理者平时要强化员工的消防安全意识，同时，为提高员工对火灾的防控能力和突发事件应急救援能力，企业可定期组织员工进行应急疏散演练及消防安全知识培训。

消防安全培训与演练的内容包括以下几个方面。

1．火灾的性质与发展阶段

（1）火灾的性质：灭火人员首先需弄清是电起火还是由其他物质引起的火灾。若为电起火，一定要先切断电源，然后再展开扑救。

（2）火灾发展的四个阶段：初起、发展、猛烈、熄灭。

2．灭火的方法

灭火的方法包括冷却法、窒息法、隔离法、抑制法等。

3．了解各种灭火器的使用（手提式、推车式）

（1）手提式灭火器的使用要领（1人操作）有以下几点。

① 左手提起灭火器，将灭火器上下颠倒几次，使干粉预先松动。

② 跑向起火点至起火点2米处，站在上风向，用手拔去保险销，右手握住喷嘴，左手用力压下压把，对准火焰的根部左右扫射，由近及远，快速推进；不留残火，以防复燃。

③ 对于油类火灾，应避免冲击液面，以防液体溅出，造成火灾的扩大。

（2）推车式灭火器的使用要领（2人操作）有以下几点。

① 将灭火器推到火场（着火点）3~4米处，背向火源（置于上风向）。

② 取下喷枪，展开粉管（切不可有拧折现象）。

③ 一人两手紧握喷枪，双脚站稳，枪口对准火焰边缘根部；另一人拔除保险销，打开开关（慢慢开启），将干粉喷出；二人协同，由近及远，将火扑灭，不留残火，以防复燃。

④ 对油类火灾，应避免冲击液面，以防液体溅出，造成火灾的扩大。

注明：该灭火器只可对初起火灾使用，对非初起火灾，不得使用（发展期火灾和最盛期火灾无效）。

4．"三级教育"、"四懂"、"三会"、"四利用"、"五不要"

（1）"三级教育"：（消防）厂级教育、车间级教育、班组级教育。

（2）"四懂"：懂火灾危险性、懂预防火灾措施、懂灭火方法、懂火灾报警方法。

（3）"三会"。

第一会：会报警，包括电话报警（119），手动报警（按钮报警、击破报警），自动报警（烟感报警、温感报警）。使用电话报警时要沉着、冷静，不要恐慌，要讲清楚火灾地点、火情火势以便及时救护。在报警的同时，要利用消防器材进行灭火。

第二会：会扑灭初起火灾，会使用灭火器。

第三会：会逃生和组织他人逃生。当被困在火场内生命受到威胁时，在等待消防员救助的时间里，如果能够利用地形和身边的物体采取有效的自救措施，就可以由被动转为主动，赢得更多生机。火场逃生不能寄望于急中生智，只有靠平时对消防常识的学习、掌握和储备，危难关头才能应付自如，从容逃离险境。

正确的逃生要领有以下几点。

① 听到火警铃时，所有人员立即停止工作，关掉所有机器设备。

② 火警发生时，辨明着火地点，选择正确的逃生路线，沿着畅通路线逃离危险区域，或沿着指引人员指示的路线逃生。

③ 走火灾专用通道或楼梯离开火场，切勿乘电梯，不得在逃生通道逗留或等人。

④ 靠近地面的空气相对比较新鲜，所以在逃生时尽量伏地而行。

⑤ 逃生时切勿呼叫，以免吸入过量浓烟而引起窒息。

⑥ 逃生要有序和互助，切勿推挤、踩踏。

⑦ 大火封路时，用身边的灭火器开辟逃生通道。

⑧ 火场忌开窗，以免空气流通而增大火势，但大火封路，取道逃生除外。

⑨ 身上着火，不能乱奔跑，应当脱掉衣服或就地打滚，用身体将火压灭，之后尽量采取冷却方法。

⑩ 在无法逃出的情形下，尽量躲在洗手间等可封闭、有水或其他可延缓火势抵达的相对安全的地方，为救援赢得时间。在等待救援时要尽量向外发出求救信号。信号应为与环境背景条件相反、易被发现的实物信号或声音信号。

（4）"四利用"：利用建筑物本身的疏散设施，利用缓降器，利用自救绳，利用避难空间。

（5）"五不要"：不要乘坐电梯，不要向角落躲避或到死胡同，不要因穿戴衣物、寻找贵重物品而浪费时间，不要私自重返火场救人或取财物，不要轻易跳楼。

5．消防水灭火的编队演练

消防水五人组合灭火（水压较高的灭火行动）过程有以下几点。

（1）接警后，先到者为第一人，迅速打开消防箱，取出消防水枪，警示随后者，并迅速跑向火场，选择灭火的最佳位置。

（2）第二人迅速提起一盘水带，跑出15米左右抛出，丢下一头，携带另一接头，紧跟第一人，接好水枪并帮助把持水枪。

（3）第三人提起一盘水带，丢下一头，携带另一接头，紧跟第二人，接上第二人丢下的水带接头，然后跟进帮助把持水枪。

（4）第四人拾起第三人留下的水带接头，并接到消防栓的接头上，然后跟进帮助把持水枪。

（5）第五人打破消防控制器玻璃，待第四人接好水带后，迅速开启消防水，出水灭火，并根据情况帮助整理水带，必要时帮助把持水带。

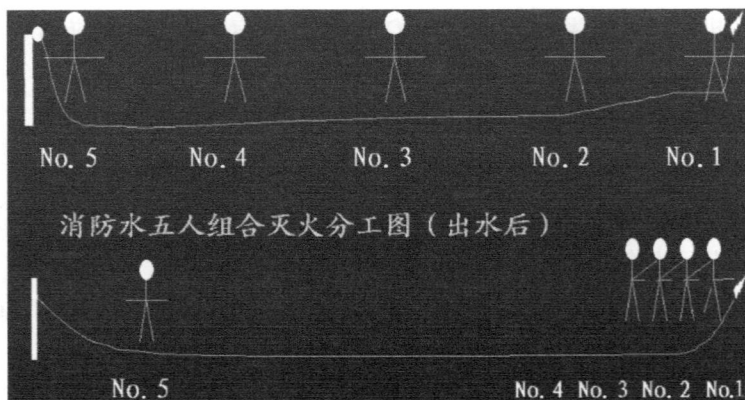

图4-8　消防水五人组合灭火分工图

九、配备急救药箱

急救箱最好不要有用到它的机会，但一旦需要使用，就必须好用、能用。所以，企业的每个员工都应当知道它被放在什么地方。

一般的急救箱上都会有一个很明显的红十字。但是，如果有急救箱没有药，就等于没有用！所以，企业一定要备有常用药物，并且经常检查药物的有效期，使急救箱在关键时刻发挥作用。

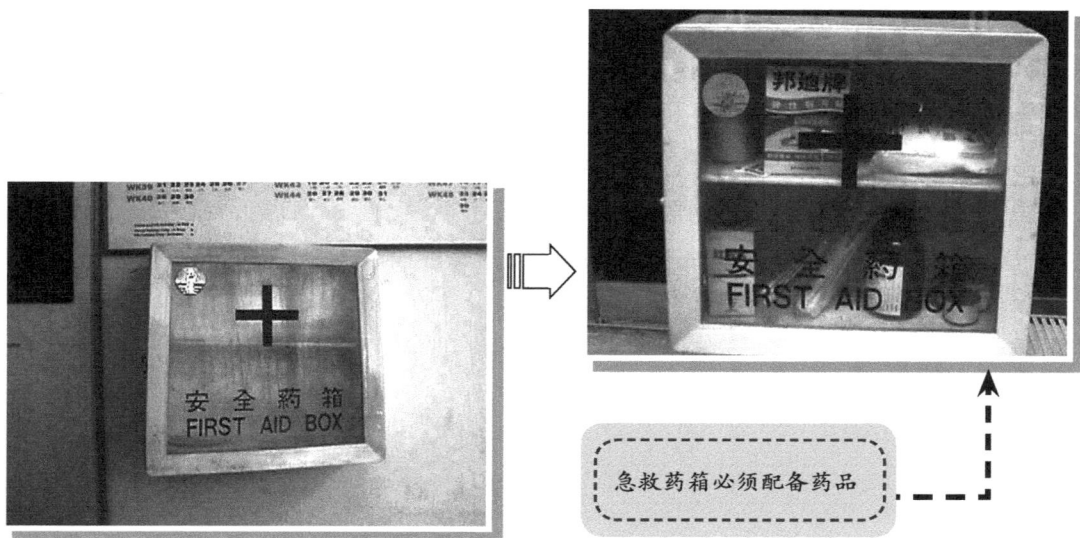

急救药箱必须配备药品

十、安全检查

（一）为什么需要检查

工作场所的机械设备、治工具等在崭新的时候能够保持正常状态，但随着时间的推移和设备的运转，它们会不断地磨损和老化。因此，对于工作场所人和物的不安全地方和因素，需要随时和定期地进行检查，发生问题及时加以改进或纠正，这就是安全检查。

（二）安全检查的重点

企业的生产现场，原材料在流动，机器在运转，作业者在工作，所有的状态都在变化。面对这些变化，管理者往往不容易发现问题，可能会把异常状态看做是正常现象，所以就需要管理者对这种异常事故或灾害及早发现并加以纠正，使其恢复正常。安全检查的重点有以下几方面内容。

1．设备、机械、装置、治工具等各部分的保护是否经常处于良好状态。

2．对危险或有害物品的使用管理是否符合安全的要求。

3．安全装置和保护用具是否安全。

4. 通道、地面和楼梯是否安全。

5. 照明、通风换气等作业环境条件是否合适。

6. 作业者的行动是否符合安全标准。

（三）实施检查的注意事项

1. 安全检查制度化。

2. 安全检查时也要检查安全情况。

3. 有计划地进行检查。

4. 检查时必须填写检查表，纠正后一定要确认，看看情况如何。

5. 对运行中的和使用中的设备要确认有无异常情况。

6. 对作业者不可随意表示同情。

7. 对指出的问题采取措施后进行确认。

第六节　6S——素养的实施

素养是指通过相关宣传、教育手段提高全体员工文明礼貌水准，促使其养成良好的习惯，遵守规则并按要求执行。

一、素养活动的作用

素养强调的是保持良好的习惯，一种延续性的习惯。例如，一个人每天早上起来都会习惯性地刷牙、洗脸，如果哪一天没有刷牙、洗脸，就会觉得怪怪的，这就是一种习惯。素养的作用表现为以下几个方面。

1．提升人员品质，保证人员素质。

2．改善工作意识，包括效率意识、成本意识、品质意识和安全意识。

3．推动前面五个S，形成行为习惯。

4．按标准作业。

5．营造和谐的工作氛围。

6．提高全员文明程度、礼貌水准。

二、素养活动的实施要领

素养活动的实施要领有以下几方面内容。

1．持续推行前5S活动，使全员形成习惯。

2．企业制定的各种规章制度，如操作规范、用语、行为、礼仪和着装等都是员工的行为准则，应使全员达成共识，形成企业文化的基础。例如，对于仪容、仪表的要求，可以用图表的形式展示。

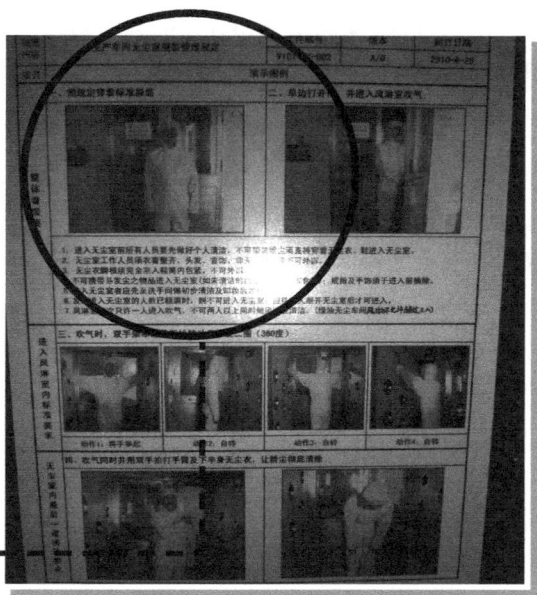

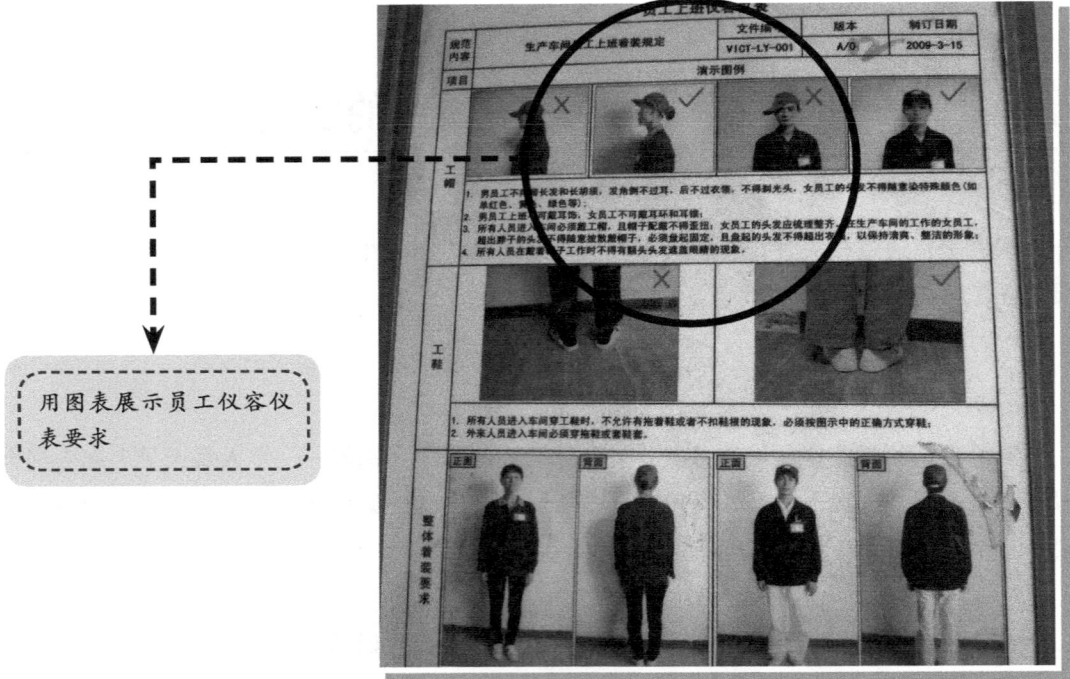

用图表展示员工仪容仪表要求

3. 教育培训员工，特别是新员工，能够起到强化作用，帮助员工理解企业文化、行为标准和作业规范，进而严格遵守规章制度，形成凝聚力和向心力。

4. 以部门或班组为基本单位开展早会活动，并使之制度化。这样一方面能够顺利传达当天的工作任务，另一方面有利于内部交流，提高团队合作精神，从而提高生产效率。

5. 开展6S知识竞赛和有奖征文活动，可以有效加深员工对6S的认识和理解，使员工认识到开展6S活动的意义，从而有利于持久地推行6S活动。

6. 通过开展领导巡视、6S图片展示等活动，培养员工对6S活动的热情和兴趣，激发其工作热情。

7. 实行具体明确的分工，使员工明白自己在整个工作环节中的作用，培养其责任感，改变之前缺乏团队精神和责任心的状态。

三、素养的基本要求

素养是一种习惯，不只是口头的表述，具体表现为工作态度、仪表礼仪的相应规范。

（一）员工应有的工作态度

员工应有的工作态度如表4-35所示。

表4-35　员工应有的工作态度

情境	具体要求
上班前	（1）带着愉快的心情上班 （2）提早10分钟到达岗位，按规定着装 （3）遇到同事及上司应主动问好 （4）进入办公室后应将随身物品放置于指定位置 （5）开通各种通信设施，检查往来联络信息 （6）上班时间一到，立即停止一切非工作行为，如吃早餐、阅报及聊天等
守时	（1）严格遵守作息时间，不迟到，不早退 （2）参加会议、培训、洽谈或与人约定应严守时间 （3）工作有计划，注重期限，争取时效 （4）约定的事，就要全力去完成
守序	（1）了解公司的历史、组织结构、规章制度、产品，尊重客户 （2）保持工作气氛，不得喧哗及嬉戏 （3）上班时间不做私事，避免会见亲友 （4）不吸烟 （5）保持环境美化
履职	（1）对工作充满信心，积极、乐观、负责 （2）对上司不唯唯诺诺，有话直说 （3）知错必改，不强辩，不掩饰 （4）不断追求进步，充实知识 （5）上司需要你时能找到你，或掌握你的行踪 （6）吃饭或下班，应视工作状况而适当调整
文件处理	（1）已决或未决、紧急或普通文件应分开，并迅速处理 （2）文件处理后应签章并注明日期，以示负责 （3）传递或会签的文件应依类别编号、归档 （4）废弃的文件应按规定予以登记、销毁
台面及抽屉	（1）办公桌只可放置必需的办公用品及文件 （2）文具、茶杯、电话、文件应定位放置，以利取放 （3）重要、机密的文件不应放置在桌上 （4）定期清理抽屉里的物件并放置整齐，私人物品应带回家
离开座位	（1）需要外出时，应将地点、目的、预定返回时间等向上级报告或在"出厂单"中明确表示 （2）工作时间内，不可随便离开座位 （3）离开座位时，需整理好桌上文件，并将椅子归位 （4）走路时要轻声；进出电梯时，应先出后进 （5）不要在走道、茶水间、培训室、洗手间内聊天 （6）进出大门、电梯及通过走廊时，应让客人及上司先行

（续表）

情境	具体要求
薪资	（1）不询问或探听他人薪资 （2）不羡慕或忌妒他人的高薪，以实力及表现来争取 （3）不因调薪之多寡而影响工作态度 （4）不拿薪资作横向比较
请假	（1）请假需事先提出，临时请假要以电话向主管报批并及时通知人事行政部 （2）请假前应将待办事项交代给职务代理人，并留下联络电话 （3）充分利用公众休假进行休息或办理私人事务 （4）不可因请假而影响工作的进行
出差	（1）出差也是上班，不是旅行，不应放松心情 （2）出差是代表公司，需注意个人形象 （3）减少不必要的出差，考虑出差成本与效益 （4）出差前应做好出差计划，以免费时费力，出差后应提交出差报告 （5）出差时应注意安全，合理安排生活，以免影响工作
加班	（1）工作应在办公时间内完成 （2）如果工作未能及时完成或突发某项紧急工作时，应主动加班 （3）对符合《中华人民共和国劳动法》规定范围内的加班不得抗拒 （4）加班仍应保持正常的工作态度 （5）加班也应按规定刷卡
惜物	（1）爱护企业设备，绝不挪为私用，不随意破坏 （2）借用完后应立即归还给物主 （3）个人保管的公物应妥善保管和保养 （4）节约使用文具、纸张、复印机、水电等一切公共消耗品 （5）办公设备应经常擦拭、保养，保持整洁，遇有损坏立即报修
下班时	（1）接近下班时，才可以开始收拾东西或等待下班 （2）今日事，今日毕；下班前应制订好明日的工作计划 （3）将桌上物件收放在抽屉及柜内，桌面保持干净 （4）应将电脑、打印机、空调、水电等设备的电源关掉 （5）椅子、设备、工具归位 （6）不影响其他尚在工作的同事 （7）与上司及同事道别 （8）最后离开者确认门窗是否关好

（二）员工行为规范

1. 仪表

（1）女性避免穿着过于华丽的衣服或佩戴贵重的装饰品。

（2）女性化妆宜淡雅朴实，不得涂指甲油。

（3）男士应穿着整洁、素淡的衣服。

（4）进入厂区必须按工厂着装规定着装。

（5）头发整齐，男士不留胡须。

（6）指甲、牙齿、鞋子甚至内衣均不可忽视卫生。

2．待人

（1）不因对某人的喜恶而影响你对其工作的评价。

（2）不固执己见，应有雅量接受别人的不同意见。

（3）不要恃才傲物，不因他人的学历或职位低而轻视他人。

（4）不拉帮结派，搞小团体。

（5）礼多人不怪，同事之间要彼此保持适当的尊重与礼节。

（6）平时多与同事沟通联系，对工作上的协调合作大有裨益。

（7）不随意批评别人，不言他人隐私，不宣扬别人过失，不搬弄是非。

（8）寻求与同事相处的乐趣，会增进彼此的关系。

（9）不随便发怒或斥责他人。

（10）不因资格老而自视高人一等。

（11）不以薪水高低论人。

3．说话

（1）保持轻松的态度，适当的音调、速度，发音清晰。

（2）把握重点内容，长话短说。

（3）倾听对方所说的话，不打岔。

（4）适时附和对方的谈话。

（5）进入他人场所办事时，应先敲门。

（6）不和正在数钞票或正在计算的人谈话。

4．休息时间

（1）不在办公场所用餐和吃零食。

（2）不高声谈笑、打电话、追逐嬉戏，走路要放轻脚步。

（3）不占用会客室、会议室、培训室作为休息之用。

（4）应注意休息时的坐姿、站姿、睡姿。

（5）不因外出或休息过头而耽误工作。

（6）避免剧烈运动，以免下午精神不振。

四、素养活动的推行

素养的推行主要通过继续推进前5S、制定规程制度、开展各种提升活动来实现。

（一）继续推动前5S活动

前5S是基本动作，也是手段，借助这些基本动作和实践，可以使员工实际体验"整洁"的作业场所，并在无形中养成一种保持整洁的习惯。如果前5S没有落实，则第六个S——素养就没有办法达成。

（二）制定相关的规章制度并严格执行

规章制度是员工的行为准则，是让员工达成共识、形成企业文化的基础。企业应制定相应的"语言礼仪"、"行为礼仪"及"员工守则"等，保证员工达到修养的最低限度，并力求提高。

规章制度一经制定，任何人都必须严格遵守，否则就失去了意义。当一个破坏制度的人出现以后，如果没有对他进行相应的处罚，更多破坏规则的现象就会出现。

以下提供某公司生产部的职业规范及员工礼仪手册范本，供读者参考。

【实战范本4-07】××公司生产部职业规范

××公司生产部职业规范

注意：本职业规范仅为参考范本，请各单位结合本单位的实际要求重新制定。

第一章　总则

1．遵守规定是基础

在公司中，有各种规章制度需要遵循，其目的是保障各岗位的员工有效分担作业、圆满完成任务，这是集体协作的基础。自觉遵守既定的事项，并养成良好的礼仪习惯，才能逐渐养成良好的职业素养。这也会使集体中每个人受到更多尊敬，让整个集体更加和谐团结。

但过于繁多的各种规章制度未必便于员工了解和掌握。职业规范旨在提炼工作中与员工生产最密切相关的规定事项，以督促员工理解掌握，逐渐提高素养。

2．参与进一步改善

仅仅了解这些规范是不够的，我们应真正掌握、认真执行。当你发现问题，有必要对规范内容进行修改时，请和自己的上级说明，共同做好改善工作。

本职业规范（以下简称规范）不以涵盖现有规章制度为目的，而是让每一位员工自觉遵守工作中的各项细节，养成遵守集体事项的良好职业素养，营造更好的工作环境。

第二章　仪容着装

第1条　着装

着装能够反映出一个人的形象并便于识别。工作时对着装的要求有以下几项。

1．工作牌挂在左胸口袋高度，并佩戴整齐。

2．班组长、安全员、检验员、搬运员等负责人佩戴区分标识。

3．工作服扣子应扣上，上数第一个扣子可敞开。

4．袖口要扣上，因工作需要卷起时，袖口要卷起两卷以上，以防松开。

5．穿工作鞋必须穿袜子，不能拖着鞋走路。

6．在需要着工作鞋的区域，必须更换工作鞋或着鞋套（含引领客人）。

第2条　仪容

员工应以良好的精神面貌开展每天的工作，具体要求有以下几项。

1．为防止操作中指甲折断、脱落，指甲应剪短并保持干净。

2．上班时间应尽量避免佩戴过多的饰物。

3．头发应保持干净，有要求时应佩戴工作帽或安全帽。

4．身上佩带钥匙时，应注意避免走路时发出响声。

第三章　出勤管理

第3条　出勤管理

1．工作日提前5分钟到岗，最迟7：55分打卡。

2．有事不能及时出勤者，应事先向直接上司报告，以便班组长根据缺勤状况确认是否需要支援。

第4条　出勤情况的联络

上午9：00前，各班组长就有关出勤情况向单位联络。

第5条　晨会时间

7：55~8：00为晨会时间，晨会不宜过长，要保证生产的及时运转。

第6条　加班申请

加班申请报告在每天下午3：00前申报，经单位主管认可后实施。

第7条　请假

1．员工因事请假须事先呈交申请表，一日以内的请假，经工段长同意后方可执行；超过一日的请假，须车间领导审批。

2．当天请假时，由于要事先对生产工作进行调整，必须在上午7：55之前经请示批准后，方可休息。

3．特殊情况也可由同事代为请假或电话通知，事后上班要补填请假申请单并加以说明（必要时，应出示相应的证明文件和疾病证明书等）。

第四章　班前准备

第8条　班前准备时间

8：00~8：05为班前工作准备时间。

第9条　工作前的检查

把自己要使用的夹具、工具及辅料放在自己的工位上并检查其是否完好、足够，为接下来的生产运转做好准备。

第10条　生产启动时间

一般情况下生产从8：05开始运转，遇全体晨会等特殊情况时除外。

第五章　工作要求

第11条　工作环境的维护

工作中使用物品/工具应轻拿轻放，并养成及时归位的习惯。工作环境也应利用工作间歇随时清扫。

第12条　私人物品的管理

私人物品应与工作用品分开，防止在工作台面放置私人物品。私人物品应放入更衣柜或私人物品柜、抽屉中。

第13条　根据作业规范进行作业

任何时候请以作业规范为基准进行操作，但本部门上级要求改变操作内容的情况除外。

第14条　禁止做规范以外的操作

为防止不良现象的发生，禁止进行规范以外的操作。

第15条　遵守工作指示原则

为避免错误操作，原则上不接受除自己上级以外的任何指示（当有可能造成设备损坏或危及生命安全时除外）。

第16条　拾起落下物件的义务

为防止操作失误以及部件欠缺、散落或损坏，对于工作中落下的螺钉、垫圈、部件等，必须拾起；无法拾起或找不到时，应马上与上级联络。

第17条　报告异常情况的义务

为在早期发现不良情况，如果操作人员在操作过程中对部件、操作、设备等感到"奇怪"时，应马上向上级报告：

（1）部件的形状、颜色、长度、直径、触感、位置、气味、质地、厚薄等"感觉奇怪"时。

（2）操作过程混乱、无法完成，部件安装后易脱落或太紧等。

（3）设备、治具、工具怪异等。

第18条　有事时进行申请

在身体不舒适、受伤时，应及时提出。因生理需要必须离开工作岗位时，必须事先得到上级的批准后方可离开。

第19条　零部件的使用

使用零部件时，请注意勿使部件弯曲、脏污或使自己受伤。

第20条　禁止将零部件直接放在地上

为避免产品、部件脏污或受潮，不要将其直接放置于地面上，应放在托盘或集运架上（特殊工件除外）。

第21条　禁止垂直放置踏板

为防止踏板、集运架倒下伤人，禁止垂直放置拍子、集运架。

第22条　产品物料的移动

产品/物料搬运时尽量使用完好的搬运工具，注意轻拿轻放，避免受伤或损坏产品。

第23条　防护具的使用

必要时，要使用规定的保护用具，具体内容如下所示。

（1）面具、口罩：防止气体或飞沫吸入。

（2）眼镜：遮光、防止飞沫附着。

（3）手套：防止直接接触。

（4）绝缘垫、绝缘手套：防止电感应。

（5）耳罩：噪声的防护。

（6）安全带：预防高处跌落。

（7）安全帽：预防砸伤。

第24条　电气安全

1．有电压、导电的场合危险性很大，故绝对禁止触摸此类装置。对企图触摸的人，应大声提醒其注意。

2．在电气设施前要做出醒目标识，带高压的工程要使用绝缘垫。

3．在高压工作区要挂设警示标志。

第25条　生产停顿时

1．因某种原因使生产空闲或停止时，不要离开自己的工位，可以将自己周围整理一下，检查一下组装好的机械等。上级有指示时要依指示行动。

2．为保证工作的高效率和产品的高品质，工作中不得擅离职守到他人工位谈论与工作无关的事宜；如确属工作问题，请与上级联络。

第26条　口香糖、零食

禁止在作业中、作业场所进食。

第六章　休息时间

第27条　休息时间

使用休息场所应遵守以下各项规定。

1．吸烟：要到规定场所。

2．饮食：保持开水供应区的清洁，剩水要倒入桶内。

3．在休息区休息时，不得采用不雅或影响他人的姿势，休息后休息用椅须放回原位，保持休息区的清洁整齐。

第28条　洗手间

使用共用场所的洗手间时应遵守以下各项规定。

1．洗手间内：

（1）不许乱涂乱画。

（2）不许乱扔烟头。

（3）保持清洁，便后冲水，用后的纸应放入纸篓中。

2．有机溶剂等药品会引起环境污染，造成公害。所以甲苯、酒精、天那水、螺丝制动蜡、油漆等药品不能倒入厕所、洗面池中。

第29条　防止意外

去食堂、公共场所或乘厂车时，不要奔跑、拥挤，以防意外发生。在食堂和公共场所内，应遵守公共秩序，不宜大声喧哗。

第七章　班后工作

第30条　电源管理

为防止火灾，下班后应将自己使用和负责的电源关闭至OFF状态。

第31条　工装夹具的保养和准备

1．精密仪器清洁之后归回原位，量具盖好盖子。

2．大件的上架或叠放的工装夹具也应做好清洁和防尘工作。

第32条　产品的保护

为防止脏污、灰尘等落在产品上对其造成不良影响，必要时，要给产品加盖防护罩。

第33条　加工设备的清扫

1．清扫设备时要穿戴必要的保护用具。

2．清扫设备时，要关断电源并在电源配电柜上贴警示标牌："设备保养，严禁合闸。"

3．清扫后，必须将移动的台架放回原位。

第八章　不合格品

第34条　不合格品管理

参见《不合格品处理程序》。

第九章　不要物

第35条　不要物的处理

参见《不要物处理程序》。

第十章　工作应对

第36条　应答

工作中回答问题应清晰明确，不能模糊不清。

第37条　记录

养成把得到的任务或指示记录下来的习惯。

第38条　确认

接到同事的报告之后，一定要反馈处理意见或结果。

第39条　外部门的口头指示

从其他部门传来的有关工作变化的指示，如为口头传达，严禁接受。

第40条　原始工作记录

必须按照程序规定，及时正确地记录原始数据。

第十一章　工装夹具、计测器

第41条　工装夹具的数目管理

注意班前班后工装夹具的数目清点。

第42条　新夹具的确认

开始使用新规格夹具前，先要充分确认其是否有副作用。

第43条　使用校正后的仪器

使用校正后的计测器，未校正的计测器禁用。

第44条　计测器使用

对于计测器具的检查、交换周期、必要条件应有明确规定，并按规定执行。使用时应注意小心防护，避免磕碰。

第45条　特殊工具的使用

对于有危险或特殊要求的工具，应按使用规范操作。

第十二章　生产切换

第46条　生产确认

对产品生产的切换，一定要确认使用的零部件及操作规程是否对应、正确。

第47条　品种的标识

不同品种产品或物料，应有明确标识。

第48条　残余零件处理

残余零件的处理应遵循相关规定，及时退库或处置。

第49条　相似零件的区分

尽可能不要把相似零件混放，应作明显区分。

××公司员工礼仪手册

一、语言礼仪

古人云：良言一句三冬暖，恶语伤人六月寒。可见择言选语是何等的重要。令人"三冬"暖，重在语言义涵上。鲁迅先生说："语言有三美，意美在感心，音美在感观，形美在感目。"可见吐语言谈又是何等的重要。令人"三感"美，贵在语言的表述上。望员工的每句话都能使人心暖"三冬"，情感"三美"。

请常用以下的礼仪语言。

（一）见面时对人不理不睬很不礼貌，而要向他人打招呼问好，如使用"您好"、"您早"、"早上好"、"早"等问候语；对长者、尊者、上级应谦恭地问候；对较熟的人要亲切地问候；对不太熟的人可热情点头、微笑、打招呼。

（二）寻求别人帮助和请人办事时，首先要说"请"、"劳驾"、"拜托"、"有劳您"等请托语。

（三）面对给过帮助、方便和服务过的人，应用感谢语，如"谢谢"、"多谢"、"让您费心了"、"难为您了"等。

（四）当影响、打扰他人时，应向人道歉："实在对不起"、"很抱歉"、"请原谅"、"打扰您了"、"太不应该了"、"真过意不去了"、"不好意思"等。

（五）称呼语（或称呼礼仪）在正式场合称呼，如张小姐、赵先生、李太太、孙经理、周厂长、陈工、于主任、于科长、徐处长；对有声望的老人尊称，如钱老、陆老、您老；非正式场合称呼，如小李、老张、张大姐、王伯伯、丁叔叔。

（六）问对方姓、单位时，应称"贵姓"、"贵公司"、"贵厂"。

（七）电话礼仪

1．最好电话响第一声时就接听，最多不超过三声（不然显得管理不善）。

2．即使受对方极大的责难，仍要保持礼貌和耐心，并视为一种工作道德。

3．电话交谈要求用优美的语言和令人愉快的声调。

4．接打电话的第一句话是："您好！这里是……"

5．拨错电话要说："对不起，我打错了。"

6．当来电说"您好，请问×小姐在吗"时，接听者存在以下三种情况：

（1）正好是×小姐本人接电话，应这样开头："您好！我就是，请问您是哪一位？"

（2）×小姐在场，旁人接电话，可这样开头："您好！她在，请稍等。"

（3）×小姐不在，旁人接电话，可这样开头："对不起，她不在，请问您是哪一位？"

在这里千万不能先问对方是谁，然后再告诉他"不在"，如"您好！请问您是哪一位？她不在。"以免造成"人在而不愿接电话或有意骗人"的误会。

（八）当别人赞美自己时，应以感谢来表达。例如：于先生对李先生说："你的文章写得真好。"李先生应有礼貌地说："谢谢，您过奖了！"或说："谢谢，您太客气了。"千万不要说："好什么呀，别讽刺我了。"这种回答令人十分尴尬，是非常不礼貌的回答。

（九）介绍顺序原则

1．将年轻的介绍给年长的。

2．将地位低的介绍给地位高的。

3．将男士介绍给女士。

4．将本公司的人介绍给外公司的人。一般用"请允许我向您介绍……"、"让我介绍一下……"或"这位是……"等句式，其内容可以有姓名、籍贯、工作单位、职业、头衔、兴趣、特长、毕业学位等。

（十）当对方说"谢谢"时，应回答说"没关系"、"不客气"或"没什么"等；要打断别人讲话前，应先说："对不起，请允许我插一句。"

二、仪表礼仪

（一）应常常保持恰到好处的微笑，让人感到平易近人、和蔼可亲。不能总是板着面孔对人不理不睬。男性要显得质朴纯真、高雅端庄，既彬彬有礼又落落大方；女性要显得温文尔雅、柔婉恬静，既楚楚动人又自然庄重。

（二）站立时，头正颈直，嘴微闭，两眼平视前方；收腰挺胸，脚挺直，两臂自然下垂；两膝相并，脚跟靠拢，脚尖张开50°，从整体上产生一种精神饱满的感觉，切忌头下垂或上仰，弓背弯腰。

（三）坐下时，男性张开腿部而坐，手置膝上或放于大腿中前部，体现男子的自信豁达；女性则是膝盖并拢，体现其庄重矜持，落座声轻，动作协调，先退半步（穿裙子时双手从上而下理直后裙）后坐下，要坐椅面的一半或2/3处，两脚垂直地面或稍倾斜或稍内收，脚尖相并或前后差半脚。腰挺直，两手自然弯曲，扶膝部或交叉放于大腿半前部，切忌叉开两腿、跷二郎腿、摇腿、弓背弯腰。

（四）走路时，头正颈直，挺胸收腹，目光平视，两手自然下垂，前后摆动，并前摆向里35°，后摆向外45°，脚尖直指正前方，身体平稳，两肩不要左右晃动。男性显出阳刚之美，女性要款款轻盈，显出柔之美。不论男性还是女性，均切忌八字步。不要多人一起并排行走，不要勾肩搭背。在狭窄通道上如遇领导、尊者、贵宾、女士，则应主动站在一旁，以手示意或说声"请"，让其先走。上下楼梯不要弯腰弓背，手撑大腿，不要一步踏两三级台阶。应靠一侧行走。遇尊、老、女、幼应主动让出有扶手的一边。在工作区域（车间）内行走时，要走固定通道，不可穿越所布置的斑马线。

（五）头发、化妆

1．头发要保持整齐、干净，不能又脏又乱，发型的选择要美观大方、整洁，便于生活和工作。

2．男性不留长发、不烫发，可作适当的局部修饰；留胡子者需修理整齐。

3．女性发式要根据自己的年龄、职业、脸型、体形、气质和环境来选定，以大众化为好，不能过于夸张，如爆炸式发型在办公室是很不协调的。

4．女士可以化淡妆，以示对人有礼貌。要学会化淡妆的技巧，化了妆却使人感觉不到化了妆是最高超的化妆。白天过于浓妆艳抹反而会有损形象，不适合办公场所。

三、服饰礼仪

服装要干净整洁、合乎时宜。男性衣着以大方稳重、潇洒而不粗野为好；女性衣着以高雅文静、时髦而不轻浮为好。

办公女士衣着不可过于暴露，那样会显得不庄重，可适当选配项链、胸针、戒指、手链、耳环等起到画龙点睛的作用。该扣的扣子要扣好，该系的鞋带要系好，鞋袜不能有脏污，皮鞋要打油擦亮。

在公司内，应按要求穿戴好工作服和安全防护用品。

四、行为礼仪

（一）真诚谦恭待人，以对上级的谦恭是职责，对平级的谦恭是礼貌，对下级的谦恭是高尚为座右铭。

（二）在办公室内用语文明，不说粗话、脏话、刻薄话；对话轻声以能听清为度，以免影响他人。

（三）不乱扔纸屑、烟头、果皮；吐痰入盂，若无痰盂，则用纸包或进洗手间吐；工作区域内不得吸烟。

（四）办公室工作有条不紊，物品整齐干净，场所井然有序。

（五）任何言谈举止不得有损公司形象。

（三）加强对员工的教育培训

公司应向每一位员工灌输遵守规章制度、工作纪律的意识，还要创造一个具有良好风气的工作场所。绝大多数员工对以上要求付诸行动，个别员工和新员工就会抛弃坏的习惯，转而向好的方面发展。此过程有助于员工养成制定和遵守规章制度的习惯，改变员工"只理会自己，不理会集体和他人"的潜意识，培养对公司、部门及同事的热情和责任感。培训可分为岗前培训和在岗培训。

1．岗前培训

岗前培训就是上岗之前的培训。岗前培训是素养的第一个阶段，从新员工入厂的第一天起就应该开始，不论是技术人员、管理人员还是作业人员，都必须接受培训。它包括如图4-9所示的几项内容。

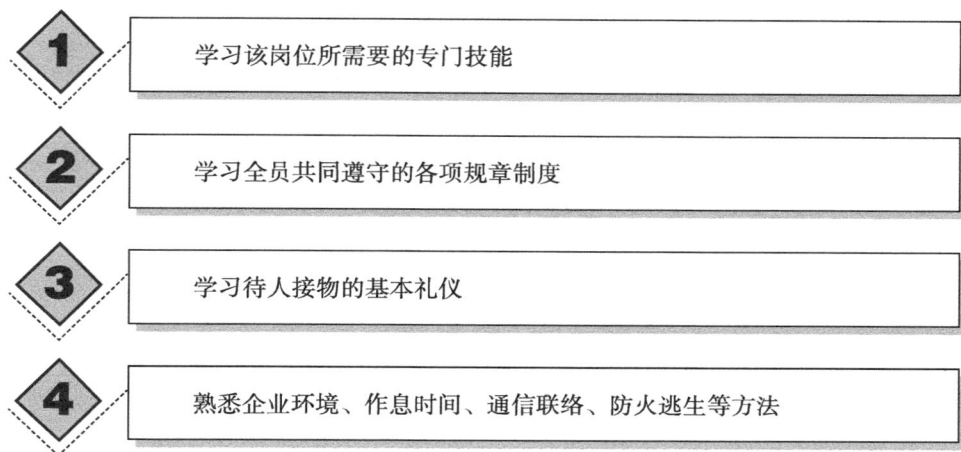

1	学习该岗位所需要的专门技能
2	学习全员共同遵守的各项规章制度
3	学习待人接物的基本礼仪
4	熟悉企业环境、作息时间、通信联络、防火逃生等方法

图4-9 岗前培训内容

2．在岗培训

在岗培训是指为了提高员工的工作技能，在员工完成工作的同时，接受各种有针对性的培训活动。

在岗培训是将员工素养提高到一个更高的层次的重要手段，但不能限制在作业技能的提高上。不同岗位的在岗培训其侧重点各不相同，常见的在岗培训方法有如图4-10所示的几项内容。

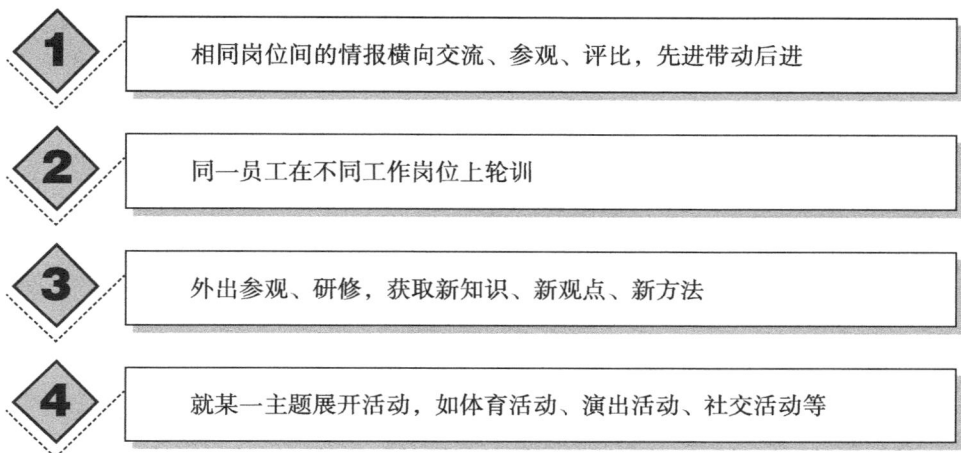

1	相同岗位间的情报横向交流、参观、评比，先进带动后进
2	同一员工在不同工作岗位上轮训
3	外出参观、研修，获取新知识、新观点、新方法
4	就某一主题展开活动，如体育活动、演出活动、社交活动等

图4-10 在岗培训方法

（四）开展各种提升活动

1. 早会

早会是一个非常好的提升员工文明礼貌素养的平台。企业应建立早会制度，这样有利于培养团队精神，使员工保持良好的精神面貌。

早会原则上应于每天正常上班前10分钟开始，一般控制在5～10分钟。对于早会，一般有以下规定。

（1）参加早会人员应准时参加。

（2）早会人员应服装整洁，正确佩戴厂牌。

（3）精神饱满，整齐列队。

（4）指定早会主持人员或以轮值主持的方式进行。

（5）早会主持人针对工作计划、工作效率、品质、工作中应注意的内容、企业的推行事项等作简要的传达和交流。

某企业车间早会召开场景

以下提供某公司早会制度范本，供读者参考。

【实战范本4-09】××公司早会制度

××公司早会制度

一、目的

1. 全员集中，提升集体意识，迅速进入工作状态。

2. 传达上级精神，进行重要工作动员。

3. 加强礼貌运动，提升员工精神面貌，改善内部关系。

二、适用范围

本公司全体员工。

三、定义

早会时间在每天早晨正常上班铃响后开始，控制在10分钟之内。

四、权责

1．各部门负责宣传并按制度执行。

2．管理部（项目小组）负责宣传监督、执行。

五、内容

1．早会程序

1.1　全体集中，分组列队整齐，管理人员站在队列前部。

1.2　注意整理自身仪容，双手背后站立，注视主持人。

1.3　部门主管站在队伍前面，开始早会。

1.4　早会开始。

1.5　主持人发言："大家好！今天……"

1.6　礼貌用语。（5句，各重复2遍，主持人带头，要求洪亮、整齐划一）

（1）早上好！早上好！

（2）对不起！对不起！

（3）请！请！

（4）谢谢！谢谢！

（5）辛苦啦！辛苦啦！

2．早会内容

2.1　通报公司及本部门要事。

2.2　昨日生产状况简短总结，当天工作计划及工作中应注意事项的简要传达。

2.3　主要改善项目或活动进度说明。

2.4　部门内必要的协调事项说明。

2.5　安全事项说明。

3．注意事项

3.1　全体员工都应表现出坦诚提出意见的意愿。

3.2　不批评、不评价他人的提案，不打小报告。

3.3　主张和争议应表里一致，如说明时应将心里的想法坦诚表述。

3.4　有关早会的方式，若有异议，如有新方法或不同的构想，可随时提出。

3.5　早会记录于次月四日前上交管理部，作为6S考核评分依据之一。

六、附件

早会记录表。（略）

2．征文比赛

开展6S活动征文比赛，可加深广大员工对6S活动的进一步理解和认识，使每位员工分享6S活动所带来的成就感，从而有利于活动更持久有效地开展。

以下提供某公司6S征文安排，供读者参考。

【实战范本4-10】××公司关于开展6S征文大赛的通知

××公司关于开展6S征文大赛的通知

全体同事：

为进一步宣传6S理念，推行6S认证制度，加强6S管理，提高员工综合素质，使大家对6S有更加全面、深刻的认识，经研究决定，在全公司范围内开展一次6S征文活动。

一、征文主题

以"我与6S"为主题，可叙述6S活动中的感人事迹，可畅谈推进6S的感受，可阐述对6S理念的新认识，对推进6S活动的好建议等。文体不限，题目自拟，字数在1 500字左右（诗歌在30~50行）。打印稿用A4纸，书写稿用16开稿纸。在题目下方正中署明部门、班组、姓名（必须手写）。

二、奖项设置

设一、二、三等奖，分别设1~2名、3~5名、5~8名。

三、投稿办法

作品直接交至6S推进委员会。

四、投稿截止时间

____月____日

_____年___月___日

3．6S活动知识竞赛

开展6S活动知识竞赛，可进一步强化员工对6S管理的认识，营造6S氛围，增强部门之间的团队合作精神，对推行6S管理将会起到很好的促进作用。

以下提供某公司6S活动知识竞赛题示例，供读者参考。

【实战范本4-11】××公司6S活动知识竞赛题示例

××公司6S活动知识竞赛题示例

一、填空题

1．6S指的是：整理、整顿、清扫、清洁、素养、安全。

2. 1S：整理，就是把工作环境中必要和非必要的物品区分开来，在岗位上只放置适量的必需品。

3. 2S：整顿，就是把必要的物品再进行分类，根据使用频率确定放置的位置及方法，达到必需品置于任何人都能立即取到和立即放回的状态。

4. 3S：清扫，将岗位变得无垃圾、无灰尘、干净整洁，将设备保养得锃亮、完好。

5. 4S：清洁，将整理、整顿、清扫进行到底，并标准化、制度化。

6. 5S：素养，对规定了的事情，大家都按要求去执行，并养成一种习惯。全面提高员工的品质，彻底改变每个工作人员的精神面貌，这是6S追求的最高境界。

7. 6S：安全，就是清除安全隐患，排除险情，预防事故的发生。

8. 6S的本质不是大扫除，对企业而言，6S是一种态度；对管理者而言，6S是基本能力；对员工而言，6S是每天必做的工作。

9. "6S管理"是日本企业的5S扩展而来，是现代工厂行之有效的现场管理理念和方法，也是其他管理活动有效展开的基础。其作用是：提高效率，保证质量，使环境整洁有序，预防为主，保证安全。

10. 遵守标准，养成习惯是6S中素养的要求，他是针对人品质的提升，也是6S活动的最终目的。

11. 现在很多公司要求工人必须穿工作服，并且要干净整洁，同时要求与客户见面要使用文明语言，这属于6S工作中的素养的范畴。

12. 6S中清洁的目的是保持整理、整顿、清扫后的良好环境。

13. 区分工作场所内的物品为"要的"和"不要的"是属于6S中整理的范畴，物品乱摆放属于6S中整顿的处理内容。

14. 整理主要是排除空间上的浪费，整顿主要是排除时间上的浪费。

15. 将垃圾清理出厂区属于6S中的清扫。

16. 清扫的目的：消除"脏污"，稳定品质，预防发生故障。

17. 将产品分类码放整齐，属于6S中的整顿的内容。

二、选择题

1. 谁承担6S活动成败的责任？（D）

A．总经理　　　　　B．委员会　　　　　C．科长　　　　　　　D．公司全体员工

2. 公司什么地方需要整理、整顿？（C）

A．工作现场　　　　　　　　　　B．办公室

C．全公司的每一个地方　　　　　D．仓库

3. 我们对6S应有的态度？（B）

A．口里应付，走走形式　　　　　B．积极参与行动

C．事不关己　　　　　　　　　　D．看别人如何行动再说

311

4．公司的6S应如何做？（A）

A．6S是日常工作的一部分，靠大家持之以恒地做下去

B．第一次有计划地大家做，以后靠干部做

C．做4个月就可以了

D．车间做就可以了

5．6S中哪个最重要，理想目标是什么？（A）

A．人人有素养　　　B．地物干净　　　　C．工厂有制度　　　D．生产效率高

6．清扫在工作中的位置是什么？（B）

A．有空再清扫就行了　　　　　　　　B．清扫是工作中的一部分

C．地、物干净　　　　　　　　　　　D．生产效率高

7．6S和产品质量的关系？（B）

A．工作方便　　　　B．改善品质　　　C．增加产量　　　D．没有多大关系

8．6S与公司及员工有哪些关系？（A、D）

A．提高公司形象　　B．增加工作时间　　C．增加工作负担　　D．安全有保障

9．进行整顿工作时，要将必要的东西分门别类，其目的是（C）

A．使工作场所一目了然　　　　　　　B．营造整齐的工作环境

C．缩短寻找物品的时间　　　　　　　D．清除过多的积压物品

10．在清洁工作中，应该（D）

A．清除工作中无用的物品

B．将物品摆放得整整齐齐

C．在全公司范围内进行大扫除

D．将整理、整顿、清扫工作制度化，并定期检查评比

三、判断题

1．整理工作是6S的第一步，即在分物品为必要的和不必要的，不必要的都清除掉，做这一步的关键是为了节约空间。（√）

2．仪容不整或穿着不整的工作员工，会导致不易识别，妨碍沟通协调。（√）

3．6S活动可以不坚持执行，可以因情况的变化中途停止。（×）

4．清扫是保证品质和提高效率的一种技术。（√）

5．小刘出差前，为保持桌面干净整齐，将桌上所有的文件锁到抽屉里。（×）

第五章
事务部门的6S活动推行

5

有的管理者认为，6S活动的推行只是生产现场的事，这是完全错误的想法。要使6S活动在企业中获得彻底地执行，必须促进6S活动在事务部门的推行，彻底地消除事务部门的各种浪费现象，提升办事效率，并为生产现场起示范作用。

1 事务部门为什么要推行6S活动

2 文件的6S活动

3 空间的6S活动

4 办公用品的6S活动

第一节　事务部门为什么要推行6S活动

一、事务部门的任务

事务部门包括总务、行政、安全、财务、人力资源、生产管理、产品质量管理、采购、对外承包、生产技术、设计、设备保全和管理等部门。

事务部门有两项任务：第一项任务是生产工程的前期任务，包括设计、生产准备以及材料调配等；第二项任务是支援生产的任务，包括确保全体人员的教育、增训以及构建快捷的信息体系。

二、事务部门推行6S活动的必要性

（一）事务部门的常见现象

多数企业的事务部门都存在以下现象。

1．文件、单据过多

造成文件、单据过多的原因有很多，例如鼓励使用书面联络、书面报告和书面指示，多余文件不丢弃，答复其他部门的文件都整理成资料等。

2．必要的文件、单据却没有

企业外部、其他部门转过来的文件不及时答复，下次制作同类的文件、资料时，又从头开始制作；寻找文件和资料很费时间；不知道自己部门有些什么文件和单据。

3．工作效率低

在事务部门工作的人员很多，而且多数是高学历者，但却经常听到有人抱怨他们"办事延误""错误率高""工作做得不好"等。

（二）事务部门推行6S的目的

针对以上这些现象，在事务部门推行6S活动的目的有以下几点。

1．减少文件夹、文件和单据的数量。

2．来自企业外部及其他部门的文件尽早作答。

3．扩大办公室的使用空间。

4．减少文件、单据错误等。

第二节　文件的6S活动

事务部门在推行6S活动时遇到的首要问题就是文件和单据过多。例如，某些企业实施文件整理时发现，有一份文件被放在不同的文件夹里，寻找很费时间。

一、确定文件管理流程

许多企业的文件和单据由各个部门、各个作业人员保管，没有一定的保管标准。执行6S时，应当首先制作文件和单据的管理流程：保管→保存→废弃。

保管就是将文件装在文件夹里，在工作场所的保管库里放置一定时间；超过一定时间就作废弃处理，或者移往仓库保存。

保存就是在仓库里永久放置或放置一定时间；除永久保存的文件外，其余文件到规定时间就作废弃处理。

二、一个部门一套文件

在实施6S前，很多企业往往会遇到这种情况：各个作业人员根据自己的需要保管文件和单据，出现同一部门内的同一份文件和单据在多个作业人员处保管的现象。

为了减少不必要的文件，应实施"一个部门一套文件"的文件保管方法，即一个部门只保管一套文件，由作业人员保管的文件全部集中到一个地方，这样还可以做到资源共享。

三、抽屉的管理

许多办公桌侧面附有抽屉，而抽屉中堆放着乱七八糟的文件、单据、书报等，很多私人物品、商品样品和不合格样本也混杂其间。

（一）抽屉的整理整顿

1. 清除不要的或不应该放在抽屉内的物品。
2. 抽屉内物品要分类。例如，在抽屉外面标识清楚里面放置的物品。
3. 办公用品放置有序。
4. 常用的放上层，不常用的或个人用品放置在底层。
5. 制定措施，防止物品来回乱动。

在抽屉上标识清楚里面放置的物品

抽屉内的物品有序放置

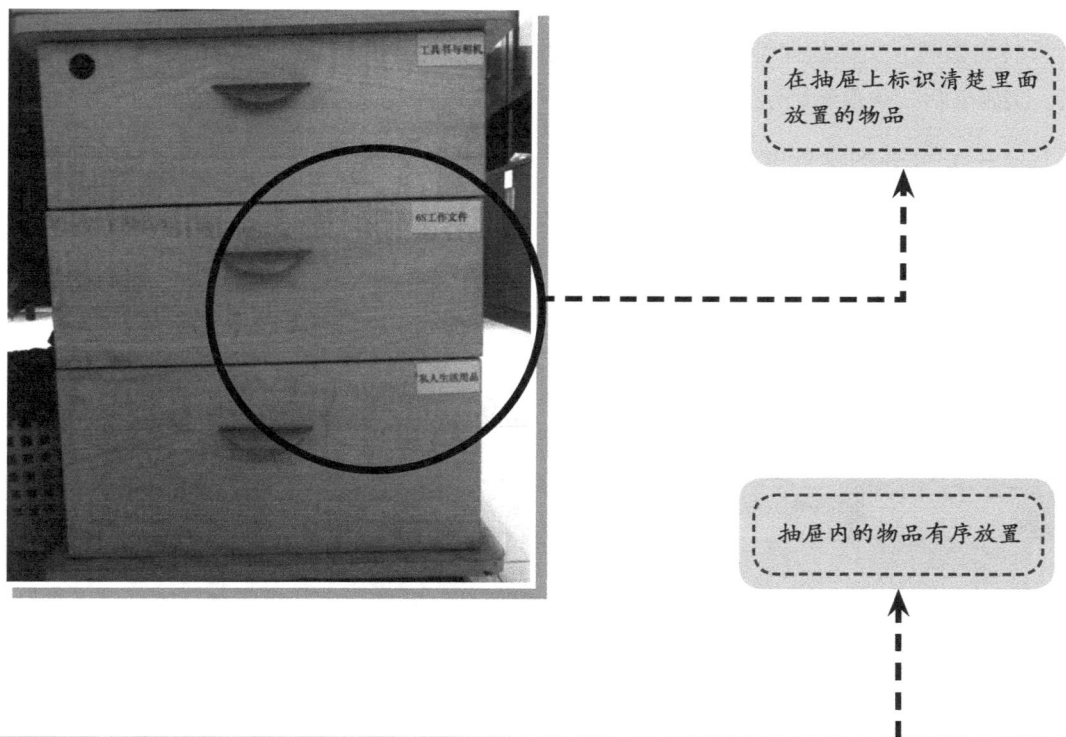

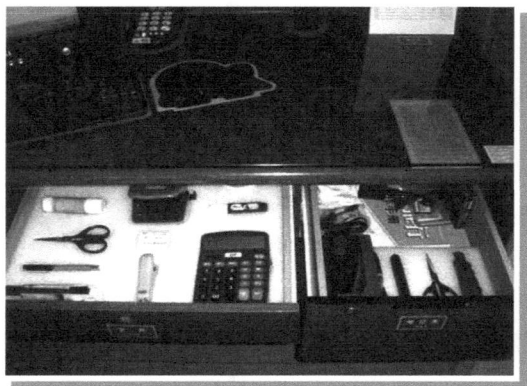

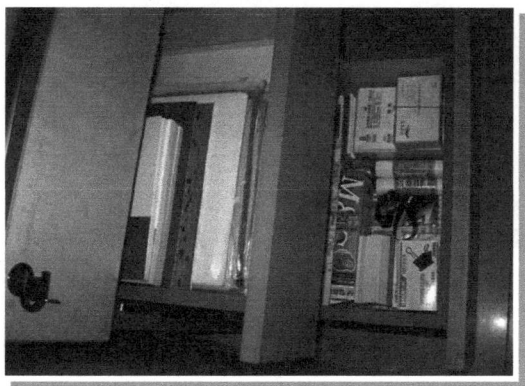

（二）拆掉办公桌侧面的抽屉

为成功推行文件管理体系，企业必须实现个人保管文件的共用化。因此，办公室人员可拆除办公桌侧面的抽屉，这样做有以下两个目的。

1. 有效地利用有限的空间。

2. 实现文件的共用化。

四、文件的保管方式

6S实施前，文件的保管方式一般是：文件都放在文件柜里保管，文件柜不够用时再购买。实施6S后，须重新确定文件的保管方式。

（一）公开的文件管理体系

公开的文件管理体系是指存放文件的文件柜长期呈开启状态，文件放置位置一目了然。

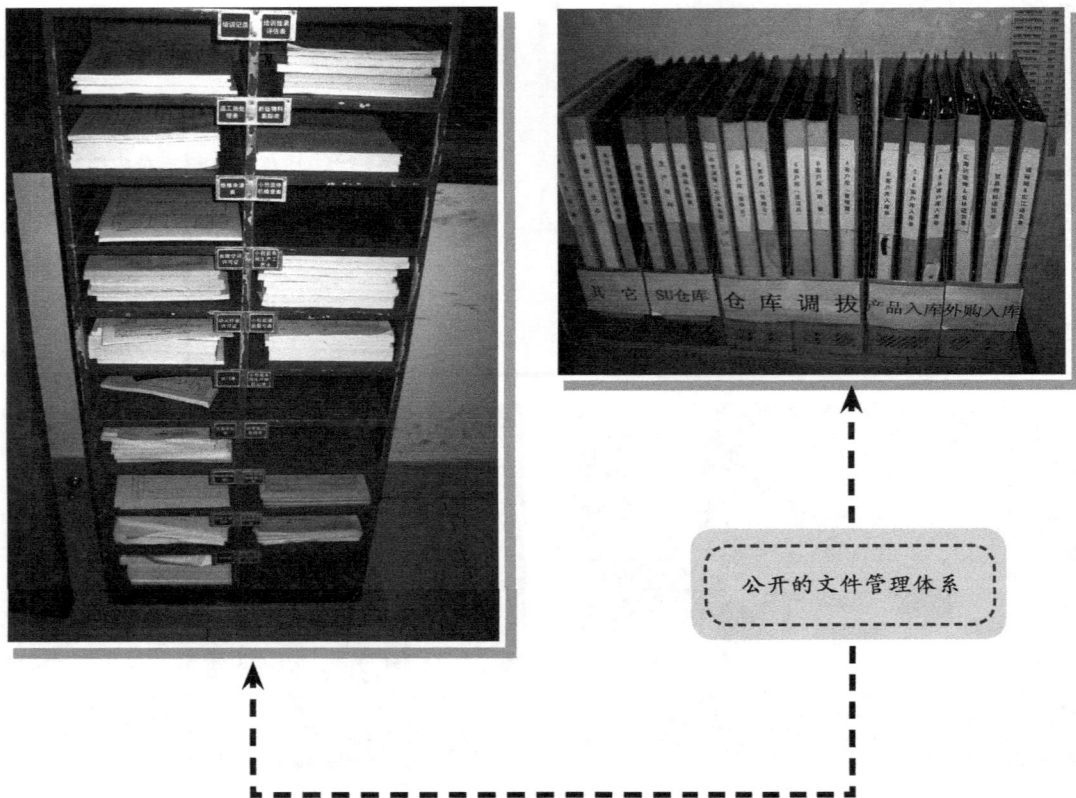

公开的文件管理体系

（二）非公开的文件管理体系

非公开的文件管理体系主要指对如会计相关文件和企业机密文件等不能公开的文件管理，这些文件都应放在加锁的、不能随便取阅的文件柜里。有些文件柜的门是用玻璃做的，这是出于方便保管的目的而设置的。

非公开的文件管理体系

五、统一纸张尺寸

6S实施前，事务用纸大体上采用A4纸，且没有特别的规定，一般根据从业人员的方便决定纸张的大小。实施6S后，应统一事务用纸、制图用纸、信纸等的纸张尺寸。

1．报告书、联络书、指示书等用A4纸（210毫米×297毫米）。

2．统计表、QC工程图、支付金额一览表等用B4纸（257毫米×364毫米）或A3纸（297毫米×420毫米）。

3．图纸用系列纸（A0～A4）。

4．复印纸的纸张。规定事务用纸用A4尺寸的复印纸，表格用B4或A3尺寸的复印纸。办公室里只准备这几种尺寸的复印纸，不准备其他复印纸。

5．信封的尺寸。统一使用能装进A4或A5纸张的信封。

六、统一文件夹的形式

6S实施前，许多企业往往对文件夹的形式没有特别的规定，各作业人员会根据需要选择使用文件夹，采购部会根据各部门的要求订购文件夹。6S实施后，企业须统一文件夹的形式。

文件夹的形式有很多种，常见的有多页软文件夹、硬文件夹、单页软文件夹、悬挂文件夹。硬文件夹直接放在文件柜里保管，单页软文件夹和悬挂文件夹放在文件盒里再并排放在文件柜里。可以固定使用某种文件夹，实现文件装订的标准化。

文件夹统一

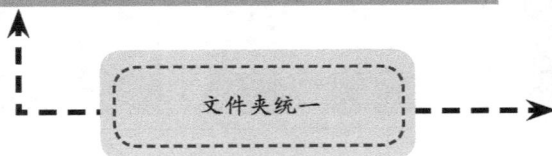

七、文件夹的整理方法

6S实施前，企业对文件夹的整理没有特别的规定，各作业人员会根据需要选用合适并且方便的方法。6S实施后，企业应规定文件分类整理方法。以下为几种常见的分类方法。

1. 按客户分类。
2. 按一份文件分类。
3. 按主题分类。
4. 按形式分类。
5. 按标题分类。

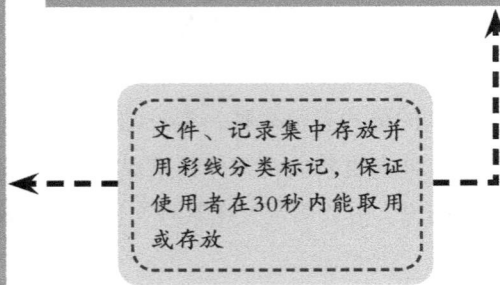

文件、记录集中存放并用彩线分类标记，保证使用者在30秒内能取用或存放

八、文件夹夹脊的标识

6S实施前，多数企业对硬文件夹夹脊的标识没有特别的规定，各作业人员会按自己方便的方式标识。实施6S后，企业制定标示项目和标示文字大小的标准发放给各个部门，各个部门按规定使用颜色加以区分。

（一）硬文件夹

1．颜色区分标签（市面上销售的硬文件夹夹脊标签纸有很多是按颜色分类的）。

2．主题、时间。

3．同一主题的硬文件夹编号。

4．文件柜编号。

（二）文件盒

1．颜色区分标签。

2．大类别的主题。

3．小类别的主题、时间。

4．文件盒编号。

5．分类记号、编号。

6．文件柜编号。

九、文件的日期

6S实施前，许多企业的文件夹上没有记载文件的整理、整顿日期。6S实施后，作为文件管理的一环，企业应该定期（每月或每周）对抽屉和文件柜进行清理，分类清理出应保存的文件与应废弃的文件。

1．实施人员：该部门全体人员。

2．时间：早会结束后15分钟（如每周星期一）或早会结束后30分钟（如每月第二个星期二）。

3．内容：自己的办公桌、自己负责的区域。

第三节　空间的6S活动

很多企业的事务部门都存在一些空间问题，如房间狭小、通道窄，放了文件柜和橱柜后，墙面无法使用等。

一、拆掉各个办公室之间的间壁（隔墙）

在许多企业里，总务部、财务部的办公区域与其他部门（生产管理、产品品质管理、采购）的办公区域之间有间壁（隔墙）相隔。若实施6S，可拆掉间壁，这样一来，就可以充分地利用办公室的空间，另外，也可以在一定程度上改善总务部、财务部与其他部门（生产管理、产品质量管理、采购）之间的人际关系。

二、办公桌面的管理

1. 办公桌上可长期放置的物品有文件夹，电话机（传真机、打印机），电脑，笔筒，台历，水杯。

2. 允许张贴1~2张电话通讯录或与工作有关的参考资料。

3. 文件夹要求有明确的标志（如待处理、处理中、已处理等）。

4. 要求全部物品必须有定位线，定位线宽度不可超过0.3厘米。

6S活动开展后的办公桌

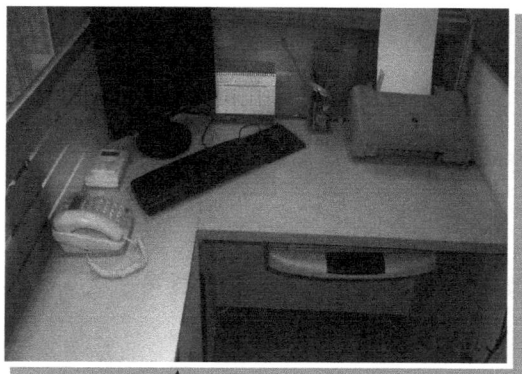
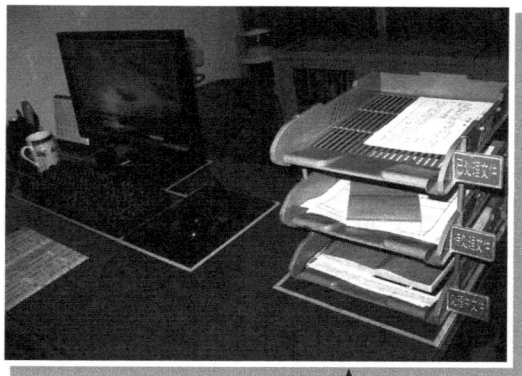

6S活动开展后的办公桌

5．敞开式办公的桌面要求风格统一。

6．抽屉标志：长×宽（6厘米×3.5厘米）；宋体、字号各区域统一；尽可能贴在抽屉的右上角；统一为白底黑字；建议选用A4白纸制作。

三、节约空间——共用办公桌

员工都有单独的办公桌，若实施6S，除主管及主管以上级别人员保持不变外，其他员工可以几人共用一张办公桌，可节省部分空间。

电话可按照每2～4人配一部电话的比例配置，并放置在共用办公桌上，留较长的电话线，使电话能在办公桌上自由移动。

办公用具如圆珠笔、活动铅笔、橡皮擦、涂改液、量具、文件传达指南、记录纸等全部装在一个箱子（30厘米×15厘米×3厘米）里，放在共用办公桌的中央位置。确定一名员工每天检查箱子里的东西，如有缺损，及时补充。

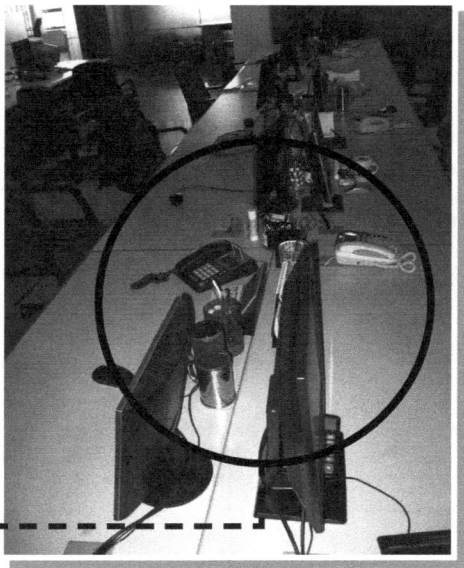

拆掉隔断，多人共同一张办公桌

四、文件柜的整理、整顿

（一）重新认识保管文件的标准

企业应重新制作文件保管的标准。文件保管一定时间后，应转到仓库保存。

（二）重叠放置文件柜

企业可改变以前文件柜单独、并排摆放的做法，而将其重叠放置，这样可节省出很多的空间。

（三）缩短文件柜的纵深

最适合使用的文件柜的纵深依次有400毫米、515毫米两种。

三角架也可作同样的改善。经过这样的改善之后，也可节省出很多空间。

（四）增加文件柜的层数

增加文件柜、三角架的层数，使文件柜、三角架各放置层的高度与物品的高度一致。经过这样的改善之后，文件柜和三角架上不再有浪费的空间。

（五）把文件柜搬到走廊上

企业可将各个部门的书籍、杂志等收集起来，在办公室之间的走廊上设置书架，将收集起来的书籍、杂志放在书架上。除经常使用的词典、便条之外，办公室里一般不放书籍和杂志。

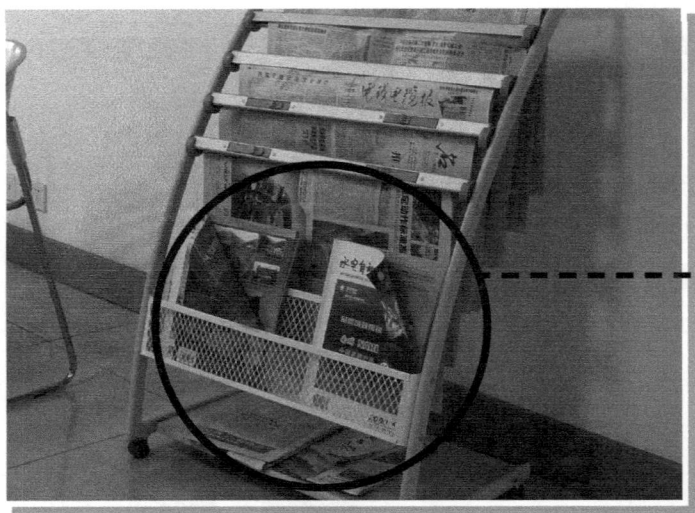

这样分层，可节省许多空间，能摆放更多的报纸、杂志

五、设置暂时放置场所

以往员工常将样品、产品、材料等暂时放在办公桌的旁边，因此会使办公空间变得很狭窄，有时甚至放在经常开关的门前和随时可能使用的消火栓前面。企业可通过设置暂时放置物品的三角架，让员工将样品、产品和材料等暂时放置的东西放在三角架上。同时，要明令禁止在门前和消火栓前放置任何物品。

六、储物柜的管理

1．对储物柜进行整理并标识，用分隔胶条和标贴分区。

2．储物柜门要有标志，同一区域的标志风格必须统一。

3．公用的储物柜要有管理责任者，对此应明确并标识。

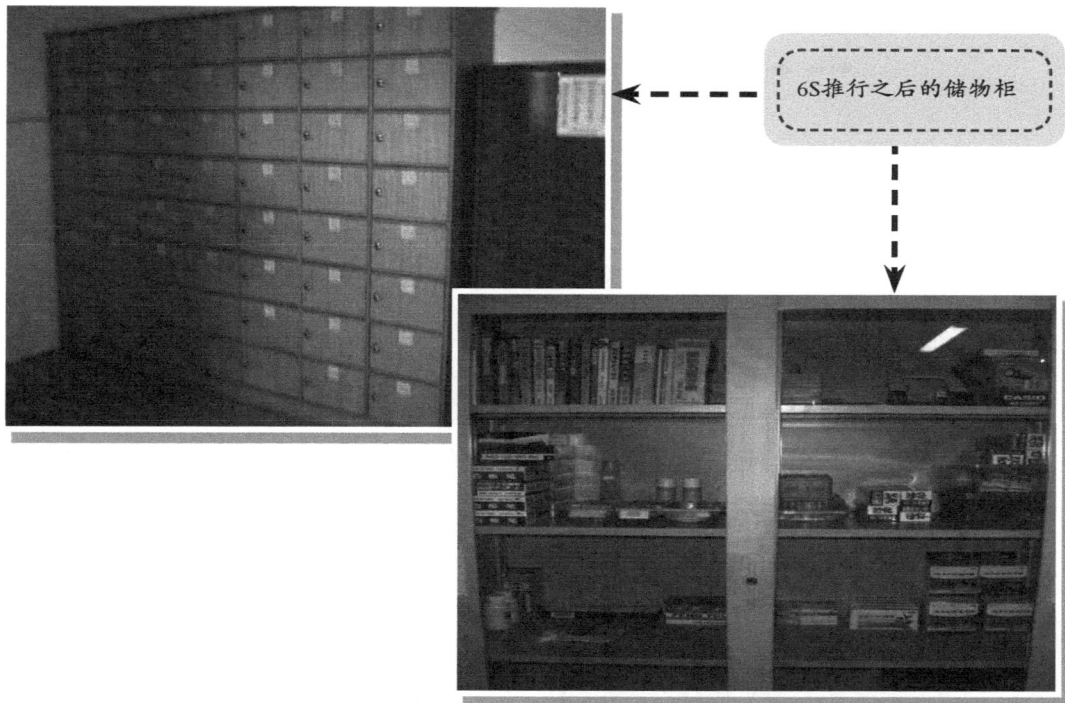

6S推行之后的储物柜

七、设置雨伞放置场所

晴天时，将雨伞架子放在办公室的楼梯下备用；下雨时，由总务部将雨伞架子搬出；在可能会下雨的时候，则在判定要下雨之时将雨伞架子搬出来。也可制作一个专门的封闭型雨伞筒，使雨伞滴的水不会漏到地上浸湿地面。

设置雨伞架或封闭型雨伞筒

八、公共区域管理

1. 地面、角落清扫干净，无积尘（徒手抹过无灰尘）、纸屑；天花板上无蜘蛛网。

2. 墙壁上无手脚印，无乱涂、乱画、乱张贴。

3. 窗台、窗帘干净、无尘（徒手抹过无灰尘）。

4. 各公共设施、设备（如桌椅、台柜、打印机、复印机、传真机等）无积尘。

5. 对于所有体积较小易移动且须长期固定放置的物品，要有定位线及定位标志。

6. 物品摆放整齐，标志到位，并有明确的负责人。

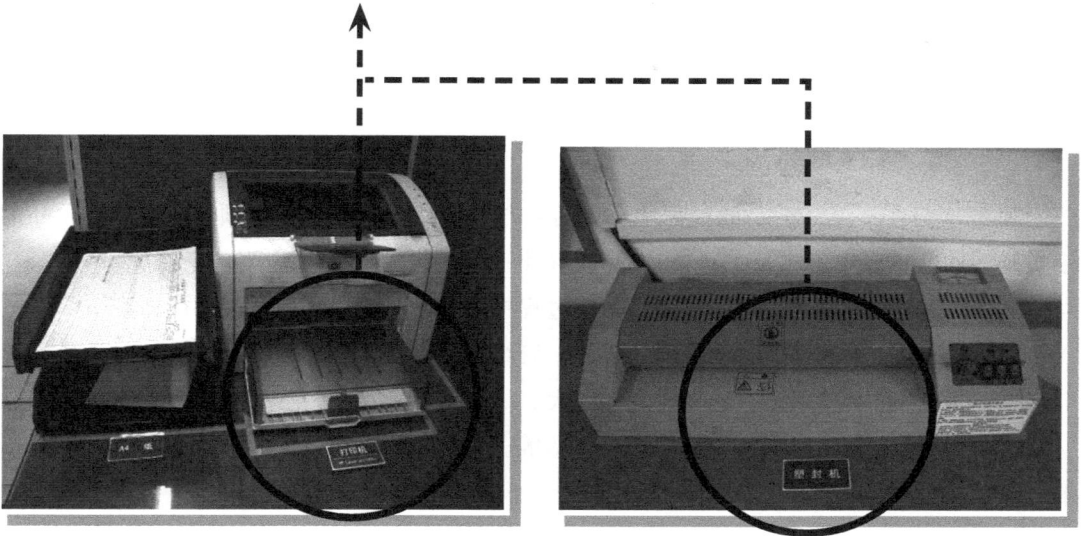

第四节　办公用品的6S活动

事务部门在开展6S活动的过程中，如何对办公用品进行整理、整顿，减少办公用品的浪费是活动的重要内容之一。开展6S之前，在许多企业里普遍存在以下现象。

1. 个人办公桌内办公用品过多，使用过程中浪费大（没有用完就过期或作废）。

2. 办公用品重复库存多（公司、部门、班组、个人层层有库存）。

3. 办公用品品种繁多，购买的随意性大。

做好办公用品的6S活动，不仅能够使得办公桌变得洁净、美观，更重要的是能够减少浪费，节省开支。

一、办公桌内文具的整理、整顿

许多员工的办公桌抽屉里放满了各式文具，一应俱全。有些企业的新员工在进入公司时可以领到笔、墨、橡皮擦、涂改液、回形针、裁刀、订书机、打孔器、各色本子、公文纸等20多种文具。

要解决个人办公桌内用品过多、浪费大的问题，做好办公桌内文具的整理、整顿工作是关键。

（一）制定部门及个人的持有标准

企业应制定对部门（部、科、班组等）和员工个人可以持有文具及其数量的规定，以避免不必要的重复持有（多层持有），同时要规定文具在用完之后才可以补充。

表5-1　一套文具示例

项目	内容	数量/单位	项目	内容	数量/单位
1	签字笔（黑色）	1支	9	裁纸刀	1把
2	签字笔（红色）	1支	10	透明胶纸	1卷
3	铅笔	1支	11	标签纸	1张
4	涂改液	1瓶	12	计算器	1个
5	30cm直尺	1把	13	卷笔刀	1个
6	订书机	1个	14	橡皮擦	1块
7	订书钉	1盒	15	笔记本	1个
8	剪刀	1把			

（二）清点多余的办公用品

所有员工都应对照标准，清点目前持有的办公用品，将那些不用的或不常用的集中回收到部门办公用品管理员处或仓库中，将每天工作中经常用到的留下来作为个人持有，或作为部门或班组公用。

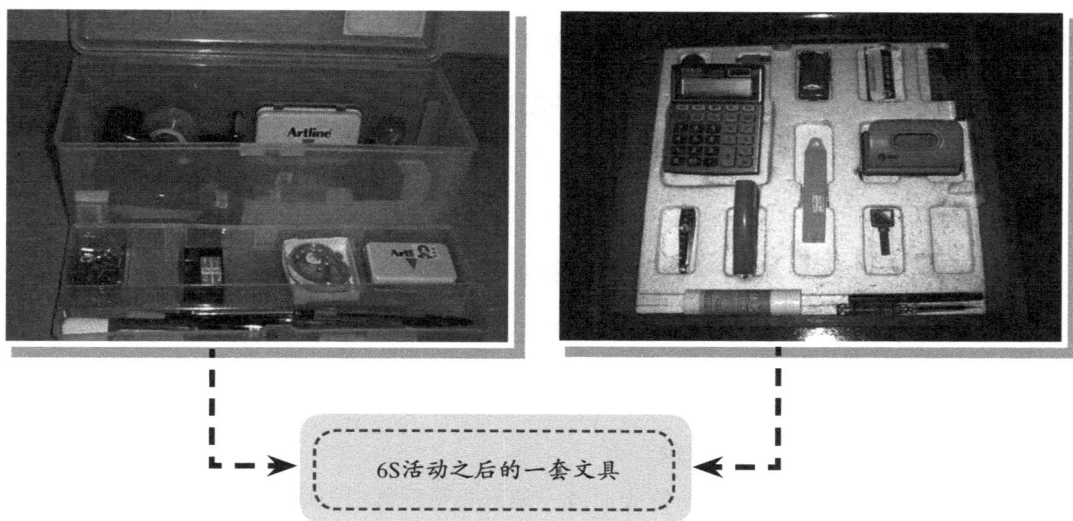

6S活动之后的一套文具

（三）决定办公用品的摆放

企业应制定办公用品的合理摆放方法，如形迹定位管理、文具桌面摆放可视化等。

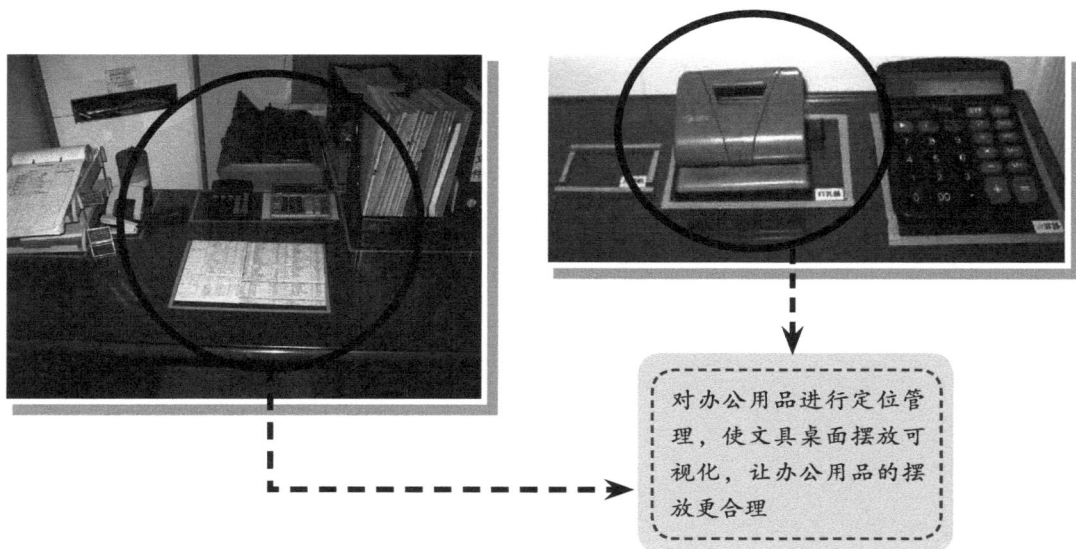

对办公用品进行定位管理，使文具桌面摆放可视化，让办公用品的摆放更合理

二、办公用品减少活动

企业要减少办公用品的用量、节省经费，需做好如下的改善工作。

（一）尽可能减少个人持有量

企业应根据各个部门的工作特点决定满足工作所需最少的办公用品持有量。通常一个人常用的办公用品只有几种，如铅笔、黑色签字笔、红色的标记笔、笔记本等，负责文件处理的人可以外加一个小订书机，经常进行运算的员工可以外加一个小计算器。

（二）尽可能让办公用品发挥最大的功效

一些使用频率较低的物品可以变为部门或小组公用，如打孔器、剪刀、尺子、订书机、计算器等。可将这些共用物品放置在一个转盘上，以便大家拿取。

（三）最大限度地减少办公用品的品种

非必需的办公用品是多余的，可以不用或不买，如笔筒、双层文件盒等。

（四）最大限度地减少办公用品库存

1. 企业实现办公用品统一管理
取消各部门的办公用品库存，需要时统一到有关管理部门领取。

2. 实行办公用品预算管理制度
每个年度由各部门提出办公用品预算申请（与企业内的预算制订同步进行），经有关部门认可后可执行。在执行过程中，部门负责人对部门办公用品的使用情况自主监督和管理。

3. 供应商即时供货方式
企业可要求供应商在交货时间和供货方法上给予改善和合作，以减少库存量。

附录1　某企业6S推行手册范本

目　录

序 言

为广泛开展6S活动，特编写《员工6S活动手册》，其中较为详实地介绍了6S的定义、目的、效用、推行要领及其意义，具有一定指导性。为此，要求广大员工对该手册勤学习、深领会、常行为，并循序渐进、持之以恒，不断规范自己的日常工作，促使6S活动向"形式化、行事化、习惯化"演变，为公司的稳步发展打下坚实的基础。

一、6S的定义与目的

（一）1S—整理

定义：区分必需与非必需的东西，现场除了必用的物品以外，其他都不放置。

目的：将"空间"腾出来活用。

（二）2S—整顿

定义：必用的物品依规定定位、规定方法摆放整齐，明确数量，明确标示。

目的：不浪费"时间"找物品。

（三）3S—清扫

定义：清除现场的脏污，并防止污染的发生。

目的：消除"脏污"，保持现场干净、明亮。

（四）4S—清洁

定义：将上面3S实施的做法制度化、规范化，维持现场整齐、清洁。

目的：通过制度化来维持成果。

（五）5S—安全

定义：以保证、维护生产安全为宗旨，做到安全文明生产。

目的：保证安全，减少事故发生，确保安全文明生产。

（六）6S—素养

定义：培养文明礼貌习惯，按规定行事，养成良好的工作习惯。

目的：提升"人的品质"，成为对任何工作都讲究认真的人。

二、6S的效用

（一）提升企业形象

整齐清洁的工作环境能吸引客户并增强其对企业的信心，树立企业的良好口碑。

（二）筑巢引凤

客户乐于下订单，会吸引更多人来工厂参观学习，也会吸引更多的人才来到工厂工作。

（三）强化员工归属

养成良好的习惯，提高员工的素养，使每位员工都有成就感，营造全体员工进行改善的气氛，易激发员工改善管理的意愿。

（四）减少浪费

6S的推行能节约成本，减少浪费，优化作业方法，提高效率。

（五）安全有保障

工作场所宽敞明亮、通道畅通、视野开阔，物品摆放有序、一目了然，安全有保障。

（六）标准化的推动者

大家都正确地按照规定执行任务，建立全能工作的机会，使任何员工进入现场即可展开作业。程序稳定，品质可靠，成本稳定。

（七）可形成令人满意的工作场所

员工动手做改善，创造一个明亮、清洁的工作场所，这样做会产生示范作用，可激发其他员工的意愿，能带动全体人员进行改善。

三、6S推行要领

（一）整理的措施

1. 清除不用物品

（1）进行现场整理，根据情况分清什么需要、什么不需要。

（2）分清使用频度，按层次规定放置的位置。

（3）清除不用物品，按下列程序进行：确定对象→集中或转移→确认价值→清除或转移至其他部门使用。

2. 大扫除

大扫除的注意要点有以下几个方面。

（1）注意高空作业的安全。

（2）爬上或钻进机器时要先断电。

（3）使用洗涤剂或药品时要进行稀释。

（4）使用錾凿工具或未用惯的机器时，要避免刃口伤人。

（5）扫除时要注意，不要由于使用洗涤剂而使设备生锈或发生损坏。

3. 清除问题和损坏

总体清查有问题的地方，如建筑物、屋脊、窗户、通道、天棚、柱子、管道线路、灯泡、开关、棚架、更衣室、外壳的盖或罩的脱落、破损，安全支架和扶手的损坏以及生锈、脱落、杂乱等现象。

4. 消灭产生的污垢

（1）产生污垢的原因

① 不了解现状、不认为是问题或问题意识淡薄。

② 对产生的根源未着手解决，对问题放任不管。

③ 清扫困难或对保持清洁感觉困难而灰心。

④ 解决的技术方法不足或因未动脑筋而缺乏技术。

（2）消灭产生污垢根源的措施和程序

① 明确什么是污垢。

② 大扫除。

③ 规定脏的重点部位。

④ 详细调查一下为什么脏。

⑤ 研究措施方案。

⑥ 确定措施方案并付诸实施。

（二）整顿的措施

1. 整顿的办法（三原则）

（1）规定放置的场所

所有物品必须确定放置场所或具体位置，必须有"家"。

（2）规定放置的方法

所谓好的放置方法，是指查找容易、取拿方便以及放置安全的方法。

（3）遵守保管规则

哪里拿取还原回哪里。对于仓库里借用的工具，更需这样做。

2. 物品放置场所的规定办法

（1）撤掉不用物品。减少50%的库存量，车间里（岗位上）原则上一种东西只留一个，其他的一律清理。

（2）放置场所的整体划分和布局，实行统一的分类法。分类区别什么放在远处、什么放在近处、什么放在中央仓库，近处只放必需的东西。室内的整体布局应该是使用次数多的放在手边，重的东西放在容易搬运的地方。

（3）统一名称。工厂里使用、保管的物品的名称要统一。常见问题如，在撤掉不用物品时，可能会意外地发现了许多没有名称、名称重复或没有具体名称的物品。

3. 规定物品的放置方法

（1）研究符合要求的放置方法

所谓符合要求，就是要考虑怎样放置，使其在质量上、安全上、效率上都没有浪费。

① 在质量上，特别要注意品名错误。

② 对形状、品名、号码相似的物品要放得离彼此远一些，或放一个样品以便确认，或者用不同的颜色和形状来防止马虎。

③ 在品名上把搁板的仓库号码作为后备号填上。

（2）品种名称和放置场所的标示

① 物品一定要填上名称，"固定位置对号入座"。

② 6S规定，物品的名称和放置场所的名称都要明确。

③ 标示放置场所，固定物品的存放位置。

④ 在物品和仓库上都要标注物品和放置场所两者的配套名称，标示才算完成。

（3）拿放方便的改进

① 名称标示完成，放置位置也已固定，还要画图和安灯，以便能够顺利地找到物品的存放位置。

② 区分零件按功能保管，还是按产品类别或车间类别保管。总之，物品要在一个地方备齐，对备品等要以组装部件的方式准备好。

③ 放置场所的高度要考虑安全因素，把重的东西放在下面或配一个带滑轮的台车，或设置脚手架、升降车等。

④ 备品取拿方便的改进高度以人的膝盖到头部为宜；工具类，从腰到肩的高度为宜。

⑤ 放置场所要充分利用建筑物的面积和空间，同时也要考虑取拿方便。

4. 遵守保管规则

（1）日常管理和防止库存无货

① 仓库要明确标明存货状态和缺货状态。

② 为了补充库存，对最低库存量和进货起点要有明确标识。

③ 搬运要用适合的专用台车，通用零件和专用零件要分别搬运。

（2）取拿、收存的训练和改进的效果

整顿就是为了避免取拿、收存浪费时间，一定要掌握改进的效果。因此，针对取拿、收存进行比赛也很有意义。

5. 物品放置方法的要点

（1）画线和定位标志

① 依顺序性和安全性对通道和区域进行画线，标明定位。当然，最重要的原则是要有利于作业。

② 布局应以直线、直角、垂直、平行为原则。

③ 主通道和副通道画线的宽度和颜色可以不同。

④ 限制物品摆放的高度很重要，有助于防止垮塌。

（2）管线的整理、整顿

① 管线要离开地面，要防止打捆、摩擦和震动。

② 不在地下埋线，全部在地上垫起或者一根一根按照不同的种类、号码、颜色区分，以防出错。

（3）工具等用具

① 在设计、维修时考虑使用工具。

② 减少工具的使用数。

③ 工具要取拿方便。

④ 按照使用顺序摆放工具。

⑤ 工具放在最顺手的位置。

⑥ 工具挂起来松开手就能恢复到原来的位置。

（4）刀具和模具

① 不要混淆品名。保管场所要具备保证刀具和模具不掉齿、不损坏、不生锈、不弄脏的条件。

② 减少库存数量。

③ 可把刀具立起来保管，从安全上考虑一定要罩上保护套。

（5）材料、在产品以及零件

① 材料、在产品需首先固定放置场所，规定存放数量和位置。

② 在产品、产成品、备品等必须按"先进先出"的原则使用。

③ 对不良品、保留品要专设放置场所，使用红色或黄色加以区别。

（6）备品的明确标示

① 备品确定最低库存量。

② 备品要注意生锈、划伤、污垢的侵害。

（7）润滑油、动作油等油脂

① 减少和合并油种名称，以减少种类。

② 按颜色管理。

③ 集中管理、分开标志管理。

④ 根据油种和注油口的形状准备好用具。

⑤ 对防火、公害、安全方面都要考虑周到。

（8）计测器具，检查治具、模座等需要管理其精确度的物品

① 在实物上标明计量管理规定、精确度管理、精确度保证等级等。

② 有合适的放置容器。

（9）大件、重型件

① 大件、重型件的放置要以安全、方便运输或手取为原则。

② 对钢丝绳和扫除用具要保持原型（形）放置。

（10）小物品、消耗品

① 作为经常储备品，要防止因价值低而随意存放的现象。

② 弹簧、垫圈要保持原存放。

（11）标示、布告、文字、条件表、图纸、黏胶带

① 不是什么地方都可以张贴（粘），要在规定的地方和范围内张贴。

② 布告要写明期限，没有期限的不能张贴。

③ 黏胶带的痕迹擦干净。

④ 贴纸时，上面的高度要整齐。

（三）清扫的措施

1. 工作场所和设备的清扫（整洁化）

（1）区域划分和责任范围的规定。

① 明确个人分担的区域和共同责任。

② 坚持实行值班制度。

③ 个人分担的范围用图案表示。

（2）6S誓言

① 不弄脏——脏了立即清除。

② 不乱扔——随手捡杂物。

（3）按区域、设备进行清扫

① 按区域进行清扫，就会发现种种问题，因此可以得到改进。可实行"各人自扫门前雪"区域负责制。

② "手帕作业"——以"擦一次作战"、"清除作战"的名义进行磨练。减少污垢，每天用白布擦拭，进行竞赛。

③ 扫除机器——扫除要搞机械化、自动化。比如，在叉车升降机上安上扫除机。

（4）保持制度化——一起搞3分钟6S

全员一起行动在短时间内搞好6S。

① 将时间划分为段落。时间划分短一些，定时搞6S。在开始工作前、工作结束时、周末、月末和完成时搞"1分钟6S"、"3分钟6S"以及"30分钟6S"等。

② 一起活动对质量、安全检查也有作用。每天只需一起进行几次质量检查、安全检查就可以大量减少失误。

2. 通过对设备、治工具的清扫、检查排除小毛病

（1）清扫和检查的方法

① 使用"设备检查表"进行检查。设备的清扫、检查要从设备内部着手，这样可以发现许多问题。

② 检查基本问题。设备的各个部位都应该清扫、检查，但不要忘记防止设备磨损，按部位按时加油。

（2）清扫和检查的教育

① 熟悉设备部位及作用。

② 掌握机械电器各部分的知识。

（3）清扫、检查的实施以及发现问题

① 清扫不彻底是产生污垢和堵塞的主要原因。

② 对一些问题习以为常、视而不见，是发生问题的主观因素。

（4）对设备功能上的问题进行分析研究

① 为什么这个地方重要？

② 为什么忽视不管呢？

③ 如果这样下去可能会发生什么问题？会有什么影响？

④ 为什么未能及早发现呢？如何才能做到及早发现呢？

⑤ 为何成了现在这个样子呢？

（四）清洁的措施

1. 通过目视管理发现异常问题

（1）让大家都知道异常问题的产生。

（2）目视管理是建立在视觉基础之上的。

（3）瞄准那些常用的设备、工具，针对自己的工作进行目视管理。

2. 目视管理的重点

（1）管什么看什么？管理的要害在哪儿？

（2）什么现象算异常？其判断标准是什么？

（3）能觉察出来吗？用什么工具检查？检查的窍门是什么？

（4）怎样进行活动？怎样进行应急处理、改进和保持？

3. 在目视管理的工具和方法上下功夫

（1）目视管理用工具的管理重点

① 从远处看也能明确。

② 管理的物品要有明显标志。

③ 好坏谁都能明确指出来。

④ 谁都能使用，使用起来很方便。

⑤ 谁都能维护，立即可以修好。

⑥ 使用工具，车间就可以变得明朗、令人心情舒畅起来。

⑦ 清扫的工具，管理的工具，维护的工具，排除的工具。

（2）规定好坏标准

规定一系列根据标准，目视就能判断出是否发生问题。

4. 目视管理的方法

（1）确定管理标签

① 油类标签，表示油种和颜色、注油时间。

② 精确度管理标签，表示测定量具的管理等级和精确度。

③ 年度检查标签，表示检查年度和日期的标签。

④ 恒温器（箱）标签，表示各种温度的标签。

⑤ 表示负责人，每种东西的管理责任者姓名。

（2）表示一定界限

表示仪表测量的范围。通常有使用范围和危险范围，用画线办法或颜色加以区别。对最低库存量加以标志。

① 配合记号。螺栓和螺帽在一定位置上画上一条线以便发现是否松动。

② 定位记号和停止线。斑点和停止位置记号。如设备的档位开关。

（3）在视觉化上下工夫

① 透明化：某些易受伤害的部位，不要罩、不要门、不要盖、不上锁。

② 状态的视觉化：在风扇上系上一条飘带，使人知道送风状态。

③ 故障图像：对各种故障用图像形式表示，使人一看就明白。

④ 表示去向、内容：管理人或物品的去向。

⑤ 状态的定量化：表示管理界和明确异常现象。

（五）安全的措施

1. 制定安全制度，全体员工要遵守安全制度。

2. 建立良好的作业环境，在光照、照度、温湿度方面解决现场需求。

3. 穿戴防护工具、防护服。

4. 设置安全方面的警示标志。

5. 经常自查。

6. 使用必要的劳动工具。

7. 安装必需的罩盖、网、盒、柜等安全保护设施。

（六）素养的措施

1. 教育是养成习惯的前奏，要养成良好的习惯

（1）为取得良好的结果，需要明确规定行为准则。

（2）正确的培训、准确的传授、严格的考核是素养的保证。

（3）组织全员参加活动。

（4）每个人都对自己的行为负责。

（5）养成习惯，形成有纪律的集体。

（6）让全体的力量形成相乘积，便可发挥更大的力量。

2. 标准或制度规定的事情是否得到遵守

（1）检查和未检查一样。对制度落实情况要作检查，还要有检查记录。

（2）想办法使检查者信得过。要对照制度，深入到现场进行目视管理，发现问题。

（3）将现场指导贯彻到具体工作中去，结合具体工作进行具体指导。

① 为什么对那个地方总得经常清扫检查呢？对该部位的功能、结构、原理学懂了吗？

② 清扫、检查是容易做到？对目视、大小、好坏的判断程度如何？

③ 能不能想办法找到更容易做到的目视管理方法吗？

④ 对重要的功能部位要明确标志，使员工一目了然。

⑤ 功能部位任何时候都保持光洁，使用起来得心应手。

（4）参与到做的过程中去。作业人员实际参加对设备的检查，才会有亲身感受。

四、生产现场定置标准

（一）通道标志

通道标志如下表所示。

通道标志

类别	通道宽度	通道线			区域形成方式	转弯半径
		颜色	宽度	线型		
主通道	4～6m	黄色	100mm	实线	以主大门中心线为轴线对称分布	4 000mm
一般通道	2.8～4m	黄色	100mm	实线	以通道最窄处中垂线为对称分布线	3 000mm
人行道	1～2m	黄色	100mm	实线		
道口、危险区	间隔等线宽	黄色	100mm	斑马线		

（二）区域划分

对于叉车、电瓶车等物流车辆，要划定停放区域线（线宽为50mm的黄色实线区划），停放地应不妨碍交通和厂容。

相关区域划分标志

类别	区域线			标志牌	字体
	颜色	宽度	线型		
待检区	蓝色	50mm	实线	蓝色	白色，黑体
待判区	白色	50mm	实线	白色	黑色，黑体
良品区	绿色	50mm	实线	绿色	白色，黑体
不良品区、返修区	黄色	50mm	实线	黄色	白色，黑体
废品区	红色	50mm	实线	红色	白色，黑体

（续表）

类别	区域线			标志牌	字体
	颜色	宽度	线型		
工位器具定置点	黄色	50mm	实线		
物品临时存放区	黄色	50mm	虚线		"临时存放"字样

（三）工位器具

1. 工位器具按定置管理图的要求摆放，配备规格、数量符合要求。

2. 塑料制品工位器具（如托盘等）一律使用蓝色；金属制品工位器具一律使用灰白色。

（四）工位上的物品

1. 工位上的物品（工、刀、量、辅、模、夹具、计量仪器仪表）要定置摆放（用形迹管理法）并尽可能采用标志。

2. 工具箱内的工、刀、量、辅具等要定位放置（用形迹管理），且工具箱内只能放置与生产有关的物品。箱门背面要有物品清单，清单一律贴在门的左上角。

3. 工位上的各种图表、操作卡等文件规格统一，必须定置悬挂。

（五）零件及制品

对于零件及在制品，用规定的工位器具存放，并定量、定位整齐摆放不落地；对于大型零件及成品，按规定位置、标高整齐摆放，达到过目知数。

（六）库房

必须有定置管理图，有A、B、C重点管理清单，器具按零件配置并且定置摆放。零件及物品定箱、定量、定位存放，摆放整齐。

（七）消防器具

现场消防器具按要求定点摆放，定期检查，保持清洁、状态完好（如可采用防呆措施等）。

（八）垃圾存放与处理

1. 生产现场划分：工业垃圾与生活垃圾。工业垃圾用黄色料箱摆放，生活垃圾用蓝色或红色料箱（桶）摆放。

2. 厂区和办公区划分：不可回收和可回收。不可回收用黄色料箱（桶）摆放，可回收用绿色料箱（桶）摆放。

3. 垃圾要分类、定点存放，定时清运，不得外溢和积压。

（九）现场维修

现场维修时，拆卸的零件要摆放整齐，完工后要及时清理场地，达到"工完料净场地清"的标准，保持现场原貌。

（十）标志牌

标志牌的要求如下表所示。

标志牌的要求

区域		标牌标准
生产线名称		垂直于主通道吊设灯箱，规格：1 200mm×600mm×200mm；版面内容：上半部为公司标志（字体为红色）和车间、班组代号（字体为黑体）；下半部为生产线名称（中、英文），红底白字（字体为黑体），双面显示；上下部比例为2：3
检验区	待检区 蓝色标示牌	所有标示牌规格均为300mm×210mm×1.5mm，涂漆成相应颜色，落地放置，标志牌上的字一律用白色（待判区除外，用黑色），字体为黑体
	待判区 白色标示牌	
	良品区 绿色标示牌	
	不良品区、返修区 黄色标示牌	
	废品区 红色标示牌	
工序（工位）标志牌		规格：400mm×180mm；材料：金属或塑料；版面内容：蓝底白字；悬挂放置
设备状态标志牌		规格：200mm×150mm；材料：铝塑或泡沫；版面内容：上半部为"设备状态标志"名称（蓝底白字），下半部为圆，直径130mm，内容为正常运行（绿色）、停机保养（蓝色）、故障维修（红色）、停用设备（黄色）、封存设备（橙色），指针为铝质材料
消防器材目视板		规格：300mm×180mm；材料：铝塑或泡沫；版面内容：上半部为公司标志、消防器材目视板、编号字样，下半部有型号、数量、责任人、检查人字样和140mm×100mm透明有机板
关键工序		规格：400mm×300mm；材料：铝塑或泡沫；版面内容：上部为关键工序名称字样，中部为关键工序编号字样，下部为"关键工序"字样；黄底蓝字，字体为黑体
警示牌	小心叉车（在通道拐弯处）、限高、禁止攀越等警示牌	规格600mm×300mm；材料：金属或塑料；版面内容：白底蓝字、蓝图案，悬挂放置
	出口、安全出口标志牌	规格：600mm×300mm；材料：白塑料板；版面内容：白底绿字、绿图案，悬挂放置
	广角镜（广视镜）	在通道转弯处悬吊不锈钢半球，球面半径为1 500mm

（续表）

区域	标牌标准
穿戴劳保用品、防护用具等标志牌	规格：300mm×300mm；铁板；白底蓝图案，悬挂放置
立柱标志	字符标高4m，四面涂刷；上部字母高300mm，下面数字高300mm；蓝色；字体为黑体
办公室及库房标志	规格：300mm×80mm；材料：金属或铝塑；版面内容：上部为公司标志和部门名称，下部为科室或库房名称，悬挂放置于门的右上侧

（十一）工作角

1. 工作角构成

长方形桌（规格为1 200mm×600mm×800mm，或1 800mm×600mm×800mm）、圆形凳（两连体或三连体）、工具柜、急救箱、目视板。

2. 构成物颜色

长方形桌的桌面铺绿色或灰白色橡胶板；工具柜、急救箱、目视板为灰白色；圆形凳为蓝色。

五、工位器具现场管理标准

1. 各部门必须按规定流程申请工位器具，防止工位器具的设计不合理和工位器具的浪费。

2. 工位器具必须定置摆放，不允许摆放超过规定数量的工位器具。

3. 工位器具的摆放必须符合人机工程学原理，不允许物品超出工位器具摆放位置，不允许物品随意摆在工位器具上。工位器具内的物料须整齐摆放。

4. 做好工位器具的标志。

（1）工位器具上要标明物料名称、数量、产地以及物料是否关键等。

（2）做好工位器具的定置线区域或空中标志。

（3）工位器具内的物料必须与标识的物料相符，严禁物料混放。

5. 必须保持工位器具内及四周环境无垃圾、无油污、无灰尘，保持干净、整洁。对于给现场6S带来不良影响的工位器具等，必须予以改善或报废。

6. 工位器具损坏的，应及时申报维修。严禁将坏的工位器具丢弃在现场。

7. 多余的工位器具一定要办理退还手续。报废的工位器具要及时办理报废手续。严禁将多余的、报废的和暂时不使用的工位器具丢弃在现场和厂区外。

8. 严禁将食品、饮料瓶等垃圾和工具、工作服等扔在工位器具内。

9. 各部门要为工位器具进行编号并建立台账，做到账、卡、物相符。

10. 库房和使用部门对损坏的、脏污的、超载的、混放的、多放的工位器具可以拒绝接收，由此造成的停产、质量等一切损失由责任方承担。

11. 各使用部门或库房必须做好工位器具的日常保养工作，对故意损坏或操作不当损坏的，需按价赔偿。

12. 各使用部门或库房必须每月月末组织对工位器具的数量、卫生、保养及定置情况进行自查，将自查结果报6S管理委员会。

13. 6S管理委员会不定期抽查，并每季度组织一次专项检查。

六、工具柜管理标准

1. 各部门必须按规定流程申请工具柜的制作（购买），充分利用工具柜的空间，现场不得摆放多余的和利用率低的工具柜，否则，6S管理委员会将强制收回。

2. 工具柜必须定置摆放，其中的物品也必须分类并定置摆放。

3. 做好工具柜的标志。

（1）工具柜表面贴标签，标签一律贴在门的左上角。

（2）工具柜内贴有"物品清单"，一律贴在门背面的左上角。

4. 工具柜内物品必须按"物品清单"摆放整齐，不允许混乱摆放。

5. 工具柜内工具必须进行"行迹管理"。

6. 工具柜表面及柜内保持干净，无油污、无脏物、无垃圾。

7. 在制作新工具柜时，柜门应运用"透明化"管理；未实行"透明化"管理的工具柜，各使用部门应对其改造。

8. 工具柜损坏或钥匙丢失，按规定程序申报维修，不得擅自撬工具柜；故意损坏的，按价赔偿。

9. 各部门必须对工具柜编号，并建立工具柜管理台账。

10. 各部门必须每月月末对工具柜管理和使用情况进行自查，并将自查结果报6S管理委员会。

11. 6S管理委员会不定期抽查，并每季度组织一次专项检查。

七、文件柜管理标准

1. 各部门必须按规定流程申请购买文件柜，充分利用文件柜的空间，现场不得摆放多余文件柜和利用率低的文件柜，否则6S管理委员会将强制收回。

2. 文件柜必须定置摆放，其中的物品也必须分类并定置摆放。

3. 做好文件柜的标志。

（1）文件柜表面贴标签，标签一律贴在门的左上角。

（2）文件柜内贴有"文件清单"，一律贴在门背面的左上角。

4. 文件柜内物品必须按"文件清单"摆放整齐，不允许混乱摆放。

5. 文件柜内资料必须编号、分类摆放，必须在资料夹上画上斜的"行迹线"（一律用绿线）。

6. 文件必须装在文件夹内，文件夹必须有文件目录及编号。

7. 文件柜表面及柜内保持干净，无油污、无脏物、无垃圾。

8. 文件柜损坏或钥匙丢失，按规定程序申报维修，不得擅自撬文件柜。故意损坏的，需按价赔偿。

9. 各部门（单位）必须建立文件柜管理台账。

10. 每部门必须每月月末组织对文件柜进行自查，将自查结果报6S管理委员会。

八、卫生间管理标准

1. 讲究卫生，保持卫生间（厕所、洗手间、盥洗室）内清洁、干净、无异味。

2. 爱护公共设施，对故意损坏的，需按价赔偿；非人为损坏的，及时申报维修。

3. 严禁在厕所门上乱写乱划（画）。

4. 文明用厕，严禁向卫生间（厕所、洗手间、盥洗室）扔杂物。

5. 严禁在厕所内吸烟。

6. 卫生间（厕所、洗手间、盥洗室）地面较滑的，应在门口和地面铺设防滑垫。

7. 洗手间内应放置清洁剂并及时补充。

8. 节约用水、用电，用后即关闭水龙头，人走后随手关灯。

9. 做好卫生间（厕所、洗手间、盥洗室）及附属设施的目视化管理。

10. 清洁工清扫时，应悬挂"现正清扫，请稍候10分钟"的提示牌。员工在清洁工清扫时，严禁如厕。

11. 各部门必须指派专人对厕所进行管理，厕所管理员必须对清洁员进行监督和考核。

12. 公司（6S管理委员会）对各部门卫生间（厕所、洗手间、盥洗室）进行不定期检查，于每半年组织一次卫生间（厕所、洗手间、盥洗室）专项检查。

九、饮水机管理标准

1. 本着节约的原则，不需要设置饮水机的地方，不要设置饮水机。闲置不用的（一个月以上）饮水机，6S管理委员会一旦查出，将按6S考核进行扣分。

2. 对必须设置和数量不够的，使用部门必须按相关流程及时申领。

3. 各使用部门负责饮水机的日常维护和保养。必须保持饮水机机身、附属设施及其四周环境的卫生、整洁、干净。

4. 必须对饮水机实行定置和目视化管理。

5. 各部门必须根据饮水机的使用情况决定是否使用接水盒和杯架。对需要使用接水盒和杯架的，设计图纸必须经工程技术部批准后，相关部门方可为其制作。

6. 各部门必须指派专人对饮水机和桶装水进行管理，并建立饮水机及桶装水台账。

7. 每台饮水机旁桶装水（包括空桶）不得超过三桶。

8. 爱护公物，对故意和野蛮使用损坏的，需按价赔偿；对非人为损坏的，必须及时按规定流程申报维修和办理报废手续。严禁将坏的饮水机放在现场（一周以上）。

9. 严禁向饮水机的上接水盒倒茶叶及其他脏物。

10. 节约用电，不使用时及时关闭电源。

11. 各部门必须按饮水机的使用说明书进行操作。

12. 各部门必须对饮水机及附属设施进行日常保养和清扫。

13. 6S管理委员会对各部门饮水机进行不定期检查，于每半年组织一次饮水机专项检查。

十、垃圾管理标准

1. 根据垃圾的性质，将垃圾分为工业垃圾和生活垃圾。具体由各部门依具体情况划分。

2. 工业垃圾用黄色料箱（桶）摆放，生活垃圾用蓝色料箱（桶）摆放，并且料箱（桶）上必须印上"工业垃圾"和"生活垃圾"字样。

3. 严禁工业垃圾和生活垃圾混放，应将工业垃圾和生活垃圾放入相应颜色的料箱（桶）内。

4. 对垃圾箱实行定置管理，并制定垃圾箱定置图。

5. 各部门必须保持垃圾箱及其周围环境卫生、整洁。

6. 垃圾箱实行专人管理、专人清倒、专人检查，严禁垃圾超高摆放和外溢。

7. 垃圾在清运过程中不得撒落，须运到公司指定地点清倒。

8. 垃圾箱损坏的，要及时维修。

9. 故意损坏垃圾箱的，需按价赔偿。

10. 后勤部也必须按垃圾分类清运，严禁将分类后的垃圾混合清运。

11. 各部门（单位）必须对垃圾箱进行编号，并建立垃圾箱台账。

十一、污水（生活）排放管理标准

1. 各部门根据实际需要，按相关流程申请设立污水排放点，并做好标志。

2. 污水排放点必须设置过滤网。

3. 各部门必须在指定的污水排放点倾倒污水，严禁在洗手间、下水道及其他地方排放污水。

4. 必须保持污水排放点处卫生的整洁、干净，并定期对排污池内的垃圾、沉淀物进行清理。

5. 严禁在污水点排放易燃物品（如油、酒精及其他化学物品）。

6. 维护厂区环境，爱护污水排放点四周的绿地，严禁破坏公司绿化。

7. 各部门必须每周对污水排放点进行自查。

8. 6S管理委员会不定期抽查，并每季度组织一次专项检查。

十二、门窗管理标准

1. 每块玻璃必须有责任人，将责任人标签贴在玻璃的左下方。

2. 玻璃必须定期清扫，保证窗台及四周无蜘蛛网、灰尘、污点、黑斑等。

3. 清扫玻璃时，先用湿抹布擦一遍，再用报纸擦一遍。

4. 玻璃上除粘贴责任人标签和部门标志外，不允许粘贴其他物品。

5. 靠车间里面的窗户不得悬挂窗帘或其他障碍物。

6. 各部门每周须检查一次，要求有检查记录。

7. 玻璃损坏的须按规定流程及时更换，故意损坏的按价赔偿。

8. 6S管理委员会不定期初查，并每半年组织一次专项检查。

十三、班组工作角管理标准

1. 班组工作角必须进行定置与标志。

2. 桌椅必须整齐摆放，严禁在桌椅上乱写乱画。

3. 工作角必须保持干净、整洁，设施无破损，如有损坏及时维修。

4. 工作角的一些记录及文件必须按定置要求摆放。

5. 工作角文件柜、工具柜必须按定置要求摆放并标识。

6. 工作角及附近必须有定置线。

7. 每个班组必须按实际情况配置1～2块目视板。

8. 目视板至少要包括以下内容。

（1）在制品目前状态。

（2）出勤和岗位轮岗情况。

（3）质量目标和实际值。

（4）改善（现场改善）活动。

（5）主要成本目标值和实际值。

（6）其他内容。各班组可视具体情况而定。

9. 目视内容必须与实际情况相符，并体现最新状态（即时更新）。

10. 严禁在工作角大声喧哗、吃零食、打瞌睡等不良行为。

11. 故意损坏公物的，按价赔偿。

12. 各部门必须有工作角物品清单。

13. 各部门必须每月对工作进行一次检查。

14. 6S管理委员会进行不定期检查，并每季度组织一次专项检查。

十四、外单位物品临时存放管理标准

1. 需存放临时物品的部门必须填写"临时物品存放申请单"，经被存放地单位领导（或现场管理员）同意后，方可存放。

2. 物品必须存放在被存放地单位指定区域内。

3. 存放部门必须做好临时存放物品的定置、标识和6S工作。

4. 物品及人员要服从被存放部门的管理。

5. 物品存放超过申请存放期限，如需继续存放，必须再重新办理申请，经被放部门同意后，方可继续存放。

6. 被存放部门须负责临时存放物品的安全管理。

十五、不要物处理程序

（一）目的

使工作现场的"不要物"得到及时、有效地处理，使现场环境、工作效率得到改善和提高，从而促进管理不断完善。

（二）适用范围

对公司各厂部的"不要物"的处理。

（三）定义

不要物是指工作现场中一切不用的物品。

（四）职责划分

1. 采购部负责不用物料的登记和判定。

2. 设备部门负责不用设备、工具、仪表、计量器具的登记和判定。

3. 工位器具组负责不用工位器具的登记和判定。

4. 信息管理部负责不用的电子化办公设备的登记和判定。

5. 品管部负责不用的自制件、半成品、成品的登记和判定。

6. 后勤部负责所有办公用品、低值易耗品的登记和判定。

7. 各部门负责本部门其他不要物品的登记和判定。

8. 6S管理委员会负责组织不用物品的审核、判定和申报工作。

9. 采购部、生产部、销售部、后勤部、品管部负责不用设备、工具、仪表、物料、原材料、办公用品的处理。

10. 财务部负责不用物处置资金的管理。

（五）工作程序

1. 各车间、部门及时清理判定"不要物"，将"不要物"置于统一的暂放区，报责任部门审核批准后，同责任单位共同进行分类和标志，并记录在"不要物处理清单"及台账中。

2. 正常情况下，每月一次向有关科室申报处理"不要物"，由责任科室分类填好"不要物处理清单"，报部门领导审核、批准。

3. 厂部需每季度（特殊情况除外）汇总一次"不要物处理清单"，报6S管理委员会，6S管理委员会协调采购部、生产部、销售部、工程部、后勤部、品管部判定处理方案。

4. 各相关部门严格按批准的方案实施，完毕后填写"不要物处置详情表"报财务部。

5. 财务部对处置回收的资金负责管理。

十六、现场改善成果申报及评比制度

（一）目的

调动全体员工参与现场改善的积极性和创造性，鼓励员工多提建议，激励员工的参与，提高士气，以便持续不断地开展现场改善。

（二）范围

适用于每位员工、团队和部门改善的成果、提案、建议以及已实施的合理化建议。

（三）定义

改善成果是指由于持续不断的努力而产生的小改进，以及逐渐累积而成的成果。例如，使工作更容易、排除单调性的工作、排除不方便性的工作、使工作更安全、使工作更具生产力、改进产品质量和节省时间及成本等的方法。

（四）职责

1. 员工、团队和部门积极进行现场改善，并收集改善前后的对比数据。

2. 员工、团队和部门填写"现场改善成果申报表"，向所属部门积极申报。

3. 所属部门领导（或指定组织）负责现场改善成果初评，并确定拟奖金额。

4. 6S管理委员会负责组建"现场改善成果评比小组"。

5. 公司每季度开展一次集中评比（如遇特殊需要可增加频次，具体日期见活动通知）。各部门按通知要求积极申报。

6. 现场改善成果评比小组负责现场改善成果复评（含经济性评价）。

7. 现场改善成果评比小组邀请公司领导及相关专家担任"终评评委"，对改善成果进行评分。

8. 现场改善成果评比小组将评选结果及奖励金额报公司领导批准。

9. 6S管理委员会负责奖品的落实及发放。

（五）工作流程

1. 现场改善成果评比小组的组建（由以下人员组成）

（1）生产部6S管理委员会工作研究员。

（2）各部门现场管理员。

（3）生产部6S管理委员会科长担任现场改善成果评比小组的组长。

（4）分管生产的副总负责评选结果及奖励金额的批准。

2．评比

（1）各员工、团队及部门积极进行现场改善，并收集相关资料和数据。

（2）填写"现场改善成果申报表"（2份），交本部门领导（或指定组织）进行初评，并确定拟奖金额。

（3）各部门将初审的"现场改善成果申报表"（1份）于公司规定的日期集中进行申报，送交现场改善成果评比小组。

3．复审

（1）现场改善成果评比小组接到各部门申报的"现场改善成果申报表"后，于5个工作日内完成复审。

（2）复审方式：现场改善成果评比小组对各部门（员工）申报的现场改善成果到改善点现场，针对现物进行现场评选，复选从表现法、独创性、努力度、有形价值、无形价值五个方面进行评定，满分100分，设九个级别，其中：

① 表现法占0～10分；

② 独创性占0～20分；

③ 努力度占0～10分；

④ 有形价值占0～40分，按"年"金额计：

2万以下	2～8万	8～14万	14～20万	20万以上
0～8分	9～16分	17～24分	25～32分	33～40分

⑤ 无形价值占0～20分：

安全、卫生	品质、客户	环境、现场	士气、强度
0～5分	0～5分	0～5分	0～5分

⑥ 级别：

≥95分	85～94分	75～84分	65～74分	51～64分	31～50分	16～30分	6～15分	≤5分
特级	1级	2级	3级	4级	5级	6级	7级	8级

4．结果上报

对级别在4级以上（含4级）的改善成果给予奖励，确定拟奖金额，再将"现场改善成果申报表"送交公司领导批准。

级别	5级以下	4级	3级	2级	1级	特级
奖金（元）	200	500	800	1000	2000	不定

5. 终评

（1）现场改善成果评比小组邀请公司领导及相关专家担任终评评委，在活动现场对改善成果进行评分。

（2）现场改善成果评比小组按"去掉一个最高分和一个最低分"的原则计算平均分，为公司领导评分。

（3）改善成果最终得分为：（复评得分＋公司领导评分）／2，并按得分情况综合排名，确定奖励金额。

6. 考核加分

（1）改善成果和合理化建议与部门（车间）和个人考核相挂钩。对改善和合理化建议优秀部门（车间），给予加分（开具"考核评分表"）；对组织（团队）及个人，要求部门（车间）在员工日常考核中给予加分。

（2）成果及合理化建议与考核加分标准如下所示。

特级	1级	2级	3级	4级	5级	6级	7级	8级
11～15分	9～10分	7～8分	5～6分	3～4分	1～2分	不加分		

7. 颁奖、宣传

（1）现场改善成果评比小组将评选结果及奖励金额报公司领导批准，经批准后颁发奖品。

（2）现场改善成果评比小组可根据改善内容对改善成果进行命名，并制作宣传揭示板。

（3）利用公司网络、报刊、海报、宣传栏等宣传改善成果。

十七、6S个人考核制度

（一）目的

为配合公司6S活动长期深入开展，提升操作现场管理水平，将6S活动认真贯彻到每一位员工，使其养成良好职业素养。

（二）权责

1. 总经理：负责主管范围的6S维持、改善的全面监督。

2. 部门经理（助理）：部门6S操作的第一负责人，负责6S维持、改善活动的管理并组织本部门人员按制度执行、监控全过程，检查执行后的结果，对违反6S规定个人进行处罚，公布检查结果。

3. 主管、组长、班长：负责组织管辖范围人员按制度操作、监控执行过程、检查操作结果，对违反6S规定的个人做好相关记录并呈报处理意见。

4. 值日员工：负责区域公共卫生的清扫监督及按"6S区域清扫责任表"进行验收、记录并向直接负责人反映异常状况。

5. 员工：负责按制度操作6S，并积极参与改善创新活动。

6. 行政部：负责监督、检查制度执行情况，收集相关记录并对全公司6S结果进行汇总与考核。

（三）管理规定

1. 检查

（1）检查频率

① 各区域每天设一名值日员工，值日员工每天对值日范围验收。

② 组（班）长（区域负责人）对管辖范围的检查每天不少于一次。

③ 主管对管辖范围的检查每两天不少于一次。

④ 经理（助理）对管辖范围的检查每周不少于一次。

⑤ 总经理对管辖范围的检查每月不少于一次。

⑥ 行政部对公司各区的6S相关记录的检查每月不少于两次。

（2）检查方式

采取不定时方式，以6S日常点检项目要求为检查依据，对员工行为、着装及责任区环境物品、资料摆放等进行检查。

（3）检查中不符合项的处理

检查人员检查时发现不符合6S要求的现象，应当场与基层管理人员或员工进行沟通（纠正）确认，将不符合现象在"6S不良现象记录明细表"上详细记录，生产区的组（班）长，区域负责任人以此为依据完成管辖人员的"日常6S个人考核记录表"记录。

2. 考核

（1）考核奖罚标准

考核与每一位员工（指除主管级及以上的管理人员）的个人利益直接挂钩，月度6S基本分为20分。每1分对应金额值（员工：＿＿＿元/分；组（班）长、区域负责人：＿＿＿元/分），员工加1分奖励＿＿＿元；组（班）长、区域负责人加1分奖励＿＿＿元；员工扣1分扣罚＿＿＿元；组（班）长、区域负责人扣1分扣罚＿＿＿元；奖励不设上限，扣罚以20分为限，扣完为止，每月在工资上反映。

（2）考核形式

考核分四个层级的形式开展，即：值日员工监督非值日员工；组（班）长、区域负责人考核员工；主管经理（助理）考核组（班）长、区域负责人；公司考核部门。考核范围为其责任区域，管理人员负连带责任，如，经理在现场发现不符合标准1项，责任员工、组（班）长或区域负责人各扣1分，扣责任员工____元，组（班）长或区域负责人各____元。非值日人员发现值日员工有敷衍现象，则反馈至直接管理人员，对值日员工扣1分。

（3）考核依据

考核以6S日常点检项目要求为依据，每个项目扣1分；各级考核人员须及时把"6S不良现象记录明细表"的不符合项按分制转制成"日常6S个人考核记录表"。每月4日前将经总经理审核后的"6S不良现象记录明细表"、"日常6S个人考核记录表"交行政部，由行政部统一核实、汇总奖罚明细，并交财务部核算工资。

（4）考核评分

① 为加强管理的力度，员工同一周内违反相同项目实施重复扣分，违反一次扣1分，第二次扣2分，第三次扣5分，超过三次按"奖惩规定"处理。

② 在6S活动中积极主动、有创新做法的员工由组（班）长或区域负责人提出，由经理审核、总经理批准，奖励1~5分，多项多奖。

③ 行政部在6S相关记录检查中所发现的漏做、弄虚作假、记录延期上交等，对责任人进行每次扣3分的处罚，同时对责任人所在的区域进行每次扣1分的处罚，对责任人的处罚结果体现在当月的月度6S基本分中；对责任区域的处罚结果体现在当月6S区域评分结果中。

十八、6S推动审核办法

（一）目的

为使公司6S审核工作更加系统化、制度化，切实保证审核工作公平、公正地开展，营造更优美、舒适的工作生活环境，进而培养全员良好的6S素养。

（二）范围

适用于全公司。

（三）审核办法

1. 被审核单位

作业区以课为单位，办公区以部门或课为单位，宿舍以每间宿舍为单位进行稽核评比。

2. 审核单位

（1）评委组成：主要由被稽核单位课长级（含）以上人员担任，每次稽核评比时间由6S推行委员会临时抽调。

（2）审核小组的组成：各区域审核小组成员主要包括推行委员会执行组长1人，审核委员5人，以小组方式循环作业。

（3）职责

① 对厂区各单位6S责任区域进行审核评分。

② 协助推行委员会制定和完善各项审核标准。

③ 按规定完成审核工作，并将审核资料及时提报推行委员会。

④ 对各单位6S缺失提出改善建议，并进行缺失改善效果之追踪。

⑤ 辅导各单位开展6S活动。

3. 审核时机

由推行委员会每月不定期组织对各参评单位进行1～2次审核，并追踪每次审核中整改措施的落实。审核时间由推行委员会安排，具体审核时间和审核单位可以不提前通知被审核单位。

4. 审核依据

依据各区域6S审核评分细则对相关单位进行审核，主要包括"作业区域6S审核标准"、"仓库区域6S审核标准"、"办公区域6S审核标准"、"宿舍区域6S审核标准"等。

5. 审核缺失确认、记录、评分

（1）各审核人员依审核标准进行审核，发现缺失时应在审核记录表上记录缺失内容并依评分细则进行打分，经责任单位主管或代理人确认。评委及时向被审核单位指出该单位所存在的问题点及提出改善的建议等。

（2）审核时，审核人员以所见事实是否符合标准进行评判。全部符合的给满分；未达到的项目不给分；对于6S活动有创意改善的单位，在总分基础上加1分。

（3）对于6S落实彻底、极为规范的单位和6S推进极差、极不规范的单位，均可进行拍照曝光，并要求其改善需在限期内完成。

6. 缺失问题追踪

（1）推行委员会每月及时公布各单位缺失/问题，并敦促各单位限期整改。

（2）对各单位未改善的缺失问题，在下次审核中予以减分，以后继续追踪。

7. 每月成绩统计、排名

（1）各区域、各单位每月6S审核总分均为100分，以实际审核时各评委所给的平均分作为实际得分，按实得分数高低进行排名。

每次审核时，对于前一次整改项目未落实者，按未整改项目多少，在本次审核的总分中扣1～3分。

（2）统计结果呈推行委员会主任核准后向全公司公布。

8. 奖励与处罚

（1）推行委员会按各区域的参评单位进行评比，根据排名先后顺序进行奖励与处罚。

（2）各区域的奖惩名额与奖惩方式如下表所示。

各区域的奖惩名额与奖惩方式

序号	区域	奖惩名额与奖惩方式
1	作业区	对月度评比中排第一名的单位授予"优秀6S单位"锦旗，并给予奖金____元，奖金由6S推行委员会按月度评比结果提交财务部，财务部分部门建立部门奖励基金，获奖部门需动用此奖金时，由部门负责人提出申请，到财务部领取；对排名最后一名者授予"需改进6S单位"锦旗，并在年度部门绩效考核中予以适量减分
2	办公区	对月度评比中排前两名的单位均授予以"6S流动红旗"并分别给予奖金____元、____元，奖金由6S推行委员会按月度评比结果提交财务部，财务部分部门建立部门奖励基金，获奖部门需动用此奖金时，由部门负责人提出申请，到财务部领取；对排名最后两名的单位授予"6S流动黄旗"锦旗，并在年度部门绩效考核中予以适量减分
3	宿舍区	对月度评比中排名前三名的宿舍给予每人____元奖金；对排名最后三名的宿舍给予每人____元罚款，最后三名总分有超过85分者，可免罚款

（3）对于连续两次名列最后一名的单位，由6S推行委员会责令责任单位制定书面的改善对策和改善时间。

9. 资料存盘

每月审核记录及相关资料，推行委员会将指定专人存盘保管，各单位可以随时调阅，以便寻找缺失问题并对改善后的现状进行稽核。

十九、6S之星评选标准

（一）评选对象

在所有未发现不符合项的区域内进行挑选。

（二）6S之星标准

1. 入选员工所在区域在一个月内没有发现不符合项。

2. 已养成良好的习惯，保持区域的清洁。

3. 在平时使用礼貌用语。

4. 平时没有违反厂纪、厂规的行为。

5. 工作积极主动、责任心强，能够服从上级安排。

6. 工作时精神面貌较好，有一种积极进取的精神。

7. 平时着装整齐、整洁。

8. 言行能够对周围的同事产生好影响。

二十、6S点检项目及标准

（一）现场6S检查项目及标准

现场6S检查项目及标准

序号	检查项目	检查内容	分值	评分
1	地面标志	地面通道有标志	1.5	
		地面通道标志明确	1	
		地面涂层没有损坏	1	
2	工位器具	工位器具上无灰尘、油污、垃圾等	1.5	
		工位器具上存放的零件与工位器具相符	1.5	
		现场无损坏的工位器具	1	
		工位器具上存放的零件数与工位器具设计存放零件数相符	1	
		工位器具上存放的零件按存放要求存放	1	
		工位器具摆放整齐	1.5	
3	零件	零件放置于工位器具上，无直接放于地面的情况	1.5	
		非工位上的零件的检验状态有标志	1.5	
		工位上的不合格件有明显标志	1.5	
		生产车间现场的不合格件在规定3日内得到处理	1.5	
		应拆包装上线的零件有拆包装上线	1	
4	工作角	班组园地内的桌椅清洁	1	
		工作角内物品摆放整齐	1.5	
		工作角内的物品损坏及时修理	1	
		班组园地使用的桌椅放于工作角	1	
5	目视板	班组有目视板	1.5	
		目视板表面干净，无灰尘、污垢、擦拭不干净的情况	1	
		目视板完好无损	1	
		目视板牌面整洁，塑料袋完好无损，有破损时及时更换	1.5	
		目视板有栏目，内容丰富	1	
		目视板牌面信息合宜，及时更换	1.5	
		目视板有责任人	1	
		目视板定置或放于规定位置	1.5	
		部门及车间有目视板台账	1	

（续表）

序号	检查项目	检查内容	分值	评分
6	工具箱	工具箱清洁	1.5	
		工具箱上或下无杂物	1	
		工具箱内有物品清单并物单相符	1.5	
		箱中物品摆放整齐，取用方便	1.5	
		工具箱损坏及时修理	1	
7	厂房内空间	窗台、窗户玻璃干净，无灰尘、蛛网等	1.5	
		厂房墙壁、立柱上无乱贴、乱画或陈旧标语痕迹	1	
		厂房四壁干净，无积灰	1	
		厂房内无漏雨或渗水	1	
		厂房内物流通道、安全通道畅通无阻	1.5	
8	现场区划	定置线内有定置物	1	
		现场设置不同状态件存放区域或区域有标志且标志明确	1.5	
		现场存放的件与区域标志一致	1	
9	垃圾及清运	工位上的包装垃圾放于指定的垃圾箱内	1.5	
		垃圾箱（桶）内垃圾在限度范围内	1	
		垃圾箱放于规定的位置	1.5	
		工业垃圾与生活垃圾应分开存放	1.5	
10	工艺文件	无过期的或者不必要的文件	1.5	
		文件按规定的位置摆放	1	
		文件摆放整齐	1	
		文件清洁，无灰尘、脏污	1	
		文件完整，无撕裂和损坏现象	1.5	
11	设备	设备没有损坏或松动	1.5	
		设备按规定位置存放	1.5	
		设备干净，无漏油现象	1	
		设备上无杂物	1	
12	工作台	工作台清洁，无积尘、油污	1.5	
		工作台按规定位置摆放	1	
		工作台上物品摆放整齐	1.5	
		工作台上无杂物	1	

（续表）

序号	检查项目	检查内容	分值	评分
13	库房	库房有定置图	1	
		物资按定置图规定定置摆放	1.5	
		物资有标志且标志明确	1	
		物资摆放整齐	1	
		物资摆放在规定的架、箱、柜、盘等专用或通用器具上	1.5	
		仓储物资清洁，无积尘或蜘蛛网	1	
14	工装	工装的使用和保存方法正确	1.5	
		工装放在指定的位置	1	
		工装清洁，无脏痕	1	
		工装没有损坏	1.5	
		工装上无杂物	1	
15	照明	照明设备干净，无积尘	1.5	
		照明设备完好无损	1	
16	水、电、气等各种线管	使用过程中，无脏污	1	
		无跑、冒、滴、漏等损坏或连接松动	1	
17	生活卫生设施	更衣室整洁、无脏污	1	
		更衣室内物品按规定位置有序摆放	1	
		卫生间清洁，无异味	1	
		洗手池清洁，无异味、污垢等	1	
		卫生间内无杂物	1	
		清洁用具放于指定的位置	1	
18	人员素养	生产现场无打闹现象，举止文明	1.5	
		有礼貌，语言文明	1.5	
		遵守工艺规程，按操作规程操作	1	
		按规定穿戴劳保用品	1.5	

注：评分时完全达标得满分；不符合项每出现一处相应扣1分，扣完为止。

（二）办公区6S检查项目及标准

办公区6S检查项目及标准

序号	检查项目	6S标准	分值	评分
1	办公室	办公室有标志且明显	2.5	
		无非必需品	2.5	
2	办公桌	文件、资料整齐放置井然有序	2.5	
		办公桌无非每日必需品	2.5	
		抽屉内物品摆放整齐	2.5	
		私人物品分开且摆放整齐	2.5	
3	台下、地面	除清洁用具外无任何物品	2.5	
		地面保持干净，无垃圾、无污迹及纸屑等	2.5	
		垃圾桶内垃圾未超限度	2.5	
4	办公椅	办公椅、办公桌保持干净、无污迹、灰尘	2.5	
		人离开办公桌后，办公椅推至桌下，且紧挨办公桌平行放置	2.5	
		椅背上无摆放衣服和其他物品	2.5	
5	文件柜	柜面干净、无灰尘	2.5	
		柜外有标志，且标志一律贴在右上角	2.5	
		柜内文件（或物品）摆放整齐，并分类摆放	2.5	
		柜内无非必需品	2.5	
		活页夹上有标志，同一部门的活页夹外侧的标志统一	2.5	
		活页夹内有文件目录	2.5	
		文件（夹）实施定位化（斜线）	2.5	
6	人员	按规定穿工作服、佩戴员工证	2.5	
		工作服扣子（拉链）全部扣上（拉上）	2.5	
		在办公区（室）任何时候无（工）鞋，并保持干净	2.5	
		工作态度良好	2.5	
		不在办公区（室）吸烟	2.5	
7	门、窗等	有责任人并标志	2.5	
		门、窗干净、无灰尘、无蛛网	2.5	
		人走后（或无人时）关闭门、窗	2.5	
		靠车间（厂房内）无障碍物	2.5	

（续表）

序号	检查项目	6S标准	分值	评分
8	计算机、复印机等	保持干净，无灰尘、无污迹	2.5	
		计算机线束起来，不凌乱	2.5	
9	电话、传真等	保持干净，电话线不凌乱	2.5	
10	其他电器	无人时关闭电源	2.5	
		饮水机保持干净	2.5	
		坏了及时维修（或申报维修）	2.5	
11	其他	目视板定期进行整理，内容及时更新，并保持干净	2.5	
		考核表及时更新，并目视化	2.5	
		有人员去向目视板	2.5	
		当事人不在，有电话"留言记录"	2.5	
		报架上报纸摆放整齐	2.5	
		盆景新鲜	2.5	

注：评分时完全达标得满分；不符合项每出现一处相应扣1分，扣完为止。

（三）6S个人日常检查标准

6S个人日常检查标准（生产区）

部门：　　　　　　　员工姓名：　　　　　　评分日期：＿＿＿＿年＿＿月＿＿日

序号	项目	细目	要求	分值	评分
1	地面	表面	保持清洁，无污垢、碎屑、积水、异味等	2	
			地面无跌落零件、物料等	2	
			地面无破损，画线、标志清晰无剥落	2	
		通道	通道区划线清晰；无堆放物；保持通畅	2	
		物品	定位、无杂物之称，摆放整齐无压线	2	
			堆叠不超高；暂放物有暂放标志	2	
			分类摆放在定位区内，有明显标志	2	
			包装箱标志清楚，标志向外；无明显破损及变形	2	
			周转箱保持干净，呆料及时处理	2	
			暂时放于指定区域外要按暂放要求操作，并指明责任人	2	
			合格与不合格品区分明确	2	

（续表）

序号	项目	细目	要求	分值	评分
1	地面	材料零件	叠放整齐、稳固、无积尘、无杂物	2	
			账物一致，物料卡插放整齐	2	
			零件或物料保管适当（需防潮、防尘的要密封，化学品要避光等）	2	
			物料存放位置分类合理，易于查找及先入先出（库房）	2	
			小件零件定量分袋存放，尾数要有区分标志（库房）	2	
			同一种物料只有一箱/袋尾数，要有区分标志（库房）	2	
		货架	有架号分类及管理标志，无多余标贴	2	
			料卡相符	2	
		推车叉车	定位放置，标志明确	2	
			保持清洁、无破损、零配件齐全	2	
		专门区域	专门区域有明显标志，无其他物品；地面干净无积水	2	
		清洁用品	按要求整齐排放，保持用品本身干净完好	2	
			及时清理垃圾筒，拖把拧干	2	
		垃圾	垃圾分有价垃圾与无价垃圾	2	
2	墙、天花板	墙面	保持干净，无非必需品；贴挂墙身的物品应整齐合理	2	
		门、窗	玻璃干净、无破损，框架无灰尘	2	
			无多余张贴物，铭牌标志完好	2	
		公告栏	有管理责任人，干净并及时更新，无过期张贴物	2	
		开关、照明	明确控制对象标志，保持完好状态	2	
			干净无积尘；下班时关闭电源	2	
		天花板	保持清洁、无蛛网、无剥落	2	
3	设备/工具	外观及周边环境	保持干净，无卫生死角	2	
			明确管理责任人，辅助设施或工具定位	2	
		使用/保养/点检	标志清楚（仪表、阀门、控制面板、按钮等），明确控制对象和正常范围	2	
			实施日常保养，保持完好状态，无安全隐患，使用完毕及时归位	2	

（续表）

序号	项目	细目	要求	分值	评分
3	设备/工具	使用/保养/点检	设备点检表及时正确填写	2	
			设备故障要有故障牌及禁用标志	2	
4	工作台/办公桌	桌面	保持干净清爽，无多余垫压物	2	
			物件定位、摆放整齐，符合摆放要求	2	
		抽屉	物品分类存放，整齐清洁；公私物品分开放置	2	
		文件	分类存放，及时归档；文件夹标志清楚，定位明确	2	
		坐椅	及时归位；椅下地面无堆放物	2	
5	电源插座		插座保持干净、无破损、随时保持可用状态	2	
6	箱、柜	表面	眼观干净，手摸无尘；无非必需品；明确管理标志	2	
		内部	资料、物件、工具按要求分类存放，有分类标志	2	
			保持清洁，有工具存放清单、合适放置位置与容器	2	
		备品	分类摆放整齐，保证安全存量	2	
7	危险品	危险品	存放于指定区域，有明显警示标志，保持隔离放置	2	
			明确管理责任人，保持整齐、干净	2	

注：评分时完全达标得满分；不符合项每出现一处相应扣1分，扣完为止。

二十一、6S推行的表单

（一）非必需品处理清单

非必需品处理清单

序号	不要物名称	规格	数量	参考价格	存放地	判定	处置

（二）红牌作战追踪记录表

红牌作战追踪记录表

部门：　　　　　　　　　　　责任人：　　　　　　　　　　　区域：

编号	存在问题描述	处理方案	红牌日期	承诺完成日期	实际完成日期

（三）人员去向显示板

人员去向显示板

姓名	离开理由	去向	离开时间	联络电话	预计返回时间	备注

注：① 离开岗位人员填写；② 返回后擦掉。

（四）物品清单

物品清单

_____车间_____班组工具箱

责任人		确认时间	
箱内工具一览表					
序号	名称	规格型号	数量	状态	备注
注意事项：					

（五）文件／资料标志

文件／资料标志

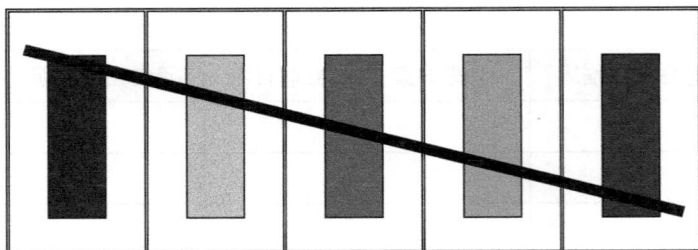

注：斜线统一用蓝线，宽0.5厘米。

（六）清扫值日表

清扫值日表

6S区	责任人	值日检查内容
电脑区	陈××	机器设备是否保持干净，无灰尘
检查区	刘××	作业场所、作业台是否杂乱，垃圾桶是否清理
计测器区	万××	计测器摆放是否整齐，柜面是否保持干净，柜内有无杂物
休息区	吕××	地面无杂物，休息凳摆放是否整齐
夹具区	林××	夹具摆放是否整齐，夹具是否保持干净
不良品区	杨××	地面无杂物，除不良品外无其他零件和杂物存放
零件规格放置区	孟××	柜内零件规格摆放整齐，标志明确
文件柜及其他	马××	文件柜内是否保持干净，柜内物品是否摆放整齐
备注：①6S区是由责任者每天进行维护 ②下班前15分钟开始 ③其他包括清洁器具及柜、门窗、玻璃等		

（七）6S培训计划

6S培训计划

序号	内容	项目	目标值	对象	4月	5月	6月
1	6S知识培训	1. 6S的起源和适用范围 2. 6S定义 3. 6S的作用	考试合格80%以上	全员	培训 →	现场操作 →	考核 →

（续表）

序号	内容	项目	目标值	对象	4月	5月	6月
2	6S活动步骤	1. 成立推进小组	100%理解并能实施	管理人员	→		
		2. 推进成员集中学习			→		
		3. 设定6S改进岗位			→		
		4. 推进成员进行现场诊断			→		
		5. 推进小组开展改进活动				→	
		6. 员工自身开展改进活动				→	
		7. 确认活动				→	
							→

（八）6S责任标签

6S责任标签

6S责任区			
编号	区域间	责任部门	责任人

（九）班组6S评比宣传栏样式

班组6S评比宣传栏样式

班组名	_____年____月份_____车间6S工作评比						备注
	日期						
	1	2	3	……	30	31	
1班	◎	○	◎		▲	◎	
2班	▲	◎	○		○	◎	
3班	※	○	○		○	◎	
4班	○	▲	※		▲	▲	
5班	◎	▲	○		○	◎	
说明	◎：代表良好（绿色）　　○：代表中等（蓝色） ▲：代表及格（黄色）　　※：代表较差（红色）						

（十）各部门（班组）问题点改善表

各部门（班组）问题点改善表

改善数据 ＼ 改善单位	发动机厂	冲压	焊装	涂装	总装	底盘	……
上周问题点（个）							
整改个数							
整改率（%）							
考核评分							
本周问题点（个数）							

（十一）现场改善成果申报表

现场改善成果申报表

题目：		改善类别：（请打"○"）			编号：		部门：
		A设备	C材料	E预防			提案人：
		B人员	D经费	F其他			作成日：

表现法（0~10分）	改善前	问题点：[图示] 要因分析：[图示]	[叙述]		[数据]
					来源
					[数据]
		[要因叙述]			来源

（续表）

题目：	改善类别： （请打"○"）			编号：	部门：
	A设备	C材料	E预防		提案人：
	B人员	D经费	F其他		作成日：

<table>
<tr><td rowspan="7">独创性（0~20分）</td><td rowspan="4">改善后</td><td rowspan="3">改善着眼点改善对策：</td><td colspan="7">[叙述]</td></tr>
<tr><td colspan="7">[图示]</td></tr>
<tr><td colspan="7"></td></tr>
<tr><td>对策来源：</td><td colspan="2">既有的规定要求</td><td colspan="1">借鉴展开的方法</td><td>研讨的成果</td><td colspan="2">创新的方法</td></tr>
<tr><td rowspan="3"></td><td>实施人填写签名：</td><td colspan="6">重点实施项目：①＿＿＿＿＿＿　②＿＿＿＿＿＿
改善期间：　共＿＿＿＿小时；参加人员：共＿＿＿＿人</td></tr>
</table>

努力度（0~10分）	效果	有形效果：（含金额换算）		无形效果：			
				安全卫生	品质客户	环境现场	士气强度

效果（0~60分）	评价	评价项目	表现法	独创性	努力度	有形效果	无形效果	总得分	级别	评价人	时间
		初评得分									
		复评得分									
		公司领导									

（十二）6S不良现象记录明细表

6S不良现象记录明细表

部门：　　　　　　　　　　　　　　班组：

序号	姓名	日期	不良现象描述	检查人	备注

备注：此表由使用部门保管，次月4日前交行政部。

编制：　　　　　　　　　　　　　　审核：

（十三）员工创意奖申报表

员工创意奖申报表

申报项目名称				
申报人				
申报等级	集体		申报时间	＿＿＿年＿＿月
			完成时间	＿＿＿年＿＿月
	个人		申报时间	＿＿＿年＿＿月
			完成时间	＿＿＿年＿＿月
项目创意点简述（含图片）：				
申报单位意见	负责人：		总经理意见	签名：
评审结论			评审时间	＿＿＿年＿＿月
备注				

（十四）月度6S个人考核记录

月度6S个人考核记录

部门：　　　　　　　　　　　　　　　　　　班组：

序号	姓名	1	2	3	4	5	6	7	8	……	31	总计

编制：　　　　　　　　审核：　　　　　　　　批准：

（十五）纠正及预防措施通知

纠正及预防措施通知

不合格点的说明

违反标准：_____

审核日期：_____

审核地点：_____

编号：_____

审核员/记录员：_____

改善前相片

	不合格点的说明：

纠正人：_____　　　　　　　纠正日期：_____年____月____日

（续表）

改善后相片

	纠正及预防措施：

跟进结果：_____

跟进者：_____ 审核：_____年____月____日

（十六）6S每周改善方案及执行报告

6S每周改善方案及执行报告

区域或项目	不符合项	部门改善方案	部门自评结果	审核验收结果

（十七）6S评分汇总表

6S评分汇总表

项目	内容	检查标准	实际评分									问题描述（评比过程中发现的问题记录在以下空格内，并记录问题发现的责任区）
			1区	2区	3区	4区	5区	6区	7区	8区	9区	

（十八）6S诊断查核表

6S诊断查核表

部辩证		区域或项目		工作场所	
阶段		诊断者		查核日期	
名称	项目	内容		评价	评分说明

备注：

1. 评价为5分法：

　　5分……Very Good!　　　4分……相当好　　　3分……加油

　　2分……尚差　　　　　　1分……非常差　　　0分……完全不行

2. 各阶段达标标准：

　　第一阶段须≥60分，第二阶段须≥70分，第三阶段须≥80分，第四阶段须≥90分

附录2　6S管理员工手册

前　言

5S管理理论起源于日本，来自日文的"整理、整顿、清扫、清洁"的罗马拼音发音的第一字母"S"，统称5S。进入我国后，海尔公司引进"安全"一词，发扬成为"6S"管理理论。"6S"管理对企业中每位员工的日常行为都提出了具体的要求，倡导从小事做起，力求使每位员工都养成事事"讲究"的习惯，从而营造出一个干净、整洁、舒适、合理的工作场所和空间环境。企业通过"6S"活动，可以实现对公司物质、资源的有效管理，通过对物流的管理及工作现场的管理，保持环境的干净整洁，物品摆放得有条不紊、一目了然，最大程度地提高工作效率和员工士气，并将资源浪费降到最低点。

因此，企业若要实现"一流的员工、一流的产品、一流的企业"的目标就要从根本上规范现场，提升员工的品质，而推行6S则是目前较为有效的手段。

一、推行6S的效用

6S的效用可归纳为五个S，即Sales（推销）、Saving（节约）、Safety（安全）、Standardization（标准化）、Satisfaction（满意）

（一）6S是最佳推销员（Sales）

顾客会对被称赞为干净、整洁的工厂抱有信心并乐于下订单。口碑相传，会有很多人来工厂参观学习。整洁明朗的环境，也会使员工希望到这样的工厂工作。

（二）6S是节约家（Saving）

开展6S可以减少材料以及工具的浪费，减少"寻找"的浪费，节省时间。另外，还能降低工时，提高效率。

（三）6S对安全有保障（Safety）

开展6S后的工厂会宽敞明亮，物流一目了然；员工遵守堆积限制，危险处一目了然；走道明确，不会造成杂乱情形而影响工作的顺畅，安全自然有保障。

（四）6S是标准化的推动者（Standardization）

按"三定"、"三要素"原则规范现场作业，员工都能够正确的按照规定执行任务，程序稳定，自然带来稳定的产品品质，成本也会降低。

（五）6S形成令人满意的职场（Satisfaction）

明亮、清洁的工作场所，员工动手做改善、有成就感，能创造现场全体员工进行改善的气氛。

二、6S的定义及实施方法

（一）整理（Seiri）

1. 定义

整理就是在工作现场区别要与不要的东西，只保留有用的东西，撤除不需要的东西。

2．目的

清除零乱根源，腾出空间，防止材料的误用、误送，创造一个清晰的工作场所。

3．整理的对象

（1）办公室抽屉，文件柜的文件、书籍、档案、图表，办公桌上的物品、测试品、样品，公共栏、看板，墙上的标语、月历等。

（2）机器设备，大型工模类具，不良的半成品、材料，放置于各个角落的良品、不良品、半成品，油桶、油漆、溶剂、粘接剂，垃圾桶，纸屑、竹签、小部件等。

（3）堆在场外的生锈材料，料架、垫板上的未处理品、废品，杂草、扫把、拖把、纸箱。

（4）不用的工装、损坏的工装，破布、手套、酒精等消耗品。

（5）原材料、导料、废料、储存架、柜、箱子、标志牌、标签、垫板。

（6）导线及配件、蜘蛛网/尘网、单位部门指示牌、照明器具。

4．整理要制定"需要"与"不需要"标准

工作现场全面盘点要对盘点现场的物品逐一确认，判明哪些"要"、哪些"不要的"。根据上面的判断制定出整理"需要与不需要标准表"，员工须根据标准表实施"大扫除"。

需要与不需要分类标准表

序号	要	序号	不要
1	正常的设备、机器或电气装置	1	废纸、灰尘、杂物、烟蒂
2	附属设备（滑台、工作台、料架）	2	油污
3	台车、推车、堆高机	3	不再使用的设备治、工夹具、模具
4	正常使用中的工具	4	不再使用的办公用品、垃圾筒
5	正常的工作椅、板凳	5	破垫板、纸箱、抹布、破篮框
6	尚有使用价值的消耗用品	6	呆料或过期样品
7	原材料、半成品、成品	7	破旧的书籍、报纸
8	尚有利用价值的边料	8	破椅垫
9	垫板、塑料框、防尘用品	9	老旧无用的报表、账本
10	使用中的垃圾桶、垃圾袋	10	损耗的工具、余料、样品
11	使用中的样品	11	蜘蛛网
12	办公用品、文具	12	过期海报、看报

序号	要	序号	不要
13	使用中的清洁用品	13	无用的提案箱、卡片箱、挂架
14	美化用的海报、看板	14	过时的月历、标语
15	推行中的活动海报、看板	15	损坏的时钟
16	有用的书稿、杂志、报表	16	工作台上过期的作业指示书
17	其他	17	不再使用的配线配管
18		18	不再使用的老吊扇
19		19	不再使用的手工夹具
20		20	更改前的部门牌

5. 必要品的使用频率和处理方法

必要品的使用频率和处理方法如下表所示。

必要品的使用频率和常用程度基准

使用程度	使用频率	处理办法
低	一年都没有使用过的物品	废弃/变卖
	一年使用一次左右的物品，2～6个月只使用过一次的物品	暂时存放至仓库
中	一个月使用一次的物品，一个星期使用一次的物品	工作现场内集中摆放，但须标志
高	高三天使用一次的物品，一天使用一次的物品，每小时都要使用的物品	带在身边或放在工作现场附近，但须标志

注：本表供各部门整理实战时参照。

6. 不需品的处理

依据需要与不需要进行分类，该报废的一定要丢掉，该集中保存的由专人保管。

（二）整顿（Seiton）

1. 定义

整顿就是把要用的东西按规定位置摆放整齐，并做好标示进行管理。

2. 目的

定置存放，随时方便取用。

3．整顿的实施方法

整顿的主要对象在"场所"，而在工作场所中时间多是浪费在"准备工作时间"，而且在工作时，"选择"和"寻找"总要花费一定的时间。所以，要想消除这些时间浪费，必须做到以下几点。

（1）经整理所留下的需要东西、物品要定位存放。

（2）依使用频率来决定放置场所和位置。

（3）用标志漆颜色（建议黄色）划分通道与作业区域。

（4）不许堵塞通道。

（5）物品按规定摆放并限定堆高高度。

（6）不合格品隔离工作现场。

（7）不明物撤离工作现场。

（8）看板要置于醒目的地方，且不妨碍视线。

（9）危险物、有机物、溶剂应放在特定的地方。

（10）无法避免将物品放于定置区域时，可悬挂"暂放"牌，并注明理由和时间。

4．放置方法

（1）可用框架、箱柜、塑料篮、袋子等方式放置。

（2）在放置时，尽可能安排物品的先进先出。

（3）尽量利用框架、立体放置，提高收容率。

（4）同类物品集中放置。

（5）框架、箱柜内部要整齐、明显。

（6）必要时，设定标志注明物品的"管理者"及"每日点检表"。

（7）清扫器具以悬挂方式放置。

（三）清扫（Seiso）

1．定义

清扫就是将不需要的东西清除掉，保持工作现场无垃圾、无污秽的状态。

2．目的

（1）保持工作环境的整洁干净。

（2）保持整理、整顿成果。

（3）稳定设备、设施、环境质量、提高产品或服务质量。

（4）防止环境污染。

3．清扫的推行方法

清扫的对象主要是工作现场各处所发生的"脏污"，推行方法有以下几点。

（1）例行扫除、清理污秽

①规定例行扫除时间与时段，如每日15分钟6S活动，每周90分钟6S活动，每月360分

钟6S活动。

② 全体员工拿扫把、拖把等依规定彻底清扫。

③ 管理者要亲自参与清扫，以身作则。

④ 要清扫到很细微的地方，不要只做表面工作：

- 地面油污。

- 机械深处的端子屑。

- 日光灯、灯罩或内壁。

- 工作台、架子之上、下部位。

- 窗户或门下护板。

- 桌子或设备底部。

- 卫生间之地板与壁面等。

（2）调查脏污的来源，彻底根除；确认脏污与灰尘对生产质量的影响

① 在产品无防护层的外表面上造成腐蚀斑点，使外观不良。

② 通电体造成开路或短路或接触不良。

③ 造成产品成形时表面损伤，影响外装质量。

④ 对光、电精密产品造成特性不稳又发生变化。

⑤ 精细化工产品性能变化。

（3）在室内要设定位设置垃圾桶或垃圾箱；应将不需要的物品作为废品处理清除掉。

（四）清洁（Seiketsu）

1. 定义

清洁就是维持以上整理、整顿、清扫后的局面，使工作人员觉得整洁、卫生。

2. 目的

养成持久有效的清洁习惯，维持和巩固整理、整顿、清扫的成果，通过整洁、美化的工作区与环境使人们保持精力充沛。

3. 清洁的实施方法

（1）整理、整顿、清扫是"行为动作"，清洁则是"结果"。

（2）工作现场彻底执行整理、整顿、清扫之后，所呈现的状态便是"清洁"。

（3）在清扫方面呈现"清净整洁"，感觉上是"美化优雅"，在维持前3S效果的同时，通过目视化的措施来进行检查，使"异常"现象能立刻消除，使工作现场一直保持在正常状态。

（4）清洁的维持与工作场地环境的新旧没有关系。一个新工作场地如果3S没有做好，也只能算是三流的工作场所；反之一个二十年、三十年的老场地，如果3S持续彻底执行，虽然并不起眼，但内部却是干净清爽、一尘不染，则仍属于一流的工作场所，这其间的区别，只在有无"决心"与"持续推进"而已。

（5）多利用标语宣传，维持活动气氛，保持前3S活动成果，养成"整洁"的习惯。

（6）设定"责任者"加强管理，"责任者"（负责的人）用较厚卡片以较粗字体标示，且张贴或悬挂放在责任区最明显易见的地方。

（7）配合每日整理、整顿、清扫做设备清洁点检表：

① 建立"设备清洁点检表"（根据不同设备制定）；

② 将点检表直接悬挂于"责任者"旁边；

③ 作业人员或责任者必须认真执行，逐一点检，不随便、不作假；

④ 主管必须不定期复查签字，以示重视。

（8）主管随时巡查纠正，巩固成果；发现不对的地方，一定要沟通并予以纠正。

（五）素养（Shitsude）

1. 定义

素养是指通过进行上述4S的活动，让每位员工都自觉遵守各项规章制度，养成良好的工作习惯，做到"以厂为家、以厂为荣"。

2. 目的

（1）养成良好习惯。

① 加强审美观的培训。

② 遵守厂纪、厂规。

③ 提高个人素养。

④ 培训良好兴趣、爱好。

（2）塑造守纪律的工作场所，使秩序井然有序。

（3）营造团队精神，注重集体的力量、智能。

3. 素养的实施方法

素养不但是6S活动的重点，更是企业经营者和各级主管所期待的。这是因为，如果企业里每一位员工都有良好的习惯，并且都能遵守规章制度，那么身为经营者或主管一定非常轻松，工作命令的执行贯彻、现场工艺的执行、推动各项管理工作都将很容易地执行，并取得成效。

（1）前4S是基本动作也是手段，做好前4S活动，使员工在无形当中养成一种保持整洁的优良习惯。

（2）通过前4S的持续实践，可以使员工实际体验到"整洁"的作业场所给自身带来的愉悦，从而养成爱整洁的习惯。

（3）一般而言，6S活动推动6~8个月即可达到"定型化"，但必须认真落实。

（4）6S活动经过一段时间的运作，必须进行检查总结。

（5）建立推行6S管理相关标准和制度。

（6）各种标准、制度要目视化，让这些标准、制度用眼睛一看就能了解。

（六）安全（Safety）

1. 定义

贯彻"安全第一，预防为主"的方针，在生产、工作中，必须确保人身、设备、设施安全，严守国家及公司机密。

2. 目的

保证企业和企业每一位员工的生命财产安全，确保无事故发生。

3. 实施方法

（1）加强安全教育。

（2）安全技能培训。

（3）执行安全操作规程，宣传防护措施。

（4）生产车间要坚持每周一次的安全日活动。

（5）建立安全巡查制度。

三、6S的实施技巧

以下介绍实施6S活动中的一些技巧，请根据场合和需要灵活运用，切忌生搬硬套。

（一）突出重点、各个击破

推行6S活动是大工程，如果推动不力，往往会造成不良影响。所以，应先在小单位做试点推行，树立模范个人或单位后，让员工产生（可行）信心，排除不可行的心理。有了成功的小单位，再扩大到各层面去。

（二）巡查

在推动前、后、中期等阶段，由企业经营者、部门主管不定期地对全厂进行巡视、检查，针对现场的问题，立即提出"待改善"的项目。

（三）蟑螂搜寻法

蟑螂喜阴暗、潮湿和肮脏的环境，蟑螂出没的地方，就是6S运动的工作对象。

（四）公用设施重点法

公共厕所在人们的印象中往往是脏乱臭，如果6S推动从厕所开始，重新塑造文明厕所，那么6S就会事半功倍。

（五）天空捕蝉

一般人走路不会向上看，于是天花板也就成了一个死角，对此应该采取"永久对策"，解决"空中不文明"的现象。

（六）地毯搜索

向上看是很重要，向下看也是6S的重点之一。例如，地板清洁度不够、管线布置不良、抹布乱放、料桶排放混乱、制品满地等，都是6S的重点对象。

（七）扩大空间法

人们都有念旧的情绪，所以在个人抽屉、仓库死角、杂物堆等地方经常保留一些"舍不得丢弃"的东西，实在有碍观瞻。

（八）下班后检查法

在一个推行了6S的公司，若在下班后巡视空无一人的车间，则最能明了推行6S的活动的真正"现实面"。材料、零件用毕是否归位？工作结束，有没有为明天做准备？这些情况全部在此时一目了然。

（九）老鼠觅食法

把堆积的物品移走或把柜子移开，往往会发现许多"宝物"——灰尘、毛发、杂物等，真是触目惊心，所以，移开堆积物品是杜绝脏乱源头的做法。

（十）定点摄影法

"照镜子"可以用来明白自己的是非和缺点，利用拍照取代镜子的功能，就是所谓的"定点摄影法"，即在同一地点利用有时间显示的相机，把改善前后的情况分别拍摄下来并公开展示，让大家一起评价，这是一种非常实用的做法。

（十一）分工合作法

6S进行到工厂区域规划后，先将责任划分给各部门，再下一步就是要细分到每一个人，并将部门内的责任区和物品制作成分配图落实到每一个人，标示标准和激励措施，用于全员一起开展6S活动。

（十二）看板、目视管理

看板的目的就是让任何人都能看到，在任何地方都能了解应该做什么、如何去做、达到什么要求，而不是狭义地挂个看板而已。例如，部门人员管理板可以清楚地记录人员的去向。具体可依现场整理、整顿的需要做下列看板。

1. 公布栏：6S委员会活动信息的发布通道，也是员工对公司反应的表现。

2. 生产显示：利用图表使每日生产情况让员工都知道，作为努力的目标。

3. 生产管理看板：让现场管理者与员工一目了然地知道现在生产哪些东西？数量多少？还差目标多少？如何努力？如何改善？问题出在哪里？

4. 工具板：工具集中管理才不会因无定点、定位而产生浪费和丢失。

5. 模具板：将模具放置在离机台最近的距离并标示分类，将取放的时间减少，并节约寻找时间。

6. 标示板：将仓库物料存放位置依区域、类别制作成大看板，让使用者明了，避免重复寻找而浪费时间。

7. 标语：以生动的语言、活泼的漫画并切合6S运动的主题制作标语，来引起全员的关注和参与，协助提高活动的鼓动性。

（十三）形迹管理法

根据工具的特点或形状，将其安置在一块板上，易于取用，取走后不仅能一目了然，还可随时方便地放回，可大大方便现场人员，节约工作时间，提高工作效率。

（十四）竞赛活动

利用竞赛活动来激励全员的竞争力而发挥创造力，提高团队精神。

（十五）文艺宣传

海报制作、标语甄选、6S专题晚会、成果演讲会、图片漫画等媒体的宣传，都易于把6S活动开展得生动活泼、鼓动人心，都可能获得意想不到的效果。

（十六）制作奖旗——6S之星

在6S竞赛活动中，将象征荣誉的旗帜悬挂于获胜的单位，以增强活动的竞争气氛。

（十七）运用红牌

红牌是一种起提示作用的载体，主要起"提醒"作用。

（十八）有奖征答

公司会应用各种员工聚会的场合，采用抽签的方法，让抽到签的员工回答一个已讲授过、有标准答案的问题。如果答错了，则要出队大声朗读标准答案2～3遍；答对了，则予以记录并根据场合颁发象征性的奖品。

（十九）荣誉委员

6S委员会推动一个阶段后，将会产生许多卸任委员，为了维持观念宣导的实质性，将授予卸任委员为6S荣誉委员，6S荣誉委员有权随时随地进行稽查环境和开红牌，提醒各单位或个人改善环境。

（二十）争议处理法

6S活动进入奖惩阶段时，部门或个人若对开出的红牌有争议，可以向6S委员会提出申诉。

四、6S活动各级人员责任

（一）6S委员会

公司成立6S委员会。6S委员会的工作职责是负责制定6S推行文件及监督6S运作；积极参与6S运动，给全体同事树立一个良好形象；现场导入6S，将6S当作日常工作，有持续性、坚持性。

公司成立6S推行委员会，人员及职责如下所示。

1. 主任委员：×××，整体策划并推进活动，组织各委员负责具体的推进工作，定期向董事长报告推进情况。

2. 执行秘书：×××，负责6S相关文件的制作、分发、修改，6S宣传海报的设计，评比活动的开展等工作。

3. 仓库：×××，负责仓库6S工作。

4. 生产部：×××，负责生产部6S工作。

5. 品质部：×××，负责品质部6S工作。

6. 办公区：×××，负责办公室6S工作。

（二）董事长6S责任

1. 确认6S活动是公司管理的基础。

2. 参加与6S活动有关的教育训练与观摩。

3. 以身作则，展示公司推动6S的决心。

4. 担任公司6S推动组织的领导者。

5. 担任6S活动各项会议主席。

6. 仲裁有关6S活动检讨问题点。

7. 掌握6S活动的各项进度与实施成效。

8. 定期实施6S活动的上级诊断或评价工作。

9. 亲自主持各项奖惩活动，并向全员发表讲话。

（三）管理人员在6S活动中的责任

1. 配合公司政策，全力支持与推行6S。

2. 参加外界有关6S教育训练，吸收6S技巧。

3. 研读与6S活动有关的书籍，广泛收集资料。

4. 部门内宣导6S及参与公司6S文化宣传活动。

5. 规划部门内工作区域的整理、定位工作。

6. 依公司的6S进度表，全面做好整理、定位、画线标示等作业。

7. 协助下属克服6S的障碍与困难点。

8. 熟读公司"6S运动竞赛实施方法"并向部属解释。

9. 必要时参与公司评分工作。

10. 6S评分缺点的改善和申述。

11. 督促下属执行定期的清扫点检。

12. 上班后进行点名与服装仪容检查；下班前进行安全巡查。

（四）员工在6S活动中的责任

1. 自己的工作环境需不断地整理、整顿，物品、材料及资料不可乱放。

2. 不用的东西要立即处理，不可使其占用作业空间。

3. 通道必须经常维持清洁和畅通。

4. 物品、工具及文件等要放置于规定场所。

5. 灭火器、配电盘、开关箱、电动机、冷气机等周围要时刻保持清洁。

6. 物品、设备要仔细地放，正确地放，安全地放，将较大、较重的物品堆在下层。

7. 保管的工具、设备及所负责的责任区要整理。

8. 纸屑、布屑、材料屑等要集中于规定场所。

9. 不断清扫，保持清洁。

10. 注意上级的指示，并予以配合。

五、6S活动实施标准

（一）清洁用具的摆放规定

1. 清洁用具和清扫对象搭配

（1）扫把、拖把、桶、灰斗——清扫场地、区域。

（2）抹布——地板、墙壁的抹擦。

（3）毛巾、纱布——作业台、办公桌、机械类。

2. 清洁用具的摆放原则

（1）扫把、拖把、塑料水桶、抹布等打扫类用具，集中放置在工作场所外围区域或隐蔽之处，切勿放在显眼的地方，有碍美观。

（2）毛巾、纱布应放置在对应的设备附近，清扫办公室的毛巾宜用挂钩挂在办公桌下。

（3）清洁用具绝对不可放置于配电房或主要出入口。

3. 摆放方法

（1）打扫类用具应集中场所单支悬挂，手柄向上，不可杂乱堆放。

（2）拖把应清洗后拧干水分再悬挂，防止污水流淌，弄湿地板。

（3）毛巾、纱布应逐块挂放。

（4）清洁用具放置处应有标志分类或归属单位，以防混用。

（5）垃圾桶、垃圾箱应画线定位。

（二）通道画线规定

1. 色带宽度（b）参照标准（如右图所示）

（1）主通道：100毫米。

（2）次通道：50毫米。

2. 通道宽度（a）参照标准（如右图所示）

（1）人行道：800毫米以上。

（2）单行车通道：W车+600毫米以上（W车为车身最大宽度）。

（3）双行车通道：W车1+W车2+600毫米以上。

3. 通道颜色规定

要求用黄色油漆刷画。

（三）标志规格和颜色使用规定

标志规格和颜色使用规定的具体要求（见下表）。

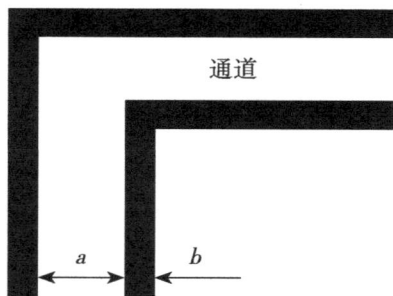

通道及其色带宽度参照标准

标志规格和颜色使用规定的具体要求

标志类别	颜色	尺寸规格（长×宽毫米）
合格品（成品、半成品）	绿色	300×120
不合格品	红色	300×120
返修品	黄色	300×120
消防提示性标志	绿色	500×300
禁止标志	图形为黑色，外圈和斜杠为红色	250×300
警告标志	图案为黑色，衬底为黄色	250×300
指令标志	图形为白色，底色为蓝色	250×300

注：规格、尺寸、方向可根据实物适当调配，颜色不变。

（四）测量器具的摆放和保管办法

（1）将量具放置在机器台上，为防止滑落或撞击，必须铺上橡胶垫。

（2）游标尺、千分尺等量具要放在专用的量具盒和嵌入量具专用凹槽内，水平摆放。

（3）测量仪器要放置在专用仪器架上。

（4）测试用水平台不用时，须罩好防止灰尘。

（5）每台量具或仪器要贴上标签。

（6）量具必须注意防尘、防污、防锈，不用时，需涂上油防锈或用浸油的绒布覆盖。

（7）细长的试验板、规尺等，为防止翘曲变形，应以垂直悬吊为宜。

（8）使用后应立即放回原处。

（五）管道颜色标示规定

管道及其颜色标示要求如下表所示。

管道及其颜色标示要求

管道	标志颜色	备注
生产、生活自来水管	绿色	所有管道都应标示其介质的流动方向
消防水管	红色	
冷却水管	绿色	
纯水管	绿色	
工业用、宿舍用高温水管	银白色	
生活污水管	黑色	
蒸汽管道	银白色	

（续表）

管道	标志颜色	备注
氧气管道	天蓝色	
液化石油管道	黄色	
压缩空气管道	白色	
工业废水	黑色	
消防栓	红色	

（六）零部件摆放规定

1. 严格按规定区域存放零部件，并标示清楚。各车间要严格按照生产部下达的计划加工零部件，所有零部件经检验后必须贴上标签，并按程序办理入库和转移手续，在规定区域内存放。

2. 零部件整齐叠放，保证"先进先出"。在现场摆放的零部件，包括各类载具、搬运车、登高梯、栈板等，要求始终保持整齐叠放，边线互相平行或垂直主通道为宜，既让现场整齐美观，又便于随时清点，且要确保零部件摆放易于"先进先出"。

3. 在零部件存放和移动过程中，要慎防碰坏刮痕，对面板、柜体等表面涂覆质量要求较高的零部件，必要时加隔离纸板进行保护。

4. 不合格品放置场地应用红色标示。

5. 对于无法按规定位置放置的物品，应挂"暂放"标志牌，注明原因、放置时间、负责人、预计放置时间等。

（七）安全作业规定

1. 摆放不稳而易于倒下的长形件，不要竖着靠在壁、柱及机械设备上，要用铁丝等捆好，不使其倒下。

2. 工件、托板、铁箱等要整齐地叠放，防止倾倒伤人。

3. 在架子上放置物品，重物、大物在下，轻物、小物在上。放在架子高处的物品，应设法放稳妥。

4. 在高处不要乱放东西。高处作业完毕后，工具和材料务必拿下来。

5. 作业场地上的废铁、木块、油布、纸箱等应尽快拿走，并按规定分类放在指定的场所或容器内。

6. 机械设备的周边，配电柜、灭火器、消防栓等的周围，出入口、楼梯道、紧急出口处不要放置物品。

7. 在运输和摆放材料、制品、废料等时不占据通道，不压在通道黄线上或定置的黄线上。临时占用和占线后，应尽快拿走。

8. 经常打扫通道和作业场地，特别是油腻、铁屑、钢丸等应立刻清除，以防滑倒或扎伤脚。

9. 冬天寒冷易结冰时，不要在通道上洒水，以防滑倒。

10. 乙醇、涂料、油漆、稀释剂、天那水等化学危险品一定要防止泄漏和妥善存放、避免火源并放在指定场所。危险废弃物也要放在规定地点，并加强管理。

11. 员工使用设备时，必须严格按设备安全操作规程操作。

12. 特殊工种（电工、焊工、行车、叉车、电梯、锅炉等）及关键工序的操作人员必须持证上岗。

（八）员工着装规定

1. 员工一律穿工作服、佩戴上岗证上岗。上岗证置于左胸口上，不得穿便服（试用期人员除外）。

2. 工作服分夏装和秋装两种。夏装为短袖，秋装为长袖。所有工作服由公司按季节统一换发。

3. 要保持工作服的洁净。

4. 着装时，工作服应依据其不同特点加以穿戴，不得袒胸露肚、有失雅观。

5. 夏天着装时，原则上要将上衣的下摆束入裤腰内。

6. 所有员工在任何时候都不得穿短裤和拖鞋上岗。

7. 男员工不得留长发，女员工不得化浓妆。

（九）废弃物处理管理规定

1. 职责

（1）各部门（责任区）负责对本部门（责任区）产生的一般废弃物和危险废弃物进行控制并加以分类标志，集中回收。

（2）后勤部门负责联系回收公司并将各部门的废弃物进行分类回收。

2. 管理内容

各责任区负责对本部门产生的废弃物进行分类、存放和标志。废弃物分为一般废弃物和危险废弃物两种。

（1）一般废弃物

① 办公活动产生的废包装材料、废旧纸张和报纸、办公垃圾等。

② 生产活动中产生的废弃包装物、废边角料、废泡沫、废纸箱以及各种生产垃圾等。

③ 实验活动中产生的玻璃仪器、无毒废液、实验垃圾等。

④ 职工食堂的剩饭剩菜、除油烟系统收集的动植物油、生活垃圾等。

⑤ 职工宿舍产生的生活垃圾等。

（2）危险废弃物

① 办公室活动产生的废旧灯管和电池等。

② 生产活动产生的废机油及其污染物、废旧危险化学品包装物、废溶剂、废油漆及其污染物等。

③ 实验活动产生的危险废液，混有危险化学品的包装物、布袋等。

④ 生产活动产生的废旧灯管、废电池等。

（3）对办公活动、生产活动和实验活动所产生的一般废弃物，应由产生该废弃物的部门集中存放，并由清洁工每天进行清理。

（4）职工食堂的剩饭、剩菜，回收动植物油等由食堂进行统一管理，并由专人负责回收处理。

（5）对于办公活动、生产活动和实验活动产生的危险废弃物，由生产该废弃物的部门进行分类存放，做好标志，并运送到指定区域。对于挥发性大的废液，应利用有盖的容器盛装，不得直接从洗手池或下水道排出。对于所有的危险品废弃物，应由后勤联系有资质的回收公司回收处理。

（6）尽量不制造不用物品。

（7）各种报废设备以及报废产品的处理需经公司6S会议集体研究或经主任委员批准。

（8）公司6S推行委员定期对废弃物的排放量和处理量进行统计，必要时做出分析评价。

（十）现场班前班后6S活动规定

1. 工作区"6S"

（1）上班前

① 所有人员必须按时出勤，依规定着装，保持衣着整齐、仪表端庄。

② 环视检查整个现场，将通道内所摆放的任何物品及时清理，保持通道畅通。检查机器设备、零配件、工具、物料是否摆放整齐，有无异常；保障机器设备摆放整齐无故障、无灰尘。将所有物料、机器、工具摆放井然有序，整个现场宽敞、明亮、整洁无比，营造一个良好的工作环境。

（2）上班中

① 机器、工具、原料、半成品、成品、不良品、报废品必须用颜色划分区域，并且严格按照指定的地方放置，不得摆放在其他区域，更不得摆放于通道区，使通道顺畅，人、车易于通行；使作业流畅，不混料，不堆积物料。

② 对有油污、有灰尘等不干净的机器设备勤保养、勤擦拭，提高机器的使用寿命和精密度，进而提升工作效率和产品的品质。

③ 作业台面要保持干净，且台面上的物品要依规定有秩序地整齐放置，使上一工序方便下一工序操作，让作业流程通畅，提高工作效率。

④ 作业员工作中要姿势正确，不能随意聊天、打瞌睡、离开工作岗位等，保持旺盛的士气和良好的工作状态。

⑤ 仓库、车间物料的储存摆放，要将不同的材料进行区分并分类摆放；用颜色将通

道、放置区、备料区、退货区、不良品区等明显区分，并将各区域和吊牌标示清楚，一目了然，增强目视管理；各物料要依规定放置于规定的区域内，不能随意摆放，且将物料的货架、架板勤擦拭、打扫；保持整个仓库整洁、亮丽、宽敞、明亮，物料摆放井然有序。

⑥ 办公场所、桌椅要经常擦拭，不能有灰尘；有破损应及时维修；垃圾及时处理，保持桌椅及四周亮丽、整洁；文件资料不能杂乱放置，要分类整齐摆放；将不用的资料和不常用的资料单独收于抽屉、归类放置，易于翻阅；将经常使用的资料整齐、有序地摆放于台面上，保证需要的文件能够马上取出；经常检查电器开关、插座，预防用电事故。

（3）下班前

① 各工作车间、办公场所、仓库都应对整个现场进行检查，从地板到墙面到所有物料、工具、机器，检查其是否干净、整洁，对不符合规定的地方及时纠正，保持整个现场整整齐齐、井井有条，每个角落都亮丽、整洁，为次日的工作营造一个舒适的工作环境。

② 车间现场负责人下班前需检查车间是否有水电安全隐患，确保无误后方可离开现场。

③ 各办公室值班人员在下班时关闭水电设备，确保无误后方可离开办公室。

④ 下班时排队打卡，统一、整齐有序地走出车间，做到有纪律、有秩序，体现一种团队精神。

2. 生产现场管理

（1）关于车辆管理：为了确保员工的人身安全，对于厂区生产下线整车及运输车辆、样车，除规定的试车人员及专业人员外，其他人员不得以任何借口私自驾乘，所有驾乘人员必须戴头盔。一旦发现违规，立即处以50元罚款。因违反规定而出现安全事故的，公司不承担任何责任与费用。

（2）关于操作安全：各单位员工必须严格按有关要求规范操作，冲压、机加工、焊接、驾车等部门制定出安全操作规范，并严格执行。各级管理人员及保安有权监督。出现安全事故的，由相关班长、主管承担相应责任。因违反安全规定而造成自伤的，公司不承担责任。造成他伤的，责任人要承担伤者损失。

（3）关于产品及设备：除生产、管理与维修、维护需要之外，任何非专职人员未经允许，不得拿取或拆卸产品、在制品、设备、工具、工装上的任何零部件，如有违反，公司将视情节轻重给予处罚，轻者罚款，重者除名。

（4）关于生产现场零部件周转和外协加工，必须有仓库和相关部门提供的手续，严格执行发外加工的出入验收程序，严格控制关键部件外流和丢失。对于不良件，相关部门及时做好退仓工作。如有违犯或造成损失，追究相关人员的经济责任并做罚款处理。

（5）从事技术研发的工作人员不得泄露公司产品技术秘密。如发生对技术图纸、产品样件泄密的情况，应追究其责任并严肃处理。

（6）非工作需要，员工不得到各办公室逗留。休息时间非工作需要，员工不要到工厂逗留。午休及工间休息时间，员工原则上应在本部门范围内或回宿舍休息，严禁非本部门人员到其他部门尤其是到技术科、计量室、财务科、总经办等重要部门逗留或休息，一经发现，处以20元罚款。

3. 生活区"6S"

（1）生活区不能随意乱扔纸屑、果皮等杂物，不随地吐痰，养成良好的卫生习惯。

（2）衣物、鞋袜、车辆等个人用品要依规定整齐有序摆放。

（3）注意个人行为规范，不大声喧哗，不说脏话，不做违反厂纪、厂规之事。

（十一）办公室的整顿

1. 整体整顿

（1）标志健全。

（2）在办公桌上用压力牌标示岗位、姓名（并附照片）。

（3）周边设备或物品定位，如打印机、电脑桌、复印机等。

（4）办公桌面不应放置与办公无关的物品，办公室要统一化。

（5）桌垫底下不要放置照片或其他剪贴画、名片等，应保持清洁。

（6）抽屉内设法分类定位和标示（如办公用品类、私人用品类、表单类、样板类等）。

（7）衣服外套应挂于私人物品区，不应披在椅子上。

（8）长时间离开位置或下班时，应将桌面物品归类定位，锁上抽屉后方可离开。

2. 盆景

（1）落地式或桌上式要适当选用，以属阴性植物为佳。

（2）二楼以上的盆景不得置放于靠窗户（可开式）处和阳台栏杆上，以保证安全为准则。

3. 会议室

实施全部定位，如桌、椅、电话、烟灰缸、投影机、白板、白板笔、笔擦、茶杯、茶具等，设定责任者，由其负责每日清扫点检。

4. 档案文件的整顿

（1）档案名称使用统一标准名称。

（2）档案文件分类编号。清查所有相关档案文件明细，加以整理分类；分类时依相似类者，做大、中、小等分类；依大、中、小分类加以编号，越简单越好。

（3）套用颜色管理。利用技巧，使档案易取出、易定位，如利用线条或编号等。

（4）档案标示的运用。封底页别文件名称索引总表，内页用分页纸或色纸分类区分，以方便索引。

（5）延长档案的使用时间。

延长档案使用时间的措施如下表所示。

延长档案的使用期间的措施

序号	措施	举例说明
1	实施全公司档案文件管制规定	（1）重新过滤现有使用档案文件，并进行合理化管理 （2）规定档案文件的流程与发行数量、单位 （3）减少不必要的打印与影印 （4）规定各档案文件的保存期限及销毁方式 （5）停止"制造"上级从不过目或审核盖章的文件资料
2	定期整理个人及公共档案文件	（1）留下经常使用与绝对必要的资料 （2）留下机密资料或公司标准书档案文件 （3）留下必须移交的资料 （4）废弃过时与没有必要的资料
3	丢弃不用的档案文件	（1）建立文件清扫基准 （2）废弃文件、表单背面再利用 （3）有关机密文件予以销毁（碎纸机） （4）无法再利用的，集中废料变卖，使资源再回收
4	文件档案清扫基准	（1）过时表单、传票 （2）过时无用的报告书、检验书 （3）无用的名片、DM （4）备忘录、失效之文件 （5）登录完毕的原稿 （6）修正完毕的原稿 （7）作为参考的报告书、通知书 （8）因回答等而结案的文书 （9）贺年卡、邀请卡、招待卡 （10）报纸、杂志、目录 （11）传阅完毕的小册子 （12）使用完毕的申请书 （13）会议召开的通知、资料、记录等影印本 （14）设计不良或可改善的表格 （15）正式通知变更的原有失效规程 （16）认为必要而保管，但全然未用的文件 （17）破旧的档案 （18）过时泛黄而无价值的传真

六、6S活动达标评鉴标准

（一）整理、整顿、清洁

1. 办公室物品和文件资料（30分）

（1）发现下列情况之一者，扣30分。

① 室内物品未实行定置管理，物品摆放杂乱，办公桌上下和抽屉内的物品过多，摆放无序。

② 文件资料未实行分类定置存放，有用与无用或长期不用与经常用的混放在一起，不易查找。

（2）每发现一例下列情况扣2～5分，扣完为止。

① 办公设施不整洁或损坏严重。

② 办公室内有与工作无关的物品。

③ 文件夹无标志，或文件夹内无文件目录清单。

④ 导线未集束或杂乱无序。

⑤ 文件柜内外有过时、无用需销毁的文件。

⑥ 公桌上放置有非当日用的文件。

2. 办公区通道、门窗、地面、墙壁（20分）

（1）发现下列情况之一者，扣20分。

① 门厅、通道或墙角摆放很多物品。

② 地面有烟头、纸屑、痰迹或其他杂物，很脏乱。

③ 门窗、墙壁、地面、天花板破乱不堪。

（2）每发现一例下列情况扣2～4分，扣完为止。

① 室内、楼道、楼梯内光线不足、阴暗，或通风不好，空气有异味。

② 墙壁不整洁、不明亮。

③ 室内各种线不整齐或临时拉设明线。

④ 门窗、墙壁、地面、天花板上有灰尘或污迹。

⑤ 照明设施不亮。

⑥ 乱贴挂不必要的东西。

⑦ 没有挂处（科）室标牌，或标牌不统一，有破损。

3. 作业现场的设备、仪器、工装、工具和物料（30分）

（1）发现有下列情况之一者，扣20分。

① 作业现场未实施定置管理，设备、仪器、工具等摆放杂乱。

② 长期不用的物料（超过一个月）杂乱摆放在现场。

③ 废弃不能使用的设备、仪器、工装、工具杂乱摆放在现场。

④ 作业现场设备油、液的跑、冒、滴、漏、飞溅问题严重，造成地面大面积脏污。

（2）每发现一例下列情况扣2～5分，扣完为止。

① 作业现场有设备油、液的跑、冒、滴、漏、飞溅等问题，以及粉尘、飞屑、喷雾等。

② 设备、仪器脏乱，维护保养不及时。

③ 工装、工具检查校准不及时。

④ 工具箱内的工具数量过多。

⑤ 现场有废弃不能使用的设备、仪器、工装、工具。

⑥ 物料摆放时间过长。

4. 作业现场的通道和地面画线（20分）

（1）发现下列情况之一者，扣20分。

① 通道与作业面没有画线区分功能。

② 通道上摆放很多东西，不畅通，或严重不平整。

③ 通道脏乱，有烟头、纸屑、金属屑、油、水或其他杂物。

（2）每发现一例下列情况扣2～4分，扣完为止。

① 画线不清楚，或不统一。

② 通道不平整。

③ 可移动设备没有画线定置。

④ 物品摆放超出画线。

5. 作业区地面、门窗、墙壁（30分）

（1）发现下列情况之一者，扣30分。

① 地面严重破损、不平整。

② 地面脏乱，有烟头、纸屑、金属屑、油、水或其他杂物。

③ 门窗、墙壁、地面、天花板破烂不堪。

④ 管线锈蚀、脏污、布置凌乱或有临时拉设的明线。

（2）每发现一例下列情况扣2～5分，扣完为止。

① 地面有油污、水渍等。

② 乱挂贴不必要的东西。

③ 管线有灰尘、污垢。

④ 地面不平整。

⑤ 门窗、墙壁、地面、天花板上有灰尘或污迹。

⑥ 光线不足或空气污浊。

⑦ 废弃管线未及时清除，局部零乱。

⑧ 作业区现场的产品

（3）发现下列情况之一者，扣30分。

① 不合格品未与合格品隔离，或废品未及时清理出现场，混杂放置，未做标志。

② 产品落地放置，没有防护措施。

（4）每发现一例下列情况扣2～5分，扣完为止。

① 不合格品有标志，但未及时与合格品隔离。

② 标志不清楚。

6. 作业现场的文件和记录（20分）

（1）发现下列情况之一者，扣20分。

① 现场使用的文件和记录很脏，破损严重，随意放置。

② 过期的文件和使用的文件混杂在一起。

③ 不按规定填写记录。

（2）每发现一例下列情况扣2~4分，扣完为止。

① 现场有过期不使用的文件。

③ 现场使用的文件和记录有破损。

③ 记录填写不全或随意涂改。

7. 库房和储物间（30分）

（1）发现下列情况之一者，扣30分。

① 未实施定置管理，物品无序摆放。

② 通道摆满物品，人不易行走。

③ 合格品与不合格品没有标志，混放在一起。

④ 没有定期打扫，很脏乱。

（2）每发现一例下列情况扣2~5分，扣完为止。

① 账、物、卡不相符。

② 合格品与不合格品未严格隔离。

③ 温度、湿度不符合要求。

④ 标志不清楚。

⑤ 物品摆放不整齐。

⑥ 库房和储物间内灰尘多。

8. 公共设施（20分）

（1）发现下列情况之一者，扣20分。

① 设备损坏，不能使用，或水箱、水龙头关不上，长流水。

② 公共设施环境卫生无专人负责，肮脏不堪，异味冲鼻。

③ 垃圾到处堆放。

（2）每发现一例下列情况扣2~4分，扣完为止。

① 地面有污水、污物，湿滑。

② 门窗、墙壁及管道不整洁。

③ 垃圾散落在垃圾箱外。

④ 门窗、墙壁上乱画乱写。

9. 厂（所）区建筑物和物料（30分）

（1）发现下列情况之一者，扣30分。

① 建筑物破旧没有修缮和粉刷。

② 建筑物外面有长期无序堆放的物料或工业垃圾。

（2）每发现一例下列情况扣2~5分，扣完为止。

① 建筑物不符合公司视觉系统要求。

② 建筑物外临时堆放有物料或工业垃圾。

③ 建筑物外违规搭建棚库。

④ 建筑物存在残破失修处。

⑤ 建筑物色彩存在不协调。

10. 厂（所）区道路和车辆（30分）

（1）发现下列情况之一者，扣30分。

① 道路破损失修，很不平整。

② 非机动车和摩托车等停放在厂房（办公楼）内或通道上。

③ 道路上堆放物料。

④ 厂（所）区内违章行车发生事故。

⑤ 机动车辆车况差，带故障行车。

（2）每发现一例下列情况扣2~5分，扣完为止。

① 车辆停放在道路上或其他非规定的地点。

② 厂（所）区内违章行车。

③ 客货车车辆破旧，门窗不完好，或车内地面、座椅、靠垫不整洁。

④ 厂（所）区内无交通标志牌和标线，或标志牌、标线不清楚。

⑤ 路灯不亮。

⑥ 车棚内有未清理的破旧自行车。

⑦ 车棚打扫不干净，或自行车摆放无序或超出车棚。

11. 厂（所）区绿化和卫生（30分）

（1）发现下列情况之一者，扣30分。

① 没有统一的厂（所）区绿化规划，绿化面积未达到可绿化面积的60%。

② 厂（所）区卫生无专人打扫，绿地无人养护，杂草丛生，路面脏乱。

③ 工业排放物严重超过环保标准，受到当地环保部门的处罚。

（2）每发现一例下列情况扣2~5分，扣完为止。

① 清扫不及时，道路、地面上，草地角落、树木丛中有废弃物。

② 道路两旁有裸露土地。

③ 有枯死的花草树木。

④ 绿化面积未达到可绿化面积的90%。

12. 厂（所）区标志系统（20分）

（1）发现下列情况者，扣20分。

厂区无任何公司标志系统的内容。

（2）每发现一例下列情况者扣2～4分，扣完为止。

① 厂服无公司标志。

② 建筑物、文件和信笺等无公司标志。

③ 宣传品无公司标志。

④ 产品包装不符合要求。

13. 厂（所）区文化氛围（20分）

（1）发现下列情况之一者，扣20分。

① 对体现企业使命、发展方针、企业精神、核心价值观、企业作风、质量观的标语未按规定要求进行张贴、悬挂。

② 对企业文化和质量文化未进行宣传贯彻。

（2）每发现一例下列情况扣2～4分，扣完为止。

① 悬挂的标语有破损之处。

② 宣传形式单一。

③ 有关人员不了解公司的企业文化和质量文化。

（二）清洁达标准则

1. 办公室和作业现场规范（40分）

（1）发现下列情况之一者，扣40分。

① 对整理、整顿、清洁的结果未形成规章制度。

② 没有制定6S检查、考核和奖惩的制度。

（2）每发现一例下例情况扣2～5分，扣完为止。

① 规章制度有不完善之处。

② 没有规章制度执行情况的检查、考核记录。

③ 责任有未落实到人之处。

2. 安全生产作业规范（30分）

（1）发现下列情况之一者，扣30分。

① 没有制定安全生产管理制度。

② 没有建立安全生产责任制。

③ 没有建立安全生产管理组织机构。

（2）每发现一例下列情况扣2～5分，扣完为止。

① 安全生产管理制度有不完善之处。

② 安全生产责任制未层层落实。

③ 安全生产管理组织机构不健全。

④ 员工违反安全生产操作规程和制度进行操作。

⑤ 未按规定及时对安全生产进行监督检查。

3. 6S培训（20分）

（1）发现下列情况之一者，扣20分。

① 对员工的6S培训未形成制度。

② 6S培训没有当年的培训计划，未进行必要的培训。

（2）每发现一例下列情况扣2～4分，扣完为止。

① 制订的培训计划不能满足需求。

② 未按计划进行培训。

③ 培训结果未达到预期目标。

（三）素养达标准则

1. 行为规范（30分）

（1）发现下列情况之一者，扣30分。

① 因违反工艺纪律、操作规程而造成产品不合格或发生事故。

② 发生质量问题或过错时弄虚作假，文过饰非。

（2）每发现一例下列情况扣2～5分，扣完为止。

① 上班或开会迟到、早退，或在开会时交头接耳、打手机。

② 工作拖拉，不能今日事今日毕。

③ 缺乏公德意识，随地吐痰，随手乱扔废弃物。

④ 在不允许抽烟的地方抽烟。

⑤ 发生质量问题不及时处理。

2. 团队精神和班组建设（30分）

（1）发现下列情况之一者，扣30分。

① 未开展质量信得过班组活动。

② 未开展QC小组活动和合理化建议活动。

（2）每发现一例下列情况扣2～5分，扣完为止。

① QC小组活动不普遍。

② 不积极参与合理化建议活动。

③ 未参与质量信得过班组活动。

3. 服装与仪容（20分）

（1）发现下列情况之一者，扣20分。

① 很多人穿着不整洁、不修边幅，或不能按规定穿厂（所）服、佩戴识别牌（证）。

② 很多人工作时间在不适合的场所穿拖鞋、背心以及短裤、超短裙等过于暴露的服装。

（2）每发现一例下列情况扣2~4分，扣完为止。

① 未按规定穿厂（所）服，或佩戴识别牌（证）。

② 工作时间在不适合的场所穿拖鞋、背心、短裤、超短裙等过于暴露的服装。

4．日常6S活动与创新（30分）

（1）发现下列情况之一者，扣30分。

① 没有全面开展6S活动。

② 没有推行看板管理和零缺陷管理。

（2）每发现一例下列情况扣2~5分，扣完为止。

① 6S活动缺乏人力、物力或财力资源。

② 6S活动遇到难题时不能解决。

③ 看板管理和零缺陷管理存在漏洞。

④ 6S活动成果不显著。

（四）安全达标准则

（1）发现下列情况之一者，扣40分。

① 当年发生重大安全事故，伤亡人数超过规定标准。

② 工作现场布局不合理，不符合安全标准，安全通道不通，安全、消防设施失效。

（2）每发现一例下列情况扣2~10分，扣完为止。

① 特种设备和安全防护、报警监测设施未注册登记，或未按规定进行维护、保养和定期检测。

② 工作现场有害物质超标。

③ 工作现场存在失火、爆炸、毒气或毒液泄漏等安全隐患。

④ 未按规定设置安全警示标志或标志破损，模糊不清。

⑤ 员工未按规定穿戴劳动保护服装、鞋、帽、眼镜、手套、扩耳或安全带等。

（五）6S管理达标评分合格标准

6S管理达标标准共22个小项，评分标准总分值为600分。540分（含）以上为一流6S管理水平，480分（含）至540分为合格6S管理水平，480分以下为不符合6S管理水平。

七、6S活动检查及奖惩办法

（一）检查种类

（1）公司巡回检查。由公司6S推行委员会推行小组进行现场6S日常巡回检查。

（2）责任区域内部检查。由公司各责任区责任人进行现场6S日常巡回检查。

（3）班组自我检查。由各个责任区域内的班组进行现场6S日常巡回检查。

（二）检查标准

（1）6S推行委员会根据检查对象的工作性质制定相关检查标准。

（2）根据区域类别分为科室、生产、库房、后勤四类。检查时，各责任区域可根据区域内班组的类别参照相关的检查标准。

（3）根据检查6S责任的对象不同，生产类分为车间、班组、员工三个层次。

（4）检查种类。公司6S推行小组检查；责任区内部检查；班组自我检查。

（5）6S推行小组、各责任区域、班组可根据工作特点的不同，制定6S日常巡回检查表相关内容。

（三）检查方法

1. 计划制订及人员的构成

（1）公司6S推行委员会秘书制订并下达每月的6S值班计划，每天安排两名值班主任组成6S推行小组（再从中产生一名组长）进行值班检查。其小组成员由公司班组长以上管理、技术人员及优秀员工构成。6S推行小组依据每月公司6S值班计划，参照每天检查内容对所划分的责任区域，每天分两次（如上午9：00～10：00，下午4：00～5：00）一起进行全面检查。任何值班主任不得借故缺席，如有特殊情况，可申请他人代为值班，但替代人由其自行协商。对于缺席者，6S推行委员会将无条件扣除值班主任当月6S现场绩效5分。

（2）责任区内部检查由各责任区域负责人自行组织实施，参照相关检查标准每天对所在责任区的班组检查进行检查。

（3）班组自我检查由班组长组织自行实施，参照相关检查标准对所在责任班组应随时进行检查。

2. 检查的实施

（1）6S推行小组在检查时，需佩戴"6S值班主任"袖章，对检查发现的问题，应明确记录在6S巡回检查记录表上，并交由责任班组长或区域负责人加以确认；若遇相关负责人缺勤或否认既成事实，6S推行小组组长有权判定并形成相关记录。能当场整改的，有权责令其立即纠正；若不能当场整改的，应开具6S整改通知书限期整改；同时6S推行委员会在编制6S检查内容时，将其列为检查项目，加以跟踪监督。责任区内部检查及班组自我检查可参照6S推行小组的检查办法。

（2）6S推行小组的值班主任于次日上班后15分钟内，将形成结果的检查表上报到公司6S推行委员会秘书处汇总。6S推行委员会秘书将前一天巡查的问题、责任区域、责任人、值班主任、检查得分、整改状况等情况加以统计或汇总，每天定时通过公布栏加以公示。责任区内部检查及各班组自我检查也可参照同样办法在现场看板上予以公示。

（3）6S检查得分作为各责任区责任人每月绩效考核表中的6S得分，责任区内部检查月均得分作为各班组长每月绩效考核表中的6S得分，班组内部检查月均得分作为员工每月绩效考核表中的6S得分。6S推行小组在进行检查时，每位值班主任每天发现问题应不少于五个，并对两个以上的责任区域进行处罚，否则6S推行委员会将无条件扣除值班主任当月6S现场绩效5分。责任区内部检查及各班组自我检查也可参照同样的办法。

（四）申诉

任何被检查人或单位如对6S检查结果有异议，可向公司6S推行委员会进行申诉，由主任委员最后裁决，但不得借故向值班主任作无休止的纠缠，违者公司6S推行委员会将处以200元／次的罚款。

（五）奖惩措施

（1）奖惩以6S推行小组巡查的平均得分为准，以"月"为单位分别加以统计进行奖惩。奖金由主任委员或公司领导颁发。

（2）对在公司巡查活动中工作表现突出的区域、班组，6S推行委员会根据各区域、各班组的问题汇总数进行集体评议，授予"6S先进集体"锦旗一面，并发给相应的奖金。奖金按（30元×n）计算，n为区域内员工人数；对工作表现落后的班组，悬挂"6S加油队"黄旗，意在鞭策和促进。

（3）对在公司检查活动中工作表现突出的值班主任，经6S推行委员会集体评议，授予"6S优秀值班主任"荣誉，并发给奖金100元。

（4）部门内部检查的奖惩事项由本部门自行制定，并报公司6S推行委员会备案。

（5）对检查中所暴露的问题，推行委员会将汇总分发给有关单位进行限期整改。一次不改的将对责任人处以20元罚款，两次不改的将对责任人处以50元罚款，连续三次不改或整改效果不明显的，将对责任人和当事人处以500元罚款。

八、6S活动中的应用表格

（一）"要"和"不要"清单表

"要"和"不要"清单表

填报部门：　　　　　　　　　　　　　　　　填报日期：＿＿＿＿年＿＿月＿＿日

类别	项次	规格	数量	理由	区域	备注
机器						
模具						
原料						
半成品						
成品						
文具						
报表						
橱柜						

（续表）

类别	项次	规格	数量	理由	区域	备注
容器						
料架						
档档案						

填报人：　　　　　初审：　　　　　复审：　　　　　审核：

（二）6S活动改善记录表

6S活动改善记录表

责任单位	改善内容	改善期限	备注

开单日期：　　　　　开单部门：　　　　　改善负责人：　　　　　开单人：

（三）6S改善（红牌）

6S改善（红牌）

检查人：　　　　　　　　　　　　　　　检查日期：＿＿＿＿年＿＿＿月＿＿＿日

责任单位	检查项目	现场情况	改善要求	改善期限	备注

（四）各部门提出的6S工作难点

各部门提出的6S工作难点

部门	序号	部门负责人提出的疑难问题	措施和建议	6S推行小组评估意见

（五）物品及文件资料使用频率表

物品及文件资料使用频率表

请根据下列周期列出您工作中使用的物品或文件资料的明细：

三天使用一次的物品及文件资料名称：

一周使用一次的物品及文件资料名称：

三个月使用一次的物品及文件资料名称：

您认为可按呆滞物品处理的物品及文件资料名称：

备注：请各部门在_____月_____日12：00之前填好，统一上交项目小组。

（六）月份办公室6S稽查评分表

月份办公室6S稽查评分表

项目	项目内容	评定分数		市场部	技术部	……	采购部
整理	将不再使用的文件资料、工具废弃处理	0	2				
	将长期不使用的文件资料按编号归类放置于指定的文件柜中	0	2				
	将常使用的文件资料放置于就近位置	0	2				
	将正在使用的文件资料分为未处理、正处理、已处理三类	0	2				
	将办公用品摆放整齐	0	2				
	台面、抽屉最低限度的摆放	0	2				
整顿	办公桌、办公用品、文件柜等放置要有规划和标志	0	2				
	办公用品、文件放置要整齐有序	0	2				
	文件处理完后均要放入活页夹且要摆放整齐	0	2				
	活页夹都有相应的标志，每份文件都应有相应的编号	0	2				
	办公桌及抽屉整齐、不杂乱	0	2				
	私人物品放置于规定位置	0	2				
	计算机线用绑带扎起，不零乱	0	2				
	用计算机检索文件	0	2				
清扫	将地面、墙、天花板、门窗、办公台等打扫干净	0	2				
	办公用品擦洗干净	0	2				
	文件记录破损处修补好	0	2				
	办公室通风、光线通足	0	2				
	没有噪音和其他污染	0	2				
清洁	每天上下班花3分钟做6S工作	0	2				
	随时自我检查、互相检查，定期或不定期进行检查，对不符合的情况及时纠正	0	2				
	整理、整顿、清扫保持得非常好	0	2				

（续表）

项目	项目内容	评定分数		市场部	技术部	……	采购部
素养	员工戴厂牌、穿厂服且整洁得体，仪容整齐大方	0	2				
	员工言谈举止文明有礼，待人热情大方	0	2				
	员工工作精神饱满，员工有团队精神，互帮互助，积极参加6S活动，时间观念强	0	2				
安全	本月内没有安全事故发生（如有，安全项为0分）	0	5				
	每个楼层均有紧急逃生图且为员工理解	0	4				
	安全标志齐全且张贴于醒目处	0	2				
	所有安全通道、消防通道均畅通无阻	0	2				
	定期进行安全意识的培训	0	2				
	定期进行安全事故的统计和原因分析并向员工宣导	0	4				

检查员：　　　　　　　　　　　　　　　　　检查日期：_____年____月____日

（七）月份车间6S稽查评分表

月份车间6S稽查评分表

项目	项目内容	评定分数		车间A	车间B	……
整理	将责任区内永远不用及不能用的物品清理掉	0	2			
	将责任区内半个月以上不用的物品放置在指定位置	0	2			
	工作台面上废料及时清理，并放置在指定废料盒上	0	2			
	责任区的每一区域内，有指定的6S负责人并标志	0	2			
	重点工位不良品及时清理，并放在指定地方	0	2			
	车间管理人员办公桌按办公区6S规范严格要求，搞好6S	0	2			

（续表）

项目	项目内容	评定分数		车间A	车间B	……
整顿	工作区，物品放置区，通道位置必须进行规划，并明显标志	0	2			
	责任区内产品，吸塑盒、工装夹治具，物料的放置有规划	0	2			
	产品、吸塑盒、工装夹治具，物料放置分类，并明显标志	0	2			
	通道畅通，无物品占住通道	0	2			
	生产线有标志，物料盒有标志	0	2			
	工序有标志	0	2			
	设备有标志	0	2			
	工模夹治具有标志	0	2			
	仪器设备，工模夹治具摆放整齐	0	2			
	工作台面物料，成品、半成品摆放整齐	0	2			
清扫	地面无碎物、脏污	0	2			
	墙壁无污痕	0	2			
	天花板无蜘蛛网	0	2			
	门窗，抹洗干净，无灰尘	0	2			
	工作台面清扫干净，无灰尘	0	2			
	仪器设备、工模夹具无灰尘、油污，干净清洁	0	2			
	箱盖无灰尘	0	2			
清洁	每天下班有6S工作安排	0	2			
	有自我检查计划并作记录（检查人、时间、情况）	0	2			
	对存在的问题能纠正改善	0	2			
	整理、整顿、清扫保持要好	0	2			
	物料盒、废料盒定时清洁	0	2			

（续表）

项目	项目内容	评定分数		车间A	车间B	……
素养	员工戴厂牌，着装符合规范，工帽符合规范	0	2			
	生产线工作人员工作时不允许佩戴手表及其他金属物	0	2			
	员工离位必须把凳子放在靠工作台的地方	0	2			
	员工必须按制程要求佩戴指套和防静电手腕	0	2			
	温湿度记录表完整	0	2			
	必须对6S核查人员的询问热情回答	0	2			
	工作时间观念强	0	2			
	坐姿端正	0	2			
安全	本月内没有安全事故发生（如有，安全项为0分）	0	5			
	每个楼层均有紧急逃生图且为员工理解	0	2			
	车间安全标志齐全且张贴于醒目处	0	2			
	设备操作指导书上均有安全操作规则	0	2			
	设备、化学品均处于安全状态	0	2			
	所有安全通道、消防通道均畅通无阻	0	2			
	定期进行安全意识的培训	0	2			
	定期进行安全事故的统计和原因分析并向员工宣导	0	2			

（八）员工6S自我点检表

员工6S自我点检表

（你今天做到几项？）

序号	查核项目	查核结果
1	工作场所内有无不需要的物品堆放（材料、部品消耗品、备品件、杂物、文书、张贴物），有无暂时不能移走的不用物品（含设备等），有无标示（如禁止使用、不合格品区等）	
2	工具箱、柜子内有无存放规定以外的物品，工作台桌、柜有无存放消耗品、私人物品	

（续表）

序号	查核项目	查核结果
3	门窗、墙壁有无损坏、油漆剥落，管线、资料、物品有无零乱	
4	搬运工具、器具、物品等有无定位管理，是否放置在指定场所并摆放整齐，便于拿取归位	
5	是否已做好注明品种、品名（货架及备品物件上有无注明品种名称，文件及备用品的品名是否注明等）	
6	有无挂牌注明场所或地点	
7	地面是否无油污、纸屑、灰尘、泡沫、垃圾等，墙壁是否无手印、脚印、粘贴纸，门窗、棚架、天花板墙角、日光灯、灯架有无灰尘、蜘蛛网，垃圾箱是否溢满、周围有无垃圾遗落	
8	机器、检测器具、空调、空压设备、配电设备、搬运工具等是否无油污、灰尘（如通道无杂物、机架、油污、废丝，干燥设备无油污、灰尘等）	
9	是否已养成清扫和抹擦的习惯（当班中规定打扫、抹擦几次、有无记录）	
10	作业服（或称工作服）是否干净（不可穿肮脏、油污的作业服）	
11	储存柜是否清洁、完好、柜内不杂乱不整	
12	有无考虑不弄脏的办法（例如在修复漏油处前，先放置渗油器具、机器修理时怎样不弄脏地面等）	
13	是否穿所规定的鞋子	
14	工作场所有无吃零食及将私人物品带入现场的现象，包括更换衣物、鞋子、雨具等	
15	电话、对话时气氛是否良好，针对语言、行动不当处，上司有无及时纠正	
16	是否有乱扔垃圾及见到垃圾不拾起现象	
17	规章制度的遵守情况如何（禁烟情况，上下班时间遵守情况，开会时间遵守情况，请假制度遵守情况，工作场所有无嬉戏、喧哗、口角、打架等现象）	
18	有无对所属部门的员工实施6S教育，其程度如何（查问时能否讲出6个S，有无教育实施计划和实施教育培训签到表）	

序号	查核项目	查核结果
19	是否有分工负责的清扫责任区、清扫责任者和清扫制度，责任区有无明确标识	
20	班长、车间主任、科长是否每天按规定的次数点检，有无填写点检评分表及督导、帮助下属人员完成规定的点检	

（九）6S整改跟进表

6S整改跟进表

部门：

序号	问题点	建议改善内容	责任人	完成日期	6S办跟进		
					已安排	实施中	已完成

（十）6S整改每日跟踪表

6S整改每日跟踪表

区域	负责人	整改项目总数	本日到期数	完成数	未完成数	未完成项目		备注
						未完成原因	对策	

（十一）6S整改项目全程跟踪表

6S整改项目全程跟踪表

区域	负责人	整改项目总数	3月25日			……			4月1日			备注
			到期数	完成数	未完成数	到期数	完成数	未完成数	到期数	完成数	未完成数	

（十二）整改项目完成情况登记表

整改项目完成情况登记表

区域	整改项目	完成项目	未完成项目	未完成原因	日期	备注

参 考 文 献

1. 田均平，石保庆主编. 9S管理简单讲. 广州：广东经济出版社，2005

2. 许小文等著. 图解6S管理实战. 广州：广东经济出版社，2003

3. 聂云楚编著. 6S实战手册. 深圳：海天出版社，2005

4. 易新编著. 工厂管理（三）目视管理与6S.海口：海南出版社，2001

5. 陈元编著. 生产计划与物料控制实战精解. 广州：广东经济出版社，2002

6. 潘林岭著. 新现场管理实战. 广州：广东经济出版社，2004

7. 孙少雄编著. 如何推行6S.厦门：厦门大学出版社，2001

8. 刘承云，张志敏著. 专家博士的6S经. 深圳：海天出版社，2003

9. 肖智军编著. 6S活动实战. 广州：广东经济出版社，2005

10. 唐苏亚编著. 6S活动推行与实施. 广州：广东经济出版社，2007

11. 李家林编著. 6S精细化管理. 深圳：海天出版社，2011

12. 李家林，江雨蓉主编. 图说工厂7S管理. 北京：人民邮电出版社，2011

《6S精益推行图解手册（超值白金版）》
编读互动信息卡

亲爱的读者：

感谢您购买本书。只要您通过以下三种方式之一成为普华公司的**会员**，即可免费获得普华每月新书信息快递，在线订购图书或向我们邮购图书时可获得免付图书邮寄费的优惠：①详细填写本卡并以传真（复印有效）或邮寄返回我们；②登录普华公司官网注册成普华会员；③关注微博：@普华文化（新浪微博）。会员单笔定购金额满300元，可免费获赠普华当月新书一本。

哪些因素促使您购买本书（可多选）

○本书摆放在书店显著位置　　○封面推荐　　　　○书名
○作者及出版社　　　　　　　　○封面设计及版式　○媒体书评
○前言　　　　　　　　　　　　○内容　　　　　　○价格
○其他（　　　　　　　　　　　　　　　　　　　　　　　　）

您最近三个月购买的其他经济管理类图书有

1.《　　　　　　　　　　》　　　　2.《　　　　　　　　　　》
3.《　　　　　　　　　　》　　　　4.《　　　　　　　　　　》

您还希望我们提供的服务有

1. 作者讲座或培训　　　　　　　2. 附赠光盘
3. 新书信息　　　　　　　　　　4. 其他（　　　　　　　　　）

请附阁下资料，便于我们向您提供图书信息

姓　　名　　　　　　　　联系电话　　　　　职　　务
电子邮箱　　　　　　　　工作单位
地　　址

地　　址：北京市丰台区成寿寺路11号邮电出版大厦1108室　北京普华文化发展有限公司（100164）

传　　真：010-81055644

读者热线：010-81055656

编辑邮箱：liujun@puhuabook.com

投稿邮箱：tougao@puhuabook.com，或请登录普华官网"作者投稿专区"。

购书电话：010-81055656

媒体及活动联系电话：010-81055656　　　　　　邮件地址：hanjuan@puhuabook.com

普华官网：http://www.puhuabook.com.cn

博　　客：http://blog.sina.com.cn/u/1812635437

新浪微博：@普华文化（关注微博，免费订阅普华每月新书信息速递）